U0138771

第10版

國際禮儀 與 海外見聞

五南圖書出版公司 印行

臺中林勝工業公司
林總經理序

　　我國素有「禮儀之邦」的美稱，但於今禮儀漸失，社會日漸失序之際，好友莊銘國教授不眠不休、鉅細靡遺完成巨著《國際禮儀與海外見聞》，嘉惠廣大學子與社會大眾，日久當能移風易俗，使以國際貿易立國之臺灣能更快地與先進文明國家接軌，成為國際上為人敬重的真正貿易大國。

　　大家都知道，國際禮儀是文明世界的人民所必須共同遵守的規則，如完全不懂禮儀就是落後、野蠻。舉凡食、衣、住、行、育、樂皆有其基本規範。目前我國每年約有千萬人次出國，如國人都懂些「國際禮儀」，行為舉止得宜，就能改進臺灣人以往給人財大氣粗之不良印象。否則出國旅行只是「上車睡覺，下車尿尿，遇店買藥，回去通通忘掉」；而不知國際禮儀，只有貽笑大方罷了。

　　本書除莊銘國教授用心旅行考察世界一百餘國之禮儀心得外，尚且參考甚多有關名著，嘔心瀝血編著而成，真是現今國際禮儀及國外見聞之「四庫全書」，讀後方能「坐有坐相，吃有吃樣，衣冠得宜，行遍天下而無往不利」。

林昌星 謹識

臺北跨世紀管理顧問公司
許董事長序

　　余與作者莊銘國先生為昔日輔大企管系同學，論交迄今已數不勝數了！我對他最深刻的印象是他喜歡找授課老師討論問題，而且勤跑圖書館做功課。大四那年，作者先後考取研究所及高考及格，在當時能夠雙料金榜題名者實在是鳳毛麟角，但了解他的人並不感到意外，咸認為實至名歸。

　　畢業後大部分同學都留在臺北謀職，但作者基於陪伴父母親，毅然選擇返回彰化家鄉，投入當地一家生產車輛後視鏡的工廠，從基層的生產管理幹起，不但學以致用把在校所學的理論應用在實際的生產作業上，而且工作勤奮，表現優異，深獲主管賞識，屢次派他出國考察、參展及拜訪客戶。短短十年多之間，莊銘國先生即被老闆升以總經理一職，此後公司在作者的管理之下，生產效率大幅提升，業績也屢創新高，同時作者的經營能力及專業知識也普受社會各界所肯定，曾榮獲國家十大傑出經理、國家品質獎、全國團結圈金塔獎、全國企管名師等。

　　現今莊銘國先生欲以他歷年來出訪世界各國所記錄的國際禮儀編著成冊，用以提升國人在這一方面的水準，這種用心，實在令人敬佩。本人也曾出過三本書——《國貿船務英文》、《船務工作完全通》及《三角貿易》，以同為作者的角度來看莊銘國先生所著的《國際禮儀與海外見聞》一書，其獨特的編排及豐富的內容，實非一般坊間類似的書刊所能比擬。尤其是作者那份嚴謹的出書態度，更讓人無法望其項背。

值此老友出書之際，一方面很榮幸能為其作序，一方面也為讀者慶幸，能閱讀這樣的好書。

　　　　　　　　　　　　　　　　　　許坤金 謹識

高雄港務局

黃局長序

　　禮由人起，發乎情而為人所不可棄也，故五代馮道傳論曰：「禮、義、廉、恥，國之四維；四維不張，國乃滅亡。」禮，列為維繫國家興衰綱常之首，禮之於恆常庶務，其重可知矣。

　　西諺云：「禮儀造就一個人。」（Manners makes the man.），此乃闡述合宜之應對進退，與節度之言行舉止，予人觀感，實有諸多裨益。直邁入新世紀之始，環顧社會百態，在競逐潮流中，尊卑長幼傳統色彩，不但日趨褪色且逐漸蕩然。而人際關係日益複雜，逾越基本禮儀或不及者時有所聞，或粗魯無理、或格調低俗、或行為脫序，層出不窮，比比可議。探而究之，無非禮制未存於心也。固恆常之中融通合宜之禮儀規範，待人接物中規中矩，儀態優雅，翩翩君子之風，若然，吾人言而有禮，行而有規，則動靜自然之間，言談舉止必然光潤，氣質風采必然迷人矣。先聖云：「不學禮，無以立。」誠哉斯言。

　　吾人身處地球村時代，往來頻繁，或考察、或探親、或尋幽訪勝，絡繹於途。然各國文俗不同，禮儀互異，當聞國人出國觀光，因不解異國禮儀，每有粗俗行為，突發出糗窘境，不僅損及「禮儀之邦」美譽，亦令同胞汗顏。蘊含他國文化之「國際禮儀」，實應為吾人應正視探討之課題。

　　銘國兄與本人同屬先後期國家十大傑出經理，學識淵博、教學認真、桃李滿天下且經營企業有成，足跡遍布世界各國，其於忙碌旅途中，猶能細心觀察、搜羅各國禮俗，且鉅細靡遺分章介紹，俾吾人能通曉各國基本禮儀，以為應對進退之準繩，使之人

V

人言行舉止謙彬，臻於圓熟細膩之境，則社會必然一片祥和。

　　直茲《國際禮儀與海外見聞》出書前夕，承銘國兄雅囑，特
綴數語以為序，願與諸君共勉。

黃清藤　謹識

新 版 序

1. 本書與筆者另一著作《小國旗大學問》，為中華民國觀光領隊協會列為「領隊心靈補充糧食」之推薦四本書籍之二。

2. 中國「中央黨校出版社」購買本書簡體版版權，書名《國際禮儀公務員必修手冊》，在2006年10月出版。每一屆的奧運會（萬博會）都必須動員大量禮儀小姐，北京奧運會（上海萬博）亦然。以北京奧運頒獎小姐的選拔訂出了標準，包含年齡、身高、身材、皮膚等硬標準，還包含氣質、文化、綜合素質等軟標準；同時，要研讀本書禮儀知識。

3. 感謝臺北縣永平高中地理科陳政典老師對本書提供甚多改善之處，特別申謝。

4. 多年前《讀者文摘》曾調查35個人口稠密都市，進行「禮儀大調查」，結果前五名是紐約、蘇黎世、多倫多、柏林、聖保羅，倒數五名是孟買、布加勒斯特、吉隆坡、首爾、新加坡，而臺北列28名。雖然它以西方標準替自己喊冤，但必須承認，在禮儀上，尚有改善空間（由《讀者文摘》派員向該國民眾進行三項試驗：(1)進出大門是否會幫後者拉住門；(2)店員會對購物者致謝；(3)見到他人掉落文件，是否會幫忙撿起來。）

5. 筆者計畫將本書仿《小國旗大學問》一書，採「圖文對照」方式，有助「眼見為憑」、「邊做邊學」。

6.本書榮獲大葉大學2008年最佳「教科書」獎。

莊銘國

於大葉大學國際企業管理所

自序

華視曾放映一部「XO、賓士、滿天星」的專輯,此三者皆是極品的象徵。而在臺灣,「XO」當開水般豪飲,忘卻品酒之趣;開「賓士」者嚼檳榔、闖紅燈,極不配稱;而戴「滿天星」的人,卻常不守時,枉費錶中至尊。常被人取笑「經濟巨人,文化侏儒。」,只受表面的禮遇,而不受內心的尊重。到了國外,也常表現財大氣粗的一面。

早期前往大陸的臺商參差不齊,不少人喜歡出入風月場所,雖出手闊綽,但言行粗鄙,被諷刺為「脖子的項鍊粗過狗鍊,手指的戒指大過麻將。」接待者表面上奉承陪笑,背後卻罵這些「俗擱有力」的臺商為「臺巴子」,而「巴子」是上海人罵人的俚語,意思是沒見過世面,不懂裝懂。又閩南話有句「青仔欉」,也意味井底之蛙,冒冒失失。

而國人出國被譏為「上車睡覺,下車尿尿,逢店買藥,在旅館呱呱叫,回國通通忘掉。」流行採購團、苦力團,而失去國外行之目的,況且土里土氣,不知禮儀的一舉一動、一言一行都是形象廣告,不僅代表自己、代表團體,更代表國家。2011.9.10蘋果日報報導:有兩名臺灣旅客在韓國旅遊時,疑因酒醉而隨意在飯店房間內大便,搞得地板、床單到處是噁心大便,此事件被貼上網,引起公憤,真是把國家的臉都丟光了!

很早以前,筆者參加「西德、法蘭克福展覽」,有位參展團員回飯店洗澡時,將浴室的簾幕放在浴缸外,結果洗澡水拼命往外流,驚動樓層服務生前來清理,口中「碎碎念」,還問來自哪一國。

2003年3月16日，《自由時報》讀者道明珊投書說，他有位擔任藥廠遠東區經理的德籍友人來臺投宿中正機場過境旅館，看到浴室陳舊污損的門，心中很不是滋味；吃晚餐時，牆上還掛著過時久矣的聖誕節裝飾，白色的窗簾有無數的大小污漬，更令人倒盡胃口的是自助餐臺有流竄的蟑螂……，讓外國人對臺灣的評價，大打折扣。

　　2008年4月5日刊在《自由時報》「自由廣場」，高佳芳先生所寫〈日本學生看臺灣廁所〉一文，所指其投宿的東南亞最高層的高雄五星級飯店，竟然廁所內標示「敬愛的貴賓：為避免馬桶水管阻塞，請勿將衛生紙或其他雜物沖入馬桶，感謝您的協助及合作」。也提及來臺實習的日本女學生說：「臺灣人很親切、料理又好吃，我很喜歡。但是廁所裡用過的衛生紙放在桶子裡，很臭。」男廁亦同。這確實是指出了國人生活習慣尚停留在開發中國家階段。

　　國人對衛生紙不要沖入馬桶的生活觀念，起因於大家認知上的誤解。「衛生紙」的纖維較短，泡水易溶，是可以沖入馬桶的。而「面紙」的纖維較長，不易溶於水，沖入馬桶會引起阻塞。車站、捷運站、公園裡的公共廁所，所賣的大部分都是「面紙」而不是「衛生紙」，會造成馬桶阻塞，是很不恰當的，應立即停賣「面紙」而改提供「衛生紙」才對。國人到國外觀光旅行最被外國旅館所詬病的，就是臺灣旅客常常把用過的衛生紙放在馬桶邊的垃圾桶，國人這種生活習慣必須立即改正。

　　當年陳水扁總統到哥斯大黎加訪問，主動伸手去握美國布希總統夫人，疏忽國際禮儀，遭人批評。2009年初，馬英九總統在外交部臺北賓館，宴請一批總統輔選功臣聚餐，酒酣耳熟、杯觥交錯間，不經意間脫口而出一句冷笑話：「煎魚要煎宋楚瑜，喝酒要喝馬英九，去動物園要看吳伯雄。」講究敬老尊賢、人與人相處應有的基本尊重來看，以國家元首的身分和政治高度，於

公於私均是不得體。又總統馬英九於贈勳給旅日棒球名將王貞治後，未依慣例先向受勳者王貞治舉杯致敬，此舉廣泛引發媒體有失儀節之報導，2010年3月馬英九總統出訪南太平洋之吉里巴斯，領帶長度超過皮帶十多公分，讓女士往下看，心生不愉快，有違國際禮儀慣例。上至一國之尊、下至百姓，對於一些應對儀節給予必要的導引與提醒，方能避免出糗及貽笑大方之情事。

2013年元旦升旗，行政院長陳冲和外交部長陳建生都為扶手禮，馬總統接受穿著制服的敬禮時，正統的方式是將右手手掌向內平放於左胸前（扶手禮），因此蔣故經國總統穿著西服檢閱軍校學生時，在大閱官吉普車上並沒有用軍人舉手禮答禮。文人出身的總統，雖是三最高統帥，但不能穿著軍服；美國艾森豪總統，曾經擔任過五星上將盟軍統帥，一旦成為美國總統，就沒有再穿過軍服。中華民國第一任總統蔣中正是軍人出身，當選總統後在正式場合，都穿著五星上將的最高統帥戎裝，嚴格來說不是民主國家的正統作法。

美國微軟創辦人比爾蓋茲，2013年4月23日訪問南韓，並會見總統朴槿惠，但就在跟朴槿惠握手時，另一隻手居然插在口袋裡，實在太沒禮貌。一個是南韓首任女總統，一個是世界前首富，45分鐘會談，兩人聊經濟、聊再生能源、聊國際大事，但這些都不重要，因為隔天媒體的焦點，全放在蓋茲的左手。蓋茲只伸出右手，左手插褲袋，形成外交上的失禮，有人痛批蓋茲是美國老粗，經濟巨人文化侏儒。

2009年3月13日聽李家同教授演講，他說在正式場合聽到演奏英國名謠「Danny Boy」，但它較適合在葬禮演奏；而有人對他獻以鐵達尼號將沉之演奏曲「Nearer My God to Thee」，但它對上年紀者不適合。由此皆反映出國人缺乏國際禮儀常識。

筆者曾在企業任職二十五年，擔任外銷經理、生產部廠長、副總經理、總經理等職，有機會前往世界重要國度參展、拜會、

商務談判、促銷、設立據點，太多正式場合，要有公司代表的風範、商場的知識、合宜的穿著、適度的談吐，或中規中矩、或雅而不俗、或進退有序，而有所謂TOP原則（Time, Occasion, Position）。

另外，每年寒暑假都會與內人前往比較特殊或偏遠的國家進行純旅遊，見識不同的奇風異俗，領略異國的風土人情，迄今也到過一百餘國了。「桃李春風酒一杯，江湖夜雨十年燈。」歷經走過、看過、嚐過，留下記憶、回憶、追憶。然而，「有禮行走天涯，無禮寸步難行。」不管商務旅行或觀光旅行，不外相約成俗的「國際禮儀」（以西歐為主，當年荷蘭、法國、英國都曾打造百年的日不落帝國，強者為王）及「入境隨俗」（依各國而異）清朝初期，外國大使團覲見皇帝必行「三拜九叩」大禮，幾乎歐洲使者沒有一位願接受這種天朝規矩，獨獨荷蘭人霍夫毫不猶豫答應，因此順利取得通商權，因為「入境隨俗」而獲得重大利益。西諺：「在羅馬當如羅馬人」，就是這個意思，如此置身國際大小場合均舉止得宜，怡然自處，雖不中亦不遠矣！

國外之旅前前後後拍攝不少幻燈片，特別選錄成輯，在學校國際經營學程中之「國際禮儀」單元講授，頗受學生好評，也陸續在外校、社團、公司公開演說，一樣迴響不絕。很巧地，接獲五南圖書出版公司張毓芬副總編輯來電，欲出版此一書籍，一拍即合。構思本書，決定摒除條文式之章法，而代之以實用、趣味的筆調，依食、衣、住、行、育、樂，層層解析，並利用大量幻燈片製成教學光碟，實景畫面，表裡學習，在國際舞臺上，不再忐忑不安、格格不入。

首先感謝大葉大學國際企業管理系的鄭雅云、蔡慧滿、莊德慶、莊閔凱四位同學，一年來協助本書在文字的整理、光碟的製作、出版事宜，盡心盡力、任勞任怨，終可問世，以及目前擔任全興國際業務專員的黃語婕小姐，協助本書後續新增。想及英國

生物學家達爾文（Darwin, Charles Robert, 1809-1882）年輕時就常隨探勘船進行環球旅行，登山涉水，採集標本，挖掘化石，對大量生物現象進行考察，於1859年推出「進化論」，有名的「優勝劣敗，適者生存」的巨著，對世人有相當大的啟蒙。筆者也期許本書可供讀者以國際禮儀的觀點認識世界，以國外見聞的視野了悟天下，誠所謂「暢遊天下名川大山，廣交天下英雄豪傑，博覽天下奇文雋語，翰書天下悲歡離合。」

在此也謝謝為本書寫序的北、中、南三位好友（依姓氏筆畫順序排列），臺中的林昌星先生是林勝工業公司的總經理，也是與筆者同一社團——臺中經理協進會的主管聯誼會會長，長年經商，足跡遍布全球，見多識廣。臺北的許坤金先生是跨世紀管理顧問公司的董事長，為筆者大學至交，曾任知名海運、空運公司的高階主管，鍍金英倫，雲遊四海。高雄的黃清藤先生是高雄港務局局長，與筆者是先後期國家十大傑出經理，執掌過基隆、臺中、高雄三港之長，經略海上國門，看盡世事。有三位好友推介，備增光彩，深感榮幸。1998年自健生實業滿25年退休，受聘首席顧問。2013年自大葉大學國際企業系所二度退休，受聘榮譽教授。最後對培育我的健生公司、大葉大學永存感恩之心。

「困難、困難、困在家就難；出路、出路、出去走就有路！」「今天我們看世界，明天世界看我們！」願共勉之。

莊銘國

序於大葉大學國際企業管理所
2003.4.10初稿
2009.3.3改寫
2009.10.10改寫
2011.10.10改寫
2014.1.1改寫

XIII

目　錄

國際禮儀通則

　　我出生於鹿港，高中時代前皆在鹿港渡過。鹿港是最遵循「祭祀禮儀」的地方，農曆正月初九拜天公，要隆重準備祭品。記憶所及，「雞頭」要朝外，因臺語「雞」與「家」同音，意指要向外發展：「魚頭」要向正廳，表示福壽錢財如魚湧入；「鴨頭」要向內，取其「押裡面」之諧音，有保護宗宅之意。此外，祭祀，人神相接之具體表示，敬天尊祖，崇德報功是也。其中牲饌、茶酒、香燭、冥紙（金銀紙）及擲杯筊最為重要。還有頂桌、廈桌、天公燈座等，都有不同涵義。父親說這是古禮，不能廢、不能忘……。2006年9月27日家父往生，享壽九十有三，也瞭解有「生命禮儀」，如每天祭拜水果，但不可擺鳳梨、芭樂和梨子；去喪家致喪，不能說再見及回頭；冥紙要一張張燒，不可太急或成疊焚燒……。

　　中國是文明古國，以「禮儀之邦」自豪，自周朝周公制禮作樂後，中國人遵禮、守禮，源遠流長。孔子的《六藝》中，禮居於首；五經中有《禮記》一書，古官制設六部，「禮部」就是其中之一。管仲曰：「衣食足而知榮辱，倉廩足而後知禮節。」孟子曰：「君子所以異於人者，以其存心也。君子以仁存心，以禮存心。仁者愛人，有禮者敬人。愛人者，人恆愛之；敬人者，人恆敬之。」所謂「禮尚往來」。中國的藩屬──琉球，仍有一著名的「守禮門」碑坊，今「日幣」2000日圓即以此為圖樣。筆者曾數次拜訪南韓，只在韓劇中處處可見受儒家禮教薰陶，2011年7月初訪北韓（北朝鮮）感受儒教影響甚於南韓。而北韓的父傳

子、子傳孫，從金日成到金正日再到金正恩，三代世襲成為國際
笑柄，但以儒教之「作之君，作之師，作之父」，秉承中國傳統
禮教觀念，自稱為禮教之邦，隱士之國。

　　「禮」是文明國家為了規範人群之間的關係和維持社會秩
序，而必須共同遵行的規則，也是人際關係的準繩。如果沒有了
「禮」，我們不就成了野蠻民族，和動物沒有什麼不同了嗎？禮
的起源，是由習俗演變而來的。放眼望去，世界各地的先民文
化，只要有人類在的地方，必定有俗，有俗必定有禮，有禮必定
有制。而中國擁有五千年的歷史文化，應該是非常懂得禮儀的民
族，所謂「禮多人不怪」，不是嗎？

　　現今任何國家所遵行的禮儀，摒除排外、唯我獨尊者是不可
能之外，我們也不能像苦行僧或修道院一樣遺世獨立。由於國際
社會關係密切、交通往來便捷，許多禮儀也因此國際化了。就以
中國來說，從秦朝到明朝之間，大多是維持單一文化的國家；不
過，至清朝末年的鴉片戰爭，各國列強頻頻扣關，造成中國門戶
開放，維持了兩千多年的禮儀，也因而受到了西方禮儀的衝擊。
歷史告訴我們：漢朝戰勝了匈奴，其殘餘兵力西走打敗歐洲北
方蠻族，使其興兵南下，滅亡當時的西羅馬帝國，造成歐洲長期
黑暗時代；唐朝消滅東突厥，而西突厥進入土耳其，後來居然消
滅了東羅馬帝國；而後，元朝席捲歐亞大陸，歐人還稱其為「黃
禍」呢！

　　我們不得不臣服於歷史的偶然和必然，而今西方世界已居全
球之牛耳。十九世紀起，西方強勢主導，在今日探討禮儀──商
業禮儀、國際禮儀，甚至是外交禮儀，都不得不加以探討西方禮
儀。據史學家考證及2003年寒假，筆者中東十八日遊，得知波斯
人（伊朗）皆溫文儒雅、健談熱情，十分重視禮儀；見長輩必鞠
躬，平輩必擁抱親額，見晚輩則握手。

　　波斯宮廷禮儀為希臘、羅馬採用,當今歐美禮儀,多源自波斯。波斯自十五世紀的帖木兒大汗及其子孫們,到十七世紀稱雄的阿拔斯大帝,均酷愛文學、藝術、天文,建立歷史名城,培育波斯文化,許多禮儀相約成俗。

　　為什麼國際禮儀會以歐美禮儀為主呢?有人說十五世紀是義大利世紀(文藝復興)、十六世紀是西葡世紀(新大陸與新航路)、十七世紀是荷蘭世紀(海上貿易強權)、十八世紀是法國世紀(太陽王與拿破崙)、十九世紀是英國世紀(維多利亞女王之日不落國)、二十世紀是美國世紀(第一、二次大戰成為世界獨霸)。這是因為歐美建立了很多的基本建設,加上早期英國兩大殖民時期(十六世紀後半葉及工業革命之後)的關係,所以對現今一些強盛的國家如美國、加拿大、澳洲等,或是南非、印度、紐西蘭、孟加拉等國,都還具有一定的影響力,也因此國際禮儀才會以歐美禮儀為主,而歐美禮儀又以英國禮儀為首要。英國諺語:「禮貌養成紳士」,英國傳統禮儀,堪稱全世界之典範。

　　西歐五百年來之近代史,首登舞臺的西葡,篤信天主教(羅馬公教),堅守舊道德,不從事生財事業,海外殖民一味掠奪,東西奉獻教會,殺雞取卵;而荷蘭國力單薄,曇花一現;法國有歐陸牽絆,兩面為敵;最後英國唯我獨尊,而且信仰英國國教及喀爾文教義的「清教徒」,以賺錢可榮耀上帝,遍地生財之牟利觀,加上發生工業革命,發明鐵路,征服全球二百年。再加上及其後裔——美國,稱霸全球近一世紀。直到今日,主宰世界之風向球,仍屬盎格魯撒克遜民族。另一方面,1798年法國大革命之後,許多貴族失去財產及地位,流落民間,把宮廷的餐飲禮儀傳入民間,百姓也仿效上流階層,漸成國際禮儀之典範。

　　Etiquette(國際禮儀)一字,源出於法文古文estiquer,是

「標籤」或「生活規範貼在柱上」之意，是人與人之間的舉止規範。近百年來，由於文藝復興、民族主義、民主政治、資本主義、工業文明，形成帝國主義，造成以西歐為主之世界觀。西歐優雅又精緻的禮儀文化，是西洋文明之象徵，成為國際禮儀之主流。若近代最強勢的是華人國家，自然國際語言就是中文，而國際禮儀自然依華人的傳統習慣了。

國際禮節是文明世界國家和人民所必須共同遵守的規則，它的範圍不論是典禮、應酬、禮貌或文書規範，幾乎已被大部分國家和人民所接受，變成一種典型的遊戲規則。時至今日，全球化影響的結果，使得投身於工商界的服務者接觸外國人的機會日益增多，所以我們對國際禮儀的學習也需要比一般國民更為密切。

西方的社交禮儀，歸納起來有四大原則：生命權、自由權、社交人格權及隱私權。最重要的精神在於對生命的尊重；其次，在表達有禮、友善與助人。現在就簡單說明讓大家了解：

1.生命權

包括安全、健康及時間，除了重視主賓、高階人士的安全，並盡可能保護他們的安全，使他們不受到傷害，且維護他們的健康。還有時間就是金錢，要做到守時，千萬不可以遲到。在各種場合都要排隊，不可以插隊，否則就不公平了。

2.自由權

是指人有免於恐懼與騷擾的自由，所以人與人之間要有一隻手臂的距離，以免被揮掌所傷。雙手不可以插口袋，以防有暗藏武器的嫌疑；也不可在背後叫喚對方的名字或鳴按喇叭，以防他人受到驚嚇。以上種種，若反其道而行，可是會使人心驚膽跳的。

3.社交人格權

　　人是政治、群體動物，難免會暗中較勁、互較高下，所以必須制定一套優先順序才能平息紛爭。社交人格的高低取決於下列的規則：(1)職位高者大於職位低者；(2)年齡長者大於年齡低者（當然我們不知他人年齡或我大對方幾歲、幾個月，一般某一世代皆可稱同年齡，即同輩分）；(3)女性優於男性，所謂「Lady First」。「英雄救美」是典型西方模式，源自古希臘特洛伊戰爭，為奪回美女海倫，精銳盡出；再加上歐洲騎士精神及浪漫主義，「女士優先」成為西方不二教條。如果男女同行，男生應走靠外一側；進入餐廳，侍者引路，女士隨後，男士壓陣，要求男士在行動上尊重、照顧、幫忙、保護女士，顯示男子氣質與紳士風度。又已婚者優於未婚者；(4)在禮讓原則方面，客人優於主人（但有關國格，如國旗、國名等，就不需讓）；當角色衝突時，以前述先後順序為原則，例如：男位高者和女位低者，該怎麼區分優先順序呢？雖然女性優先，但還是以男位高者為尊。從走位或座位也可以判別身分的尊卑，說明如下：

　　(1)右者為尊

　　古時以刀劍為武器，都佩帶在左邊，所以是以左為尊；中國亦是左丞相大於右丞相。在男尊女卑時代，充滿歧視女性的諺語：「嫁出去的女兒，潑出去的水。」、「死查埔（男生）死一房，死查某（女生）死一人。」而常在一些大建築物前擺雙獅，一定是公獅在左、母獅在右，亦是「男左女右」。廟宇或住宅常稱「左青龍、右白虎」，即「入龍門、出虎口」之意。或者眼皮跳時，所謂「左跳財、右跳災」，左吉右凶之稱。前往日本北海道旅遊，無論「泡湯」的穿衣或進餐的和服均右領在下、左領在上，如左下右上就是「孝服」，可見是「左尊右卑」。而前文提

及歐美禮儀源自波斯宮廷禮儀，在其古都「伊斯法罕」之皇宮壁畫中，國王宴請貴賓時，國王均坐在左邊，故「左」者自古為尊。在南亞（斯里蘭卡、緬甸），僧人皆左披右露僧衣，亦可顯示左者為尊。到了現代，武器演變為槍，舉槍射擊是在右邊，因此是以右者為主。若是二人場合，皆以右者為尊。

(2)中者為大

在三人場合，位尊者應立於中間，所謂「眾星拱月，左右護法」。

(3)前者為尊

在典禮或眾人集會場合，座位愈前排者為尊。

(4)以內為尊

若有很多桌次，則愈內部者為尊。

(5)以靠近主人處為尊。

(6)以安全、舒適位置為尊。

4.隱私權

隱私權是西方社交很重要的一環，例如：不可以拆閱別人的書信；進入房門前要先敲門，等候應聲後才可入內；2008年北京奧運會、2010年上海萬博會，在其街頭到處張貼宣傳海報，向民眾宣導文明禮儀，提倡「八不問」，包含不問收入、年齡、住址、經歷、健康、戀愛、有否異性朋友、宗教信仰。在西方社會中，這些話題屬於個人隱私，不應該隨便問。

特別是年齡的問題，更是禁忌，所謂「歲月催人老」、「人老珠黃」是極為敏感的問題。有人打趣的說：「女人像球，20歲以前像橄欖球，20個人搶一個；20歲像籃球，10個人搶一個；30歲像網球，給你你不要；40歲像躲避球，來了就躲；50歲像高爾夫球，滾得愈遠愈好。」又說：「男人像飛機，生出來是小雞雞，10歲像模型機，20歲像直升機，30歲像戰鬥機，40歲像轟炸

機，50歲像運輸機，60歲像偵察機，70歲像教練機，80歲『當機』，90歲就『關機』了！」

　　筆者記得臺灣早期的社會，有長輩在，絕對會請安，餐桌也有一定禮儀。而近年來，過度強調自我—「我喜歡有什麼不可以」，禮儀一詞愈來愈少人強調，反而霸凌滿天，本位主義，加上少子化，對子女寵愛有加，很難從家庭教育教好，學校升學掛帥，難以扮演百年樹人。中國大陸由於早年文革影響，人與人間對立敵視，去過多次大陸，屢為硬體建設歎為觀止，但對其人文素養感到失望，真心期待中國在經濟崛起時，也能成為名副其實的禮儀之邦。

食

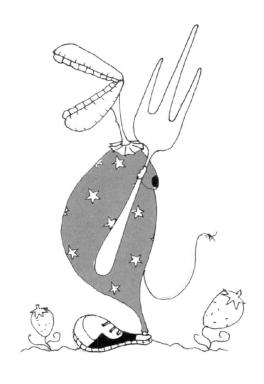

　　有句話說：「民以食爲天，呷飯皇帝大」，所以在日常生活中，「吃」可是占了很重要的地位。東方是以米、豬爲主食；西方則是以麥、牛爲主食；中東及中亞是以羊、乳酪爲主食。但是，隨著時代在進步，餐具也是樣樣齊全，不同形狀、尺寸、銳度，包括杯、盤、碗、碟、匙、刀、叉與筷子，甚至碗盤也經過配色。歐洲人喜歡紅色食物，如番茄、紅蘿蔔、牛肉、羊肉、紅酒等，他們幾乎都用白色餐具，紅白配十分醒目。

　　東洋食物如豆腐、白菜、魚肉、麵粉、清酒、白酒，屬白色系食物，餐具使用黑色，黑白配是對比色，容易引起食慾。餐廳的布置更是講究美化，「鵝黃色」被建議使用在餐廳的裝潢，具有刺激食慾的效果。最忌使用青色，一副沒有煮熟的樣子，有令人食不下嚥的感覺。

　　食物更要求色、香、味俱全，善用對比色、鄰近色、深淺色，亦令人食指大動，如米飯撒上黑芝麻（黑白配）或生魚片綴上綠葉（紅配綠），一副好吃樣。因此，身爲文明世界一份子的我們，也不能不講究食的禮儀！

　　不論是與什麼人共用餐點，一定要先了解對方有無宗教信仰，或是任何禁忌。像臺灣人一天吃三餐是正常的，有些愛美人士甚至連早餐、晚餐都省了，或者早午餐併一餐的Brunch，或者午晚餐一起進食的「下午餐」。不管如何，爲了身體的健康，正常飲食還是必須的。但是你知道嗎？在智利、捷克、西班牙、印度等國家，一天竟然要吃五餐。通常中午十二點之前會吃兩餐，下午一點是中餐時間，下午四點又有下午茶，到了晚上七點還有正式的晚餐；印度人甚至在入睡前還要吃頓消夜。所謂入境隨俗，要到這些國家旅遊之前，切記要先將自己的腸胃練好，以免不適應。

　　還有，許多印度人是吃素的，特別是耆那教徒（Jains），

如果宴請印度人吃葷菜，豈不是讓對方不知如何是好。另外，信仰印度教的印度人是不吃牛的，所以食材的準備上，也應該避開牛肉、牛油等製品的食物。回教徒也是，他們不吃豬，所以在準備宴客食物時，要完全避開豬肉製品，例如火腿、臘肉等，印尼是回教國家，過去曾有印尼勞僱遭雇主逼吃豬肉，而訴諸司法而予起訴的案例。有時候甚至是只要他們看見餐盤上有脂肪的存在，就會問說是什麼油炒的。上乘的待客之道應該是在他們發問之前，就先告訴他們說這些菜是植物油烹調的，讓他們能夠安心享用眼前的美食。摩門教徒不喝咖啡及茶，虔誠的猶太教徒在飲食上還有更多規定。現在就帶領大家一起進入食的禮儀吧！

一、用餐的基本禮儀

無論是西式、日式或是中式，每種料理都有一大堆需要注意的細節，但要把這些細節在短時間內全都一股腦的記到腦海裡，著實是件不容易的事。但是有一些大規則可是不能不知道的，現在就為大家介紹。

1. 進入餐館時，應由服務生帶領入座，以免錯坐別人預定之座位（Reserved）。
2. 若至高級場合用餐時，切忌衣衫不整，男士應著西裝，女士應著小禮服，避免褲裝出席。帽子雖已成為服飾品之一，但正式晚宴中，仍不適合戴帽出席。若穿著大衣、雨衣，應存放於衣帽間，以免有礙觀瞻，也不合乎衛生。
3. 與人有約時，應事先訂位，以避免屆時面臨無座位的情形，且應註明人數、時間和菜單。
4. 女士若有攜帶皮包，應放置身後與椅子之間，切忌放置

在桌子上，手機等私物要放入包包內，圍巾、披肩卸下後披在椅背上。總之，桌上無私物。男士要為右邊的女士拉椅子、推椅子（源自早期歐洲女士都穿蓬蓬裙，出入不便）。

5. 用餐時應抬頭挺胸，且以食就口，而非以口就食。咀嚼食物的時候，切忌張口，避免說話。用餐時，應儘量別出聲，否則會引來旁人異樣的眼光。若用餐用到一半忍不住想要打嗝時，記得要閉上嘴巴，千萬不要像一隻咯咯叫的青蛙。若遇到想打噴嚏的話，應用口布摀住嘴巴別過臉後再打噴嚏；打完噴嚏後，記得一定要和大家說聲 "Excuse me"，切忌當面直接打噴嚏。

6. 一般我們都習慣由外往內舀著湯喝，但是在國際禮儀中，喝湯時應由內往外舀取食用。雖然這不是硬性規定一定要如此，但是身為一個有禮貌的人，在平時就應該要稍稍練習一下，否則到了正式的場合，因為動作的不熟練，再加上怯場，湯匙拿不好，結果不小心將湯汁濺到對面用餐的人，那就更失禮了。

7. 用餐時，刀叉的使用順序應由外至內。刀與叉各有不同用途，千萬不要混淆使用；尤其不應將刀子當作叉子使用，這點除了因為禮貌和美觀之外，也是為了安全著想。大家都知道切肉的刀子是很利的，要是一個不小心將嘴巴劃破，豈不是得不償失嗎？也別為了想吃光盤子裡的美食，而將整個盤子端起來吃。吃完後，也不應該將盤子另做他用。

8. 用餐時，餐巾應攤開置於膝上，大型餐巾對折一半，小型餐巾全部打開，必要時，用來輕拭嘴角，擦完後得將餐巾污漬摺到內面，不讓人看見。只有兒童才繫於脖子

上，又稱爲「涎圍」（Bib）。

9. 若有骨頭、魚骨等，應該要吐在小托盤，而不是直接吐在桌子上。如此一來，不僅可以讓服務人員方便整理，二來也可以保持桌巾的清潔。

10.食用西式自助餐時，應以少量多次取用爲宜，不要一時貪心，盛了滿滿一堆像山一樣的食物，這樣不僅會讓食物的美味混合在一起，也會讓人家覺得你很貪心；或是怕食物被吃完般的小家子氣，而對你留下不好的印象；更糟的是，最後還剩一堆菜，豈不是還被認爲是浪費的行爲嗎？吃過的杯盤放在桌上，服務生自然會收走，所以應換新盤來取用新菜，切忌用同一餐盤取下一道菜，這是十分不雅的。

11.用餐時若需要調味料，可以請服務生或旁人代拿，千萬不要直接伸手過去拿，這樣的舉動不僅會驚動鄰座用餐的人（我們在〈國際禮儀通則〉一文中，有言及之自由權——免於恐懼與騷擾），也可能因爲這樣讓衣服沾到碗盤中的沾醬而弄髒。

12.若爲中式，菜餚應由主賓先行取用，輪完一圈後，若有剩餘菜餚，則可自由取用。

13.中式的旋轉桌，原則上是以順時鐘方向旋轉取用食物。若有想食用之菜餚，應等待旋轉桌上的菜餚轉到自己面前，方可取用，切忌站起身來取食。

14.適合餐桌上之話題，應以輕鬆、軟性爲主，嚴肅之話題如政治、宗教類，應儘量不提，因爲每個人各有各的立場，而且不管對方說的是不是自己感興趣的話題，也要學習當一個好聽衆，微笑附和。

15.用餐中切勿使用手機，或在餐桌上梳頭髮、補妝。

　　除了上述幾點大通則需注意之外，不論吃哪一種料理，只要在正式場合中用餐，用餐前應先將口紅用「紙巾」擦拭掉（注意：不可以用餐巾），以免將唇印印到餐具上了。當然，在餐廳用餐時，難免會麻煩服務生幫忙，但是不論到哪個國家，切記不可大喊大叫，更不可以用拍手或彈手的動作來引起服務生的注意，這些舉動都是非常不禮貌的可能會打擾鄰桌。最適當的做法是手背朝前，指尖朝上用手稍稍揮動，只要讓對方知道我們在叫他就可以了。用完餐，若是比較正式的餐飲，主廚（Chief）會出來Say Hello，所以不要吝嗇給予掌聲並稱讚（廚師帽愈高，表示地位愈高，如同醫生的白袍愈長，代表愈資深）。

小知識大學問

　　隨著各國飲食習慣的不同，對健康也有大大的影響。

　　沙漠國家如中東、北非所生產的水果甜度都很高，是居民的主食，所以糖尿病幾乎是「國病」。最妙的是，糖尿病須用胰島素治療，偏偏它取自豬體。大家都知道，回教徒對豬是禁忌，所以糖尿病患者的治療效果一直不佳。

　　日本人很喜歡吃海鮮、海帶、納豆和綠茶，所以都很長壽；韓國人喜歡吃泡菜，所以得胃病的人比較多，但他們也誇口說多吃泡菜不會得SARS；印度人好吃咖哩，得阿茲海默症的比例較西方人低；法國人喜歡喝紅酒，得心臟病的人很少；義大利麵有加番茄醬，所以男性得攝護腺腫大的比率偏低；德國人喜歡喝啤酒，所以中年人常有啤酒肚；國人喜歡吃檳榔，所以得口腔癌的比例較高。

二、座位禮儀

你是否有過到正式或大型場所用餐時,雖然有空的座位,卻不知道該坐哪個位置的經驗呢?或者是與長輩或長官一同用餐時,卻因不懂座位禮儀而錯坐「大位」的窘況呢?一般來說,若是參加宴會,通常是由主人來安排座位,以避免主賓與其他客人因坐錯位置而產生不愉快的情形。除了座位有尊卑之分外,每桌也有大小順序之分,且方形桌和圓形桌的座位排序不盡相同,該如何正確的安排座位,還真是一大考驗。沒關係,現在就帶大家一同來認識座位禮儀。

首先,桌次的大小順序有一定的規則可循,原則上是以右為尊(左、右之分是以室內朝向入口為基準),中者為大,內部為重,並考量三P原則:

1. 賓客地位(Position)。
2. 政治考量(Political Situation)。
3. 人際關係(Personal Relationship)。

分別說明如下:

1. 二圓桌並排,以右者為大(以下圖為例,A桌為大)。

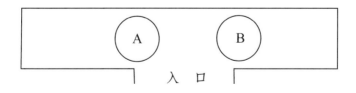

2. 三圓桌並排,以中者為大,右者次之,左者最小(以下圖為例,A>B>C)。

3. 品字型排列：內部為大，右者次之（A＞B＞C）。

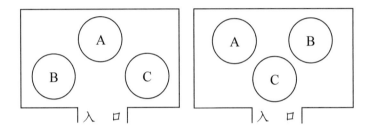

4. 四圓桌排列：內部為大，右者為尊（A＞B＞C＞D）。

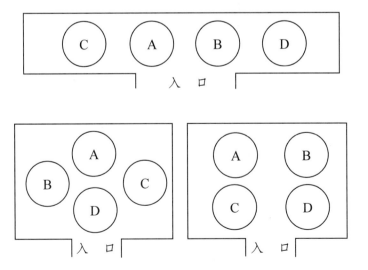

5. 五圓桌排列：以「中者爲大，內部次之，右者爲尊」爲
   原則（A＞B＞C＞D＞E）。

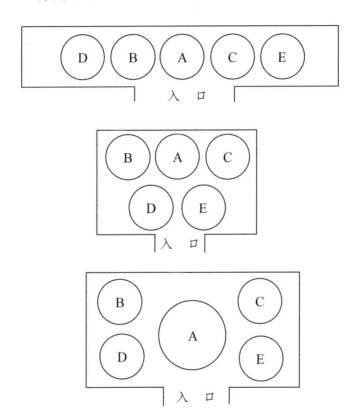

梅花桌：中者為大桌，意即眾星拱月的意思。

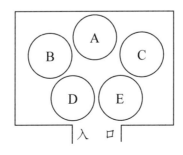

6. 五圓桌以上者，以「中者爲大，內部次之，右者爲尊」
　 爲原則類推。

　　方形桌和圓形桌該如何坐、西式和中式又有何不同？別緊
張，現在就帶大家來瞧瞧，看似複雜卻又井然有序的座次禮儀。

1.方形桌A

　　方形桌二端爲大位，通常是男、女主人的座位，而且男主
人的座位最靠近入口處，這是因爲安全性和方便性。安全性是指
讓客人坐遠離入口處的位置，可以避免遭遇不測或暗算；方便性
是指方便主人點菜，或是菜不夠時能隨時再加點。依照慣例，
男、女主人右手邊的座位是女、男主賓客。一般來說，方形桌的
坐法採用男、女交錯入座的方式，但是也有例外的情形。

(1)英美式與歐陸式（注意男、女主人座位的不同）

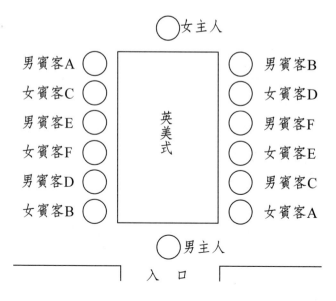

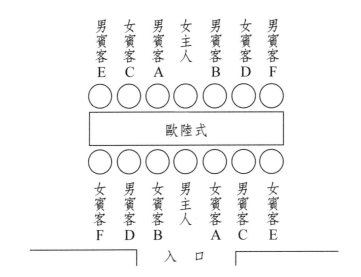

(2)三對賓客之坐法（三男三女）

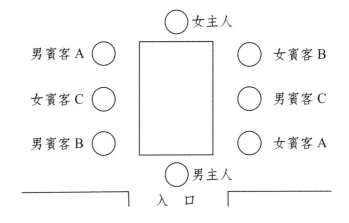

(3)四對賓客之坐法

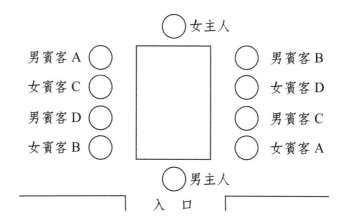

(4)三對賓客之坐法──例外（無女主人或女主人因故缺
　　席時）

　　男主人與男主賓客分別坐在方形桌兩端，女主賓客坐在男
主人右邊，其餘男、女賓客採交錯方式入座。

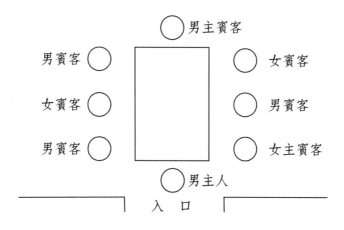

(5)特殊情形

　　如下圖，男、女主人分別坐在方形桌兩端，其餘男、女賓客採L型入座。此一坐法是為了方便男士商談事情，女士在此情形下，可自行聊天，形成二個小團體，不至於產生因採男、女交錯的坐法而不利男士談事情，和女士插不上話而顯得尷尬的情形發生。

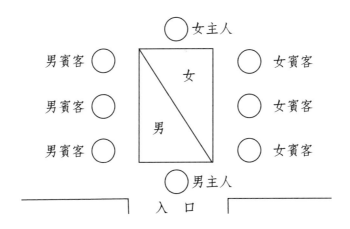

2.方形桌B

以內部為大位，二旁次之，最靠近入口處的座位為最小。

(1)只有男主人時

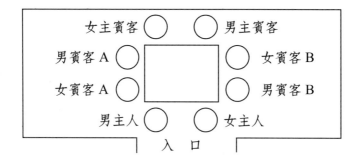

(2)三對賓客之坐法（狀況A）

男、女主人皆出席，且並列而坐。

(3)三對賓客之坐法（狀況B）

男、女主人皆出席，且錯開而坐。

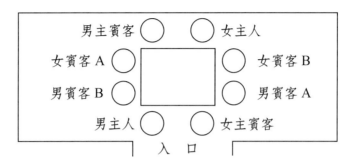

3.圓形桌

(1)西式單主位與中式雙主位之坐法（注意男、女主人與
男、女賓客的位置）

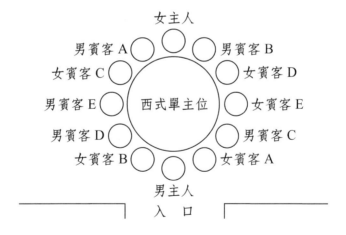

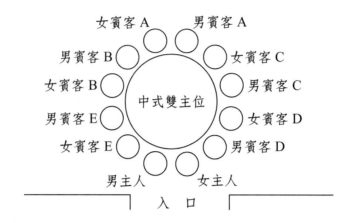

(2)臺灣與中國大陸宴客之坐法

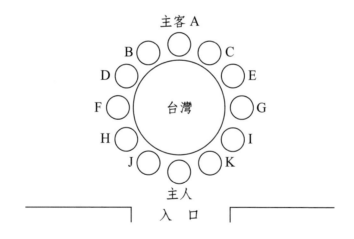

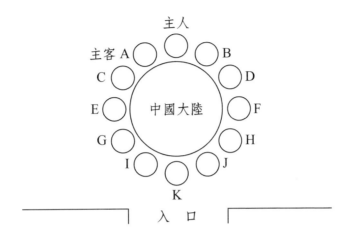

（資料來源：《亞洲週刊》，2002年3月11日～3月17日）

(3)喜宴座位

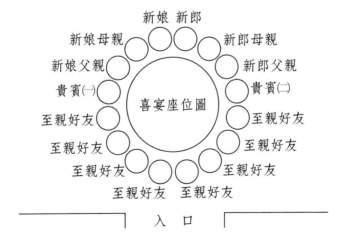

4.日式鐵板燒之坐法

鐵板燒是最近流行的一種飲食方式，與以往去餐館用餐比較起來，最大的不同點是，可以看見廚師在你面前烹飪，也可以知道食材是否新鮮、衛生。若吃不夠，也可以馬上加點，想要幾分熟就是幾分熟，所以日式鐵板燒正是「Just In Time」，而且是沒有庫存的。

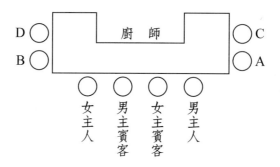

5.「T」字形桌之坐法

主人應坐於內部中央的座位。

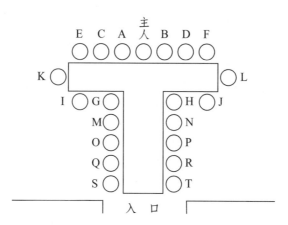

6.「ㄇ」字形桌之坐法

人數若更多，以此規則類推而坐。

(1)單主位

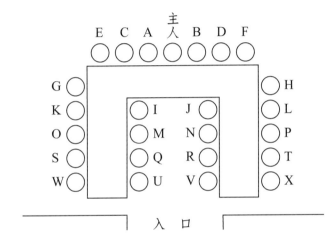

(2)雙主位

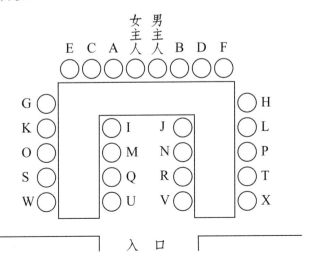

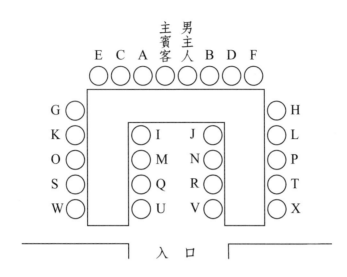

　　看了上述的座位禮儀，是不是有些基本概念了呢？除了上述的座位禮儀之外，還有一些小細節須注意，例如：一對男女與身分不同的人一同前往用餐時，該怎麼坐呢？聰明的你是不是想到了呢？一般來說，靠窗與能看得見餐館全部情形的位置是尊位，應該要禮讓年長者、位高者、女士或是客人坐；最主要的原因是這些位置的視野較好。男士、年幼者或位低者則坐在靠近走道，或是面對牆壁等次位的位置，這才是正確的。

　　一般而言，在正式場合中，座位通常都已經事先安排好，到達會場時，賓客只要按照座位表入座即可。舉個例子來說，筆者參加中華汽車協力會歡送林副董事長榮任經濟部長的晚宴時，座位都已經事先安排好，如下頁表（由於人數太多，在此只舉四桌名單）：

桌次	人數	名　　單
1	12	嚴執行長、林副董事長、中華蘇總經理、中華宋副理、協祥高山健會長、大億吳俊億顧問、士林周滄溟顧問、瑞利呂瑞煌顧問、六和馬毅志顧問、正道林明德顧問、健生莊銘國顧問（筆者）、開發盧福鐘顧問
2	12	穎明劉文村副會長、三龍鄭玉龍北二區長、大億林謙南區會長、臺亞張覺民常務監事、三益黃勝治理事、全興吳聰其董事長、全興吳崇儀理事、源恆黃金坑董事長、源恆黃計陸監事、健生莊清秀董事長、東陽吳永豐董事長、中華簡副總
3	12	信昌奚傑董事長、信昌奚志雄副會長、臺鋼林孫文董事長、亨利陳丁復董事長、基益吳世章董事長、泰元張雲龍董事長、臺全鍾雙虎總經理、林商行林啓明董事長、穎西陳卯芬董事長、正新羅結董事長、富本顏蕭清媛董事長、中華鍾副總
4	12	美生游象卿董事長、普騰洪敏昌董事長、永華曹子勤董事長、大億吳俊佶董事長、華擎林茂寅總經理、信通黃釧輝總經理、瑞利呂瑞晃總經理、穎明劉財明總經理、臺裕橡林碧雲總經理、松下陳正茂副總、中端謝春輝執行副總、中華吳副總

　　由上表可知，一個成功的宴會應在會前就先將座位安排好，而不是等賓客到來時，才一個個安排入座。

三、用餐禮儀——西式

1.餐具之用法

　　「工欲善其事，必先利其器。」用餐前當然得先認識各種餐具的用法及注意事項，以免用餐出糗還不自知，那可就真的丟臉了。

(1)餐巾

　　有人說：「飯局始於餐巾，也終於餐巾。」在正式宴客，須等主人將餐巾從桌上取下，其他賓客再取餐巾；而餐畢也要

等主人將餐巾放回桌上，其他賓客再放。」拿起餐巾攤開後對摺，將有摺線的部分朝向自己並平放在大腿上。切記不可將餐巾圍在脖子上或塞進上衣領口內，這只有小朋友才能如此用法。為什麼會有把餐巾圍在脖子上的行為呢？這個典故來自於早期西部牛仔習慣將脖子上的領巾拿來當餐巾，圍在脖子上，這樣能夠避免在大口吃肉、大口喝酒時弄髒衣服。這一種豪邁的象徵，但並不適用於西餐禮儀。

若用餐中途需暫時離席時，餐巾應放置在座椅上（切記不可放置在桌子上）。但是請注意，骯髒的那一面要朝下才雅觀。最後，用餐完畢後，只需隨意將餐巾摺疊即可，但是骯髒的部分要摺進裡面才不失美觀，放置在餐桌左側後即可離席。須注意的是，不可以將餐巾按照摺線再摺回去，因為此舉意味著餐點不好吃的意思，對主廚而言是極侮辱的一件事，所以千萬不要為了美觀或閒著沒事而將餐巾摺回去。

(2)刀、叉與湯匙之用法

東亞在西元四世紀就已產生筷食文化，西方仍維持手食文化（在達文西名畫〈最後的晚餐〉中，耶穌及門徒均用手取食）；直到十一世紀，拜占庭帝國才發明叉子，再傳入西方，成為刀叉文化。

a.刀與叉應由外向內使用。

b.使用刀子時，食指應按在刀柄背上。

c.使用叉子時，有二種拿法：一為和刀子相同的拿法，另一種拿法如同握筆的方法。什麼時候該使用何種拿法，則視情況選擇最適當的拿法。

d.湯匙的拿法不可用拿刀的方法，亦不可拿得太接近湯匙根部，適當位置即可。

e.未食用完畢的餐具，擺法有三種：英式、歐式與美式。原則上排左右兩邊，餐後刀叉交叉。據說十七世紀的義大利貴族為表現宗教虔誠，交叉的刀叉象徵十字架，表示感謝天主恩賜食物。

f.用餐完畢後，餐具擺法有三種：英式、歐式與美式。原則上平行排列，叉子內側，叉尖向下；刀子外側，刀刃朝己，法式4點鐘方向，英式6點鐘方向。

馬都有失蹄時，人當然也會有出錯的時候。例如：刀叉掉在地上時該怎麼辦呢？別緊張，這時候只要請服務生幫你處理，並換一副全新的刀叉就可以了。可別左右看看有沒有人注意，然後撿起來用餐巾紙擦拭乾淨再使用，這可是錯誤的做法。萬一被別人瞧見，反而還會鬧大笑話，更可能被認為有偷窺之嫌（國際禮儀中之免於騷擾的自由）。

2.如何正確用餐（依照上菜順序介紹）

西餐採用「先上菜應先行食用」，主要是因為食物剛端上桌時是最佳的品嚐時間，否則怕食物降溫而失去原有的美味。侍者通常由客人左側上菜，盤中主菜近客人，配菜遠客人，酒或飲料由右邊送上，稱為「左菜右酒」或「左固（體）右液（體）」。但是千萬要注意：若是上司請客或宴會上有主賓客時，應先等上司或主賓客食用後再開動，才符合基本禮儀。

(1)開胃菜

開胃菜扮演著催化的作用，目的是要引起賓客的食慾。但是在開胃菜的部分不宜食用過多，淺嚐即可，以免因食用過多的開胃菜後，對主菜失去興趣的情形，那可是得不償失的一件事。

(2)湯

當湯盤內的湯剩下一點點時，該怎麼喝呢？正確方式應將靠近自己這一側的湯盤向外傾斜，並由內向外舀取來食用，表示湯好喝，看得見吃光光（英式）。

一般常見的喝湯方式是由外向內，這是法國人習慣的喝湯方法，雖然在國際禮儀上並不算違反禮儀，但是在正式場合中還是應該採用英式，理由就如前言所說的：「所謂禮儀，其實就是歐美禮儀，歐美又以英國為主。」喝完後，將湯匙放置於碗內並朝上或橫放擱置於靠近自己一方的托盤上，抑或是將湯匙柄垂直豎立擺在盤側皆可。若是有附耳的湯杯，就可以直接用手端起來喝。喝湯的時候不可發出聲音，若太燙可以等一下再喝。如果是酥皮濃湯，要從酥皮正中戳破，連湯加酥皮一起吃，才可品嚐酥皮的脆感，亦可先享受奶油濃湯，而不是先吃酥皮再喝濃湯。

(3)麵包

一般而言，麵包大多會放置在自己左前方的位置（水要放右邊，西方習慣：左固（體）、右液（體），所以自左上菜，自右斟酒），而麵包端上桌的時機為用完湯之後，但也有一開始就端上桌的例外。一開始就端上桌的麵包，並非是要立刻狼吞虎嚥地吃完，而是要配合菜餚或湯一起食用；在甜點上桌之前，都可以一直享用麵包。若是不足，還可以請服務生加添。通常服務生會在甜點端上桌後，將麵包收走；若習慣將麵包留到最後才食用的人，可要特別注意這一點。

另外，麵包正確的吃法是用手將麵包撕成小塊來食用，並且吃一塊撕一塊。若要塗奶油，則應以手撕下麵包塊後，另一手拿奶油刀塗上奶油，再將奶油刀放回麵包盤後才食用手中的麵包。若要直接食用麵包而不塗奶油，只需手拿著麵包，將麵包撕

一小塊入口。

　　需特別注意一點的就是，撕下麵包後，要將麵包放回自己的盤子上，然後再食用剛剛撕下來的小麵包塊，這樣雖然麻煩了點，但是比起拿著麵包不放，拚命撕麵包來吃的動作，是不是雅觀許多呢？

(4)魚類料理

　　當魚料理沒有魚骨時，應從左到右切，魚刀刀面較寬，以利切割不鬆散。大小以一口為佳，再沾醬來食用。若是有魚骨的話，應先用叉子按住魚的頭部，並用刀沿著中間骨頭的部分劃開至魚尾，外側的部分取下整塊魚肉後再切成適當大小來食用。若要食用另一面魚肉時，應將刀從魚骨下層和魚肉劃開，並取下整副魚骨後再食用魚肉。切忌食用魚料理時，將魚翻面來食用。

　　還有一點要注意的，一般而言，除了魚刺、骨頭之外，吃進去的食物再從嘴巴吐出來是很不禮貌的。若要將魚刺、骨頭吐出時，應以手或餐巾稍微遮住嘴巴，並將叉子靠近嘴邊，再將魚刺、骨頭吐在叉背上，再放置於小盤子上就行了。

(5)龍蝦料理

　　通常有帶殼的龍蝦料理，大多已經先將肉取出輕輕附在外殼上，所以很方便食用。但是若沒有先將龍蝦肉取出的料理，只需用叉子按住龍蝦頭部，再用刀子插入殼與肉中間，從背部繞到腹部的方式劃一刀，待整個劃開後，即可輕鬆用叉子將龍蝦肉取下食用。

(6)生蠔及蝸牛料理

　　無論西餐料理、日式料理、甚至是混合式自助餐，「生

蠔」都是常見的一道料理。有人說，法式生蠔是一個一個賣，我們彰化王功的「蚵仔」是一斤一斤賣，這是附加價值的觀念！拿破崙的名言：「生蠔是對付敵人及女人的最佳武器」，種種故事奠定了生蠔在餐桌上尊貴的地位。食用時，只需在生蠔上淋上一些配料及醬汁，然後再用叉子叉起來食用即可。

　　另外，法國菜最常見的一道料理就是蝸牛，但是你知道該怎麼處理帶殼的蝸牛嗎？一般而言，若是有帶殼的蝸牛料理，都會附上專用的夾子和叉子，食用的時候，只要左手拿專用夾固定住蝸牛外殼，再以右手拿叉子將蝸牛裡的肉取出來就行了，蝸牛殼裡的湯汁還可用夾子將殼移到嘴邊直接喝。

(7)肉類料理

　　一般而言，不帶骨頭的肉類料理，是由左到右切成適當的大小後再食用，不宜一開始就全切成一小塊一小塊後再慢慢食用，因為這樣容易涼掉而流失食物的美味。若是有帶骨頭的肉類料理（包含雞腿），也應先把骨頭去除後再食用。若無法將骨頭去除，也可將肉切下後再以刀叉來食用。

　　在正式場合中，無論是何種肉類料理，即使是烤雞或骨頭一端用錫箔包住的肉類，都不宜用手抓食。但若是在非正式場合中，如親友聚會，大家一起用手抓食烤雞倒是無傷大雅，反而是一種樂趣。若食用的是串燒類料理，應先將竹串或金屬串取下後，再用刀叉來食用。由於串燒上的肉冷卻後會不易取下，所以應趁熱將串燒上的肉一次取下。

　　此外，牛排的熟度一般可分成四階段：
　　‧Rare：三分熟，肉汁有帶血。
　　‧Medium rare：五分熟。
　　‧Medium：八分熟。

・Well-done：全熟。

其中，又以「Rare」熟度的肉汁最多，也是最令饕客愛不釋手。別以為牛排切開後所流出來的粉色液體全部是血水，其實那可是滲透進去的調味汁和牛肉本身的肉汁，所結合而成的獨特醬汁。

附帶一提，你知道為什麼魚或肉類料理要由左而右切起嗎？以慣用右手來說，這是因為「右手拿刀，左手拿叉」的緣故。當拿刀子的右手將料理切開後，再由拿叉子的左手將料理送至嘴邊較順手，所以大部分的料理都是由左而右切起的。

(8)蔬菜、沙拉

a.玉米：國人吃玉米的習慣向來是使用萬能的雙手，抓起來就啃。但在正式場合中，這種吃法可是會讓人家覺得自己像野蠻人，並且姿勢也很不雅觀。通常在正式場合中，如果有玉米的料理，餐廳都會先處理好，幾乎不太可能會有整條玉米出現。一般而言，端上桌的玉米大都是片狀的，只需用叉子按住中心部位，再用刀子將玉米粒切下後食用。所以利用刀叉來食用玉米，是需要相當的技巧才能吃得漂亮。

b.豆類：豆類的外形既圓又滑，所以食用豆類食物時，可用叉子內側舀取；若是較軟的豆類如豌豆，還可利用叉背先將豆子壓扁後再舀取來食用。

c.其他類蔬菜：可用刀叉相互配合來食用。

d.沙拉類：沙拉是可以用刀叉，也可以只用叉子來食用的一種料理，這是美式用法。但是到了法國，可就要特別注意，因為法國人吃沙拉時，一定只能用叉子舀著吃或拿麵包沾著吃，絕對不可以用刀子。

(9)甜點類

吃過美味的菜餚後，接著就是甜點和水果了。最常見的甜點就屬冰淇淋、三角或多角形的派或蛋糕。以下就為大家介紹食用時該注意的事項。

a.三角或多角型的甜點：如蛋糕、派等，應從銳角部分開始食用。若是派或泡芙，還可用刀叉互相配合著來食用。

b.冰淇淋：冰淇淋大多已盛在腳杯容器裡，有時也搭配威化餅或其他小餅乾一起端上桌。若只有冰淇淋的時候，只要以手按住腳杯底部，右手用湯匙由內往外舀取食用即可；若是搭配著威化餅（Wafer）或其他餅乾時，要非常注意的一點是：將冰淇淋塗在餅乾上來食用，是錯誤的吃法。正確的吃法應該是一口冰淇淋一口餅乾，交互著吃。食用完畢後，只需將湯匙擺放在靠近自己的托盤上就行了。

(10)水果類

看見又香又黃的香蕉或火紅的蘋果，總是令人垂涎三尺，忍不住就拿起來，剝了皮就吃，抓了就啃。你可知在西餐禮儀中，這些都是錯誤的吃法嗎？像香蕉這類有附果皮的水果，若事先去皮再端上桌，極有可能會破壞水果原有的美味，所以通常都是連果皮一起端上桌的。但要如何優雅地去除果皮來品嚐新鮮美味的水果呢？現在就介紹常見水果的正確食用方法給大家。

a.香蕉：香蕉是很好固定住的水果，食用時，要先將香蕉的兩端切除，然後以叉子固定住香蕉的左端，順勢用刀子由左而右劃開上半部的皮，然後再攤開全部的果皮，最後將果肉切成適當大小來食用（以慣用右手的人來說）。

b.蘋果：吃蘋果時，應先以叉子固定好，以刀子對半縱切，

再切成四等分。先去除果核再去除果皮，接著切成一口大小來食用。

c.瓜類水果：一般而言，多汁的瓜類水果有兩種食用方法。

(a)直接使用湯匙：若以此方法食用水果時，應以左手固定住水果左端，再以湯匙由右至左挖取來食用。

(b)使用刀叉：若以此方法食用水果時，應以叉子輕壓水果左端，再用刀子從右而左沿著果肉與果皮之間劃開，切記先不要全部劃開，否則食用水果時，果肉會因為沒有固定住而滑動，反而更不方便食用。將劃開部分吃完後，只需將水果旋轉180°，再用同樣的方法，就可以很輕鬆又優雅的食用瓜類水果了。

d.葡萄柚與柳橙類：葡萄柚的吃法很簡單，通常是以刀子對半切後，再以湯匙挖取來食用即可。柳橙類的水果也可使用上述吃葡萄柚的方法來食用，抑或是切成四塊後，再利用刀叉剝皮來食用。

e.葡萄與草莓類：這二類小型水果，可利用叉子，或直接用手拿起來吃。葡萄皮和籽可吐在手上（還是必須用餐巾遮一下嘴巴再吐在手上），再放置於盤子上，或吐在叉背上再放置到盤子上皆可。

f.柿子：吃柿子的方法和吃蘋果的方法大同小異，不同的是，吃柿子時，應先以刀子橫切柿子上部，取下果蒂後再切成四等分，去除果核和果皮後即可食用。

小知識大學問

水果甜度知多少？

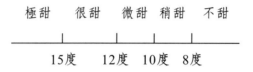

極甜　　很甜　　微甜　稍甜　　不甜

15度　　　12度　　10度　　8度

白甘蔗：19度	甜柿：19度	荔枝：19度	葡萄：18度
芒果：13度	蘋果：13度	水梨：12度	柳丁：11度
橘子：11度	番石榴：10度	蓮霧：9度	葡萄柚：8度

常見水果的英文及法文名稱也要了解，如下表：

中文	英文	法文
櫻桃	Cherry	Cerise
鳳梨	Pineapple	Ananas
香蕉	Banana	Banane
芒果	Mango	Mangue
栗子	Chestnut	Châtaigne
哈密瓜	Melon	Melon
草莓	Strawberry	Fraise
檸檬	Lemon	Citron
奇異果	Kiwi	Kiwi
蘋果	Apple	Pomme

柳橙	Orange	Orange
橘子	Mandarin Orange	Mandarine
番茄	Tomato	Tomate
梨子	Pear	Poire
西瓜	Watermelon	Pastèque
葡萄柚	Grapefruit	Pamplemousse

　　臺灣特有之水果，我們有幫它們取英文名字，如楊桃是 Star-fruit；蓮霧是Bell Fruit；釋迦則是Buddha Fruit，外國人才容易意會。

小知識大學問

　　1.臺灣十大外銷水果：
　　(1)香蕉，(2)楊桃，(3)柑橘，(4)荔枝，(5)番石榴，(6)芒果，(7)鳳梨，(8)葡萄柚，(9)柚子，(10)葡萄。

　　2.臺灣十大內銷水果：
　　(1)西瓜，(2)水梨，(3)番石榴，(4)甜橙，(5)鳳梨，(6)洋香瓜，(7)蓮霧，(8)椪柑，(9)木瓜，(10)香蕉。

　　3.水果的故鄉：
　　(1)甜柿：臺中和平鄉，(2)水梨：臺中梨山，(3)葡萄：彰化大村，(4)文旦：臺南麻豆，(5)芒果：臺南玉井，(6)鳳梨：臺

南關廟，(7)蓮霧：屏東林邊，(8)番石榴：高雄燕巢，(9)
釋迦：臺東，(10)草莓：苗栗大湖，(11)楊桃：苗栗卓蘭，
(12)水蜜桃：桃園拉拉山。

3.用餐需知

認識上述用餐的基本禮儀後，有一些該注意的事項也是不
可忽略的。現在再一次提醒大家：

(1)「13」在外國被視為不吉祥的數字，大家應盡可能避而
　　遠之。這個緣由是因為耶穌〈最後的晚餐〉中，第13個猶
　　太人背叛了耶穌，導致後來西洋人對「13」這個數字非常
　　排斥。不僅連餐桌和人數方面都不安排13個人，就連大樓
　　樓層也沒有13樓，直接就跳到14樓；這和我國沒有4樓是一
　　樣的道理（因為「4」和「死」諧音），飛機座次亦然。故
　　在餐桌人數的安排上，應避免13個人或13桌。

(2)若有附湯匙的湯或其他類羹餚、甜點等，食用完畢後，
　　湯匙的擺放位置應置於靠近自己這一方的托盤上。如果
　　還要繼續用湯，湯匙就放在湯盤內。

(3)用餐時若需要調味料，如超過手肘範圍約60公分以上，
　　可以請服務生或旁人代拿，切忌伸一隻「魔手」直撲過
　　去（國際禮儀中之「免於恐懼」的自由）。

(4)若有魚刺、骨頭等殘渣，一定要放在器皿上，切忌吐在
　　桌上。

(5)女士應由男侍者帶位，而且男女入座時，均由椅子的左
　　側進入。胸部距離餐桌約一、兩個拳頭。

(6)隨身攜帶的皮包、袋子應放在背部與椅子之間，不可放

在桌子上，否則會讓人誤以爲是應召女郎。

(7)一般人出外用餐時，都習慣隨手將外套披在椅背上，殊不知這樣的舉動在國際禮儀中，可是非常不禮貌的。所以外套不可放在椅背上，而是應該披掛在置衣架上，或是請服務生代拿到置衣間。

(8)入座後，切忌翹腳，且不應將手插在口袋裡，手應輕鬆地放在桌上（最初是證明自己手中沒拿毒藥；手若放在餐桌下，就會被懷疑心懷不軌）。

(9)因爲每個人宗教信仰不同，所以要尊重同桌人飯前禱告的習慣。

(10)用餐時若須中途離席，餐巾則須放在椅子上，因爲餐巾放在桌上是表示結束用餐，此時只需稍微摺疊即可；若折回原狀，是代表對餐飲不滿意的意思。

到了國外用餐，我們也應該要對英文菜單有所認識，在此，我們提供了西式及中式自助餐中英對照的菜單供讀者參考〔感謝臺中金典飯店（原晶華飯店）吳進益經理提供〕。

小知識大學問

1. 松露是西方料理的美食。松露深藏於泥土地底，常遣豬犬嗅出，有獨特芳香；而在餐館菜單及頂級食材店出現的松露，僅爲所有松露種類的一小部份。在生態系中松露扮演著重要角色，還維繫植物與動物的生存。

2. 飲食習慣與罹患癌症之相關性

飲食習慣	易罹患之癌症
動物性飲食	乳癌、肺癌、結腸、攝護腺癌、卵巢癌、淋巴癌
飲酒	食道癌、肝癌
低纖維飲食	結腸癌、乳癌
醃製、醺製、晒乾保存的食物	胃癌、食道癌

資料來源：《關鍵飲食》，書泉出版社。

3. 《北美素食者新飲食指南》新五大類食物金字塔

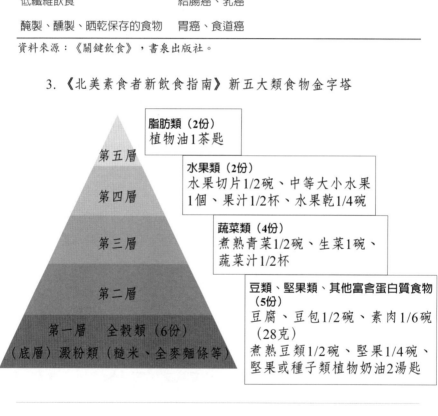

MENU

自助餐菜單

大理石起士蛋糕　Marble Cheese Cake

凱撒沙拉　Caesar Salad

中式豬舌　Red Stewed Pig's Tongue

草蝦盤　Shrimps

木瓜貽貝　Papaya Mussels

醃漬鮭魚　Pickled Salmon

金茸菠菜　Spinach Roll

素海蜇　Vegetarian Jelly

什錦冷肉拼盤　Curd Meat

煙燻鴨胸　Smoked Duck

XO醬墨魚片　Sauteed Squid W/X.O Sauce

茶碗蒸　Steamed Eggs

炒米粉　Fried Rice Noodle

鵝肝醬豬菲力　Pork With Goose Liver Sauce

NEW ORLEANS FESTIVAL LUNCH SET MENU
紐奧良嘉年華午餐菜單

THE LOUISIANA COLD APPETIZERS AND SALAD BUFFET
路易斯安那開胃菜和沙拉吧

CHICKEN AND SHRIMP GUMBO SOUP
雞肉蝦仁秋葵湯

LOUISIANA CRAW FISH BISQUE
路易斯安那小龍蝦湯

CHORIZO SAUSAGE AND HAM JAMBALAYA
紐奧良香腸火腿飯

GRILLED RED SNAPPER FILLET WITH CAJUN SPICES
SERVED WITH BLACK EYE BEANS,
BROCCOLI WITH ALMONDS AND PILAF RICE
碳烤鯛魚燴黑豆杏仁青花菜比拉芙飯

THE NEW ORLEANS CARNIVAL DESSERT BUFFET
甜點吧

COFFEE OR TEA
咖啡或茶

PECAN TARTELETTES
胡桃塔

NEW ORLEANS FESTIVAL DINNER SET MENU
紐奧良嘉年華晚餐菜單

THE LOUISIANA COLD APPETIZERS AND SALAD BUFFET
路易斯安那開胃菜和沙拉吧

GRILLED DUCK BREAST SALAD, WITH BLACK CURRANT VINAIGRETTE
碳烤鴨胸沙拉佐黑醋粟油醋汁

CHICKEN AND SHRIMP GUMBO SOUP
雞肉蝦仁秋葵湯

LOUISIANA CRAW FISH BISQUE
路易斯安那小龍蝦湯

3 PIECES GRATINATED OYSTERS ROCKEFELLER
洛克斐勒生蠔

GRILLED U.S.BEEF TENDERLOIN WITH CAJUN SPICES SERVED WITH
BLACK EYE BEANS, BROCCOLI WITH ALMONDS AND POTATO PIE
碳烤美國菲力佐黑豆和杏仁青花菜和馬鈴薯派

CREOLE SEAFOOD ETOUFFEE WITH RICE
紐奧良海鮮飯

THE NEW ORLEANS CARNIVAL DESSERT BUFFET
甜點吧

COFFEE OR TEA
咖啡或茶

PECAN TARTELETTES
胡桃塔

主菜　ENTREES

GRILLED RED GAROUPA WITH CAJUN SPICES
SERVED WITH BLACK EYE BEANS, BROCCOLI WITH ALMONDS AND PILAF
碳烤肯瓊紅石斑魚佐黑豆、杏仁、青花茶、青豆仁飯

CREOLE SEAFOOD ETOUFFEE WITH RICE
克羅里爾海鮮飯

VEAL CUTLET CORDON BLEU, SERVED WITH OLD-FASHIONED
GREEN BEANS AND CORN
藍帶犢小牛佐傳統青豆玉米

GRILLED U.S. BEEF TENDERLOIN WITH CAJUN SPICES SERVED
WITH BLACK EYE BEANS, BROCCOLI WITH ALMONDS AND POTATO PIE
碳烤美國菲力牛小排佐黑豆、杏仁、青花菜、洋芋派

SAUSAGE AND HAM JAMBALAYA
紐奧良香腸和火腿飯

BLACKENED TRIPLE LAMB CHOPS LOUISIANA STYLE
路易安那羊排佐傳統式青豆玉米

LIVE MAINE LOBSTER
現流活龍蝦

GRATINATED LOBSTER SAVANNAH-HALF, SERVED WITH LEMON RICE-WHOLE
美式焗烤半隻龍蝦　佐檸檬飯

GRILLED LOBSTER WITH CAJUN SPICES-HAL, SERVED WITH LEMON RICE-
WHOLE
碳烤肯瓊半隻龍蝦　佐檸檬飯

GRILLED LOBSTER WITH CHORON SAUCE-HALF, SERVED
WITH LEMON RICE-WHOLE
碳烤龍蝦科農沙司　佐檸檬飯

開胃菜 APPETIZERS

GRILLED DUCK BREAST SALAD WITH BLACK CURRANT VINAIGRETTE
碳烤鴨胸沙拉黑梅醬汁

MARDI GRAS POTATO AND SAUSAGE PIE
肉腸洋芋派

SEAFOOD SALAD WITH CITRUS FRUIT
柑橘海鮮沙拉

GOLDEN FRIED CRAB CAKES WITH PAPAYA SAUCE
酥炸黃金蟹肉餅木瓜沙司

THE LOUISIANA COLD APPETIZERS AND SALAD BUFFET
路易安那開胃前菜和沙拉吧

SOUPS
湯

CHICKEN AND SHRIMP GUMBO SOUP
雞肉蝦仁秋葵湯

LOUISIANA CRAW FISH BISQUE
路易安那小龍蝦湯

DEVILISHLY GOOD RED BEAN SOUP
紅豆濃湯

故事實例

案發時間：20xx年2月30日
案發地點：河力霸高級西餐廳
案發起因：艾美莉小姐與友人的聚會
案發主角：艾美莉小姐與友人
案發經過：

艾美莉小姐精心打扮後，開心地來到會場，進入餐館後，服務人員隨即帶領艾美莉小姐入座。艾美莉小姐就座後，便將皮包隨手放在椅背上（切記不可放在桌上，在國外，這種舉動會讓人誤以為是應召女郎）。與友人寒暄幾句後，服務生便開始上菜。

艾美莉小姐拿起桌上的餐巾平放在腿上（切記不可像小朋友一樣圍在脖子上），餐具的使用基本規則是由外而內。享用開胃菜後，湯品接著上桌，艾美莉小姐細細品嚐，並在快見底時，端起碗的一端，湯匙由內向外舀取。接著吃過麵包後，主菜菲力牛排隨即上桌，艾美莉小姐便切一塊吃一塊，享受盤中美食（切忌將盤中的肉類料理全部切開後才食用），然後上桌的就是可口的點心——起士蛋糕，艾美莉拿起小刀叉，切一口吃一口。接著就是新鮮的香蕉，艾美莉小姐熟稔地運用刀子將皮劃開後，運用刀叉將香蕉切成適當大小來食用，與切牛排一樣，必須切一塊吃一塊（切忌像猴子一樣拿起香蕉直接剝來吃）。

最後上桌的就是香醇的咖啡，艾美莉小姐加入適量的奶精與糖，輕微攪拌後，握住杯耳將咖啡杯端起品嚐（切記此時不可將小指翹起，此舉動有種性暗示的意味）。

當有外賓參加中式宴會時，必須將菜名翻成英文，以免外賓「霧煞煞」，茲舉例如下：

Menu

中式喜宴菜單

如意大拼盤
（烏魚子、油雞、燻蹄、海蜇、叉燒）
Mullet Roe, Roasted Chicken, Pork Knuckle, Sea Blubber and B.B.Q Pork

龍鳳築新巢
Stir-Fried Shrimp and Vegetable with Oyster Sauce

玉環瑤柱甫
Braised Scallop and White Radish

紅燒雙喜翅
Braised Superior Shark's Fin with Ham in Casserole

百齡菇海參
Braised Mushroom and Sea Cucumber with Oyster Sauce

蔥油海石斑
Steamed Grouper with Green Onion

紅酒牛小排／羊小排
Pan-Fried Veal and Lamb with Red Wine Sauce

蔘棗燉全雞
Double-Boiled Sea Snail with Chinese Herb

蒲燒鰻米糕
Steamed Cantonese Glutinous Rice with Eel

羊城雙美點
（紅豆涼糕／蟹黃燒賣）
Cantonese Pastry Combination

桂圓紅棗燉銀耳
Double-Boiled Red Dates and Lotus Seeds Soup

季節鮮果盤
Seasonal Fresh Fruit Platter

Menu

中式套餐菜單

五福豪華大拼盤
Deluxe Combination Platter

紅燒魚唇蟹肉翅
Braised Shark's Fin Soup with Crab Meat and Fish Lips

清蒸比目魚
Steamed Halibut Fish With Supreme Soya Sauce

碧綠海參燜冬菇
Braised Sea Cucumber
with Black Mushroom and Garden Green

秘製京烤排骨
Baked Pork Ribs with Sweet & Sour Sauce

香酥椒鹽鮮草蝦
Deep-fried Grass Tiger Prawn with Salt & Spices

季節合時生果盤
Fresh Fruit Platter

2009食神爭霸大賽

臺灣隊VS.新加坡隊菜單

臺灣米其林隊		新加坡隊
醍醐時尚餅	前菜	炸生蠔拌木瓜沙拉、魚捲拌香辣、炒臺灣時蔬拌XO醬
珍味燈籠花	湯	清蒸特級豬肉拌魚餃
懷舊尚糕楂	主菜一	鮮蔬醬汁軟絲、辣味百合醬蛤蠣
懷舊鴨三杯	主菜二	五味鴨胸拌咖啡醬
鳳凰拌時鮮	主菜三	黑胡椒醬雞、黑醋栗醬豬肉捲
道地杏仁腐	甜點	手工製甜椒型湯圓、棗泥甜點、綜合鮮果軟點

資料來源：臺灣觀光協會。

小知識大學問

1. 你知道澳洲有一種啤酒的牌子是XXXX嗎？這個緣由是英國人到澳洲，拿了瓶裝啤酒給土著喝，當地的土著覺得很好喝，但是又看不懂瓶子上的「Beer」是什麼意思，就以四個「X」來代替「Beer」了。

2. 2005年4月11日，外交部辦理駐臺使節赴高雄參訪，自助餐的湯杯有非洲原住民與動物擺在一起的圖案，引起非洲使節的不滿，尤其水母的英文Jellyfish，可譯為「沒有骨氣」，讓使節有受辱之感。

3. 中菜譯名漸有官方版譯名，如「童子雞」不可譯名Chicken Without Sex Life（沒有性行為的雞），應譯成Steamed Pullet（蒸小母雞）；又「紅燒獅子頭」不可譯成Red Burned Lion Head，要譯為Braised Pork Balls in Soy Sauce（用醬油燉爛的肉丸）；「麻婆豆腐」不當譯為Bean Curd Made by a Pock-Marked Woman（滿臉雀斑的女人製作的豆腐），可直接音譯為Mapo Tofu。

四、用餐禮儀——日式

隨著哈日風的盛行與赴日本旅遊、做生意的頻繁，國人對日本不再陌生，甚至還有許多人都開始學習日文了。因為日本是個經濟強國，所以日本料理並不會只有在日本才會出現，例如：法國、馬來西亞、巴西等國家都有日本料理。所以，除了出國旅遊到日本有機會接觸日本料理之外，去其他國家也有機會享用日本料理。因此，在這裡特別為大家介紹日式的用餐禮儀。

1.餐具之用法

(1)筷子

日本和我國一樣都是用筷子吃東西的民族,這點對外國人來說,要他們從拿刀叉變成使用筷子,的確是很不簡單的事。日本人不僅對吃很講究,就連餐具的使用方法,更可說是到了「龜毛」的地步,從一些日本節目中不難看出。無論是中式或日式,筷子在餐桌上的禮儀都占了極重要的部分。到底筷子該怎麼拿才算合乎禮儀呢?

a.以右手取筷架上的筷子後,用左手由下方托住。

b.將右手移至筷子末端後反轉向上,與左手相同的手勢。

c.再利用右手將筷子推至適點位置。

食用完畢後,一般將筷子並列橫放在碗上是錯誤的方式;應將筷子並列橫放於筷架上,並且前端需稍凸出筷架。假如使用的是衛生筷,取筷子的方法和上述相同;分開衛生筷時,應上下分開才是正確的,且拆封的筷袋應放置左側或擺放在坐墊旁。

(2)碗

碗的拿法就如同送禮一樣,無論是遞碗或接碗,都是使用雙手。通常在日式餐中,大多數用碗裝盛的料理都附有碗蓋(碗蓋的作用多為保溫之用)。在品嚐料理之前,一定要先掀開碗蓋;掀碗蓋時,要將碗蓋朝向自己的方向向上翻開。若料理擺上桌的位置在中央或右側,掀開後的碗蓋應置於右外側;同理,若料理的位置在左側,掀開後的碗蓋就置於左外側。

假如碗蓋太緊不易打開時,可用左手輕輕擠壓碗的兩側,再用右手掀開碗蓋。若還是打不開,可請服務生幫忙,千萬不要使用蠻力打開,否則一不小心打翻了,豈不是很尷尬嗎?進

食時，應以四指併攏托住碗底，大拇指輕按住碗側才是正確的拿法，抑或是用中指和無名指夾住碗底，或只用中指按在碗底下均可。用餐完畢後，要將碗蓋蓋回去，並且碗蓋上有小凸起的部分要朝上，而不是朝下，因朝下放置，不但很難取出，而且也很容易刮傷器皿。所以當有好幾副碗蓋時，可別像玩疊羅漢一樣一直往上疊，這不但是錯誤的方法，而且也極容易碰傷器皿，須特別注意。

(3)毛巾和棉紙

餐桌上所提供的毛巾，主要是擦拭手和手指，若拿來擦其他的部位，如臉部，可是會被取笑的。也有用塑膠袋裝的溼紙巾，常有人用力拍打，聲驚四座，顯得沒教養；正確的方法是用撕開的方式。一般而言，毛巾都固定放在器皿的右側，使用完畢後摺好放回原位。另外，棉紙的作用就非常廣泛了，例如可擦拭滴在桌上的湯汁、碗邊的油漬或口紅印等，雖然現在很少使用棉紙，但棉紙也曾是日式料理中不可或缺的主角之一。

2.如何正確用餐（依照「會席料理」上菜順序介紹）

日式和西式不太一樣，西式大多採用先上菜者先行使用，但日式是要全體到齊後才同時開動，並且應等到主賓客或主人說：「開動吧」、「大家動筷吧」，才可以開始用餐。但面對琳瑯滿目的菜餚，該從哪一道先開動呢？原則上是依出菜順序，先端出來的菜餚先行食用，倘若有不喜歡或不敢吃的菜餚，可以不要吃，不需要勉強夾起來吃個一、兩口，因為這樣反而會被誤認是嫌棄料理不好吃。當每道菜食用完畢後，可將殘渣、骨頭等放在器皿中央，再將餐具稍微往前方推。

(1)前菜（開胃菜）

一般來說，前菜是由好幾種配料組合而成，通常是由外側吃起，其順序為左側、右側，最後才是中間。日式不像西式有許多規定，如忌用手取物，日式反而顯得輕鬆許多。有些前菜是依當令的蔬菜來搭配，如蠶豆等附皮的蔬菜，可以直接用手拿起來吃，假如此時遵循西式的方法來進食，同樣用器具（日式為筷子）來去除外皮，是不是稍嫌多此一舉呢？萬一不小心沒夾好而讓蠶豆飛出去，豈不是更尷尬？雖說這一類的前菜可用手拿，但去除後的皮也不可弄得亂七八糟，應該聚集在一起，才不會顯得髒亂。

(2)吸物（清湯）

在日本節目裡常常看見他們喝湯時都會先捧著碗輕啜一口後，再動筷子品嚐裡面的食物。一口湯，一口食物，這才是正確的食用方法。無論是何種湯品，都不可以一上桌就把湯喝得一乾二淨。若湯中的食物較大塊時，如豆腐，可先在碗內以筷子夾切成適當大小後再吃，切忌用牙齒咬斷再放回碗內，這點是須注意的地方。

(3)刺身（生魚片）

常常看見有人吃生魚片時，怕醬汁滴在衣服上，於是就彎腰駝背地吃，雖然這樣吃的確比較不會弄髒衣服，但卻是錯誤的方法。正確的方法應該將盛裝醬汁的調味盤端至胸前，一來醬汁不易弄髒衣服，二來姿態又雅觀，豈不是兩全其美。

假如盤中有好幾種生魚片，應從白肉魚先開始食用，而脂肪較豐富的生魚片則留到最後再食用，因為脂肪較豐富的生魚片味道較甜美，如果一開始就先吃脂肪較豐富的生魚片，則其他的

生魚片就會顯現不出其獨特的風味。另外，吃生魚片後都會搭配白蘿蔔絲等蔬菜一起食用，主要是清除前味，這樣才能好好品嚐下一片不同的生魚片。

(4)煮物（水煮）

　　水煮食物通常容易滴下湯汁，此時可以連同器皿一起端著食用，或者利用蓋子當托盤使用也可以。別忘了，即使是蓋子，在日式料理中也是既方便又實用的器皿。

(5)燒物（燒烤）

　　魚不論是水煮或燒烤，都是經常出現的料理之一。原則上，吃法和西式吃法大致雷同，應從頭部往尾部吃起，當一面吃完時，只需利用筷子夾起魚骨並放置在器皿的一側，即可享用到另一面的魚肉。若是整尾的魚，切記不可以翻面吃。當不方便使用筷子夾起魚骨時，可藉用左手按住魚頭，再夾起魚骨也是可行的方法。假如是整塊魚肉時，只要遵循從一端吃起，而非從中間吃起，並且避免一開始就先用筷子切成小塊的原則即可。

　　烤蝦也是常見的海鮮料理之一，是可以直接用手剝殼的。剝殼時要先去除蝦頭，再剝去蝦身的殼，而且要避免直接拿起蝦頭吸吮裡頭的湯汁。但如果不想錯過蝦頭的精華，可將蝦肉切成一口大小後，再沾蝦頭裡的汁液來吃。

　　提到海鮮，螃蟹也是不容錯過的料理，尤其是日本的蝦蟹，肥美及種類繁多是眾所皆知的。螃蟹料理通常都已經先將殼撬開，以方便食用，所以只需要一雙筷子就能輕鬆享用美味的螃蟹。一些較狹窄不易夾取的部分，如蟹腳，餐廳通常會附上較長的叉子或竹籤，以方便挖蟹腳肉食用。千萬不要像在家裡一樣，連啃帶咬的，那可是很不雅觀的。

　　燒烤還有一種常見的食物，就是文蛤，尤其是文蛤剛打開時，裡頭鮮美的湯汁常是令人吃了還想再吃。這時候只需用筷子按住文蛤下部，再用手慢慢掀開文蛤的殼，接著用另一隻手按住下部，用筷子夾出肉的部分來食用，最後再喝下殼內的湯汁，這樣就享用完一顆文蛤了。

(6)揚物（炸物）

　　最常出現的就是混合許多食材的什錦炸物和天婦羅了，食用時應該從排在自己前面的料理開始吃起，且搭配自己喜歡的醬汁來食用。另一個常見的就是炸蝦，吃炸蝦的時候免不了會掉一些炸屑，所以吃的時候要端著調味盤，或是以棉紙在下面接著，這樣一來就可以不用擔心炸蝦的麵衣掉滿地了。

(7)酢物（涼拌）

　　最常見的酢物通常是用海藻、蔬菜或魚貝類的組合，食用時，應慢慢品嚐。

(8)米飯、汁物（湯）、香物（醃菜）

　　大家是否不清楚食用這三樣東西的先後順序呢？其實並沒有硬性規定要先吃哪一樣，但正式的懷石料理，第一口應先從米飯吃起，之後米飯、湯、醃菜交互著吃，切忌吃完一樣才吃另一樣。須特別注意的是，切忌將醃菜或佐菜放在米飯上，也不可以用湯拌飯吃，每一樣應分開來食用才是正確的。另外，如果有佐菜和飯同桌時，應以菜搭著飯吃，千萬不要吃完一道菜後才吃另一道菜。

(9)麵湯

吃麵條動作要輕巧，不能將麵夾起來亂甩湯汁。如果麵條太長，就要用捲的，捲時動作要避免湯汁外溢，夾麵不宜太多。有趣的是，一般進食不要出聲，但在日本純吃拉麵的地方，出聲愈大聲表示愈好吃、愈夠味！

(10)果物（水果）

通常水果都已事先處理過，所以像蘋果等水果就可以用叉子直接入口，瓜類就該利用湯匙來食用，葡萄等需要剝皮的水果直接用雙手剝來吃就可以了。要注意的是，瓜類水果食用完後，應將開口朝向內側。

除了上述之外，還有日本最貴的神戶牛及松阪牛的特選牛肉，真是鮮嫩美味；新潟的鮪魚腩，味道鮮香軟滑；北海道的海膽，餘味留香；有馬的牡丹蝦，豐腴甜美；山梨縣的銀杏，清甜爽口；青森的鮑魚，原汁原味，上等極品，令人一試難忘。又日本清酒的原料是為釀酒而栽培的「米」，最有名的是「吟釀酒」，有冷喝及熱喝，除好喝之外，也很營養。

3. 用餐需知

(1)用筷子夾食物時，要避免一邊把食物送進口中，一邊滴著湯汁的情形。筷子放桌上要平放，日本人認為直放，有如一對利劍對準人家。

(2)為了衛生起見，不要用嘴巴含著筷子或拿筷子來剔牙。

(3)要學習用筷子將食物一口一口地往嘴裡送，而不是將嘴巴靠在碗邊緣，用筷子快速地將菜餚扒入口中，這樣會讓人覺得有狼吞虎嚥的壞印象。

(4)不要直接用筷子刺起食物來食用，或者像雞啄米一般地

攪翻盤中食物。

(5)吃日本料理的時候，如果遇到附有蓋子的料理，食用時應將蓋子往兩邊開啓並置於兩旁。

(6)若食用竹籤串的燒烤物時，應先將竹籤抽開，再一個個食用。

(7)享用日本拉麵時，吸麵條的聲音愈大聲愈好，因爲那代表對廚師的讚美。

(8)不要因爲怕醬汁弄髒衣物就彎腰駝背地進食。

(9)原則上，吃整尾魚的時候是不宜直接翻面食用的。

(10)喝湯的時候，要利用筷子去夾湯中的食物來吃，而不是將食物和湯一併喝到肚子裡。

(11)吃完水果後，要將果皮整理好放在同一個器皿中，不要東一塊、西一塊的。

(12)吃懷石料理（高檔日本料理，二汁七菜，滿足色香味）時，若吃不完可打包回家，餐具內不能有剩菜。

認識了日式的用餐禮儀後，只要多多練習，以後出國去日本洽公或是旅遊要用餐時，就可以派上用場了。

4.如何看懂日文菜單

日文	中譯	解說
御獻立	菜單	
食前酒	飯前酒	
先付（先附）	開胃菜	
凌ぎ（前菜）	前菜	幾種小菜組合，裡面通常有小飯糰或壽司，是讓客人墊肚子的，免得一下就喝醉了。
八寸	配酒小菜	名字來自於八寸見方的方盤容器（現在也不一定只用方形盤），上面擺數種精緻小菜。

椀（椀物、椀盛）	魚／肉清湯	以當季蔬菜搭配魚或肉的清湯。（熱食）
向付（造り）	生魚片	
燒物	烤物	通常是烤魚，也可能是肉。（明治維新以前，日本人不吃肉）
進肴（強い肴）	特色菜	從燒物以下多是熱食，都算是主菜，名稱種類也很多，像中皿、蒸物、蓋物、進鉢、鍋物都可能出現，看各家煮法和習慣稱呼而定。到此為止，主菜就結束了。
焚合（溫物）	蒸或煮的主菜	
御飯（食事）	飯	
止椀（留椀、汁）	湯	配飯的湯，通常是味噌湯。
香物	醬菜	配飯的醬菜。
果物（水菓子）	甜點和水果	

小知識大學問

　　你知道魚肉和雞肉在巴西該怎麼念嗎？在巴西（葡萄牙語），魚肉叫SADI NHA，雞肉叫GARI NHA，與我國罵人的髒話是不是很像呢？

日本點菜笑話

地點：東京某日本料理店，壽司吧臺。

人物：臺灣客A、B、C君及A妻。

場景：四人不懂日文，但以手指點菜，終於吃飽了，該
　　　結帳時。

臺客A：用英文試試，Bill（帳單）Please!

老闆：嗨！Beer（啤酒）。

結果：送上一瓶啤酒。

臺客B：換我來，How much？

老闆：嗨！Ha-ma-chi（紅魽）。

結果：又送來了紅魽四份。

臺客C：換我來，日文多少錢好像叫I-Ku-Ra，I-Ku-Ra。

老闆：嗨！I-ku-ra（鮭魚蛋）。

結果：又送上鮭魚蛋四份。

臺客C很生氣，不自覺罵了一聲××老母。

老闆：嗨！Kani-double（蟹——雙份）。

結果：又送上雙份蟹。

臺客女：唉呀！含慢死！（臺語：笨死了）。

老闆：嗨！Ha-ma-sui（蛤蜊湯）。

結果：又送上蛤蜊湯四份。

臺客女的老公罵了一聲，三八。

> 老闆：嗨！Sam-ba（秋刀魚）。
> 結果：又送來四份秋刀魚。
>
> 終於，帳單來了，很多錢！
> 臺客C：殺價（臺語發音）。
> 老闆：嗨！Sha-ke（鮭魚）。
> 結果：又再送來了四份鮭魚。
>
> 臺客C：No，No，No……
> 老闆：No，Sha-ke，Sarke（日本清酒）。
> 臺客C：Yes，殺價，殺價！
> 結果：又送來四瓶清酒。

五、用餐禮儀——中式

　　筆者曾到大陸洽公，發生了幾件有趣的事情。一次是在用餐時，另一次是在飲酒時。我們都知道吃中式料理，使用「公筷母匙」是最衛生的方式，當時筆者妙語如珠告訴在坐的各位，「公筷（快）母匙（遲）」剛好說明了男女生的交往情形，公的要比較快，母的要比較慢，讓在場每個人都會心一笑。

　　剛好菜單中又有一道麻婆豆腐，筆者就問了大家這麼一個問題：「你們知道男、女生最喜歡哪一種食物嗎？」這個問題可真的難倒大家了，一堆答案都紛紛出籠。當答案公布的那一刻，大家對筆者的幽默風趣，紛紛投以讚賞的眼光。聰明的讀者，你猜到答案了嗎？答案是男生最喜歡「吃豆腐」，女生最喜歡「吃醋」。這麼有趣的機智問答，是不是會讓整個飯局添加了

不少生氣呢？

　　順著這個愉快的氣氛，筆者又說了一個男性最「趨之若鶩」的藍色小藥丸──威而剛的小笑話。這個笑話是這樣的：有一陣子新聞瘋狂報導「威而剛」的相關資訊，心血來潮的老婆就瞞著老公去買了幾顆回來「試驗」，晚上老公想吃一碗泡麵當點心，老婆將威而剛磨成粉偷偷地加入泡麵中，三分鐘過後，老公將麵蓋打開準備大快朵頤時，竟然發生怪現象，麵條就像硬邦邦的鋼筋直立地站在他眼前，是不是很不可思議呢？

　　另一件有趣的事是發生在倒酒時。大家都知道倒啤酒時會產生很多的泡沫，所以都很小心地倒，儘量不要讓泡沫太多。當時筆者出差洽商，對方的代表幫筆者倒啤酒，為了不使啤酒的泡沫太多，就將啤酒沿著酒杯邊緣慢慢地倒下去，對方問了筆者，你知道這個情形叫什麼嗎？叫「杯（卑）壁（鄙）下流」（沿著杯子邊緣慢慢的往下流）。你知道哪種水果會講話？那就是「葡萄」，你叫它會說「有」──「葡萄柚」！像這些發生在日常生活中的小事情，若能靈活地運用在餐桌上的交談，不僅能為整個飯局加分，還能讓大家對個人的幽默風趣有一個好印象，也能為自己增加不少的商機。

　　傳統上，中國菜有八大菜系──蘇菜、魯菜、川菜、粵菜、閩菜、徽菜、湘菜、浙菜，一道道佳餚美饌都令人垂涎三尺。現在就為大家介紹中式的用餐禮儀。

1.餐具之用法
(1)筷子
　　不同的國家使用筷子的方法皆大同小異，雖然中式料理已經不像從前那樣重視筷子的拿法，但應避免的動作和行為還是相同的。通常為了表示筷子還在使用中，是以直放為原則（註：日

韓為橫放）；若為橫放，即表示用餐完畢。東亞都是用筷子的民族，日本人端著碗用筷子扒飯，飯後把筷子放在碗上；而韓國人則是碗在桌上不動，用筷子及湯匙取食物入口，飯後把湯匙、筷子放在桌上。

(2)湯匙

握法和拿筆的方式很相似，須注意大拇指和食指的位置應放在湯匙兩側，若將食指放在湯匙柄中間，是錯誤的拿法。

2.如何正確用餐

(1)中國菜大致可分為開胃菜、主菜和點心三部分。開胃菜大多是以冷盤組合為主；而主菜又可稱為大菜或大件，通常都是雙數，例如辦桌的十二道菜。因為中國人認為雙數是吉祥數字，且主菜的最後一道菜大多是湯品；主菜之後，接著就是甜點了，以水果為最後壓軸。

(2)中國菜的吃法並不像西式、日式料理那樣嚴格地限制禁用雙手，像北平烤鴨、包子等食物，都可以直接用手拿來吃。

3.用餐須知

(1)中國人是最好客的民族，所以當菜餚端上桌時，應先由主賓客先行取用後，其他人再食用。

(2)現在大部分的餐廳都會依一桌人數來安排料理的數量，所以即使是看到自己喜歡吃的菜，也不可以一次就裝很多，否則可能會讓有些人吃不到。但是當旋轉桌上的菜餚輪過一回後仍有剩餘時，就可以自由取用了。

(3)若菜餚上沒有公筷時，可以直接使用自己的餐具夾菜，不需再多此一舉而將筷子顛倒使用。

(4)為了避免破壞下一道菜餚的風味，當取菜盤髒了就應該請服務生更換，千萬不要因為怕麻煩而一盤吃透透。但是取菜盤上的菜餚，一定要吃完才不會失禮。

(5)應多利用器皿，魚刺、骨頭或殼等不可放在桌上。

(6)並非每道菜都可以用手取用。可用手拿著吃的食物，通常都會隨菜附毛巾或洗指碗。基本上，為避免有人誤喝洗指碗中的水，有些貼心的餐廳會在洗指碗中放一些鮮花或是裝飾品來做區隔。下次用餐時，若是發現碗中有鮮花、檸檬片，請先確認是否為洗指碗，免得誤喝。

(7)旋轉桌的旋轉方向應以順時鐘方向來旋轉。

(8)不可將自己的餐具放在旋轉桌上。

(9)轉動旋轉桌時，應隨時注意旁邊的餐具，以免將旁人的餐具弄倒。

(10)中國人宴客時喜歡喝酒，也喜歡勸酒，但注意「開車不喝酒」，必要時僅用「文敬」即可。

小知識大學問

中式筵席三五七：

三　知：(1)知道客人的要求
　　　　(2)知道客人的嗜好
　　　　(3)知道客人的習慣

五　定：(1)定時間
　　　　(2)定席位
　　　　(3)定金額

　　(4)定人數

　　(5)定份量

七先後：(1)先冷後熱

　　　　(2)先主後次

　　　　(3)先鹹後甜

　　　　(4)先葷後素

　　　　(5)先濃後淡

　　　　(6)先菜後湯

　　　　(7)先菜後點（心）

六、各式飲料禮儀

1.酒

　　首先說明酒之起源。根據文獻記載，西亞兩河流域（美索不達米亞）在六千年前開始種植可以釀酒的葡萄（葡萄糖C_6H_6→酒C_2H_5OH）。埃及在四、五千年前出現葡萄酒，後來希臘文明塑造了葡萄酒文化，在希臘眾神中，最具審美觀的是「壯美」的太陽神阿波羅（Apollo）及「柔美」的酒神戴奧尼撒斯（Dionysus）。充滿放浪形骸、美女相隨是拉丁文化的狂歡節——嘉年華會的遠祖之一。羅馬帝國再繼承希臘，將葡萄種植及釀酒帶入西歐萊茵河流域。紅葡萄酒以法國最享盛名，其中波爾多（Bordeaux）所出產的紅葡萄酒，年產量數百萬瓶，在臺灣的超市、餐廳隨處可見；白葡萄則以德國聞名。釀酒用的葡萄其生長所需的氣候、土壤，以「地中海型」氣候最適合，除環地中海的南歐、北非、西亞之外，美國的加州、佛州、南非南端、澳

洲西南、紐西蘭北島、智利及阿根廷中部均是。特別是筆者旅遊至智利聖地亞哥海岸，品嚐有名的海鮮，再配上當地出產的葡萄酒，眞是人間美味！

筆者也曾參觀釀酒過程：(1)採收，(2)挑選，(3)發酵及淋汁，(4)釀造，(5)橡木桶培養，(6)添桶，(7)蛋白凝結澄清，(8)混合調配，(9)品嚐與試驗。

十六世紀時，荷蘭是世界貿易大國，酒商爲了縮小體積可多運數量，將葡萄酒蒸餾濃縮（一般是釀造），到目的地再加水出售，一般是「酒1水3」的比例混合，這叫做「還原法」。如同番茄先提煉成「番茄粉」，方便運輸，加少許水變成「番茄糊」，再加成「番茄醬」，再加成「番茄汁」。

未料葡萄酒經蒸餾濃縮後更加美味可口，決定不再加水，而後發展成世界名酒：白蘭地（Brandy），其中最好的出產於法國干邑（Cognac），那是法國最熱的地方，夏天溫度甚至達45℃，有種葡萄只能在干邑生長，所以稱干邑白蘭地（在十四、十五世紀的英法百年戰爭，就是爲了爭奪波爾多葡萄酒的控制權）。它密封在桶內至少三年以上，若儲藏十八年以上，就叫拿破崙干邑酒。由於質醇美味，各地酒牌均貼上「干邑」魚目混珠，很像臺灣的中秋節到處都看得到「麻豆」文旦柚。所以，法國於1909年制定「干邑區」，以限制其名之使用；後來英國也限制在蘇格蘭生產者，才可稱「蘇格蘭」威士忌（Scotch Whisky），飛機上之免稅酒幾乎是它們的天下。

干邑白蘭地有Camus XO Superior、Courvoisier XO Imperial、Otar XO、Hennessy XO、Remy Martin XO Special 等，均在70美元以上；而蘇格蘭威士忌有皇家禮炮（Royal Salute）21年、起瓦士（Revolve）、約翰走路（Johnnie Walker）等。

　　原來白蘭地是透明無色的，盛行兩百年。在歐洲西班牙王位戰爭時期，白蘭地嚴重滯銷，不得已用橡木桶加以儲存；日後開封發現，白蘭地吸收了橡木顏色與氣味，而變成琥珀色且味道濃郁無比，因此愈陳愈香的橡木桶封裝成爲製造白蘭地的慣例（類似肉粽有葉香，竹筒飯有竹味，相得益彰）。此時，正值太陽王路易十四時代，坐擁凡爾賽宮不可一世，白蘭地流行世界至今不衰。當然，凡爾賽宮的宮廷禮儀爲他國仿效，成爲當今國際禮儀的重要根源。

　　以前羅馬帝國及後來的神聖羅馬帝國，均流行大吃大喝、大魚大肉，甚至吐完再吃，餐廳均附設「吐槽」，類似當今「抓兔子」的設置；直到路易十四才改成精緻飲食文化，分成湯、前菜、主菜、甜點、水果、咖啡、茶。追溯法國傲人的飲食文化，始於法國波旁王朝聯姻，文藝復興的義大利權貴梅迪奇家族，一向重視美食精品，但奢侈的宮廷文化，埋下1789年法國大革命的遠因。

　　世界二大酒類系統：東方以穀類酒（米酒、高粱酒）爲主，西方以水果酒（葡萄酒）爲主。其中隔著廣大的伊斯蘭文化區域，因教義關係嚴格禁酒。歐洲葡萄酒流行數千年，近幾世紀，英國利用穀類麥芽製成威士忌（Whisky），隨著英國的日不落國，成爲世界名酒。除上述兩類之外，尚有番薯、甘蔗、椰子、椰棗製成的酒。

　　英國因緯度關係，不生產葡萄，均自西南歐進口。但英國光榮革命（1688年）之威廉三世與法國爭霸，嚴禁法國酒進口，英國只好土法煉鋼，喝自己製造的威士忌，是純麥「釀造」之烈酒，味道不佳，幾經刺激，改進配料技術及由釀造改爲蒸餾法，香醇可口，配上冰塊更是絕配（冰塊融化會釋出大量的氧氣，風味更佳）。隨著英國海權強盛，流傳世界，又正

值十九世紀末，法國葡萄酒遭受嚴重蟲害，白蘭地銳減，在天時、地利、人和之下，威士忌攻占缺貨市場，俟葡萄酒恢復正常供應，許多人已習慣威士忌了，這就是行銷學所稱「惰性原理」（Inertia）。

威士忌可區分為四等級：第一等為單麥威士忌（Single Malt Whisky），係由單一酒廠釀造，從製造到裝瓶皆由同一酒廠。第二等為麥類威士忌（Pure Malt Whisky），係由不同酒廠的純麥威士忌混合而成。第三等是調和威士忌（Blended Whisky），係由麥類威士忌與穀類威士忌調和而成。第四類是穀類威士忌（Grain Whisky），係用穀類大量生產。知名的單麥威士忌有麥卡倫、波摩、雲頂、歐肯特軒、格蘭菲迪。

數百年來，全球威士忌幾乎都是蘇格蘭天下，其次是愛爾蘭、美國、加拿大，2008年一場國際評鑑，日本三得利的Hibichi及Nikkai Yoichi分別拿下調和及單一麥芽威士忌世界第一。

以歐美飲酒文化可分為：(1)葡萄酒文化圈：法國、義大利、西班牙、葡萄牙、希臘。(2)威士忌文化圈：英國、荷蘭、北歐五國。(3)啤酒（用麥芽、啤酒花、酵母及水製成）文化圈：德國、捷克、奧地利、美國。

談到飲酒禮儀，先說個小故事。日本欽差大臣伊藤博文被明治天皇派去歐洲學習制度，因為日本以前並沒有所謂的制度。當時美國並不是很強大，照理說是要和英國和法國學習。伊藤博文到了法國後，法國人比較喜歡喝紅葡萄酒又很好客，頻頻勸酒，一杯接著一杯的喝，結果伊藤博文喝到抓兔子（嘔吐）；後來他到英國去，英國人是喝威士忌，因為威士忌酒精成分很高，所以喝的時候都是淺嚐，因此有人把威士忌當作藥酒，伊藤博文喝了之後就精神百倍。後來他回國後，和明治天皇

報告說，我們要向英國學習，不能向法國學習，因為法國人喝很多酒，容易酒後誤事。所以日本就用英國的英制，而不用法國的公制，學英國靠左走，而且也把皇室貴族送到英國學習，並締約「英日同盟」。

　　看了上面的小故事，讓我們知道，飲酒文化在洽商或是人際關係上是很重要的，有人稱「滴酒不沾是凡人，每酒必醉是俗人，醉後必鬧是粗人，能飲能品是雅人。」國人飲酒的豪爽氣魄就如同「杯底不可養金魚」，和這段歌詞一樣：「有緣～無緣～大家來作伙～燒酒喝一杯，乎乾啦！～乎乾啦！～」，無論是什麼場合，大家拚命地乾杯已是司空見慣了。「乾杯」是國人常用來「打交道、搏感情」的方式之一，但也因此常使人喝得酩酊大醉，分不清楚東南西北。但是看在外國人的眼中，卻成了一件奇特怪異的喝酒文化。雖然西方人喝酒也有乾杯，但是他們只有用完餐、吃完甜點後才會乾杯，在用餐時是不乾杯的，而且也不需要一口氣就將杯中的酒喝得一乾二淨，品酒師說：「不要拼酒，要慢慢品酒。否則只喝到酒精味，沒法喝到威士忌里的果香，巧克力香，蜂蜜味。」。但是在我國卻是代表著一口氣將杯中的酒喝光，如此才叫「乾杯」，否則口中喊著乾杯，卻不把酒喝光，可是會引起誤會的。

　　而臺灣「乎乾啦」大部分是啤酒，品鑑啤酒的五大祕訣：(1)好啤酒才有細密持久之泡沫，(2)攝氏5°C風味絕佳，(3)避免日照、高溫、震動，(4)開瓶後立即飲用，(5)倒在冰過的杯子內最好喝。

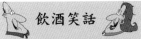

飲酒笑話

(1)日本有一家製酒工廠，有一天在酒瓶中發現一根鐵釘，但是不知為何大賣，探究之下發現，原來那並不是鐵釘，而是一隻蚯蚓。一隻軟趴趴的蚯蚓浸泡在酒裡竟會像硬邦邦的鐵釘，深受男性消費者的歡迎，也因為這樣，這家日本製酒工廠因而聲名大噪。

(2)有位老和尚釀了一壺好酒，自外化緣歸來，打開一看，少了許多，於是召集眾子弟前來，有下列對話：

師　父：好久不見！善哉！善哉！

眾弟子：阿彌陀佛！

弟子甲：我佛慈悲。

弟子乙：罪過！罪過！

事實之解讀如下：

師　父：好「酒」不見！誰知！誰知！（臺語）

眾弟子：我沒偷喝！

弟子甲：我喝十杯。

弟子乙：醉過！醉過！

　　在我國和日本的習慣，通常都會在餐前先乾一杯，在用餐的時候頻頻勸酒和喝酒，這是司空見慣的情況。在臺灣早期交際場合常有拚酒現象，戲稱「酒國英雄」。在中國大陸旅遊，他們以酒量著稱，一句順口溜：「一杯二杯不算酒，三杯四杯漱漱口，五杯六杯扶牆走，七杯八杯牆走我不走！」或是「酒場就是戰場，酒風就是作風，酒量就是膽量，酒瓶就是水平。」或是兩根香腸配兩瓶紅酒，才會「長長久久」。

　　但切記「酒後不開車」，因身體酒精濃度與肇事率有直接關係。

酒精濃度換算表

呼氣酒精濃度Mg/L	血中濃度	行為表現或狀態	肇事率
0.15	0.03%	視覺角度變小，運動反射遲1至2秒	－
0.25	0.05%	複雜技巧障礙、駕駛能力變壞	2倍
0.40	0.08%	多話、感覺障礙	6倍
0.50	0.10%	說話含糊、腳步不穩	7倍
0.55	0.11%	平衡感與判斷力障礙度升高	10倍
0.75	0.15%	明顯酒醉、步履蹣跚	25倍
0.85	0.17%	噁心、步履蹣跚	50倍
1.50	0.30%	呆滯木僵、可能昏迷	迷醉
2.00	0.40%	呼吸中樞麻痺、漸進死亡	無法開車

資料來源：http://www.matsu-mv.gov.tw/upload_files/safe/A7%E2%A5%AD%A6w%B1a%A6^%AEa.doc

　　在中國，並不那麼講究酒杯的使用，常常是一個杯子、一瓶紹興酒喝遍天下。但在西方，飲酒卻是一門藝術、一門學問、一種品味，也許中國料理、法國料理、義大利料理世界齊名，但餐飲合計，中國就遜色許多。光是酒杯就有許多形狀和大小，什麼時候該喝什麼酒？什麼酒又該使用什麼樣的杯子？飲酒時又該注意哪些事項？現在就為大家一一介紹。

(1)試酒

　　西方人在飲酒前，常有一道試酒的手續，而且這是身為主人的義務。除了品嚐酒的味道、檢查是否有軟木屑掉入外，最重要的是證明該瓶酒沒被下毒，讓賓客安心飲用，所以主人以身試酒是國際禮儀中「生命權」的表現。

　　試酒三步驟為「看」、「嗅」、「嚐」。首先用雙眼觀看酒的色澤，如是咖啡色是酒壞了，紫紅色是酒尚年青，色澤暗紅色是好酒，接著用鼻子聞聞酒的氣味，杯口罩住鼻孔，深呼吸感覺酒香，最後再以舌尖將酒推至口腔四周品嚐酒的味道，如此一來，即完成試酒程序，舌頭只能辨別酸甜苦鹹，鼻子卻能分辨上千種味道。所謂視覺、嗅覺、觸覺和感覺，表現滿意、享受的神情。在「最後晚餐」中，耶穌將手中葡萄酒一一分給弟子飲用，爾後教會彌撒，試飲分享葡萄酒變成不可缺的儀式。

小知識大學問

　　你知道試酒及碰杯的由來嗎？這個緣由是來自拿破崙。拿破崙很喜歡喝酒，某天在他所喝的酒裡被下了一種叫「砷」的毒，拿破崙因此被毒死。後來演變成喝酒前會先碰杯的習慣，因為雙方碰杯時，濺出來的酒花會溢到對方的酒杯裡，以防被對方下毒。不過，現在已沒這個習慣了。另一種說法是，品酒有視覺、嗅覺、味覺，獨缺聽覺，故以碰杯為之。

(2)餐前、餐中及餐後酒

a.餐前酒（Aperitifs）

　　也就是開胃酒。適合用來當餐前酒的酒類包括：馬丁尼（Martini）、威士忌（Whisky）、琴酒（Gin）、雪莉（Sharry）、萊姆酒（Rum）、白蘭地（Brandy）、杜松子酒（Gin）、伏特加（Vodka）等。而我國則是以飲料、果汁或啤酒等來替代作為餐前酒。

b.餐中酒（Table Wines）

又稱席上酒。餐中酒依餐點不同而有所不同，但原則上仍是以「紅肉配紅酒，白肉配白酒」為主。在義大利旅遊，吃其風味餐如Pizza或Pasta時，都會被推薦來自中西部的奇揚第（Chiauti）紅酒；而特殊高檔之食物，專家建議：魚子醬（Caviar）配伏特加酒（Vodka）、鵝肝醬配冰酒、大閘蟹配黃酒、生魚片配清酒、魚翅配香檳等。

我們特別拜訪了臺中全國飯店前副總吳榮雄先生，他告訴我們，中國菜與葡萄酒之間的搭配是既複雜又有趣的一件事。一般中國菜只配一種酒，為使重要外賓既喜歡中國料理又有酒的品味，建議如下：若是使用多油的烹調方式（如滷蹄膀），為了降低菜餚中的油膩感，應選擇酸度較高的葡萄酒；帶酸味的菜餚（如酸菜白肉鍋），也適合酸度較高的葡萄酒；若是辣或鹹味較重的菜餚（如鹽酥蝦、宮保雞丁），則適合搭配甜度較高的葡萄酒；若是以清蒸或涼拌等方式烹調出來的菜餚，最適合搭配白葡萄酒，才能吃出菜本身的口感；紅葡萄酒本身稍有苦澀，可以去除油膩，適合與肉質較粗的肉類搭配（如牛肉、豬肉、羊肉等）。

紅葡萄酒應保持在華氏60°F～75°F（攝氏15.6°C～23.9°C）之間，最適當的溫度是華氏68°F（即攝氏20°C）。紅酒中有「單寧酸」可使纖維柔化，與烹飪後呈現紅褐色的牛、羊、鴨肉起化學變化，使肉汁更甜美。白葡萄酒微帶酸味，沒有單寧酸，可去除腥味，適合與肉質較細嫩的肉類搭配（如雞肉、魚、蝦、海鮮等），且白葡萄酒應維持在華氏45°F～55°F（攝氏7.2°C～12.8°C）之間，最適當的溫度是華氏48°F（即攝氏8.9°C）。

除此之外，當最後一道菜或甜點、水果上桌時，則飲用香檳酒。香檳酒最適當的溫度應維持在華氏38°F～42°F（攝氏3.3°C～

5.5℃）之間，而最佳溫度為華氏40°F（即攝氏4.4℃）。我國的餐中酒並不局限於何種酒類，任何酒類、飲料、果汁等均可當餐中酒來飲用。

c.餐後酒（Liquers）

餐後酒是西餐的體貼設計，讓用完餐的人們還可以再寒喧幾句，聯絡彼此的感情，不用急著散會。適合當餐後酒的酒類包括：白蘭地（最佳為常溫）、威士忌（一般加冰塊）、甜酒等。大陸東北是一豪飲的地方，所以說「不到東北不知酒量小」。他們有一首勸酒歌：「感情淺，舔一舔；感情深，一口悶；感情薄，喝不著；感情厚，喝不夠；感情好，能喝多少算多少。」所以飯後酒與感情呈正比——「酒逢知己千杯少」。

(3)酒與杯子的搭配

酒精成分較高的酒，飲用時應搭配冰塊一起飲用，故酒杯的開口較大，也沒有杯腳，如威士忌、伏特加等。酒精濃度較低的酒，飲用時應搭配有杯腳且形狀像鬱金香的杯子，才不至於讓酒的香氣流失掉，以便凝聚酒香，如白蘭地等。葡萄酒是溫度較低的酒，飲用時應搭配有腳的杯子，喝的時候要握住杯腳，不要讓手心的溫度破壞酒本身的美味。

至於有些人在喝葡萄酒時會有輕微搖晃酒杯的動作，這是因為沒有一口氣喝完的酒，經過一段時間後，酒在靜態的狀況下，會讓酒香鎖在酒內，當要飲用時，微微搖晃酒杯，讓酒和空氣混合，就像是喚醒沉睡中的氣味分子，於是酒香就會活躍地奔放出來。

一般紅葡萄酒杯比白葡萄酒杯大，目的在「醒酒」。而白酒最適合溫度在9℃，紅酒在20℃，可利用水晶杯避免酒體迅

速升溫。此外，水晶杯的延展性好，可拉得很薄，增加唇杯觸感。在桌上，酒杯不宜超過四個，一般擺置於右邊，水杯、紅葡萄杯、白葡萄杯，呈45°由上而下排列。而每上一道菜之前，喝一口水，目的非在解渴，而在清除前一道菜的餘味，如此才能真正品嚐每道美食，所以不宜一就座就喝水。

(4)注意事項

a.倒酒時不需將酒杯拿起，切忌斟滿，且酒瓶不可碰觸到酒杯。斟完酒後，酒瓶不可放在桌上，應放在固定位置。

b.不喝酒的人可在服務生斟酒前告知，並且可以果汁、礦泉水代替。酒可以拒喝，但不要「以茶代酒」來矇騙，找外賓敬酒或與老外打交道時，這可是犯大忌的。

c.在國際禮儀上並沒有所謂的「乾杯」，除了自己應量力而為外，也不應該強迫別人一口氣喝完。

d.西方人在飲酒之前，試酒程序是主人的義務，不應該讓客人試酒。

e.飲酒之前要先以餐巾輕拭嘴唇，以免嘴唇上的口紅或油漬印在杯緣上。

在臺灣，女人單獨在酒吧或餐廳裡喝酒，是一件稀鬆平常的事，但是到了歐洲各國（美國、俄羅斯、中南美地區亦是），女人可不能隨便單獨在外喝酒，否則會被當作不正經的風塵女子。因為他們認為，一個規矩的女人是不會在公共場合中獨自飲酒的。

小知識大學問

　　你知道身體的酸鹼性與生男生女也有很大的關係嗎？有個養了二十多萬頭雞的日本人，他都讓公雞吃添加了動物性如小蟲的飼料，讓母雞吃添加了植物性如蔬菜的飼料，結果生出來的雞高達80%都是公雞。另一個試驗就是公雞食用植物性，母雞食用動物性，則反過來80%是母雞，而且屢試不爽。由此可知，若男生常吃動物性的食物（變成酸性體質），女生常吃植物性的食物（變成鹼性體質），生男孩的機率就會大大的增加；反過來則是女孩機率大。

　　但調整體質並不是一朝一夕可達成的。附帶一提，葡萄酒是鹼性，可以中和體內的酸性。

強酸食物：蛋黃／乳酪／柿子／烏魚子／柴魚
中酸食物：火腿／雞肉／鮪魚／豬肉／牛肉／奶油／鰻魚
弱酸食物：白米／花生／酒／炸豆腐／文蛤／海苔／章魚
弱鹼食物：紅豆／蘿蔔／蘋果／甘藍／洋蔥／豆腐
中鹼食物：大豆／番茄／香蕉／橘子／南瓜／梅乾／檸檬／菠菜
強鹼食物：葡萄／茶葉／葡萄酒／海帶／綠藻

　　開個玩笑：要想有小孩，就要去拜「註生娘娘」，而想生男孩要拜「包」公，要生女孩則拜「關」公（現代精子分離術）。

　　還有，飲酒前要有一個基本常識：通常年代愈久遠的酒，價錢一定愈貴，所以點酒前應注意酒的年份。否則發生如下面

這則新聞事件，那可就欲哭無淚了。2002年2月27日有這麼一則新聞：投資銀行柏克萊資本的六名銀行員在高級餐廳Petrus吃一頓飯，喝掉了4萬4,000英鎊（約新臺幣220萬元）的紅酒和白酒（包括一瓶價值1萬2,000多英鎊的極品紅酒，1946年Chateau Petrus 紅酒，以及一瓶1萬1,000多英鎊的Montrachet白酒），並且以和客戶交際為由申報公帳，其中一名較資淺的銀行員即時向主管報告這件事，免除了被炒魷魚的命運，其他五名銀行員均被開除。這個事件告訴我們，點酒前一定要先看清楚酒的年分，以免付帳時才發現身上的錢不夠，那就很慘了。

　　2014年《經濟學人》報導，世界每人喝啤酒最多的國家，前十名依次為①捷克②愛爾蘭③德國④奧地利⑤愛沙尼亞⑥斯洛維尼亞⑦波蘭⑧立陶宛⑨盧森堡⑩比利時；而每人喝葡萄酒之排行為①盧森堡②葡萄牙③義大利④法國⑤瑞士⑥斯洛維尼亞⑦列支敦斯登⑧奧地利⑨丹麥⑩比利時。

小知識大學問

　　全世界最貴的酒是世界頂級蘇格蘭威士忌——麥卡倫1926年，拍賣成交價高達20,150英鎊（折合新臺幣約110萬元以上），目前全世界僅只有40瓶。另有「大摩爾Dalmore1962年份」現身臺北，叫價新臺幣160萬元，全球12瓶，喝一口6.2萬元，每滴2,300元，真是天價！

2.雞尾酒

你知道雞尾酒的由來嗎？它的發源地是在美國。有一種說

法是，一位藥店老闆發明將蛋黃放入酒精飲料中，變成了混合酒，當地人都稱「Cocktail」（蛋酒的意思），久而久之就演變成今日的雞尾酒了。又有一種說法是鬥雞比賽，讓戰雞喝下特調的酒，就會鬥志高昂，雞尾豎起，每戰必勝，所以之後大家就稱這種混合酒為雞尾酒了。

　　雞尾酒會是目前世界各國社交活動中，蔚為風行的一種方式之一，一般都是為了慶祝節日、開幕、公司行號開張等。由於雞尾酒會是以社交為主，所以應儘量與人交談。雞尾酒會中的餐點大多是簡單的小點心，如餅乾、蛋糕、三明治等方便拿取又不沾手的食物和簡單的飲料，如果汁、啤酒、葡萄酒、雞尾酒等，均採自助式，並與他人交談聯誼、交換名片、簽名、拍照等。一般的雞尾酒大多以六大基酒：琴酒、白蘭地、威士忌、伏特加、龍舌蘭、蘭姆酒為基本酒，然後再搭配可樂、檸檬、可食用色素等調和而成，如曼哈頓、戀戀紅塵、粉紅佳人、血腥瑪莉、馬丁尼（Martini）等，其中，馬丁尼有「雞尾酒之王」的美譽。

　　調酒種類繁多，大略是：(1)短杯：冰塊少、酒精濃度高；(2)長杯：加汽水、酒精濃度低。食用完盤中的食物後，可將空盤放置空桌上，稍待會有服務生前來收拾。

　　參加雞尾酒會可穿著上班服裝參加，這是因為大部分的雞尾酒會均在上班時間舉行，所以男士只要穿著西裝，女士穿著套裝或褲裝均可。在此，我們也提供一個酒類的中英文對照供讀者參考，若有機會參加國外的雞尾酒會，希望此表或多或少對讀者能有所幫助。

Cocktails　雞尾酒

伏特加萊姆	Vodka Lime
瑪格麗特	Margarita
血腥瑪麗	Bloody Mary
黑色俄羅斯	Black Russian
基爾	Kir
神風特攻隊	Kamikaze
曼哈頓	Manhattan
馬丁尼	Martini
粉紅佳人	Pink Lady
新加坡司令	Singapore Sling
螺絲起子	Screw Driver
鹹狗	Salty Dog
威士忌沙瓦	Whisky Sour
轟炸機	B-52
邁泰	Mai Tai
椰島戀情	Pina Colada
藍色天使	Blue Angel
熱戀沙灘	Waikiki Passion
龍舌蘭日出	Tequila Sunrise
戴克麗	Daiquiri
長島冰茶	Long Island Ice Tea
環遊世界	Around the World

基酒：

愛爾蘭威士忌	Irish Whisky
詹美森	John Jameson

加拿大威士忌	Canadian Whisky
加拿大會所	Canadian Club
施格蘭	V.OSeagram's V.O

美國威士忌	American Whisky
金賓	Jim beam
7皇冠	Seagram's 7 Crown
野火雞	Wild Turkey
傑克丹尼爾	Jack Daniel's

蘇格蘭威士忌	Scotch Whisky
帝王	Dewar's
威雀	Famous Grouse
約翰走路紅牌	Johnnie Walker Red Label
約翰走路黑牌	Johnnie Walker Black Label
起瓦士	Chivas Regal
葛蘭菲迪	Glenfiddich
葛蘭李維	Glenlivet
優勢魁霸15年	Usquaebach 15 Year's
麥卡倫12年	Macallan 12 Year's
皇家禮炮21年	Royal Salute 21 Year's
約翰走路尊爵	Johnnie Walker Premier
麥卡倫18年	Macallan 18 Year's

玫瑰紅酒　Rose

Tavel Rose Chapoutier, Cote du Rhone, France

Tavel Rose Chapoutier, Cote du Rhone, France 375ml

開胃酒	Aperitif
金巴利	Campari
多寶力	Dubonnet

	馬丁尼		Martini〔Dry/Bianco/Rosso〕
	雪莉酒		Sherry
	波特酒		Port

| | | 琴酒 | Gin |
| | 英人 | | Beefeater |

		伏特加	Vodka
	思密諾夫		Smirnoff
	絕對		Absolut
	蘇聯		Stolichnaya

		蘭姆酒	Rum
	朗立可		Ronrico
	麥爾斯		Myers's
	百加地		Bacardi Gold
	百加地		151°Bacardi 151°

| | | 龍舌蘭酒 | Tequila |
| | 阿拿達 | | Arandas ORO |

		香甜酒	Liqueurs
	杏仁香甜酒		Amaretto
	奶油香甜酒		Baileys Irish Cream
	君度橙酒		Cointreau
	櫻桃白蘭地		Cherry Brandy
	蜂蜜香甜酒		Drambuie
	聖曼尼香橙酒		Grand Marnier
	椰子香甜酒		Malibu
	咖啡香甜酒		Kahiua
	草莓香甜酒		Strawberry
	哈蜜瓜香甜酒		Melon
	香蕉香甜酒		Banana
	薄荷香甜酒		Menthe

可可香甜酒	Cacao
黑醋栗香甜酒	Cassis
加利安諾	Galliano
格拉帕	Grappa
八角香甜酒	Sambuca
班尼迪克汀	Benedictine D.O.M

	白蘭地	Brandy
軒尼詩		VSOPHennessy VSOP
人頭馬		VSOPRemy Martin VSOP
軒尼詩		XOHennessy XO
馬爹利藍帶		Martell Cordon Bleu
馬爹利		XOMartell XO

小故事大啟示

　　在基督教的世界，葡萄酒是至高象徵，如耶穌在加利利海附近參加一場婚禮，將六罈水變成葡萄酒，又在〈最後的晚餐〉中，將葡萄酒視為「聖餐」，所以酒文化在基督教中保存完好。

　　而在伊斯蘭教是禁酒的，傳說在一次酒會上，兩位教徒酒後亂性互毆，穆罕默德請真主指點，阿拉回答酒是撒旦設計，令人厭惡，要遠離它。因此，穆罕默德下令禁酒，違者鞭打四十下。

3.咖啡

　　「好東西要與好朋友分享」，這句話似乎已經成為咖啡廣

告的經典名句了。在喝咖啡的同時，你可曾思考過，你手中這杯
咖啡是怎麼來的？你可知道咖啡也是有故事的哦！

　　從前，衣索比亞有一位叫做卡地的牧羊人，這天，他仍舊
和往常一樣放牧著他的羊群。不久之後，卡地發現他的羊群怎麼
興奮地跳來跳去，好像是在跳舞一樣。走近一看，赫然發現他的
羊群是吃了一種果實後，才出現這些異常的行為。卡地也好奇的
吃了果實，沒想到，吃了果實後，整個人變得更有精神，心情也
很愉悅。從此，咖啡便以各種形式被加以利用，或直接吃、或燒
烤、或煎煮，甚受人們歡迎。

　　由於衣索比亞接近中東，在回教國家是禁酒的，喝了咖啡
後能提神，很快地在阿拉伯世界被廣為飲用，可在晚禱時保持清
醒，我們常聽過的「摩卡」咖啡就是其中代表。

　　阿拉伯人再引進至伊朗、埃及、土耳其等地，其中土耳其
咖啡（咖啡豆研磨後再煮出來的煎煮法）又濃又稠，以香醇出
名。隨著鄂圖曼土耳其帝國的勢力所及，進軍歐洲，在一千年東
西對抗中，促成巴黎、馬德里、維也納、翡冷翠等文化古城，間
接、直接引入了咖啡，迅速普及。

　　咖啡有各式各樣的配方，咖啡屋除了提供飲料之外，亦有
報章雜誌可供閱覽，把咖啡提升到一種藝術層次，並且是議論
交誼的場所，甚至產生人文、藝術家。原先歐洲對異國飲食好
奇，進而掀起一陣流行風尚而紛紛上癮。傳至美國成為西部開拓
不可或缺之飲料，更以企業化來經營，有名的星巴克咖啡就是一
例。咖啡豆也移到中南美洲、非洲及東南亞種植。

　　以上就是咖啡的故事。因為咖啡可以提神醒腦、幫助消
化、強心、利尿、改善便秘，所以外國人每天起床後的第一件事
就是喝一杯香醇濃郁的咖啡，藉以提振精神，使腦筋更靈光，
有助身心。咖啡屬鹼性，可改善常人之酸性體（身體要呈弱鹼

7.35～7.4）西方長壽者均有喝咖啡習慣。

　　好喝的咖啡並不是在隨隨便便的地方都能種得出來！適合種植咖啡樹的區域包含赤道在內，在南緯和北緯大約25度的地帶，這個地帶也被稱爲「咖啡區域」或是「咖啡地帶」。但也不是只要在這個地帶裡種咖啡樹就能成功，還要溫度在15～25℃之間，而且年雨量也必須達到1,000～2,000m（咖啡樹對霜敏感，不能種在2,000m以上），酸性土壤，土地肥沃，排水良好。

　　上述只是基本條件，最重要的是：咖啡樹開花的時候，剛好是雨季來臨的時候，這樣一來，等雨季過後，乾燥季開始，咖啡樹就剛好能收成了。雖然太陽光是讓咖啡樹成長的必備條件之一，可是太多的陽光也是會讓咖啡樹吃不消的，因此種植咖啡樹的農民都會在咖啡樹附近種植豆科種植物，以做爲咖啡樹的遮陽樹。就上述條件，牙買加的「藍山」咖啡就符合，成爲世界最高品級的咖啡；第二名是津巴布韋的露西皇家咖啡；第三名屬夏威夷可那咖啡。

　　你知道世界各地所生產出來的咖啡豆有什麼不同嗎？你知道咖啡豆愈大顆，代表品質愈好嗎？現在就帶大家一起來探索世界各國所生產的咖啡豆的奧祕吧！

咖啡豆種類	特性
墨西哥（Ustepec）	苦味與酸味均衡
薩爾瓦多	苦味、甜味及酸味都很均衡、溫和
古巴	苦味與酸味的特性能被壓制住，是最高級的大型咖啡豆
牙買加 （Blue Mountain）	苦味與酸味均衡，是牙買加所生產的最高級咖啡豆（極品）。以中烘焙爲最適當，用橡木桶裝運，天價售出
巴西（Sul de Minas）	略帶苦味，是混合咖啡時最適合當作基底的咖啡
哥倫比亞（Supremo）	微帶酸味，但口感濃郁又香醇

肯亞	歐洲將其定位為第一級，但因咖啡豆本身較厚，故不易烘焙
象牙海岸	為羅布斯塔種，品質較好
越南	為羅布斯塔種，口味溫和，但咖啡豆較小顆
印尼：爪哇	為羅布斯塔種，略帶苦味，為中等級
印尼：曼特寧	酸味適當，香氣濃郁
中東：摩卡	略帶酸味，具有濃郁的香氣
瓜地馬拉	略帶酸味，香氣濃郁，是最適合調配混合咖啡時所選用的品種
坦尚尼亞：吉力馬札羅山	酸味較強，略帶甜味，也是適合調配混合咖啡時所選用的品種
夏威夷可納（Kona）	酸味較強且有特別的香氣，味道醇厚

品味咖啡

（新臺幣計）

種類	英文名稱	價格／磅
牙買加華倫福特莊園藍山	Jamaica Wallenford Restate Blue Mountain	$2,400
夏威夷可納	Kona Extra Fancy	$1,700
馬塔里摩卡No.1	Yemen Mocha	$900
黃金曼特寧	Golden Mandheling	$850
新幾內亞	Papua New Guinea Sigri AA	$780
吉力馬札羅	Kilimanjaro Tanzania AA	$600
瓜地馬拉	Guatemala Antigua	$350
哥斯大黎加	Costa Rica Tarrazu	$350
哥倫比亞	Colombia	$280
巴西	Brazil	$260
摩卡	Mocha	$260
曼特寧	Mandheling	$260
爪哇	Java	$200

註：依價格高低排列，價格也常變化。

全世界每天要喝掉14億杯咖啡，即每人每年4.6公斤，年產值150億美元。目前咖啡是僅次於「石油」的輸出品，也是世界上首要的農產品，大於小麥、糖、可可。生產咖啡都在赤道上下，但喝咖啡者最高比例的是歐洲、美國、日本，還有在天氣愈嚴寒的地方，每人的咖啡消費量就愈大（如北歐）。

2008年根據美國Mercer顧問公司的調查，含服務費在內，以平均數來算，第一貴是莫斯科10.19美元，第二是巴黎6.77美元，第三是雅典6.62美元，第四是北京6.28美元，第五是東京5.04美元，第六是紐約3.75美元，第七約翰尼斯堡是2.36美元，第八布宜諾斯艾利斯是2.03美元，此皆以咖啡屋為對象，而各國平價咖啡還是有的。

一般自泡咖啡每杯約0.2美元，而店售咖啡每杯要3美元。以星巴克為例，在1992年上市有125店，現在全世界近萬家，估計可擴充至2萬店。星巴克定位在上班族及青少年，在舒適的環境下，可待上一、兩小時，成為「星巴克現象」，文化絕招，令人上癮。

世界五大跨國公司購買世界一半以上的咖啡豆：

瑞士	Nestle	15%	
美國	PhilippMorris	14.5%	
法國	SaraLee	11%	52%
美國	ProcterGamble	6.5%	
德國	TochiboEduscho	5%	

認識了各國咖啡豆的特色後，依照咖啡豆的研磨、烘焙、水溫及沖泡速度的不同，沖泡出來的咖啡一共有81（3×3×3×3）種口味。

在這麼多種口味中，如何達到大部分人都稱讚的味道呢？我們可借助日本品質管制泰斗田口玄一博士，在1966年，由部分因

子實驗設計發展其獨特的品質控制方法，稱為「田口方法」。它是把品質特性分為三類，即上表對咖啡之各項分為三類：

　　(1)望目型（Nomina-the-best）：具有某一特定的目標值。

　　(2)望小型（Smaller-the-better）：目標值為零。

　　(3)望大型（Larger-the-better）：目標值為無限大。

　　在81種口味中，應用田口品質工程法找到最佳調配方法，達到客人滿意的需求。透過實驗所需的可控因子與不可控因子，將可控因子放內側直交表，不可控因子置外側直交表。從實驗數據分析，計算信號／雜音（S/N）比值，就可找出最佳水準組合。因為此法簡單易懂，使用上不需繁複的統計背景，且有效節省成本，深受實業界的喜愛與肯定。

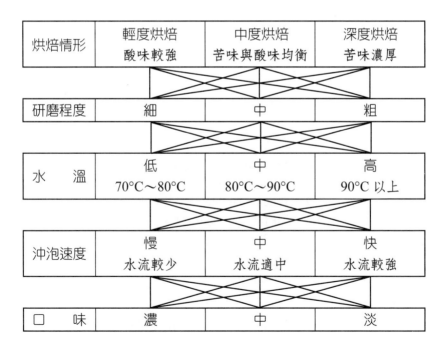

此法也曾應用至「冰鎮紅茶」，找出可控因子：冰塊（6塊、10塊、14塊），飲料溫度（3℃、8℃、23℃），飲料量（200cc、400cc、600cc），混合頻率（10秒、25秒、40秒），溫度量測位置（底部、中間、頂端）。實驗之最佳組合是：冰量14塊、飲料溫度3℃、飲料量200cc、混合頻率每秒2次、量測溫度位置為頂端。本實驗誤差約10%，有興趣者請自行購買相關書冊來研讀。

無論在國內或國外，喝咖啡幾乎已經成為生活中不可或缺的一部分了。1970年，日本農林水產省曾做過一項飲料消費調查，在咖啡、紅茶、綠茶中，咖啡25%、紅茶5%、綠茶70%；三十年後再調查，咖啡64%、紅茶6%、綠茶30%，足見咖啡是日本的國民飲料。

但是你知道我們所喝的咖啡，每四杯中就有一杯是巴西所生產的嗎？巴西咖啡的產出量一直位居世界之冠。巴西人很熱愛喝咖啡，但是他們喝咖啡的習慣也是很特別的，就是他們喝咖啡的時候，絕對不加牛奶或奶油球，因為他們認為這樣會破壞咖啡原有的味道。雖然巴西人不加牛奶和奶油球，可是卻一定要加很多的糖，而且幾乎加到三分之一杯的糖，即使杯子裡的糖溶解不完全，巴西人也不會拿湯匙去攪拌，一定是直接拿起來喝下，理由是因為咖啡泡得很濃的時候，咖啡表面會有一層薄膜，而巴西人覺得那層薄膜可使咖啡更香濃美味，如果拿湯匙攪拌的話，就會破壞那層膜。除了巴西盛產咖啡之外，再來就是哥倫比亞、印尼，近年來，越南咖啡產量有後來居上之勢，緊接著是墨西哥、印度、瓜地馬拉、象牙海岸。

其實臺灣本島也有生產咖啡。臺灣亦屬於「咖啡地帶」之上限（北迴歸線經過），1884年英國人曾引進在臺北三峽及東部知本、瑞穗種植，曾有全盛期；太平洋戰爭時，咖啡外銷困難，改種稻米，而終至沒落。現在臺灣主要的咖啡產地位於雲林

縣古坑鄉荷苞山一帶，還有嘉義的阿里山區和臺南縣東山鄉仙公廟一帶也有生產，但產量不多。

咖啡產銷國

單位：千噸（2014年英國《經濟學人》報導）

十大生產國	
1.巴西：2,609	6.宏都拉斯：342
2.越南：1,443	7.祕魯：335
3.印尼：517	8.印度：314
4.哥倫比亞：459	9.墨西哥：273
5.伊索比亞：360	10.瓜地馬拉：230

十大消費國	
1.美國：1,358	6.義大利：339
2.巴西：1,183	7.蘇俄：222
3.德國：544	8.加拿大：214
4.日本：426	9.伊索比亞：203
5.法國：353	10.印尼：200

全世界的咖啡豆主要分為三大類：羅布斯塔種、阿拉比卡種及利比里卡種。臺灣所種植的咖啡就是屬於阿拉比卡種。若想品嚐臺灣咖啡，去一趟雲林的華山一帶或其他咖啡生產地，就可以品嚐到「正港」的臺灣咖啡。更奇妙的是，隨著各種咖啡豆調配的比例不同，咖啡也會有各種不同口味，如下表：

咖啡豆	比例	口味
摩卡	20％	
瓜地馬拉	20％	略帶酸味
巴西	30％	
哥倫比亞	30％	

羅布斯塔	20％	
吉力馬札羅山	20％	略帶苦味
巴西	30％	
哥倫比亞	30％	
巴西	20％	
曼特寧	20％	濃厚口味
瓜地馬拉	20％	
哥倫比亞	40％	
羅布斯塔	10％	
摩卡	20％	一般口味（又稱三冠王）
巴西	30％	
哥倫比亞	40％	

　　當然，除了咖啡豆的調配比例不同會產生不同口味的咖啡之外，前面所提及的烘焙、研磨、水溫、沖泡速度也是互有關聯的。沖泡或煎煮後的咖啡，要儘快喝完，因為時間一久，味道會變質。咖啡不僅僅是一杯咖啡，每杯咖啡都是各有特色的，舉個例子來說：你知道卡布奇諾、牛奶咖啡、愛爾蘭咖啡等，到底有什麼不同嗎？若你以為它們都是「咖啡」，並沒有什麼不同，可就大錯特錯了！能了解每一種咖啡之間的差異，才是箇中高手！你想成為咖啡界的高手嗎？現在就讓我們一起來探索各種咖啡的特色吧！

　　§ 牛奶咖啡
　　據傳是一位駐中國的荷蘭大使倪賀夫（Nieuhoff），在1660年左右所發明的。義大利人是以1：1（牛奶：咖啡）的比例調配出拿鐵牛奶咖啡，維也納人以2／3：1／3（牛奶：咖啡）的比例來調配牛奶咖啡。前者在臺灣較受歡迎。

§ 咖啡酒

還記得「美酒加咖啡」這首歌中所提及的歌詞嗎？「美酒加咖啡，一杯再一杯……」，的確，能喝上一杯美酒再加上咖啡的咖啡酒，確實是一種享受。在臺灣，咖啡酒大都是使用愛爾蘭咖啡，但在法國南部是用馬瑞酒，在瑞士是用櫻桃酒，在比利時是用波爾酒來加咖啡的，這和專家所說的話：「世界上的好酒都是適合在飯後和咖啡一起搭配飲用」，不謀而合。

§ 皇室咖啡

最大的特色是在咖啡中加入白蘭地酒，並在方糖上點火，讓方糖融於火焰裡，然後再搭配白蘭地所散發的香氣，讓人有貴族般的享受，採用的是中烘焙咖啡。

§ 愛爾蘭咖啡

被列為英國皇家風味的咖啡，最大的特色是在咖啡中加入愛爾蘭威士忌，並以高腳杯裝盛來飲用。在寒冷的冬天喝上一杯愛爾蘭咖啡，能讓身體暖呼呼的，所採用的咖啡是深烘焙咖啡。

§ 維也納咖啡

最大的特色是漂浮在咖啡上的鮮奶油，採用中烘焙咖啡。

§ 卡布奇諾咖啡

最大的特色是在沖泡好的咖啡上，加上一層鮮奶油泡沫，並加入少許的肉桂粉，採用深烘焙咖啡，是義大利早餐中不可或缺的主角。

§ 爪哇熱摩卡咖啡

所謂「爪哇」，指的是巧克力的意思，最大的特色是巧克力和摩卡咖啡混合在一起所產生的獨特口味，沖泡好的咖啡上也有一層鮮奶油泡，採用中烘焙咖啡。

§ 即溶咖啡

製作好的咖啡需要時間和細心，日本人加藤覺發明即溶咖啡，把炒過的咖啡豆轉化成超濃縮脫水粉末，加上熱水便可恢復原形，既節省時間又簡化生活。

認識了上述各種不同的咖啡後，在喝咖啡的時候，也有一些小細節要注意。一般來說，當服務生端來咖啡時，都會將杯耳調整到方便你拿的方向，也就是說，當服務生把咖啡端到你面前時，咖啡杯的杯耳剛好是在你的右手方，所以喝咖啡的時候，只需要順手握住杯耳端起來喝，可別連咖啡盤也一起端起來。

還有一點要注意的是，端杯子時，千萬不要把你的小拇指翹起來，這是因為「翹小指」在國外有「性暗示」的意思，所以無論是飲用何種飲料，握杯時都不可以將小指翹起來。

4. 茶

說到茶，大家一定聽過「下午茶」這個名詞吧？十七世紀初，荷蘭人（當時為世界第一強國）將茶由中國及日本引進歐洲。1662年，英王查理斯二世的皇后凱瑟琳特別喜好紅茶，並使用高雅茶具。1840年，英國女爵安娜瑪麗亞（Anna Maria）帶動了「下午茶」的風氣。因為英國的晚餐時間大多在八點過後，午餐（歐洲的午餐時間大多為下午一點）和晚餐之間相隔了好幾個小時。當時安娜瑪麗亞因為空腹飢餓，就以紅茶為簡

餐，再加上一些小茶點來果腹止飢，也因此漸漸形成貴族間喝下午茶的習慣。現在下午茶最適宜的時間是在下午三點至五點之間進行，因午餐已消化得差不多，此時品嚐可提神的茶及補充熱量的點心最佳。

英國人下午茶所使用的茶具也非常講究，都使用很精美的瓷器，細膩的花紋表示對東方文化之憧憬，再搭配純銀的小湯匙和小叉子，給人一種高貴的感覺，也是很高級的休閒活動。而且一定得由女主人替客人服務，服裝也要正式（因為下午茶已成為英國的正式社交場合之一），除非是家庭式的才不需要那麼講究服裝。後來，中下階層的勞工團體也慢慢受到影響，發展出一種名叫「High Tea」的下午茶，和正統的下午茶有些許不一樣，其不同點在於「High Tea」除了吃餅乾（最有名的是英國鬆餅）和點心外，還有乳酪、火腿、沙拉、魚等，非常豐盛，並且飲茶的時間也比較長，是工作結束、玩樂前的用茶時間，也因為「High Tea」的豐盛，所以有時連晚餐也可以省下來了！

道地的英式下午茶有三道茶點，最下層是三明治，中層是鬆餅，上層是水果塔，由下往上取用，其目的在味道由淡而重，由鹹而甜，可謂「最好的知己、最好的話題、最好的感覺」。

而倒茶的正確動作是準備一只濾茶勺，倒茶前放在杯口上，緩緩倒入茶水，約八分滿。如要加入牛奶，則先倒牛奶再倒茶，奶與茶的比例約1：3；如茶葉喜好重口味者，可提高牛奶比例。

位於加拿大維多利亞的The Empress Hotel，在1939年曾接待英皇喬治六世及後來的女王伊麗莎白二世，迄今仍保留最古典的貴族氣息，被譽為世界最夯的下午茶飯店。

你以為英國只有「下午茶」，那可就大錯特錯了！英國除

了下午茶之外，還有早晨茶（Early Morning Tea，顧名思義即是上起床的第一杯茶）、早餐茶（Morning Tea，即早餐時喝的紅茶，一般而言大多有添加奶油）、11時茶（Elevenses，為思考一天的計畫）、午餐茶（Afternoon Tea）、黃昏茶（High Tea，又可稱「下午五時茶，Five O'clock Tea」）及晚餐茶（After Dinner Tea），均以紅茶為主。若去英國拜訪，可得習慣他們一天到晚都在喝茶喔！

談到茶，你是否常常搞不清楚紅茶、烏龍茶及綠茶到底有什麼不同呢？這三種茶到底有什麼不一樣呢？若是你以為答案是：「它們都是茶」，那只能拿個20分哦！一般來說，是以茶葉的發酵程度來區分這三種茶，因為事實上，這三種茶都是同一種茶樹。紅茶為全發酵茶，綠茶是不發酵茶，烏龍茶則是半發酵茶（中途停止發酵，有紅茶芳香及綠茶滋味）。據說以前沒有紅茶，因把綠茶（烏龍茶）放在船艙內，因天氣太熱而發酵變成紅茶，風味更佳。而且因為紅茶才可加糖、牛奶來喝，比較適合歐洲人的口味。而且英國水質較硬，適合含有較多單寧酸的發酵茶；同時英國以肉食為主，要配合味道較濃之紅茶。

好喝的茶除了要有好的茶葉之外，最好用「圓弧型」茶壺，幫助茶葉對流跳躍，茶葉徹底展開，並用充滿視覺美感的瓷器熱水壺來保溫。

一般綠茶、紅茶選擇玻璃杯或瓷器壺具，烏龍茶、普洱茶選擇紫砂陶壺。另外，沖泡的時間也很重要，一般來說，要泡出好喝的茶，必須用剛煮開的熱水來泡（綠茶用70～80℃的水溫，熟茶、普洱茶用90～95℃的中溫，烏龍茶、紅茶用95～100℃的高溫），過熱或不夠熱的水是無法泡出好喝的茶。將開水倒入茶壺後隨即蓋上壺蓋，讓茶葉中的單寧酸及咖啡因充分地結合在一起，約2～5分鐘後即能將茶倒出，茶杯呈寬口窄底

狀，以利散熱，杯壁以薄為佳，在手、唇之間保持最佳觸感。

　　若為茶包時，只需要浸泡約1分鐘左右，即能取出茶包。在忙碌的工商社會，茶包堪稱方便，為很多人所接受並使用。你知道茶包是怎樣發明產生的嗎？1908年6月，紐約茶商湯瑪士・蘇利文（Thomas Sullivan）寄茶葉樣品給潛在客戶，為降低成本，把鬆散茶葉裝在絲製小袋，客戶收到樣本，一股腦兒整包往熱水丟，無意間，茶包就誕生了。但是再怎麼名貴的茶葉，若是沒有好好注意沖泡的時間及熱水的溫度，也是無法充分發揮茶葉所蘊含的美味。另外，紅茶不要放入冰箱冷藏，因會吸收其他食物的味道，所以要放在密閉容器內，其中以「錫罐」最佳。

　　知道如何沖泡出好喝的茶後，認識一些常見的茶也是很重要的，現在就一一為大家介紹。

§ 阿薩姆茶

　　阿薩姆位於印度東北部一州。發酵過後的阿薩姆茶比中國的紅茶茶色還要深，葉子比中國茶葉來得大，也因此英國人對阿薩姆茶愛不釋手。阿薩姆茶味道濃厚，濃郁風味，優雅芳香，最適合加入滿滿的牛奶。因為要切割做成茶包的關係，使得阿薩姆茶原有的濃厚味道被破壞，因此只適合做為調配各種茶中的基茶了。印度還有大吉嶺紅茶，含有麝末，亦屬世界名茶。

§ 錫蘭茶

　　出產於斯里蘭卡西南方的高地，因季風的關係，且該地並無寒冬，所以一年四季都有茶葉可採收。錫蘭茶的茶葉比阿薩姆茶葉還小，且茶葉中所含的單寧酸含量也較低，茶色清淡，香味高雅。

§ 祁門紅茶

中國是世界茶葉的發祥地，最好的祁門紅茶生產於中國的安徽省西部。祁門紅茶因為沖泡得較濃時，可加入檸檬或牛奶；沖泡得較淡時，有淡淡的蘭花香味，因此也被英國人用來做為伯爵茶的基茶。

除了上述三大名茶之外，「肯亞茶」在世界上也是相當有名的。

茶葉產銷國
單位：千噸（2014年英國《經濟學人》報導）

十大茶葉生產國	
1.中國：1,640	6.越南：207
2.印度：967	7.伊朗：163
3.肯亞：378	8.印尼：142
4.斯里蘭卡：328	9.阿根廷：97（馬黛茶）
5.土耳其：222（蘋果茶）	10.日本：95（綠茶）

十大茶葉消費國	
1.中國：1,305	6.巴基斯坦：126
2.印度：875	7.美國：125
3.蘇俄：184	8.日本：104
4.土耳其：151	9.伊朗：80
5.英國：129	10.埃及：74

英國也流行各式「花茶」。所謂花茶，是在茶葉中添加有花香的香花茶，如茉莉花茶、玫瑰花茶，雖用花來命名，但主體還是茶。茶以1到4分級，級數愈高愈濃，阿薩姆是3、玫瑰花茶是1，如茶味太濃，就會把花味壓下。有專家建議，用腦工作者，要多喝茉莉花茶；嗜菸酒者、體質虛弱者、抗癌防癌者、處於空氣污染環境者，要多喝綠茶；體力勞動者、運動後者，婦女

產後宜喝紅茶；要減肥美容、降血脂、防止動脈硬化者，肉食主義者宜喝烏龍茶。

　　有機會到日本洽公出差，常會被奉上日本茶（綠茶），大多會奉上附有杯蓋的茶碗，應將杯蓋內側朝上。喝日本茶，用右手持杯，左手持杯托；有柄的杯，則持杯柄飲之。若附有茶點心，則點心多半放在碟內附上竹籤，此時可用竹籤將點心切成小塊，再插起食用。為使日本茶相得益彰，日本常精選茶器。

　　而到中國大陸、香港經商，常會到茶館，芳香的烏龍茶通常搭配花生、水果乾、叉燒包，享受品茗的樂趣。一般中國人喝茶重意境，直接以開水沖泡，不添加牛奶或糖，喝茶時先聞其香，再品其口感，最後賞其姿態，成為一種生活的藝術。也有專家建議：運動少，菸酒多，受髒空氣多者多喝綠茶；勞動量多者適合喝烏龍茶。

　　認識了上述的茶後，喝茶應該注意的事項，也是不可以忽略的。喝茶該注意的地方與喝咖啡大同小異，當服務生把茶端到你面前時，茶杯的杯耳剛好是在你的右手方，因為絕大部分的人慣用右手，所以喝茶的時候，只需順手握住杯耳端起來喝，較為方便。

　　還有端茶的時候，小拇指千萬不要翹起來。另外，當客人來時，請客人喝的茶若是以茶包沖泡的話，在端給客人喝之前，要記得將茶包拿起來，可別連同茶包一起端給客人喝，這是很不禮貌的。若準備的是咖啡，只需要端上一壺咖啡，另外再附上一盤裝有糖與奶精的盤子，讓客人自行添加。因為你不知道客人喜好的甜度，所以別自做主張的幫客人加糖、加奶，以免失禮。茶匙（咖啡匙）攪拌後應放在碟子上，不可留在杯子裡。

小知識大學問

1. 一般來說，糖又分為白糖、棕糖和低糖三種。白糖的主要成分為蔗糖，大多是喝茶時添加的糖；棕糖的主要成分為甜菜，大多是喝咖啡時添加的糖；低糖則是為患有糖尿病的病人所貼心設計的一種糖。又茶與咖啡均不產於歐洲，經其調配及行銷，身價百倍，所以宏碁施振榮的「微笑曲線」中告訴我們：掌控研發及行銷產生之附加價值，遠甚於製造、生產、加工、裝配。

2. 茶依發酵度為綠茶0%、包種茶（黃茶）、白毫銀針（白茶）20%、烏龍茶50%、紅茶90%～100%、普洱茶（黑茶）100%且發酵二次。發酵度越低之茶，浸泡不可太久，否則味道會變澀。紅茶發酵高，浸泡時間可較長，適合悠閒的下午茶品。

3. 茶是強鹼，而一般人體質屬酸性居多，身體要健康應呈弱鹼（7.35～7.4）故飲茶有益酸鹼平衡，其中綠茶最佳，烏龍茶次之，紅茶居後。

5.自助餐禮儀

自助餐是最近幾年來新興流行的用餐方式，又有「半自助式」和「全自助式」的分別。「半自助式」顧名思義就是前菜、湯品、沙拉和甜點採自行取用的方式，而主菜則是跟服務生點菜。「全自助式」則是全部餐點均是自行取用，想吃什麼就拿什麼。近年來，也有餐廳將西式、日式、中式各種典型的菜餚集合在一起的複合式自助餐，讓消費者一次滿足口腹之慾。

　　雖然自助餐是採用自行取用的方式，但還是有些該注意的地方：

(1)若是正式的西式自助餐，最好就採取西餐的出菜順序（開胃菜、湯、沙拉、魚類、肉類、水果、甜點、咖啡或茶）來取用菜餚。

(2)夾菜時，應以順時鐘方向行走。

(3)夾菜時，要遵守秩序，不可爭先恐後。若人多時，應該排隊依序取用菜餚。

(4)雖然自助餐是不論吃多少都按人數來計費，但也應該吃多少就拿多少，不可取了一大盤菜，結果吃不完，這是很浪費又不禮貌的行為。另外，比較名貴的料理（如生魚片、生蠔）應酌量取用，以免後頭之人無物可取。

(5)取菜時，為了顧及衛生及不讓其他排隊的人倒胃口，每取一道餐後應該更換新的盤子，不可拿著用過的髒盤子再去排隊裝盛食物，並將生食、熟食、冷食和熱食分開盛裝，如此才能嚐出每道菜的美味。

(6)舀熱湯的時候，切記舀完後必須將湯匙放在專門放湯匙的碗裡，千萬不可以將湯匙直接放在湯中，如此才可以避免下一位使用者燙到手。

6. 結帳禮儀

　　用餐完畢欲結帳時，該輕聲呼喚身旁附近或經過的服務生，請他幫忙結帳；而不是親自去櫃檯結帳，但這也是國人常犯的通病之一。當服務生送來帳單時，先別急著付款。首先，要確認帳單上的餐點及金額是否符合；其次，再確認所點的菜餚是否都已上桌，待確認無誤後再付款也不嫌遲。

　　付款時，應將現金放置於餐廳所提供的盤子或帳單夾下，

以帳單覆蓋住，為的是不讓其他賓客知道其金額數目，以免尷尬；賓客也不應詢問主人多少錢，因為這是很失禮的。

　　無論是西方國家或東方國家，均有給小費的習慣，不同的是，西方人給小費完全是出於「自願性」，並且是對該餐廳的服務及餐點一種正面肯定的方式。但是反觀東方人給小費的方式多屬「強制性的」，並非出於自願性。沒辦法，餐廳已經先算一成服務費了。

　　那麼小費金額應給多少才合理呢？一般來說，小費金額通常占消費金額的10%～15%，且要放置於餐具或餐巾下，讓服務生收拾餐桌時順勢帶走，而不是直接給予的方式，這點必須多注意，以免貽笑大方。

　　不管是先生還是小姐請客，甚至是各付各的，在結帳時，皆應將金錢交予先生，由先生向服務生結帳才是正確的做法。此時小姐可千萬別搶著付帳，屆時可不只是自己出糗，就連同行的先生，面子、裡子都掛不住。這是小姐們應特別注意之事項，出門在外，要記得多替男人留一點面子！

7.國宴禮儀（State Banquet）

　　「國宴」是一國領袖用來招待遠道而來的貴賓所擺設的宴席，過去都是山珍海味、玉液瓊漿的豪華盛宴。以最傳統、最典型的英國女王國宴菜單來看：

前菜	（湯類）：甲魚湯、時蔬鮮湯
	（魚類）：水煮鮭魚、炸鱈魚
主食	（一）燻烤牛犢、野菇雞胸肉、紅酒牛腓主食
	（二）雞肉蔬菜、烤羊肉、烤牛肉、烤雉雞、烤後腿鹿肉
配菜	蘆筍、什錦蔬菜奶油小餡餅、馬達加斯加酸櫻桃酒凍
甜點	皇冠奶油蛋糕、香草冰淇淋

在江澤民訪問英國時，國宴上安排烤鴨為主菜；布希訪問時，在英女王餐桌上也出現南瓜派，都是為貴客特意準備的。

現在下鄉辦國宴其實不會很貴，招待客人可大力推介國宴，一來，因為遠道而來的客人一定會想吃新奇的餐點；二來，我們也不必花太多的錢。而且「國宴」還可突顯我國特有食材和獨特的地方美食，並不一定要價錢昂貴的宴席，才能顯得對貴賓的尊重，有時以地方傳統美食來當國宴料理，反而更有一番風味。

話說「入境隨俗」，用餐時，理應使用我國的筷子。但筷子可是被全世界公認最難使用的餐具之一，若真要貴賓以筷子來用餐，恐怕會讓貴賓餓著肚子回家。所以能貼心地為貴賓準備刀、叉，或是大家都用西式餐具來進食，必定能讓貴賓感受到我們的誠意。

當海地總統來訪，陳水扁總統將國宴設於彰化鹿港，菜單中不乏許多彰化特有小吃，如彰化肉圓、貓鼠麵、北斗肉圓、鹿港鮮肉包、蚵仔煎和牛舌餅、芬園楓坑米粉、二林蕎麥和葡萄、二水荔枝和龍眼、社頭珍珠芭樂、員林蜜餞、大村巨峰葡萄、溪湖羊肉、芳苑花生等。

當查德總統來訪，國宴設在嘉義，嘉義地方小吃雞肉飯和聞名全臺的方塊酥，都在菜單裡。尼加拉瓜元首佗儷來訪時，在新竹設國宴，菜單中有客家三寶（醉雞、客家鹹豬肉、新埔香腸）、竹笙貢丸湯、客家肉丸、豆醬龍蝦、封牛小排、風城花圍（風城米粉）、烏豆海鯛、粄粽及蘿蔔絲酥餅、寶島鮮水果等九道菜。宴請多明尼加總統的國宴菜單則充滿了宜蘭風味，如宜蘭三寶（糕渣、查餅、肉捲）、小菜（鴨賞、膽肝、臺式泡菜）、香瓜雞盅、燻鴨胸肉、原盅牛腩、蔬菜羊排、荷葉油飯、花團錦簇等。如此安排，除了能讓貴賓品嚐不同風味，還能

讓遠道而來的客人更了解我國地方文化和農產品,所以可向來臺的外賓建議國宴菜單,必好奇欣喜且經濟實惠,一舉兩得。

G8(八國高峰會)菜單
日本北海道洞爺湖「八國集團」年度峰會菜單

午餐	紫蘇番茄蛤蜊湯、蓴菜海鰻、
白葡萄酒與松露湯	醬汁明蝦、鰻魚牛蒡捲、甘藷、
杏仁油毛蟹搭配黑橄欖珠醬	糖醋魚
堅果橘子醬什錦雞	毛蟹濃湯
乳酪桃子盅、冰淇淋、覆盆子醬咖啡與	炭烤雲斑
精緻小點	芥茉小羊排、黑鬆露烤小羊排
佐酒	乳酪、薰衣草醬、焦糖堅果
Chateau Grillet 2005	G8夢幻甜點
Chambolle-Musigny 2005	咖啡、蜜漬蔬果
	佐酒
晚餐	Le Reve GrandCru Brut/La Seule Glore
玉米與魚子醬	Champagne
煙燻鮭魚與海膽	清酒
熱洋蔥塔	Corton Chartemagne 2005
百合與夏季什蔬	Louis Latour Bourgogne
海苔牛肉、麻醬拌蘆荀、酪梨鮪魚丁、	Ridge Califomia Monte Bello 1997
煮蛤蜊	Tokaji Esszencia 1999

　　1996年李登輝就任首屆民選總統,國宴菜單有龍蝦沙拉、一品翅、海鮮金冠餃、蠔皇鮮麻鮑、蘆荀鮮干貝、黑椒牛柳條、梨雞球,蘑菇石斑魚。已去除過去江浙菜名,酒也改金釀陳紹。

　　2000年政黨首次輪替,陳水扁上任,就符合平民總統作風,已不見鮑魚魚翅,而是大眾化的臺南虱目魚丸與麻豆碗粿,甜點則是芋仔番薯,水果更是本土鳳梨,有「旺來」之意。

　　2004年陳水扁就任第十一任總統就職國宴菜單,菜色分

別為「南北一家親」，是一道冷盤，使用宜蘭鴨賞、高雄烏魚子、東港櫻花蝦與臺南燻茶鵝等食材；「全民慶團圓」採用臺南虱目魚丸、花枝丸及新鮮蔬菜，搭配上等高湯；「原鄉情意重」的客家粽；「祥龍躍西海」是採用臺灣東部新鮮龍蝦，以清蒸方式呈現；「揚眉皆如意」是採用本地羊排搭配新鮮蘆筍、乳酪番茄及南投新鮮梅子製成的醬汁；「豐收年有餘」則是採用澎湖海域新鮮海鱺魚，搭配菠菜打成的醬汁；甜點「故鄉甜滋味」，是採用大甲芋頭酥、小米麻糬及杏仁露，搭配油條；「寶島四季鮮」的水果拼盤，則採用關廟的鳳梨、林邊蓮霧、屏東青香瓜及臺東西瓜，菜色精緻別具特色，也打破國宴由圓山飯店舉辦慣例，移師高雄漢來飯店。

　　2008年馬英九總統520就職國宴菜單包括：美樂小品皿、三元及第盅、田園烤香雞、樹子海上鮮、鮮筍百合果、芒果甜品旺來酥、香芋藏珍蝦、香米點櫻紅、寶島鮮水果。避開鮑魚、魚翅、黑鮪魚等奢華或保育爭議食材，確保國家形象，並選用中南部及東部唾手可得之食材，已成國宴菜單設計之趨勢。

馬英九國宴菜色

菜色	使用材料
1.美樂小品皿	主食：油雞、烤鴨（配料：綠蘆筍、山藥泥、紫蘇梅番茄）
2.三元及第盅	主食：虱目魚、土魠魚、花枝做成三色魚丸（配料：高湯）
3.香芋藏珍蝦	主食：明蝦（配料：芋泥、酥炸地瓜片）
4.田園烤香雞	主食：放山雞（配料：客家梅干菜、美濃粄條）
5.鮮筍百合果	主食：杏鮑菇、百合果、竹筍（配料：有機南瓜）
6.香米點櫻紅	主食：櫻花蝦米糕
7.樹子海上鮮	主食：龍膽石斑魚（配料：箭筍、樹子）
8.寶島鮮水果	主食：木瓜、西瓜、鳳梨、哈密瓜
9.芒果甜品 旺來酥	主食：愛文芒果布丁（配料：鳳梨鴨蛋酥）

2012年國宴共上八道菜，(1)鴻圖迎賓盤、(2)客家桔醬龍蝦、(3)樹子蒸石斑、(4)山藥竹筍燉雞盅、(5)飄香荷葉飯、(6)寶島鮮水果、(7)傳統甜湯品、(8)東方美人茶&手工綠豆椪。

由上可知，菜單要吉祥、典雅，且附合筵席主題，菜名與菜餚內容也要協調一致。並且要人民吃得起，又代表在地好滋味。

有次在中國大陸的飯館，菜譜滿新奇，菜色內容卻超搞笑。

青龍過江（一碗清湯漂著一棵蔥）

母子相會（黃豆炒黃豆芽）

一國二制（煮花生米和炸花生米）

火山大雪（涼拌番茄灑白糖）

鄉間小路（紅燒豬腳釀點香菜）

青龍臥白雪（一盤白糖上放根青黃瓜）

絕代雙驕（青辣椒拌紅辣椒）

悄悄情話（豬舌頭和豬耳朵）

---

8. 經濟實惠的餐飲

(1)美式

若遠道而來的貴賓表示大魚大肉都已經吃膩了，想吃一點特別的餐點，我們可以建議客人吃一些對體內環保有幫助的十大健康菜——番茄、菠菜、堅果、花椰菜、燕麥、紅酒、大蒜、藍莓、鮭魚和綠茶，這些均是《Time雜誌》特別推薦的，相信外賓必感窩心。

　　a.番茄所富含的茄紅素，除了有抗癌作用之外，還富含維他命A、C、E等成分。若沒有番茄，也可以用櫻桃或西瓜來替代。

b.菠菜富含鐵質、β胡蘿蔔素、維他命A及其他營養成分，能有效預防血管疾病及大腸癌、白內障、夜盲症，其他深綠色蔬菜也可以替代。

c.堅果富含葉酸、維他命B1及B2，還有其他營養成分，對於降低膽固醇、血壓和預防心血管疾病都有一定功效。但是因堅果油脂較多且熱量較高，所以攝取時不可過量，亦可用花生或杏仁果來取代。

d.花椰菜富含胡蘿蔔素、維他命A、C及其他營養成分，對於抗癌和腸胃疾病也有些許助益，也可以用白菜、豆芽菜和韭菜來替代。

e.燕麥富含蛋白質、鈣、鐵、維他命B群及其他營養成分，對降低膽固醇及血壓有很好的效用，也可以用薏仁替代。

f.紅酒是由葡萄所製成，含有天然有機酸、植物性抗氧化物質及其他營養成分，對於老化所帶來的疾病，如心血管疾病、動脈硬化等都有很好的助益，橘子、小紅莓、檸檬、綠／紅茶也可以來取代。

g.大蒜富含蛋白質、維他命C、鈣、醣類及其他營養成分，對降低膽固醇、血壓、預防感冒都有很好的幫助，也可以洋蔥及韭菜來替代。

h.藍莓含有豐富的鐵質、維他命C、E和其他營養成分，對預防高血脂及心臟病、腹瀉等都有很好的助益，也可以用草莓替代。

i.鮭魚含有豐富的蛋白質、DHA，以及維他命A、D、B6、B12等其他營養成分，對降低血壓、膽固醇及預防血栓都有很好的助益，也可以其他深海魚類來替代。

j.綠茶包含了豐富的多元酚、葉綠素，以及維他命C、E、B1、B2與兒茶素，對降低血液中的三酸甘油酯及提高好

的膽固醇和預防心臟病都有很好的助益。

　　平日可多食用這十種營養食品為食材的餐點，貼心地設計這樣健康的餐點，對貴賓來說，除了特別，又對身體有幫助，可謂一舉兩得。

(2) 日式

　　吃飯模式也可改到掛上火車頭旋轉的日式「涮涮鍋」，載滿了火鍋料的小火車在眼前轉來轉去，想吃什麼，都可無限吃到飽。看到一列火車載滿食材來到面前，搖搖晃晃、喊喊喳喳駛過來，令人心生愉悅感覺，彷彿童年再現。外賓吃起來，食慾大振，相當滿足，既有價值魅力又所費不高。還有流行的日式瘦身餐：

品名	熱量大卡	品名	熱量大卡
生魚片一兩	55	烤魚一兩	55
花壽司一個	80	蘆筍手捲一個	40
蝦手捲一個	50	茶碗蒸一碗	100
柴魚菠菜	0	味噌湯	10

(3) 中式

　　有位外賓很喜歡品嚐中華料理，加上對東方神祕色彩異常好奇，所以有次點菜，除了米飯主食外，筆者又點了「黑色」的紅燒香菇，「白色」的大白菜炒肉絲，「青色」的焗烤蘆筍，「黃色」的鳳梨蝦球，再加上「紅色」的西瓜粉圓汁。再向客人解釋：中國五行學之觀點，五色補五臟——青色食物養肝益膽，如菠菜、蘆筍、豌豆、青花椰菜、芹菜、牡蠣；紅色食物補血助心臟，如紅棗、番茄、草莓、紅蘿蔔；白色食物有益肺部健康，如水梨、白菜、豆芽、白蘿蔔；黃色食物健脾養胃，如香蕉、南瓜、花生、柑橘；黑色食物有助腎臟，延緩老化，如黑木

耳、黑芝麻、海帶、烏骨雞等。

餐後還可享用五色豆甜湯，即綠豆、紅豆、白豆（薏仁）、黃豆、黑豆。飯局完畢也可品嚐五色茶（茶的顏色不同），即白茶（福建白毫銀針或白牡丹）、紅茶（安徽祁門紅茶、廣東荔枝紅茶）、綠茶（浙江杭州龍井茶、浙江珠茶、臺灣凍頂烏龍茶、包種茶）、黃茶（江蘇碧螺春、湖南君山銀針）、黑茶（廣西六堡茶、雲南普洱茶）。外賓吃得津津有味，而且勤記筆記，直稱讚很Easy，是具有均衡營養又熱量適中的一餐，無形中也為商機加分。

(4)對老外介紹臺灣小吃

【早點】

燒餅	Clay oven rolls
油條	Fried bread stick
韭菜盒	Fried leek dumplings
水餃	Boiled dumplings
蒸餃	Steamed dumplings
饅頭	Steamed buns
割包	Steamed sadwich
飯糰	Rice and vegetable roll
蛋餅	Egg Pancake
皮蛋	100-year egg
鹹鴨蛋	Salted duck egg
豆漿	Soybean milk
米漿	Rice & peanut milk

【飯類】

稀飯	Rice porridge
白飯	Plain white rice
油飯	Glutinous oil rice
糯米飯	Glutinous rice
滷肉飯	Braised pork rice
蛋炒飯	Fried rice with egg
地瓜粥	Sweet potato congee

【麵類】

餛飩麵	Wonton & noodles
刀削麵	Sliced noodles
麻辣麵	Spicy hot noodles
麻醬麵	Sesame paste noodles
鴨肉麵	Duck with noodles
鵝肉麵	Goose with noodles
鱔魚麵	Eel noodles
烏龍麵	Seafood noodles
蚵仔麵線	Oyster thin noodles
板條	Flat noodles
米粉	Rice noodles
炒米粉	Fried rice noodles
冬粉	Green bean noodles
榨菜肉絲麵	Pork, pickled mustard green noodles

【湯類】

魚丸湯	Fish ball soup
貢丸湯	Meat ball soup
蛋花湯	Egg & vegetable soup
蛤蜊湯	Clams soup
蚵仔湯	Oyster soup
紫菜湯	Seaweed soup
酸辣湯	Sweet & sour soup
餛飩湯	Wonton soup
豬腸湯	Pork intestine soup
肉羹湯	Pork thick soup
花枝湯	Squid soup
花枝羹	Squid thick soup

【甜點】

愛玉	Vegetarian gelatin
糖葫蘆	Tomatoes on sticks
長壽桃	Longevity Peaches
芝麻球	Glutinous rice sesame balls
麻花	Hemp flowers
雙胞胎	Horse hooves

【冰類】

綿綿冰	Mein mein ice
麥角冰	Oatmeal ice
地瓜冰	Sweet potato ice
八寶冰	Eight treasures ice
豆花	Tofu pudding
紅豆牛奶冰	Red bean with milk ice
綠豆牛奶冰	Green bean with milk ice

【果汁】

甘蔗汁	Sugar cane juice
酸梅汁	Plum juice
楊桃汁	Star fruit juice
青草茶	Herb juice

【點心】

蚵仔煎	Oyster Pancake
棺材板	Stuffed bread bowl
臭豆腐	Stinky tofu
油豆腐	Oily bean curd
麻辣豆腐	Spicy hot bean curd
天婦羅	Tenpura
蝦片	Prawn cracker
蝦球	Shrimp balls
春捲	Spring rolls
雞捲	Chicken rolls
碗糕	Salty rice pudding
筒仔米糕	Rice tube pudding
紅豆糕	Red bean cake
綠豆糕	Bean paste cake
豬血糕	Pigs blood cake
糯米糕	Glutinous rice cakes
芋頭糕	Taro cake
肉圓	Taiwanese Meatballs
水晶餃	Pyramid dumplings
肉丸	Rice-meat dumplings
蘿蔔糕	Fried white radish patty

豆干	Dried tofu
當歸鴨	Angelica duck
檳榔	Betel nut

　　至於中菜名稱如何翻譯，若不是已約定俗成的菜名，在翻成英文時，應與國外接近食物相連接，或者字面直譯後加上解釋。

　　如臺南名產「棺材板」，如直譯成「Coffin board」，外國人有觸眉頭而難以下嚥，不妨以外國類似食物「Stuffed bread bowl」（麵包湯）或依外形稱「Stuffed bread basket」（麵包籃）。

9. 小結

　　國人出國旅遊、洽商的機會愈來愈多，到各個國家去，「入境隨俗」是不可不知的一件事。到各國拜訪或是洽商，若主人招待一些食物是你不敢吃的，基於禮儀，也應該多少吃一點。因為主人精心準備的食物，有可能是當地不常吃的東西或珍貴食材，若是你都沒吃，就顯得很失禮了；而且對主人也是極不禮貌的，畢竟主人費心準備食物招待遠道而來的客人，看見客人都沒吃，心裡也會很不高興。

　　舉例來說，很多人都不敢吃生食，但是日本是個極愛吃生食的國家，如生魚片，若你不敢吃生魚片，也應該事前先告知主人，以免主人準備了生魚片來招待你，而你又不吃，可是一件既浪費食物又掃興的事。

　　還有，出國洽商時，難免會與客戶一起吃飯用餐，但是每個國家的商業用餐習慣都不盡相同。例如，法國人認為，職場的餐會是談生意的場所之一，因為他們覺得談生意之前要先建立友誼，而商業餐會能與生意合夥人保持良好的人際關係，也能藉由

　　餐會的方式更了解彼此。此外，法國人對吃是非常講究的，他們會配合洽談的對象來選擇餐館或料理，以表達待客人的誠意。

　　美國的商業餐會時間大多是在中午，晚上的餐會比較少。德國人比較沒有商業餐會，因為他們覺得邊吃邊洽談很浪費別人的時間。所以即使是出國洽商，雖然待在國外的時間並不會太長，但還是要「入境隨俗」，尊重外國人的習慣。

　　還有，到國外旅遊時，對外國的事物一定都會覺得很新奇，尤其是當地的食物，你一定會想嚐嚐它的味道，但是又很害怕食物的味道很奇怪，實在是既期待又怕受傷害。舉例而言，外國有各式各樣國內不曾見過的水果，很多人沒有吃過，也許會不敢吃，尤其當水果榨成果汁後，每種果汁顏色都很相似，更分不清是什麼水果了。所以高級一點的餐館就會在果汁瓶蓋上標示是什麼水果，讓客人一目瞭然，這樣一來，就不用擔心喝到有奇怪口味的果汁了。

　　除了入境隨俗外，各國的飲食禁忌也是需要知道的小常識。例如，回教國家除了豬肉（《可蘭經》第6章146節記載：「在我穆罕默德所受啟示裡……豬肉是不潔的。」回教學者禁止信徒吃豬肉，因豬有骯髒習性，好在爛泥巴中打滾，吃的食物非常不潔，各種剩菜剩飯、人類糞便均可下肚。另外，家畜豬不能放牧，不能提供副產品如乳、毛、蛋，以致被人看不起。同時性慾旺盛，給人低俗之感）及無鱗魚、貝類不吃以外，其他肉都吃，而且是不喝酒的。

　　但中東風俗以羊眼為上品美味，只有貴賓才能享用；情急之下，可將其含在口中，再假裝用手帕擦嘴，吐出包好，藏在口袋，瞞天過海。

　　印度人不吃牛肉（因為「黃牛」是神的坐騎，且會生產牛奶、奶油，糞便可當作肥料及燃料，故備受崇拜。對牛愈好，愈

受神的眷顧及回報）。臺灣人也有很多不吃牛肉，因爲牛爲人類耕種，不忍心吃牠。猶太人同類食物不同時上桌（如牛肉、牛奶、乳酪，或雞肉、雞蛋、布丁。猶太教規喝牛奶後，要等半小時才可吃牛肉），因爲他們曾有亡國之恨，認爲不能趕盡殺絕。歐美人不喜歡吃香菜、雞屁股、動物的內臟、雞脖子、鴿子肉等（鴿子在西方是和平的象徵，緣由是來自《舊約聖經》諾亞方舟，爲了確認洪水是否已經消退，諾亞派了鴿子出外查尋，後來鴿子銜了橄欖樹枝回來，表示大地已經有綠意，洪水已退）。要注意，可別拿自己喜歡吃的東西強迫外國朋友吃，畢竟你喜歡吃的東西，別人可不一定會喜歡。

小知識大學問

不少人到國外旅遊，因吃不慣外國飲食，常備「泡麵」果腹。你知道嗎？泡麵是日本人安藤百福（臺裔吳百福）發明的。在二次大戰後，安藤百福看到日本人喜歡吃熱騰騰的拉麵，但要大排長龍等待良久，他心想若能製造只需要開水沖泡就可以吃的麵，一定可以暢銷。有一天，他看到太太在廚房炸天婦羅，突然想到將麵條先用油炸，去掉麵條的水分，增加保存時間，想吃時再以熱水沖泡，讓麵條恢復柔軟。就這樣，第一包泡麵在1958年問世了！

安藤百福有次跟外國人開會時，看到他們用咖啡杯沖泡麵，將此靈感再度發明了「杯麵」。1969年，臺灣名立食品自日本引進製造技術，發明了乾泡再吃的「生力麵」。現今臺灣的速食麵「四大天王」是——統一肉燥麵、統一蔥燒牛肉麵、味味A排骨雞麵、維力炸醬麵。

　　吃過飯之後，喝一杯冰冷的飲料的確很舒服；然而，冷開水會使你剛剛吃下肚的油膩膩的食物凝結在一起，而且會使胃腸的消化作用變慢。一旦這一大坨像爛泥的東西碰到胃酸，就會分解而很快地被腸子吸引，它會附著在腸壁上，沒多久它就會變成脂肪，而導致癌症。所以，吃過飯之後最好還是喝一碗熱湯或一杯溫開水。

禮儀小學堂

一、選擇題

( )1. 下列敘述何者為非？ (A)無論邀請什麼人用餐，都應事先了解對方是否有宗教信仰 (B)用餐時，任何人都可以將餐巾繫在脖子上 (C)用餐時，若需要調味料，可請服務生代拿。

( )2. 王大明和黃小美一同前往餐廳用餐，下列敘述何者為是？ (A)王大明應先服務黃小美就坐後，自己再入座 (B)王大明到了預約的餐桌後，也不管黃小美，就自己入座 (C)以上皆非。

( )3. 若女生有攜帶皮包前往用餐，入座後，皮包應放在哪裡才正確？ (A)桌子上 (B)身後與椅背之間 (C)掛在椅背上。

( )4. 下列敘述何者為是？ (A)桌上若有三副刀叉，使用時，應由外至內使用 (B)喝湯時，應由內往外舀取來食用 (C)以上皆是。

( )5. 二圓桌並排時，以哪一桌為最大？ (A)甲桌 (B)乙桌 (C)二桌都一樣大。

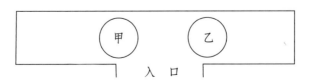

( )6. 三圓桌並排時，以哪一桌為最大？ (A)甲桌 (B)乙桌 (C)丙桌。

( )7. 若三圓桌為「品字型」排列時，又以哪一桌為大呢？ (A)甲桌 (B)乙桌 (C)丙桌。

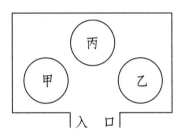

( )8. 延續上題，若「品字型」為下列的排列方式，又以何桌為最大呢？ (A)甲桌 (B)乙桌 (C)丙桌。

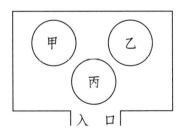

( )9. 當四圓桌並排時,以哪一桌為最大呢? (A)甲桌
(B)乙桌 (C)丙桌 (D)丁桌。

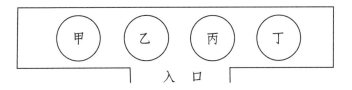

( )10. 延續上題,當四圓桌以下列方式排列時,又以哪一
桌為最大呢? (A)甲桌 (B)乙桌 (C)丙桌 (D)丁
桌。

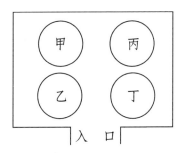

( )11. 當五圓桌並排時,以哪一桌為最大呢? (A)甲桌
(B)乙桌 (C)丙桌 (D)丁桌 (E)戊桌。

（　）12.延續上題，五圓桌若以下列的排列方式，又以哪一桌
　　　　為最大呢？　(A)甲桌　(B)乙桌　(C)丙桌　(D)丁桌
　　　　(E)戊桌。

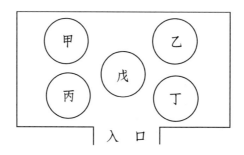

（　）13.延續第11題，當五圓桌以梅花狀排列時，又以哪一桌
　　　　為最大呢？　(A)甲桌　(B)乙桌　(C)丙桌　(D)丁桌
　　　　(E)戊桌。

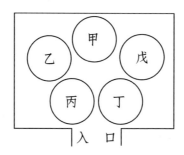

（　）14.以方形桌為例，主人應該坐在哪個位置？　(A)任何一
　　　　個位置均可　(B)最靠近入口處的位置　(C)最靠近裡
　　　　面的位置。

( )15. 以下列方形桌為例，男、女主人的位置應是下列何者？ (A)男主人：戊位置，女主人：甲位置 (B)男主人：甲位置，女主人：戊位置 (C)男主人：丙位置，女主人：庚位置 (D)男主人：庚位置，女主人：丙位置。

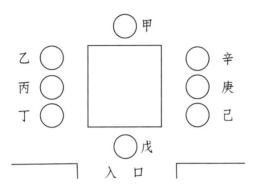

( )16. 在座位的安排上，男主賓的位置應該如何安排才是正確的呢？ (A)在男主人的左手方位置 (B)在男主人的右手方位置 (C)在女主人的左手方位置 (D)在女主人的右手方位置。

( )17. 在座位的安排上，女主賓的位置應該如何安排才是正確的呢？ (A)在男主人的左手方位置 (B)在男主人的右手方位置 (C)在女主人的左手方位置 (D)在女主人的右手方位置。

( )18. 以下列的方形桌為例，若男、女主人並列而坐時，正
確的位置為何？ (A)男主人：己位置，女主人：戊位
置 (B)男主人：辛位置，女主人：庚位置 (C)男主
人：丁位置，女主人：丙位置 (D)男主人：甲位置，
女主人：乙位置。

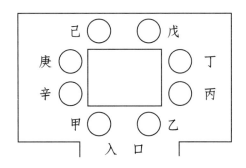

( )19. 下列敘述何者為是？ (A)一般來說，座位的安排上應
一男一女交錯 (B)男主賓的位置應安排在女主人右手
方的位置 (C)女主賓的位置應安排在男主人的右手方
(D)主人的位置應安排在靠近入口處的位置 (E)以上
皆是。

( )20. 用餐時，若有事需中途離席，餐巾應該如何放置？
(A)放在桌子上 (B)放在椅子上 (C)任何位置皆可。

( )21. 下列敘述何者為非？ (A)用餐完畢後，為了美觀，應
將餐巾摺回去放好 (B)吃魚料理時，若要吃另一面的
魚肉時，可以將整條魚翻面 (C)若有魚刺、骨頭時，
可以吐在桌子上 (D)吃肉類料理時，可以全部切成塊
狀後再用叉子叉來吃 (E)以上敘述均為非。

( )22. 下列敘述何者為是？ (A)吃西餐時，若餐館端出來

的水果是香蕉，可以用手拿起來剝皮並食用　(B)喝咖啡時，應該連同盤子和咖啡杯一起端起來喝　(C)外國人忌諱「13」，所以在餐桌及人數的安排上應儘量避開。

(　)23. 對於日式用餐禮儀的敘述，下列何者為非？　(A)如果遇到附有蓋子的料理，食用時應將蓋子往二邊開啓並置於二旁　(B)食用竹籤串的燒烤物時，應先將竹籤抽開，再一個個食用　(C)應等到主賓客或主人說：「開動吧」、「大家動筷吧」，才可以開始用餐　(D)當有好幾副碗蓋時，為了收拾上的方便，可以像玩疊羅漢一樣一直往上疊　(E)吃日本拉麵時，吸麵條的聲音愈大聲愈好，因為那代表對廚師的讚美。

(　)24 對於中式用餐禮儀的敘述，下列何者為是？　(A)大餐桌上的旋轉桌，原則上是以順時鐘方向旋轉來取用食物　(B)菜餚應由主賓先行取用，輪完一圈後，若有剩餘菜餚，就可自由取用　(C)主菜通常都是雙數，例如辦桌的十二道菜，因為中國人認為雙數是吉祥數　(D)若菜餚上沒有公筷時，可以直接使用自己的餐具夾菜　(E)以上皆是。

(　)25. 西方人在飲酒前，主人先行試酒是為了證明什麼？　(A)證明酒沒有被偷喝過　(B)證明酒沒有被下毒　(C)以上皆是。

(　)26. 對飲酒禮儀需注意事項的敘述，下列何者為是？　(A)倒酒時不需將酒杯拿起，也不可以將酒斟滿，而且酒瓶也不可碰觸到酒杯　(B)「乾杯」是我國及日本特有的飲酒文化，國際禮儀上並沒有所謂的「乾杯」　(C)試酒程序是主人的義務，不應該讓客人試酒

(D)年代愈久遠的酒，價錢一定愈貴 (E)以上皆是。

( )27. 吃自助餐時，該如何夾菜才是正確的呢？ (A)順時鐘方向夾菜 (B)逆時鐘方向夾菜 (C)沒有特定該從哪一方向來夾菜。

( )28. 對自助餐禮儀的敘述，下列何者為非？ (A)取菜時，為了顧及衛生及不讓其他排隊的人倒胃口，每取一道餐後應該更換新的盤子 (B)夾菜的時候若有很多人，就應排隊依序取用菜餚 (C)夾菜時，應將生食、熟食、冷食和熱食分開盛裝，才能嚐出每道菜的美味 (D)因為自助餐是按人數來計費，所以為了吃夠本，即使夾了一堆菜吃不完也沒關係。

( )29. 對國宴禮儀的敘述，下列何者為非？ (A)話說「入境隨俗」，應該在用餐時使用我國的筷子，即使國外的貴賓拿不好筷子，也要強迫使用 (B)國宴並不一定要價錢昂貴的宴席，才能顯得對貴賓的尊重 (C)為了突顯我國特有食材和獨特地方美食的宴席，可以用地方傳統美食來當國宴料理。

( )30. 對結帳禮儀的敘述，下列何者為是？ (A)用餐完畢欲結帳時，應輕聲呼喚身旁附近或經過的服務生，請他幫忙結帳 (B)付款時，應將現金放置於餐廳所提供的盤子或帳單夾下，以帳單覆蓋住 (C)給小費時應放置於餐具或餐巾下，讓服務生收拾餐桌時順勢帶走 (D)不管是先生還是小姐請客，甚至是各付各的，在結帳時，應將金錢交予先生，由先生向服務生結帳 (E)以上皆是。

二、簡答題

1.臺灣與大陸圓桌的坐法有何不同？
2.試酒的步驟爲何？

三、演練題

　　某天，李雄與咪咪一起到河力霸高級西餐廳用晚餐。李雄與咪咪都各點了一份菲力牛排，用餐過程也非常愉快，一直到最後一道餐點——咖啡上桌後，二人喝完了咖啡才愉悅的一起離開。此時，問題來了：

1.當李雄與咪咪進入河力霸高級西餐廳後，二人身穿的大衣該怎麼處理呢？到達位置後，若服務生沒有服務咪咪入座，李雄該怎麼做呢？而咪咪隨身攜帶的小包包，該放在哪裡呢？二人入座後，餐巾又該怎麼放置才正確呢？

2.菲力牛排還未上桌前，餐廳先上了一道湯，當湯快喝完時，該怎麼喝剩下不多的湯才是正確的呢？後來主餐菲力牛排上桌後，面對熱騰騰又香噴噴的排餐，李雄與咪咪該如何用餐呢？

3.用餐途中，咪咪突然想上洗手間，餐具和餐巾該怎麼放置呢？當二人用完排餐後，餐具該怎麼擺放，服務生才知道要收走呢？

4.服務生收走二人用完的餐點後，送上可口的點心——草莓蛋糕。李雄與咪咪面對可口的蛋糕，該怎麼食用呢？不久，服務生送來最後一道餐點——咖啡，他們該怎麼喝這杯咖啡才是正

　確的做法呢？

5.用完餐後，他們欲結帳離開，這時候該怎麼做呢？

衣

　　記得有一天晚上，緊急載著年事已高的姑母赴醫院求診，披頭散髮、衣衫簡便，忙上忙下。等到就緒，一位護士要筆者填寫表格，因情急未戴眼鏡出來，注視良久，親切的護士小姐說：「阿伯，若您不識字，我幫您填！」所以，「佛要金裝，人要衣裝」，否則一位學富五車的教授居然被當作大老粗！所謂「衣」，其範圍從頭頂上的帽子、身體上的服飾、到腳上穿的鞋子，甚至其他配件，如皮包、皮帶、手套、圍巾等等皆是。

　　與人交談或初次見面時，別人對你的感覺及評分標準都可呈現在雅伯特・馬布藍（Albert Mebralian）所提出的7-38-55定律中。「7」是指7%在於你說話的內容；「38」是指38%在於你表達的口氣、手勢等方法；「55」是指55%在於你的外表、穿著，可見穿著打扮也是很重要的一環。此外，精神抖擻、神采飛揚，更是讓人羨慕的十足衣架子條件。但是健康的精神，寓於健康的身體，平時注意「立如松、坐如鐘；行如風、臥如弓；營養豐、運動充；精神蓬、情緒鬆；菸酒空、大便通」，那就是人「旺」衣「水」。同時女士頭髮必須梳理整齊，外表不可邋遢，並且適當化妝；男士鬍鬚必須刮乾淨，鼻毛不可外露，「不油」、「不臭」、「不亂」是男人儀容三要素。在這個講求品質、注重包裝的時代，不以貌取人的觀念已經落伍了！

　　穿衣服不僅僅可以代表一個人的身分、地位、性格、教養，還可以透露出一國的文化特色，所以除了秉持著穿衣TOP的原則，即Tidy（整齊清潔）、Occasional（場合貼切）、Pleasant（舒適悅目），或者Time（時間）、Occasion（場合）、Place（地點）。有些穿衣的禮節也是需要注意的，這些禮節又依照時間、場合、人物、國家風俗的不同而有所分別，穿著得體，除了能賞心悅目之外，還能展現出個人的品味及風範。常在婚紗店擺出的照片，有些新郎浮亮誇大，宛如表演脫

口秀服裝；還見過年輕貌美的女士，在大白天穿晚上的亮片禮服，戴著夜間用長耳環，皆不合時宜與場合。

在本單元中，我們僅提供一些合適的裝扮及應該要避免的建議，因為服裝潮流總是隨著時間而千變萬化，所以並不一定要一板一眼地遵從。但有些穿衣的禮節，卻是從古至今都沒有太大改變的，所以只要注意一些禮儀上的細節，再加上找到適合自己的裝扮，想必「尷尬、失禮」這些字眼將會遠離你。

一、男士

男士穿著之裸露度要低，如短袖會露出手毛，短褲會現出腳毛，皆顯得不莊重；除此之外，「挺」及「經典」服飾也是很重要的。

一般除了出席正式場合（婚喪喜慶、洽商、拜訪）之外，有些場所也會要求服裝整齊，例如：高級餐廳、社交晚會、私人俱樂部等，而西裝就是最好的「通行證」。十八世紀末、十九世紀初，中產階級大量興起與抬頭，希望有易穿易脫、表現男士力與美的服裝，西裝應運而生，成為主流；無論是國內、國外都能讓你通行無阻。甚至有些企業老闆為了讓公司員工看起來更具專業能力，還會要求業務員穿著西裝上班。

西裝顏色以暗色系為最正式，例如：深藍色、深褐色、灰色、墨綠色等。千萬不要以全身黑的裝扮出席，容易讓人誤以為是來參加喪禮（日本在喜慶場合也用黑色，但質料不同，緞子料是喜慶的黑色，而素服多用棉質或麻質的黑色）。由此可知，參加喪禮時，應該穿著黑色西裝搭配黑色領帶及黑色配件，這樣是對往生者的尊敬。

其實男生服裝的色系沒有像女生有那麼大的變化，基本上

有幾個原則可循：冬天穿著深色，夏天穿著淺色，顏色越深代表越專業、隆重。在電視「慾望城市」（Sex and the City）結局中，由Chris Noth飾演的Mr. Big，在冷風颼颼的巴黎街頭，筆挺的西裝，襯托出承擔與包容的內心世界，讓我們看到穿西裝的男人形象有多美！

　　這裡要順帶補充的是，男士西裝依釦式排列，分為單排釦與雙排釦。正式的單排釦西裝，大多分為三件式：襯衫、背心、外套，遇到天冷時，背心還有禦寒的作用。但是近代已經不一定要穿背心了。而雙排釦西裝的胸前尖口不低，背心穿在裡面毫無作用可言，反而給人畫蛇添足的感覺。因此，加穿背心與否，要視西裝的樣式決定。

　　扣釦子是代表對他人尊重的一種行為，但不論是單排釦還是雙排釦的西裝外套，外套上最後下面那一顆（又稱裝飾釦）不要扣上（源於早期歐洲貴族均騎馬代步，只扣一顆，便於上下馬，漸漸約定俗成）。但是為了不讓西裝敞開而有失禮儀，其他鈕釦建議還是扣上。如要坐下，打開釦子是可以被接受的（雙排釦不管坐下、起身均應扣上）。背心的鈕釦亦是，最下面那一顆不要扣上；但與西裝外套的不同點在於，坐下時，其他的背心鈕釦是絕對不可以打開的。

　　另外，西裝給人的感覺是穩重、信任，所以剪裁合身、平整筆挺是很重要的，如此才不會給人頹廢落魄的感覺，並且要記得，西裝外套的袋蓋一定要放在外面，因為西裝外套口袋的設計本來就是如此。另外，有人習慣將衛生紙、手帕之類的東西塞在口袋中，那是不對的。西裝上衣的口袋切忌塞得滿滿的，畢竟鼓鼓的也有礙觀瞻。西裝褲的口袋亦是如此，有些人把皮夾、鑰匙、零錢等小物品全都放在褲子口袋中，遠遠看就覺得大腿那邊腫一大塊，實在不雅觀。所以當要攜帶隨身物品時，不妨利用皮

包把東西收在一起。但是有一個例外，就是有一些高層人士會在西裝上衣口袋插一枝筆，那可不是隨隨便便就抓一枝筆來插。基本上那些筆都是很高級的筆，如德國的萬寶龍（Montblanc）筆，獨特設計，白頭標誌，醒目出眾，放在西裝口袋中可以顯示身分地位的不凡。

1.禮服

正式禮服又分為日間禮服與晚禮服。日間禮服就可以如之前所說的穿西裝出席，或有重大慶典穿著之「早禮服」，是以灰色呢料縫製，外套前後垂到膝部，後面不開衩，與後述「燕尾服」有別，灰色背心，白襯衫，黑灰色領帶，黑灰直條呢褲。電視上，日本首相覲見天皇或參拜神社，就是穿早禮服。但是晚禮服的部分就小有區別，順帶一提的是，歐美國家大多以下午六點為日間與晚宴的分界點。

燕尾服是晚宴中正式「禮服之王」，禮服用黑呢料裁製，上衣只到腰部為止，又稱「大禮服」，因為上衣背面的下襬長度及膝，又像是燕子的尾巴，所以才被稱為燕尾服（Swallow-tail）。禮服內穿兩角翹起的硬襯衫，配回褶袖口，襯衫外穿僵硬白背心。如遇到國家大典、國宴、諾貝爾獎頒獎典禮、樂隊指揮家、正式宴會等，大多穿著燕尾服。要注意的是，穿燕尾服時，一定要搭配白色的領結，所以燕尾服又可以簡稱「白領結」（White tie），而領結用與背心共料的凸紋布製作的為最高級。

燕尾服既然又稱「大禮服」，就表示一襲成禮，全身上下包括有襯衫、背心、衣領、領結、上衣、袖釦、手套、褲子、襪子、鞋子、外套等，如果有其他配件如圍巾，也都必須是白色的，才不會失禮。上衣口袋裡亦可用白色絲綢製，或麻質製的手

帕來裝飾。如此慎重的服裝，平時在家是不需要準備的，因為一般的婚紗店都可以租得到，而且只需要支付些許的清潔費用就可以了。

不過，近年來，大禮服逐漸被小晚禮服所取代了。小晚禮服在英國又習慣稱為「晚餐服」，與大禮服不同的地方是，上衣為普通西裝樣式，但上衣領改用黑緞，式樣稍圓，無領角，前胸有很多褶子（Pleated front），而褲子則類似大禮服形式一般，腰纏黑綢橫褶式的寬帶（Cummerbund），且配戴的領結為黑色，所以又稱「黑領結」（Black tie）。名人連勝文與蔡依珊之喜帖上，印著來賓服裝：Black Tie，即赴宴者需穿小禮服。

所以，如果有天你要參加宴會時，友人提醒你要穿戴白領結時，就是告訴你要穿大禮服出席的意思；若有人提醒你要穿戴黑領結時，就意味著小晚禮服。可千萬不要傻傻地只穿著一身西裝，搭配黑色或白色領結，那可是很糗的。

筆者曾經參加過美國底特律的SAE Show擔任代表，規定應該穿著小晚禮服出席。男士穿黑領結或白領結之禮服時，同行女士應穿長及地晚禮服；男士穿早禮服時，女士則穿長及膝部的日間服裝，再搭配寬邊帽。

另外，你知道哪些是男性禮服常會用到的布料嗎？以下大略介紹幾種最常見的使用布料。

(1)Cashmere

是由印度喀什米爾出產的山羊毛製成的，用此做成的禮服有少許光澤。

(2)Doeskin

是一種將表面做得和雌鹿皮一樣柔軟，並經過加工起毛（使用的毛是美麗奴產的）的紡織品，具有光澤。

(3)Mohair

是用土耳其的安哥拉山羊毛製成的，非常柔軟高級。

(4)Barathea

爲正式禮服布料的代表。

(5)Shantung

有不規則的節是這種布料的特徵，是用類似中國柞蠶絲絹織的平紋織物做成的。

(6)Poral

特徵爲滑順，且因爲毛孔粗大，所以很適合在夏天穿。

(7)Flano

通常爲斜紋或平紋，稍微有點皺皺的，而且輕輕一刮就容易起毛球。

(8)Saxony

又稱「光毛」，是最高級的衣料，正宗是由美麗奴羊毛織成的。

2. 領帶、皮帶

領帶的起源，來自蒙古拔都西征歐洲，將降囚用繩子在頸

部一個個綁串起來，防止逃脫，歐洲人爲紀念此次「黃禍」，用領帶繫頸以誌不忘。另有一說：太陽王路易十四僱用千名克羅埃西亞（位於巴爾幹半島，曾屬南斯拉夫一聯邦）衛士，他們習慣將手帕摺對角繞在脖子上，對流行敏感的法王路易十四喜歡這種打扮，便令王室裁縫師準備高級圍巾繫在脖子中央而垂掛胸前，而後王室周邊之人仿效，成爲正式服裝一環，法文以「Croate ravat」稱之，即克羅埃西亞頸飾。

　　雖然配戴領帶極不舒服，但想成爲一位成功的社會人士，參加大大小小的正式場合，無論如何都要配戴領帶才行。一條出色的領帶能產生畫龍點睛的效果，這樣才能使別人更敬重你，而沒有領帶的西裝則什麼都不是！基本上，領帶是不具有任何意義的，它之所以重要，是因爲和其他服裝所搭配的視覺效果，可以讓人了解其品味及個性，一般而言，顏色或花樣簡單的襯衫，搭配花樣複雜多變的領帶；比較花稍的襯衫，搭配式樣簡單或單色領帶；有格子襯衫搭配圓點領帶。在選擇領帶的時候，應注意顏色、圖紋、材質等，最好能與西裝同色系，如此可以讓人有一致性的協調感。

　　有一點要特別注意：黑色系的領帶只有在弔唁、參加喪禮或慰問喪家時才配戴，很正式隆重的葬禮時，甚至胸袋的手帕、襪子、鞋子都是黑色的，手錶也不可戴有金邊的。但是千萬不可在平常宴會或拜訪時配戴，會讓人有觸霉頭的不好印象。如果是要參加喜宴，領帶儘量配戴呈現喜氣洋洋氣息的紅色系。

　　不管你從事什麼行業，建議你，車上最好能準備兩、三條領帶（分別爲黑色系、紅色系、冷色系），因爲當有突發狀況發生，一時找不到適合的領帶時，至少還有車上備用的領帶可以先應急，一來可以避免錯失商機；二來又可以避免失禮。所以，男裝的領域中，領帶既是價格最高，也是最低的東西。

小知識大學問

1. 中國人常將喜慶與喪禮稱為「紅白二事」，喜慶多用喜氣洋洋的紅色，喪事則用冷冰冰的白色。中國人在喪禮中穿黑色、灰色、藍色、深色等素色衣服；歐美則穿正式禮服，喪事時一定身穿黑色服裝，喜事除了黑色外，加入灰色、深藍色；日本亦穿深色服裝，喜慶則繫紅色、灰鼠色、白色領帶，喪事一律配戴黑色領帶。

2. 一般正式領帶的選擇，多不選鮮艷、彩色或有實物、卡通圖樣。但曾見一公司總經理繫自由女神圖像領帶，我特別問他，他的回答是：「做生意重交朋友，人脈就是錢脈，因好奇打開話匣子，以領帶為題，朋友就交成了！」

　　不過名牌的領帶，如Calvin Klein、Hermers、Armani、LV等，都要數千至上萬元。至於領帶夾一般都在第四個釦子之下，或看起來順眼的位置。

　　通常有規則圖案或斜紋的，代表正式領帶；如果沒有規則圖案的，就比較不正式。另外，如何讓領帶看起來具有新潮感呢？其實只要有黃色系在領帶中間部分，就可以創造出新潮的感覺了。品味並不是一定要用錢才可以堆出來，所以，全身名牌卻不懂得搭配，可是會被笑「有錢沒品味」。

　　皮帶以深色（如黑色、深褐色）為原則，或與西裝同一色系，皮帶頭要擦拭乾淨。

　　領帶夾（釦）宜在領帶中心或第四個扣子下一點位置。至於領帶長度，一般而言，身高170公分以下，大約在皮帶釦之上方；170至175公分者，在皮帶釦；175公分以上，則為皮帶釦之下方。

3. 襪子、鞋子與西裝的搭配

擁有一套西裝後，你懂得如何搭配鞋子、襪子嗎？曾經有一位剛畢業的朋友要去面試之前，精心打扮後來找我，希望我幫他鑑識一番。放眼望去身穿名牌西裝，五官清秀，品味卓越，氣宇非凡，真是不錯。但是沒想到再往下一看，一雙高級球鞋，一雙白色短襪，當他坐下時，還露出有著濃密腿毛的小腿肚，差點沒讓我暈倒在地，我問他怎麼回事？他竟然回答我：「這樣才叫帥！」

其實在正確的國際禮儀中，西裝是不能這樣亂搭配的，儘管設計帥氣又花俏的名牌皮鞋種類繁多，但是適合和西裝搭配的可就有限了。如何挑選一雙適合的皮鞋呢？其實是有規則可循，就是儘量與西裝顏色色系和諧。身穿深藍色、灰色、黑色西裝時，就搭配黑色皮鞋；褐色系的西裝，就搭配褐色或黑色的皮鞋；穿著淺色西裝，如白色、象牙白色系的西裝，就適合搭配白色皮鞋或黑色皮鞋。如此看來，黑色皮鞋是最容易搭配各色系的西裝。倘若你實在沒把握該搭配什麼顏色的皮鞋，建議你不妨買雙黑色皮鞋放在後車廂，以備不時之需。

皮鞋的樣式以保守為宜，鞋面光滑、素淨為最佳，而且一定要有鞋帶，沒有鞋帶的鞋子是屬於休閒鞋的一種，是不能進入會議廳的。略帶點雕飾或縷花設計並無大礙，但是鞋跟太高、鞋端太鈍都不適合。有些場合需要脫鞋，以示禮貌，如東南亞泰國、緬甸、斯里蘭卡的寺廟、回教清真寺，以及偉人的墓地，如印度的甘地墓園、敘利亞的阿拉丁墓園等。

至於襪子，不少人為了標新立異，各色襪子紛紛出籠。但在國際禮儀中，襪子大致上還是選擇與西裝色系相近的顏色為宜，但千萬不可以穿白色、米色等淺色襪子。白色襪子代表休

閒、運動，或是學生才穿的，一般標準的襪子顏色是黑色、褐色、藏青色、銀灰色，而最保守、最傳統的顏色就是黑色了。

　　需特別注意的是，質料一定是要絲織品，絕對不可以用棉織品代替。另外，襪子的長度也要注意，別以為穿到腳踝就可以，至少要到小腿的三分之一以上，否則像我的朋友一樣，露出一節小腿肚可是很糗的。或許有人會說襪子什麼顏色，誰會知道？但如果你被安排參觀工廠要換鞋、上寺廟要脫鞋、吃日本料理上塌塌米時，不就現出原形了嗎？最後再提醒你，在晚宴或高級餐廳中，黑色皮鞋最為正式，千萬不要搭配其他各式各樣顏色的皮鞋、襪子，以免被認為服裝不整。

小知識大學問

1. 一般鞋子穿久了，一定會皺皺的，又漸失光澤。所以，筆者在車上一定會放著另外一雙嶄新、皮質佳的好鞋，在正式場合或演講時，快下車前才拿出來穿。離開會場回到車上，只要再將鞋子用鞋盒裝起來，如此鞋子不論怎麼穿都是新的。可惜出國就不能如法炮製了。

2. 筆者在臺中一家股票上市的科技公司擔任獨立董事，它也在中國浙江設立工廠，人數兩千人以上。外派總經理發現員工衛生習慣不佳，襪子從不換洗，臭氣四溢，屢屢要求仍我行我素。於是中秋節發放的禮品就是半打襪子，分別是白、綠、青、黃、紅、黑六色，依週一至週六穿，不符合當日色襪者，不准進廠，聰明吧！

4.襯衫的重要性

　　有時候看到一些雜誌裡的男模特兒，以套頭高領衫或毛線衣來取代西裝裡的襯衫及領帶，實在是帥氣無法擋又親和力十足。但在國際禮儀中，這樣的打扮是不正式的。最正式的穿法還是裡面穿襯衫加上領帶搭配西裝。並且要記得一點，當你打上領帶時，襯衫的第一顆鈕釦一定要扣上！別以為打上領帶就看不見第一顆鈕釦而不扣它，除非你將領帶繫得很緊，否則行動一會兒之後，很快就會被人家發現鈕釦開著。或許在心理作用下，第一顆鈕釦沒扣會讓你感覺比較舒適，但在視覺上卻是很不雅觀的，所以基於「禮」的要求，還是把襯衫的第一顆鈕釦扣上吧！同樣地，襯衫袖口的鈕釦也要扣上。

　　在正式場合中，一定要穿著長袖襯衫，縱使夏天亦然。曾經看過一部外國電影，一對父子參加一個重要盛會，穿著正式服裝，小孩直喊「熱」，父親小聲說：「紳士不熱。」另外，也不可將長袖襯衫的袖子捲起，更不可以短袖襯衫來取代，因為有些人的手毛比較茂密，除了避免毛茸茸的手臂會嚇到別人之外，亦是為了禮貌，因此長袖襯衫就有遮掩手毛的功能。姑且不論你是否有手毛，短袖襯衫已被歸納為休閒服的一種，在正式場合中，絕對不可用來搭配西裝。而且襯衫一定要略微超過西裝的袖口及領口，因為正式的西裝是量身打造的，價格不菲，所以用襯衫保護西裝。同時襯衫也要燙過，看起來平整無痕，顏色以淺色為主，如白色、藍色、淺粉紅色、淺紫色、灰色，藍色是亞洲膚色（黃皮膚對藍色是對比色）最適合色調；淺粉紅色可配藍、灰、黑西裝，有明亮爽朗感，而淺紫色有時髦感、灰色有神祕感，較適合夜晚場合。

　　所有的人都知道，男生襯衫（男裝）釦子在右邊，而女生襯衫（女裝）釦子在左邊，為什麼呢？

在17世紀釦子問世，依當時習俗，男士自己穿衣服，因大多數人是右撇子，所以男士襯衫釦子在右邊；而女士是由僕人穿衣，因僕人也是大多數右撇子，所以女裝的釦子在左邊。

5. 男士的配件

男士除了西裝，實在很難像女士一樣，可以有多樣化的選擇，但是男士們還是可以從一些配件上做變化，例如領帶、眼鏡、手錶、戒指、皮帶等。

一般放在口袋的手帕，是必要時拿來擦手、擦汗或擤鼻涕的實用物。但現今西裝胸前口袋擺放的手帕，已演變成純裝飾的功能，不能拿出來「實用」，否則會被恥笑。原先手帕形狀很多，法王路易十六下令手帕全部改為正方形，全國遵行，從此正方形手帕成為主流。

如果參加高爾夫俱樂部、青商會或扶輪社等，其社團會有代表社會地位的勳章，都可以拿來佩戴使用。因為男士在服裝方面可以做變化的實在不多，假使有女伴的話，不妨就讓女士來表現，以突顯你們的生活品味。

袖釦也是很好用的配件之一，不僅可代表身分、地位，重要人物還可在上面刻上自己的名字，襯衫的袖口必須露出西裝外2～3公分，除展現袖扣外，亦可增加視覺上的層次感。另外，褲環愈小代表愈高級，千萬不要選太大的褲環，否則會顯得非常缺乏品味。

6. 皮包

如果男生有帶皮包的習慣，要注意皮包的大小在白天與晚上是有分別的。若是白天上班公務要用的話，大小最好不要超過A4紙的規格；晚上，則是不可超過半張A4紙的大小。像知名精品Bally的男用皮夾，手工精緻，具有時尚品味。

7.古龍水

古龍水宜用淡雅清香的味道，太過濃烈容易使人無法忍受。或用Alfred Dunhill Desire男性噴式淡香水，有清新花果調香水，適用於任何場合，讓人感覺精神抖擻。

二、女士

愛美是女人的天性，所以即使身材再好的人，也都會覺得自己哪一個地方胖了，哪一個部位瘦了，因此開頭就先提供一些日常生活中的穿衣技巧，讓你的身材比例能更完美、更勻稱。

一般女士形象包裝有三：其一，服飾適合個人體型、個性、膚色；其二，髮型、臉型、彩妝、配件搭配得體；其三，言談、舉止、儀態表達自信與幹練。茲說明如下。

1.根據身材、體型來搭配

(1)上半身體型較小者

適合裡面穿襯衫，外面再套一件背心，或者針織衫也是不錯的選擇。穿著中性化的外套、夾克，或是有花邊裝飾的上衣，都能達到掩飾上半身較小的缺點。

(2)上半身體型較大者

可以選擇較緊身的連身衣，儘量是素面不加任何裝飾的緊身衣，這樣一來即可以修飾且具有自然曲線的效果。搭配無胸前裝飾、口袋的無領外套，也可以減少別人對上半身的注意。最忌諱穿緊身毛衣，這樣會讓你看起來像一頭毛絨絨的熊；也不要穿淡色系且質輕的上衣，再搭配深色的褲、裙，這樣容易令人有頭重腳輕、不平衡的感覺。

(3)臀部較大者

東方女性大多屬於上小下大的西洋梨身材，所以如何掩飾惱人的大屁股，的確是一門學問。選擇暗色系的褲、裙，可以有縮小寬大部位的視覺效果，並且可以多利用上半身的裝扮來轉移別人對下半身的注意。選擇裙子的時候，要找適合自己身高比例的長度，過長或過短、長度參差不齊或是百褶裙都不適合。

(4)腿較短、粗的體型

如果腿的比例較短，在鞋、襪的搭配上應儘量選擇同色系的組合，藉以延伸下半身的比例。長褲儘量選擇細長且直線條的款式來製造高度的錯覺，避免下襬需反折的長褲，且勿穿著超過膝下長度的裙子，否則會令人有短了一截的錯覺。

至於腿部比較粗的人，就應避免穿著鮮艷的褲、裙，或是印有圖案花樣、橫條紋也不適合，建議可以穿較寬鬆的褲、裙（例如A字裙），這樣可以減少別人對下半身的注意。

基本上，因為西方人較高䠷，所以身材比例大多為3：7的比例，也是大部分的人都很羨慕的身材比例；而東方人本來就比較嬌小，身材比例大多是4：6的比例，所以重視身材的人要如何運用服裝來修飾自己的身段呢？有個要領就是，通常人的視覺焦點會落在衣服末稍和脖子上，也就是說，穿較長的衣服會顯得上半身較長，下半身較短，所以本身腿不修長的人，就應儘量避免穿著過長的上衣；同理，脖子較短的人就不適合穿著高領的衣服，應該選擇圓領、T字領或V字領的上衣。

另外，女性們喜歡穿著高跟鞋，也是為了修飾更曼妙的身材比例，上半身與下半身最完美的比例為1：1.618（黃金比例，Golden Ratio），所以高跟鞋過高或過低都不好，以身材比例去

選擇才是正確的。

　　再告訴大家一個要點，有些小地方可是男女有別的，那就是男士容易引起目光的地方是背後及下半身；而女士容易引人注意的地方則是胸前和上半身，所以這些容易被注意的地方，自己一定要更加注意，以免出洋相。

2.正式場合的服裝

　　是否曾為了不知該穿什麼衣服而傷透腦筋呢？其實如果不確定如何搭配最好，不妨穿著套裝或裙裝出席，因為那是最可以降低錯誤發生的好方法。依此類推，如果要參加會議或是出席重大場合時，也可以利用套裝的便利性，減少這方面的困擾。

　　有個小訣竅可以注意的就是，重要場合可穿深色系套裝，次要場合可穿淺色系套裝。還有一個值得注意的地方，「套裝」顧名思義就是有一件外套的服裝，而外套的長度是一個重點。最適當的長度就是雙手自然垂放時，袖口可以剛好到達大拇指的位置為最佳，過長或過短都顯得有些不完美。裙裝則能表現女性溫柔婉約的特質。

　　參加日間宴會時，女士不宜露出肌膚，樣式選擇應儘量以保守為原則，不宜太花俏、太暴露、太時髦。至於顏色方面，小姐們可以粉紅色、黃色等亮眼顏色來襯托活潑與朝氣，而夫人們可選擇較深暗的色系，如深藍色、墨綠色、灰色等，散發穩重優雅的氣質，且要化淡妝。

　　日間服裝的主要規則是，不論什麼質料的衣服或飾品，都不適合金光閃閃的搭配，但是這與晚禮服的裝扮有所不同。晚禮服又可稱「全禮服」或「晚宴服」，這時候可別吝於露出肌膚，而將自己包得密不透風。晚禮服可以是低胸、無袖、露背、細肩帶等的樣式，以露肩為正統，散發女性無比魅力，再

搭配光彩奪目的飾物，真是美極了。西方習慣下半身愈保守愈好，上半身愈露愈好。

正式的晚禮服，顏色以白色為最傳統，與男士的黑色燕尾服有鮮明的對比。穿著晚禮服，少不了的就是璀璨耀眼的裝飾品來相互輝映，能第一眼發現的就是脖子上的項鍊，如果能選擇一條與禮服相配的項鍊，想必更能增添許多風采。

晚禮服通常是無袖的，所以手鐲也是很容易被注目的裝飾品。至於手錶，原則上，我們比較不建議女生戴手錶，除非手錶是手鐲款式的就沒有問題。除此之外，長度到手臂上的套袖也是一種不錯的選擇。穿著無袖的晚禮服時，可以搭配長手套；但如果晚禮服是短袖型的，就不建議使用，以免看起來很奇怪。

參加晚宴是女士們爭奇鬥豔的重要時刻，主要穿著就是晚禮服，但可以發揚中國國粹精神的選擇則是穿中式旗袍。旗袍長及腳踝，袖長及肘，剪裁合身，無不展現出中國女子曼妙的身姿，但是開衩千萬不要太高，以免坐下時不小心就春光乍現，這可是很不雅觀的。另外，也可以搭配披肩或是輕薄的短外套，但是切忌坐下時將外套或披肩的下襬部分拉開遮住開衩的部分。另外，如果是到其他國家赴宴，也可以穿著當地的傳統服裝，例如日本的和服、泰國的禮服等。

在「食」的部分曾經提到，當進入餐廳的時候，大衣等外套不可以直接放在自己座位的椅背上，必須請服務生放置在衣物櫃中，或是在一進門的時候，就先將大衣、外套放置在入口處的置衣間。但是這邊有一個例外，那就是女性穿晚禮服時，用來將裸露的部分遮掩起來的「長披肩」，因為它算是衣裙的一部分，所以可以不必脫下放在衣物櫃中。一般來說，進入會場後，只要將披肩折成兩半，靠在椅背上就行了。

當穿著禮服或正式服裝時，如果搭配的是高跟鞋（東方人

不完美的上、下半身身材比例，可藉由高跟鞋修飾成黃金比例1:1.618，讓自己更有自信），行走時，請記得一定要腳跟先著地，因為腳尖先著地的話，走起路來鞋子大聲的扣扣作響是很不禮貌的。

另外，臺灣男性容易對長髮的女性有好感，尤其對長髮飄逸的女性更是情有獨鍾。但是這裡要告訴所有女生一個觀念，就是外國人非常不喜歡女生披頭散髮的樣子，所以如果要參加國際性的晚宴時，留長髮的女士一定要將頭髮盤起來，千萬不要以為將長髮放下的感覺很好。假使你的上司是個外國人，有可能因此對你的印象大打折扣。在空服員的受訓，不僅在學會化妝技巧，微笑時「嘴角向上，露出齒半」外，為表現空姐幹練俐落，髮型相當重要，頭髮太長覺得不俐落，一般是髮髻造型，展現活潑大方的氣息。

另外，顏色也具有神奇的魔法，除了可以代表一個人的個性、想法之外，也會因為穿著顏色的不同，帶給別人不同的印象。有時候給人氣色不好的感覺，並不一定代表身體不好，有可能是因為衣服顏色的關係。不同行業、職場及不同個性的直覺印象，都可以從服飾出發，以下大略介紹一些常見的顏色所代表的意義。

§ 紅色

代表熱情，個性外向的人大多喜歡這種顏色，並且容易引人注目，又稱「焦點裝」。切記：出席重要會議時，應避免穿著紅色系服飾，因為容易讓別人分心，無法集中思緒。

§ 粉紅色

代表個性溫和，也是一種性感的象徵，散發浪漫情懷，非常柔媚。

§ 桃色

散發優雅高尚的感覺,是最讓人心動的色彩。

前兩者(粉紅色和桃色)均屬女人專用色彩,又稱「照相裝」。

§ 橘色

是充滿朝氣活力的顏色,代表口才好、反應快等,又稱「辯論裝」。

§ 黑色

能表現出氣質與威嚴,讓人覺得具有領導能力,但也容易增添一股神祕感,又稱「高階裝」。

§ 白色

給人一種純真無邪、單純有個性的感覺,散發完美主義訊息。

§ 灰色

讓人覺得是個謹言慎行的人,給人的訊息是沉穩、有品味,有如在人海中悄悄隱沒,又稱「隱形裝」。

§ 紫色

有種華麗的感覺,也能給人深謀遠慮的感受,傳遞高貴、神祕訊息,又稱「晚宴裝」。

§ 淡紫色

也能給人優雅高尚的感覺,但是缺點是運用不當時,會給

人有種狂傲自大的感覺。

§ 咖啡色

看起來忠厚老實，讓人有值得信賴的感覺，有安定、沉穩的印象，又稱「銷售裝」。

§ 黃色

如果覺得自己很呆板的話，可以利用黃色來改變一下自己的心情，因為它可以給人一種溫馨的感覺，是適合新鮮人的顏色，號稱「新手裝」。

§ 綠色

有令人覺得冷靜、沉穩、正直的感覺，也代表均衡、健康，又稱「貸款裝」。

§ 黃綠色

讓人感覺度量大、個性溫順平和，充滿希望氣息。

§ 草綠色

給人一種順從的感覺，具有迷人味道。

§ 藍色

具有感性、冷靜的一面，有企圖的印象，又稱「應徵裝」。

§ 深藍色

給人一種賢明能幹的感覺，具有權威和信心感，又稱「談

判裝」。

§ 天藍色
富有創造力，帶有藝術家的氣息。

§ 金色
對群眾來說具有說服力，但也容易讓人有種浮華富有的錯覺。

§ 銀色
對自己的能力充滿自信，自我價值訴求高，且代表浪漫的個性。

金、銀兩色十分炫耀，金光、銀光閃閃，因此不適合一般場合穿著，故稱之「盛宴裝」。

衣服之配色如何才算合宜出眾？有三種：(1)對比色：如紅配綠、黃配青、橘配紫、黑配白等。(2)深淺色：如同一色系，一般上淺下深。(3)鄰近色：如青配綠、黃配紅等。

各單色搭配如下：

- 紅色服裝具積極印象，因此不宜全身都穿紅色，最好能與黑、白、灰、藍等搭配。
- 橙色過於強烈，不宜整套衣服，但在海灘、晚宴則甚好，顯得明朗。
- 淺綠適合年輕人穿著；深綠穩重平靜，適合中年人穿著。
- 深藍或暗藍四季皆宜，在夏季時與白色、粉紅色搭配更顯高雅。
- 紅紫色適合年輕人，藍紫色宜中年人，鮮紫色適合晚

宴，紫色可與白色搭配。

· 咖啡色是實用、健康的顏色，適合與白色、米色、黃色搭配。

· 白色適合體型佳者，適合與深色搭配。

· 灰色適合與任何顏色搭配。

· 黑色適合任何場合，與其他顏色搭配更佳。

　　在穿著上如何選擇適合的顏色，達到宜人適地之要求呢？若身材肥胖的人，適合黑色、深藍、藍綠，能使膚色更美麗；但不適合橘紅、淡紫、紅色、黃色、白色，會令膚色感到灰暗。身材瘦削的人，適合粉紅、淺藍、淡黃，看來更出眾；忌諱黑色、深紫、藍色，顯得格格不入。身材高䠷的人推薦黑、紫、酒紅原色，忌諱粉紅色、淡綠、鵝黃、淡藍；身材嬌小的人，適合明亮的淺色及直條紋，表情會更自然，而不適合黑、白、灰及橫條紋。

小知識大學問

　　有一次在商業談判會議中，甲方首席穿著灰色西裝、白色襯衫、印花領帶（保守配色），與會代表則穿不同顏色之夾克；乙方首席穿著筆挺的深藍雙排釦西裝、淺藍襯衫、金黃條紋領帶（深淺色、對比色具自信心、企圖心），與會代表一律穿深藍單排釦西裝、藍白條紋襯衫、藍色系領帶。兩隊人馬握手入座，根據服裝深淺，心理學家分析，乙方組合較具談判權威性，嚴如正規軍；甲方保守色系有如游擊隊，氣勢弱了三分。最後，乙方主動掌握先機。

(1)帽子的裝扮

帽子的歷史悠久，從埃及法老王時代，帽子就是身分地位的象徵，只有神職人員才能戴帽或頭冠，其高度與地位成正比。最初是為了禦寒、避暑、戰鬥等實用主義而開發的產品，為時尚、流行而戴帽的習慣，則於十四世紀在荷蘭興起。在正式禮服裝扮中，戴帽子是最高形式。若是在戶外，為了避免紫外線照射，適合戴有帽沿的帽子；若是在室內，則較適合戴無帽沿的帽子。但如果是要進入日式房屋，一律要把帽子脫下，因為日本人是不提倡戴帽子進屋的。

英國皇室多用材質與衣裙共料的帽子，因為這是品味高尚的象徵，每逢英國皇室婚禮上的服飾關鍵是帽子，串聯上優雅與美的字眼，成功抓住與會者之焦點。以前有位名歌星鳳飛飛，又稱「帽子歌后」，正是以此建立了個人的鮮明形象。另外，身材嬌小的女性戴上帽子，看起來也會較高挑。值得一提的是，戴帽子一定要記得搭配戴手套。如果只戴手套而不戴帽子，是可以被接受的；但是光戴帽子而不戴手套，可是一大禁忌。

不論男女，只要是在公共場合中，例如，飛機場、百貨公司、電梯內、街道行走等，戴帽子行動都不算失禮；但在某些情況下，可就是男女有別了。

如果是進入教堂、劇院、電影院、室內宴會場所、唱國歌、升降旗、軍隊或葬禮行進等，男士都應該將帽子脫下以示敬意。尤其是到信奉基督教或天主教的國家時，男士進入教堂一定要將帽子脫下，否則是會被當場斥責的。女士則不需要脫帽。但很有趣的是，筆者曾參觀伊朗的拜火教堂，入內一定要戴白帽（白色代表光明），不能頭頂著天；而到猶太教之哭牆亦要求戴上帽子。在路途中遇到向女士致意、致歉、向人請教問題，或有人對你的女伴致禮時，都應舉帽或輕拍帽子以示禮貌。

　　女士們要注意的是，穿著晚禮服的時候，是不適合戴帽子的，因為能夠與晚禮服搭配的應是金光閃閃的頭飾。參觀球賽時，為了避免遮住後方人的視線，特別是寬邊帽，此時女士就必須把帽子脫下。

小知識大學問

　　在中國，男人絕對不會戴「綠帽子」，縱使全世界所謂的綠衣使者──郵差，皆戴綠帽子，唯獨臺灣的郵差是綠衣「白帽」。它的起源是來自漢初「緹縈救父」的故事，在廢除肉刑後，作奸犯科日眾，有一叫李封的太守，在其郡內規定犯罪之身須帶「綠帽」（頭巾）以示區別。郡內大治，俟元朝入主中原，要求開妓女戶之男性要戴綠帽（頭巾），以表不齒。到明、清二代，演變成妻子紅杏出牆，先生「戴綠帽」。

　　在「什葉派」回教國系，白頭巾是一般神學士，黑頭巾是頂級神學士，而「綠」頭巾則是代表有穆罕默德血統者，地位尊榮。當年穆罕默德戴綠頭巾，高舉綠旗，故綠旗、綠帽在回教是神聖的顏色。

(2)飾品

　　飾品是為整體造型加分的重要部分，可以顯現出一個人的品味及地位，令人在舉手投足之間，散發出獨特的個人魅力。但是千萬要注意，裝飾品雖然可以增添個人風采，有錦上添花之

效，但千萬別誤以為愈多愈好。在心理學上，一個人自信心不足會不知不覺佩戴很多配件。

搭配配件與飾物，如項鍊、胸針、耳環、手鐲、腳鍊、絲巾等，最好選擇同一色系。如果與穿著搭配得宜，可以更突顯個人特質，而且對整體來說，更有畫龍點睛的效果。

原則上，深色衣服搭配淺色飾品；反之，淺色衣服就以鮮艷的飾品來點綴。如果實在沒多餘時間來挑選適合的顏色，建議使用白色的飾品來搭配，因為不論身穿什麼顏色的衣服，白色飾品搭配起來的視覺效果都很合適。

在白天的場合中，飾品的選擇儘量簡單樸素，並且少樣配戴就好，千萬不要掛得全身珠光寶氣、俗不可耐，這樣會給別人不好的印象，讓人誤以為你在炫耀，背後被譏為一株「聖誕樹」。

若是要參加比較正式的晚宴，就適合配戴奪目耀眼且樣式端莊的飾品，例如戒指、項鍊、手鐲、長垂形耳環等。切記，在正式晚宴中，假如身穿需戴手套的晚禮服時，戴手套時，手套外不可以戴手鐲及戒指。

(3)戴手套

在西方國家中，不管是上教堂、出席宴會、參加各種婚喪喜慶的典禮，都應該戴手套出席。手套有分長短，女士穿戴長手套，而面臨需用手飲茶、吃東西、抽菸時，就應該先將手套卸下才方便進行。要注意的一點是，戒指不要套在手套外面，那是不對的。短手套較適合在日間使用。在夏天，如果場合、地點不是很隆重，不戴手套赴會是無傷大雅的，但是建議你還是帶雙薄紗、尼龍製的手套，以備不時之需。

　　男生只要是戴短手套，要與人握手或吃東西之前，一定要先將手套卸下，長手套則不必。女生則不論穿戴長手套或短手套，皆可直接握手，不需將手套卸下。女士在正式場合中用餐、化妝、喝飲料、玩牌前，應將手套脫下後再進行。但是要注意的是，脫下的手套可以放在椅背上、膝頭上，甚至是收到皮包內，就是不可以放在桌子上。

(4)耳環

　　在重要的場合中，耳環是不可或缺的，因為耳環代表著自信與專業，尤其銀色耳環及項鍊，如Majolica、Swarovski、Jakk的項鍊及耳環組，既尊貴又尊崇，也很容易搭配衣服成為矚目焦點。但是白天與晚上所戴的耳環大小是有所不同的，如果是在白天的重要場合中，配戴的耳環大小，最好是比眼珠再小一點；但是到了晚上，就沒有限制了。若穿套裝配上絲巾，可柔化嚴肅形象。

(5)領巾與圍巾

　　筆者於2003年的寒假中東行發現，在教義比較嚴謹的國家，如伊朗、沙烏地阿拉伯等，女生出門一定要圍上頭巾，縱使觀光客亦不例外，甚至在餐廳用餐時取下也會馬上被警告。

　　基本上，使用圍巾與領巾的原則，是要與脖子相配合，脖子較短的人，並不建議使用。另外，在選擇做搭配的同時，也應該要視服裝顏色及整體裝扮來做調和，儘量避免同時包頭巾又繫領巾，這樣會顯得非常雜亂。

(6)太陽眼鏡

現在紫外線的照射實在是愈來愈嚴重，配戴太陽眼鏡除了可以防止眼球受傷，還可避免眼睛四周皮膚老化而產生的皺紋。如今太陽眼鏡除了實用性之外，也具有裝飾性，因此各式各樣顏色的太陽眼鏡紛紛出籠。在整體造型的搭配上，選擇合宜的太陽眼鏡也是一門大學問。目前市面上有許多標榜抗UV，且價錢便宜的太陽眼鏡，但若要購買的話，還是要到有口碑的眼鏡專賣店去選購。因為有些來路不明的防紫外線太陽眼鏡是騙人的，充其量只是將鏡片塗黑，並不具有防禦效果，結果眼睛在無防禦效果的黑鏡片下會放大瞳孔，反而接收更多紫外線，造成眼睛更大的傷害，所以選購太陽眼鏡時一定要格外小心，以免受騙上當。

另外，太陽眼鏡不一定愈黑愈好（因為愈黑會讓瞳孔更放大），現在流行一些彩色鏡片的太陽眼鏡，如果有防紫外線功能，不妨考慮拿來與服裝做搭配。但是切記一點，如果要去探病、掃墓的話，一定要配戴墨鏡，如此才能遮住哀傷的眼神。

(7)皮包

女生的皮包如果夠長，可以側放在肩上，切忌像小朋友一樣斜背在身上，因為那是錯誤的，正確的背法應該是將皮包垂放在肩上即可。但是如果是到治安比較不好的國家，路上因為扒手、強盜多，為了避免被壞人搶奪，這時就不需要顧慮到禮儀，建議各位女生還是將皮包斜背，以免發生危險。正確的皮包背法，只需要在室內或是安全的地方使用即可。

小知識大學問

到了中東和歐洲，常被人警告「此處要小心」，因有許多吉普賽人出沒，他們幾乎與扒手畫上等號。據說他們的先祖來自印度，當外族入侵印度時，被迫離鄉背景，到處流浪。他們精於打鐵，《聖經》三根鐵釘的故事即可說明。他們為武士及戰馬服務，俟歐洲封建城堡時代結束，只好淪為以卜卦及扒手為生，四海為家。

要怎樣分辨用手提或側背用的包包呢？怎樣的長度才適當呢？一般可以包包上的帶子來做簡單的分辨，若帶子上有可調整長度的環扣，則是側背用，而適當長度以包包背上之後，落在腰下方一點的地方最佳，過長或過短，看起來都很突兀。反之，沒有調整長度環扣的包包，則是用手提的，而且切記一定要用手提。現在走在路上，時常看到許多年輕女孩習慣將手提包環吊在手臂上，其實那是不合乎禮儀的！但也有例外，那就是搭乘公車必須要拉車環時，就可以將手提包包環吊在手臂上。

皮包的大小也應該視情況而定，因為皮包如果裝塞太多，會使得皮包變形而失去美感。皮包不用的時候，不要隨意棄置擠壓，這樣會很容易變形。尤其是真皮製的皮包，在收納前應該擦拭乾淨之後，塗抹一層鞋油，再放進塑膠袋裡妥善保存，才可使皮包的壽命延長。

皮帶、皮鞋和皮包大多數是皮製品，三者還是有固定差距，如在顏色、材質、款式、格調必須調合，配合得恰到好處，才能給人完美印象。

(8)香水

使用香水宜用淡雅清香的味道，太過濃烈容易使人無法忍受。探病時，更要避免使用太過刺鼻的香水味，以免患者感到不適。

擦香水適宜的部位有：手腕內側、耳根後方、脖頸兩側、膝關節後方、胸前。不然也可以像網路小說《第一次親密接觸》中的女主角──輕舞飛揚，將香水噴灑在空中，置身在香水雨中，讓氣味分子自然地掉落在身上；而不是將香水全身上下擦拭過一遍，有如從香水桶中浸泡出來，這樣一來反而適得其反。其中香奈兒（Chanel）、克麗絲汀迪奧（Christian Dior）、紀梵希（Givenchy）、雅詩蘭黛（Estée Lauder）、伊麗莎伯雅頓（Elizabeth Arden）、嬌蘭（Guerlain）、蘭蔻（Lancôme）等皆是知名品牌。

最後要提醒你，不知你是否有過這種經驗，有人稱讚你：「哇！你今天穿得好漂亮！」你回答：「真的嗎？這件衣服才500元喔！」「哇！你這個皮包真好看，一定很貴吧？」你回答：「真的嗎？這不會很貴，是地攤貨，才1,000元而已。」其實這種「報價」習慣是很不禮貌的，除了讓別人洞悉你的消費能力之外，也容易造成誤會。有句話說「說者無心、聽者有意」，這樣隨口報出價來，對方有可能會認為你覺得他不識貨，甚至認為你在炫耀。在社交場合中，開口閉口都是錢的人，是絕對不受歡迎的。假使對方是真心的讚美你，你不妨談論些你喜歡這個東西的什麼樣式或顏色；若真的不知該如何回應時，誠懇地微笑說聲「謝謝」，都是很恰當的做法。

有些人為了突顯自己的身價，炫耀天價的名牌服飾，滿足

虛榮心。但是花大筆金錢，若不能配合自信和風采，就會變成
「經濟巨人，文化侏儒」。我們應誠實面對自己身材、經濟、
職位，擺脫「衣魔」，建立自我服飾風格。因為整套、整組購
買名牌服飾，荷包一定受不了，「又要馬兒好，又要馬兒不吃
草」，建議了解個人品味，將名牌的代表性單品和非名牌做結
合，穿出質感和風格。如同筆者的太太喜歡吃排翅，我們上館
子吃一頓套餐，著實太貴，那就單點排翅再配合其他菜色，也
吃得眉笑眼開，符合經濟學上之「無差異曲線」，最重要的是
美麗（口福）依舊，價格就少了許多。服飾名牌有：Chanel、
Prada、Issey Miyake（三宅一生）、Hermes、Gucci、Fendi、
D&G、Calvin Klein、Giorgio Armani等。

3.彩妝

色彩是最容易吸引人注意的一部分，可以代表一個人的心
情、個性，也可以修飾身材比例，甚至可以為人帶來自信與活
力。

人有四種基本臉型：(1)橢圓型；(2)圓型；(3)長型；(4)方
型。大致上來說，橢圓形臉是最完美的臉型。但是臉型、長相是
父母親給予我們的，後天無法改變；不過經過修容讓臉部顯出輪
廓，大餅妹可以瘦臉，小臉蛋則能增加立體感，為整體彩妝加
分，所以善用化妝技巧及服裝搭配，呈現自己最完美的一面，也
是重要的一大課題。

但是，請注意，化妝並不像數學公式，套在每一個人身上
皆適合。有時候假日在家，可以試著化妝，透過這樣多加練習的
方式，除了可以找出適合自己的彩妝，也可以讓妝看起來更自
然，並且在下一次約會時，能迅速地將自己打扮成最迷人的樣
子。

　　化妝有一個非常重要的訣竅，就是突顯臉部最美的部分，掩飾較不完美的部位。例如，額頭過高可以用瀏海來修飾，大圓臉可以用較柔和的彩妝來修飾臉部的曲線，唇型不清楚可用唇筆沾唇彩將唇線描繪出來等。

　　如果膚色較深的人，適合化暖色系的彩妝；而皮膚較白晰的人，較適合以冷色系的彩妝來裝扮（暖色系：黃色、粉色；冷色系：粉紅色等）。

　　為了衛生品質，非萬不得已，千萬不要跟別人借化妝品來使用。在宴會時或餐桌上，也不要當場表演化妝術！但是有一點例外，那就是用過餐後，女生直接在餐桌上補口紅卻是一種禮儀，因為用餐過後口紅褪色也是一種失禮，如果能不動聲色、動作既巧妙又高雅的話，就非常完美了。但是切記，只能補口紅，若要整理頭髮，又要補粉底的話，還是移駕到洗手間比較適合，因為在餐桌上化妝是非常不禮貌的。

　　不管是為了什麼場合準備什麼樣合適的裝扮，都必須注意以下幾點：

(1)了解自己的身材、體型、膚色。

(2)找出屬於自己的風格。

(3)不要在第一次公開場合中，貿然嘗試從未有過的新造型。

　　選擇與服裝搭配的指甲油，更能散發出女人獨特的風韻。但需要注意的是，在白天不宜擦顏色過於鮮艷的指甲油；到了晚上，就可以依服裝的顏色來做搭配。如果是穿著淡雅色系的服裝，也不宜使用顏色鮮艷的指甲油，除了會令人覺得突兀之外，與人交談時，也容易讓對方將注意力放在手指上，而不是臉上；相對地，如果穿著較鮮艷的服裝，除了要搭配服裝色系，也不宜擦透明無色的指甲油，因為這樣就無法做出襯托的

效果了。值得注意的一點是，在愈正式的場合中，選色以保守為宜，千萬別以為愈鮮艷、愈特別就是好，這樣只會讓人覺得你愛搞怪。

4.美姿美儀

知道了關於衣的禮儀，什麼場合該怎麼穿、怎麼打扮、怎麼搭配之後，是不是也該了解一下行為舉止呢？有些人雖然衣冠楚楚，但是坐沒坐相、站沒站樣，給人的印象還是很差，所以儘管懂得打扮自己，也應該懂得基本的姿態禮儀，如此一來，必定可為整體表現加分。

(1)優美的站姿
a.基本站姿

首先，頭要正，臉自然地向前看，下顎微收，免得雙下巴露出來。第二，肩膀、手臂自然下垂。第三，肚子凸出來是很不雅觀的，所以應儘量將小腹縮進去，臀部也要縮緊。第四，膝蓋一定要併攏，但這對於有O型腿的人來說，或許太困難。所以，O型腿的人可以換另一種站姿，後面再加以補充。第五，腳跟靠攏，腳尖微分45度角，差不多是可以容納一個拳頭的寬度。

接著要說明的是，O型腿的人可以在第四個步驟時，採取雙腳一前一後的站法，將膝蓋重疊，如此一來，也可以讓腿部感覺比較修長。而腳的部分，可將一隻腳略向前伸出，與另一隻腳成垂直的角度。

長時間的站姿：從頭到小腹的動作，大致上與基本站姿的前三步驟相同，到了第四步驟，要記住膝蓋還是要打直，不要歪掉了，雙腳可以微張，但是雙腳的距離不可以超過肩寬。

b.輕鬆的站姿

首先，為了不彎腰駝背，要將背挺直，所以頭部要多注意，不要一不小心就彎下去了。第二，肩膀和手臂可以放輕鬆，自然擺動也無所謂。第三，小腹一樣要縮好，臀部縮緊。第四，稍微注意一下膝蓋的距離，不要分開太遠。第五，可以呈十字交叉的站姿，或者是雙腳輪流休息、交換重心。

c.搭乘交通工具的站姿

不論是搭公車、火車、巴士等，有時候難免會遇到沒位子坐，要用站的，但是車子搖搖晃晃的，為了站立時的安全感，但又擔心站的姿勢太難看，此時，為了站穩，可以將雙腳打開與肩同寬，切記不可超過肩寬。手可以自由地拉吊環或是拿東西，只要注意不要讓自己彎腰駝背，就不用擔心儀態不佳了。

(2)優雅的坐姿

當站在椅子前面的時候，眼神應向下看，不應該直視對方，並且用小腿輕輕向後，以確定椅子的位置。坐下時，上半身挺直，坐前三分之一，再調整舒服的位置，儘量不要坐滿，雙手將虎口交握，置於腹部處。

如果女生穿裙子的話，記得從臀部到裙襬的地方要用手稍微順一下再坐。在整理裙子的同時，另一隻手也別閒著，應該五指併攏且輕壓住裙子，坐定之後再將視線移到對方身上，並且記得要保持美麗的笑容。

如果是坐比較低位的椅子，切記只能用一隻手去輕扶把手，不能用兩隻手撐著，屁股向後傾地坐下。

坐下就定位之後，雙腳該如何擺才能顯得優雅大方呢？以

下就大略介紹幾種方法。

a.基本坐姿
特色是腳尖、腳跟、雙膝併攏、背部挺直，切忌將雙腳打開。這種姿勢很適合在面試的時候使用，可以給人一種正直、誠實的印象。

b.雙腳斜放
切記不可將膝蓋分開，否則穿短裙時會容易曝光。

c.雙腿交叉
應將手放在腿上，切忌用手抱住膝蓋。

d.小八字型
當自己坐在比較不顯眼的地方時，就可以採用這種坐姿，既輕鬆又無傷大雅。但是要切記，雙腳之間的距離千萬不可過大。

e.雙腳交疊靠在椅子上
若是坐在高腳椅上，如吧臺的椅子，除了坐起來比較舒適之外，也能表現出相當的美感。

小知識大學問

　　我有一位好友是一家中大型貿易公司董事長，他曾說，他派人開疆拓土，代表公司跟國外客戶談判重要業務時，由於女性員工居多，他不敢派遣穿著太前衛的員工，一方面客戶會擔心此人沒有耐心，一方面也要顧及形象；也不派從不化妝又清湯掛麵、穿著T恤、牛仔褲、球鞋的員工，因為感覺上太清純、太稚嫩，類似嘴上無毛，辦事不牢，不敢將公司業務寄託予她。

　　所以他會考慮找穩重、理性的員工，如淺褐色系外套、直筒長裙、針織短衫，或米色系外套搭配長褲，再配同色系之絲巾、皮鞋、皮包，如此既有女人味又不失專業形象。

　　或者不同部門，要求形象亦不同，如營業部適合明朗、活潑和輕爽的色調；財務部比較嚴謹，以灰色和深藍色為主；企劃部須符合自由創造的個性，宜用紅、黑、黃、紫。所以穿出適合職位的服飾，穿出造型，機會永遠是留給有準備的人！

三、出國衣物的準備

　　在出國衣物的準備方面，必須視出國的性質、時間長短、地點、當地的季節、氣候而定，因為目的不同，所以在準備上也會有所不同。有一次筆者由臺灣出發，第一站是印尼，再到澳洲作商務之旅，恰好四季的衣服都用得到，行李塞得滿滿的。所以出國該帶什麼衣服、該準備些什麼用品等，都是令人傷透腦筋的事。

　　在衣物的準備方面，視目的、地點的不同而定。如果是代表公司出國洽公，就應該著重在個人的儀表上；若行程上有安排運動或是舞會等，則應視情況來準備相關的服裝，例如，若有正式晚宴，男士可準備正式西裝代替晚禮服，女士則必須多帶一套較正式的晚禮服。若要穿皮衣，以料薄、質佳、素面、咖啡色或黑色為宜。

　　假如出國旅遊是遊樂性質，因為要經常的活動，所以在服裝的準備上應以休閒輕便為主，衣物和行李當然是準備得愈少愈好。出國旅遊，購物的機會一定少不了，若是到了風俗民情比較特殊的地方旅遊，如非洲國家等，可等抵達當地的時候，再購買當地的衣服，除了富有當地的民族特色之外，也比較符合當地的氣候。

　　雖然旅遊大多是從事戶外的休閒活動，但是也有可能參觀當地的文化活動，如博物館等，有些對服裝就會有特別的要求。還有一些規定較嚴謹的餐廳，也會要求穿著正式服裝，所以最好能多準備一套較正式的服裝以備不時之需。

　　選擇出國的衣服還有其他的考量，例如易洗、易乾、不易皺的衣服是優先考量的因素。另外，不管出國旅遊或是洽公，行李必須愈簡便愈好，在個人的衛生用品方面，能不帶當然是既省事又方便。但是依前往的目的和住宿場所的不同，也必須有不同的應對。若是到了衛生條件較差或傳染性疾病肆虐的地方，例如瘧疾、登革熱等，為了安全上的顧慮，只好自行準備，此時就可攜帶外出用的隨身包，洗頭、洗澡、洗臉一應俱全，且又不占空間；免洗褲、免洗襪也都是不錯的選擇，或是準備一些比較舊的衣服，穿髒了就直接在當地丟棄，除了可以不需要再帶一堆髒衣物回家，也可以減少回程行李的重量及體積。

小知識大學問

1.正式服裝的打包

　　出國洽公需要的西裝（或禮服）、襯衫，在裝入行李箱前，再加張廣告紙或有彈性的紙張，使衣服在壓擠後不易變皺，然後放入專用旅行衣物袋，置於行李最下方，就可完全保護了。

2.休閒服裝的打包

　　一般T恤、棉質衣物、牛仔褲較不易有皺褶，可改以捲式收納，較可承受外力的碰撞。

3.必需品的打包

　　出國林林總總的必需品（如彩妝保養品、清潔沐浴品、內衣褲等），可善用各種旅行專用包，將各種小雜物歸納清楚。

禮儀小學堂

一、選擇題

(　　)1. 下列敘述何者正確？　(A)男士西裝可分爲單排釦及雙排釦　(B)穿西裝時，因爲天氣熱，所以可以穿著短襯衫　(C)爲了方便，鑰匙、零錢可以隨手放在西裝褲裡　(D)西裝顏色以淡色系爲最正式。

(　　)2. 下列何者不是西裝的適當配件？　(A)眼鏡　(B)手錶　(C)打火機　(D)勳章。

(　　)3. 進入教堂時，男士應脫下什麼以表示尊敬？　(A)衣服　(B)褲子　(C)襪子　(D)帽子。

(　　)4. 下列敘述何者錯誤？　(A)燕尾服又稱爲晚禮服　(B)燕尾服又稱爲大禮服　(C)燕尾服又稱爲黑領結　(D)燕尾服的上衣長及膝，像是燕子的尾巴，所以稱爲燕尾服。

(　　)5. 下列何種情況，男士不需將手套脫下？　(A)與人握手　(B)爲女士服務　(C)進入室內　(D)身爲新郎照顧新娘時。

(　　)6. 在正式場合中，下列敘述何者正確？　(A)白襪子可以隨意搭配任何鞋子　(B)沒有鞋帶的皮鞋不算正式　(C)襯衫的第一顆釦子不需扣上　(D)領帶花色越鮮豔越好。

(　　)7. 通常有規則圖案的就代表正式領帶，那麼何種色系在領帶中間的部分，可以讓領帶創造出新潮的感覺呢？

(A)黃色　(B)紅色　(C)紫色　(D)銀色。

(　)8. 下列敘述何者錯誤？　(A)袖鈕上面可以刻上自己的名字　(B)褲環愈大代表愈高級　(C)日間時，男生攜帶皮包的大小不要超過A4大小　(D)男士穿著襪子時，至少要到小腿的三分之一以上。

(　)9. 下列敘述何者正確？　(A)參加日間宴會時，女士最好將肌膚露出，以示皮膚好　(B)正式的晚禮服以白色為最傳統　(C)為了增添個人風采，身上的裝飾品愈多愈好　(D)外國人對中國女子長髮飄逸特別情有獨鍾。

(　)10. 女士參加晚宴時，不可穿何種服裝赴宴？　(A)旗袍(B)晚禮服　(C)傳統服裝　(D)牛仔裝。

(　)11. 下列敘述何者無誤？　(A)女士容易引人注意的部分是屁股及下半身　(B)只穿戴手套而不戴帽子是可以被接受的　(C)只戴帽子而不戴手套是可以被接受的(D)帽子的材質與衣裙共料是品味低的象徵。

(　)12. 關於女生的皮包，下列敘述何者錯誤？　(A)在國外，為了自身安全，女生可以將皮包斜背在身上　(B)為了表示紳士風度，女生的小包包可以給男生提　(C)皮包不用時，一定要塗抹鞋油後，妥善保存，才能延長壽命　(D)搭乘公車時，女生可以將手提包包環吊在手臂上。

(　)13. 關於化妝時機，下列敘述何者正確？　(A)不小心忘了帶化妝品，可以跟他人借來使用　(B)頭髮不小心亂了，可以直接當場整理　(C)用餐後，可以直接在餐桌上補擦口紅　(D)臉部出油、脫妝時，可以直接在餐桌上補妝。

(　)14. 下列敘述何者錯誤？　(A)女士觀看球賽時，應該將帽

子脫下　(B)女士進入教堂時，可以不需將帽子脫下
(C)女士進入教堂時，需要將鞋子脫下　(D)穿著晚禮
服是不適合戴帽子的。

(　　)15. 下列敘述何者錯誤？　(A)膚色較深的人適合暖色系
彩妝　(B)在正式場合中，愈鮮豔的指甲油愈正式
(C)女士脫下的手套絕對不可以放在桌子上　(D)女士
的皮包放在餐桌上容易被誤以為是應召女郎。

二、實地演練題

1. 如果你被邀請至國際性的晚宴時，從頭到腳的打扮需要注意到
什麼，請逐一敘述。

2. 在美姿美儀的單元中，你能很自然地表現出站及坐的優美動作
嗎？練習一下吧！

住

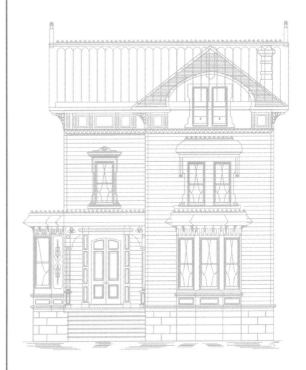

　　到國外旅遊的時候，經過整天的舟車勞頓，一定會想要找個舒適的地方好好休息一下，坐臥一場綺夢世界。提供住宿的地方，除了民宿、旅館、YMCA之外，最多人選擇的就是飯店了。飯店分為單人房（Single Room）、雙人房（Twin）雙人床之雙人房（double room）及套房（Suite）或房內加床（extra bed），可直接用E-mail、電話、寫信、Fax訂房，或透過客人、旅行社、航空公司代訂。

　　需注意提供住宿期間、抵達班次，並考慮生意的需要、住宿費的多寡、交通的便捷、商務通訊是否齊全，以及距離市區遠近等。還有在旺季時，更要提早訂房，並加以確認。如為商務旅行，建議住一流飯店，而房間規格可略低檔，既有面子又有裡子。

　　投宿時，不能抱持著花錢就是老大的心態！所以進了飯店以後，除了休息之外，仍然要保持應有的禮儀，否則不懂禮貌的人會成為大家口中的「奧客」！無論去哪個地方，都應建立個人良好的形象，所以有些禮儀是你不可不知道的。想當一個有水準的消費者，最好是出國前就先做好預習，才不會丟臉丟到國外去。

一、下榻須知

　　若要住宿，應事先以電話、傳真，或是現在流行的網路預訂（reservation form），向旅館預約房間。在旅館櫃檯辦理check in的手續時，如果個人有特殊需求，可以事先提出，例如，需要電話、需要有較好的視野等，還有住宿的時間，要住多久、付費方式，基於禮貌，都應該要事先提出。

　　不論投宿在什麼地方，「安全」是最重要的。到達下榻飯

店時，不要把行李牌上的姓名那一面露出來，以防有不肖份子利用行李牌上的姓名來做「下手對象」的資料。記得先拿旅館（飯店）的名片，外出迷路才可循「片」回來。其次，要注意的就是，逃生路線和防火工具的放置點，對於四周的環境要有所熟悉，萬一發生緊急事件，才能快速地逃出現場。

記得筆者有一年在紐西蘭南島的皇后鎮旅遊，半夜就發生火警，煙霧瀰漫，因事前有準備，拿著護照、機票、錢包直奔逃生口，迅速脫離險境。此外，進了飯店房間要把門鏈掛上，即使被開鎖，也只能開一條縫。

我們在骰子遊戲中「666」為「十八啦」代表最幸運數字。然而，西方世界的666卻成為極惡象徵，因在《聖經》中，7的意義是神聖、幸福、圓滿，所謂Luck 7。666是缺一後又重複三次，表示極端不完全，所以飯店六樓的66房間，「666」就跳過或用665A代之。曾有日本眾議員中津川博鄉來臺住進圓山飯店的444號房，兩個晚上十分不安與不快。若訂房先行告之，飯店會儘量避開，有些飯店如臺北晶華飯店設為辦公室及員工餐廳，高雄漢來飯將四十四樓設為餐廳。還有「517房」1稱之「么」，7稱「拐」，合起來唸「有妖怪」，為之一笑！

出國在外，吃飯、提行李、坐車、衣帽間等，如果是由服務生為你服務，小費是不可省的。至於小費該準備多少呢？基本上以1美元為準。如果身上沒有美金，那麼以1美元等值的當地紙鈔也可以；再者，也可以詢問一下當地合理的小費價格。

最近到大陸及馬來西亞旅行，是給人民幣5元及馬幣2元，大約是新臺幣20元，比1美元少得多。總而言之，入境隨俗，該給就不要吝嗇。初到一個國家，先問該國收小費的行情，小費比旅費可稱九牛一毛，該給當給，否則造成尷尬，影響國外之行的心情，實在划不來。

　　或許有些人會想：「我身上還有一些銅板零錢，那就把這些銅板當做小費吧！」有此念頭的人可就大錯特錯了。在國外只有乞丐和街頭藝人才可以給銅板的，小費不論面額多少，一定都是要給「紙鈔」。如果你拿銅板給服務生當小費，他會認為你看不起他，搞不好還會拿這些銅板砸你！

　　不過到了歐洲，因歐元紙幣最小面額是5元，所以也有用1元歐元銅板給小費，看在錢的份上，也是可以的。在臺灣，很少人有給小費的習慣，所以聰明的業者都會再加一成服務費在消費金額裡；但是在國外的習慣大多是以給小費為主，身為臺灣人都想說「能省則省」，但是有沒有想過，都已經花了這麼多錢大老遠跑到國外旅遊，難道還要在乎省那麼一點點小費，讓別人在背後偷偷咒罵你嗎？所以，為了表現身為國際人的氣度，小費還是事先準備好吧！

　　在飯店休息了一晚後，早上起床出門前，別忘了要放置小費在枕頭上給打掃房間的服務生。但是請注意：不要將私人金錢放置在床鋪上，因為會被誤認為小費而全部拿走，以為失竊而想要抓小偷的你，可是會搞出一個大烏龍！

　　通常高級飯店都設有保險箱，有些設置在房間內，有些是需要到服務臺申請的，視飯店情況而定。如果有貴重物品，例如護照、金錢、支票等，都應該放置在保險箱中收好，不該隨意放置在房間內，否則被不知情的服務生一併清理掉，可是求救無門的。還有一些國家如柬埔寨，因該國治安不佳，在飯店櫃檯居然還有「槍枝保管處」！

　　即使是在飯店，只要出了房間門外，就屬於公共場所的一部分，就算是距離房門口幾步路而已，對於穿著也應該多加留意，不可穿著睡衣或室內拖鞋在走廊上行走，而且許多國家也不允許，有些國家甚至還會開張「行徑舉發」的紅單給你，到時候

因此觸犯法律，可就真是「啞巴吃黃蓮，有苦說不出」了！若覺得麻煩，可以便服或室外拖鞋來代替。另外，也不可擅闖或潛入別人房間，需進入時要先按門鈴。

　　雖然飯店房間大都有隔音設備，但是房間內的音響或電視、打電話的音量或走動時，還是必須稍做控制，以免影響到他人休息。也千萬不要一回到房間放置東西後，就開始到處串門子、打內線電話聊天，有時候對方累了也不好意思拒絕，有事應隔天說，何必打擾別人的休息時間呢？就算真的有要事要說，也應先撥個電話，詢問對方是否適宜叨擾，否則貿然前往造訪是很失禮的。

　　另外，在床舖上抽菸是一件非常危險的事，萬一不小心有可能會釀成火災，所以應盡量避免；就算沒釀成重大災難，也容易把被單燙破。若菸癮來了，不妨多走幾步路到廁所去解決吧！

　　進到飯店應把正式服裝如西裝、襯衫、女生之套裝吊掛起來，才不會皺皺的。有些飯店在房間內還有燙衣機、刷鞋機，使衣褲筆挺、皮鞋無塵。

小故事大學問

　　睡衣（pajamas）源自九世紀的中東土耳其、伊朗開始，而有兼作睡衣的室內褲裝出現。1880年印度將睡衣傳入歐洲。英、法、義最早登場的是白底樸素的睡褲，而後才轉成講究精緻裝飾的睡袍。

　　浴室內的毛巾通常有大、中、小三種，各有其用途，千萬不要隨便拿起來亂擦一通。大毛巾是洗完澡後用來包裹身體，中毛巾是用來擦拭身體，而小毛巾是用來擦臉後再擦屁股的。淋浴時，應將浴簾拉開，並且垂放在浴缸內側，以免沖澡時水流滿地，弄濕地板，不但不好處理，也容易滑倒。通常只有東南亞國家的飯店會供應牙刷、牙膏；但是其他國家的飯店，現在大多都無供應牙刷、牙膏了，所以出遠門的時候記得要自備。飯店不提供拋棄式個人盥洗用品。標榜「尊重環境、減少垃圾」的「環保旅館」，他們也將馬桶加裝省水裝置，鼓勵客人重複使用浴巾，餐飲禁用保育類動物等。

　　另外，在臺灣，不論到哪裡，都容易在廁所看到「請勿將衛生紙丟入馬桶」等字樣。曾在2008年4月5日《自由時報》有〈日本學生看臺灣廁所〉一文指出，「臺灣人很親切，料理好吃，但廁所裡用過的衛生紙放在桶子裡，很臭……生活習慣還停留在開發中國家階段。」但是到了國外，因為高級飯店提供的廁紙質料較好，且馬桶水壓又大，所以使用過後的廁紙可以直接丟入馬桶，不用擔心會有阻塞的問題。

　　國人對衛生紙不要沖入馬桶的生活觀念，起因於認知上之誤解。「衛生紙」的纖維較短，泡水易溶，可以沖入馬桶；而「面紙」的纖維較長，不易溶於水，沖入馬桶才會引起阻塞。不過女性專用的衛生棉含有塑膠成分，不易溶解，還是不可丟入馬桶裡。上完洗手間，洗手的擦拭紙都要投入垃圾筒。

　　到盛產榴槤的國家旅遊時，因為榴槤獨特的氣味並不是每一個人都可以接受的，而且榴槤的氣味通常都會久久不散，因此不論你有多愛吃榴槤，抵達飯店之後，千萬不可以將榴槤帶進去。有些飯店擔心旅客會忘記，還會在飯店門口設置一個「禁帶榴槤」的警告牌，所以千萬別明知故犯。

有些高級度假飯店裡會有許多的免費休閒設施，如游泳池、健身房、會客室、三溫暖等，由於所有費用均一併算入住宿費中，所以通常在飯店住一晚的費用並不便宜，如果回到飯店還不是很疲累的話，不妨多加利用這些設施。但是在使用的時候還是要注意該有的禮節，例如，進入泳池之前必須先淋浴，要有戴泳帽的習慣，並且一定要穿著泳衣、泳褲下水，不可以短褲代替，下水前要沖洗身體至少5分鐘以上，讓身體沖洗乾淨，這是起碼的游泳禮儀；最好還要戴耳塞，避免「游泳耳」症狀，畢竟出門在外，自己要照顧自己。而且不可偷偷在水裡「方便」，衛生習慣還是要注意的，千萬不要貪圖一己一時之便，而造成別人的不便。

女孩們穿著泳裝難免會讓一些變態者有機可趁，令人困擾的性騷擾問題更無法根絕。若是女孩們遇到這類情形時，要勇敢地拒絕，最有效的解決方法就是大聲喊叫，引起旁人的注意，讓變態者不敢造次。

現在也有很多溫泉酒店，有些客人在泡場時抽煙，吐痰，池內搓腳，不先淋浴，白毛巾擠入池內搓洗或大聲喧嘩，都讓人噁心，真是不懂規矩。

投宿飯店時，國人最容易犯的錯誤就是在大廳（Lobby）大聲喧嘩，穿短褲在房外走道串門子，在房內打麻將，進入客廳不穿正式服裝等；但最讓人詬病的地方就是「貪小便宜」，常常會將旅館內可攜帶的任何物品帶走，如床單、吹風機等，這些都是屬於館方的所有物，所以是不可順手牽羊帶回家的。雖然館方不會因為這樣而跟你斤斤計較，但是卻會影響到整個國家的形象，甚至有些格調高的飯店因而拒收臺灣團體呢！

　　德國的一家客戶來了E-mail，內容如下：

I expect to be in Taipei during January and would like to see you at the Ambassador Hotel on Friday, January 23rd, at 10 A.M. Please confirm that this time is agreeable to you. Also, please send to us, by return airmail, a price list showing your current prices for the items which we have been buying from you.

　　上述的Ambassador Hotel若直譯成「大使飯店」，就會撲了個空，煮熟的鴨子飛走了，其實它是「國賓飯店」。因此，將飯店的中英文名稱羅列於下，必要時，臺中市、高雄市的飯店也要了解才是。

飯店中文名稱	英文名稱		
地　　址	電　　話	傳　　真	
臺北國賓大飯店	Ambassador Hotel		
臺北市中山北路二段63號	02-2551-1111	02-2561-7883	
臺北圓山大飯店	Grand Hotel		
臺北市中山北路四段1號	02-2886-8888	02-2885-2885	
臺北君悅大飯店	Grand Hyatt Taipei		
臺北市松壽路2號	02-2720-1234	02-2720-1111	
神旺大飯店	San Want Hotel		
臺北市忠孝東路四段172號	02-2772-2121	02-2731-5683	
老爺大酒店	Hotel Royal Taipei		
臺北市中山北路二段37之1號	02-2542-9266	02-2543-4897	
臺北遠東國際大飯店	Far Eastern Plaza Hotel		
臺北市敦化南路二段201號	02-2378-8888	02-2377-7777	
臺北晶華酒店	Grand Formosa Regent Taipei		
臺北市中山北路二段41號	02-2523-8000	02-2523-2828	
兄弟大飯店	Brother Hotel		
臺北市南京東路三段255號	02-2712-3456	02-2717-3344	
六福皇宮	The Westin Taipei		
臺北市南京東路三段133號	02-8770-6565		

　　飯店的分級是依外觀、大廳、公共設施、餐廳、裝潢、照明、休閒娛樂設施、房間大小設備，而有各種評鑑分級，共達一千多項。達到「五星級」的飯店，除了軟、硬體設施，更要有無微不至的服務，並能持續維持，一經抽查不符，就會被「摘星」。

　　為何五星級飯店感覺比較高級？除了裝潢高檔、音樂美妙、服務至上外，其實一步入飯店就有通體舒暢感，如臺北六福皇宮在空氣中加入白茶樹香氣，氣味低調優雅；喜來登傳遞回家的歸屬感；臺北遠東放了檀木、佛手柑的香氣，讓人感覺平和安詳。

飯店	香氣	效果
晶華	玉蘭	穩定情緒、舒緩放鬆
臺北遠東	佛手柑、香草、檀木、麝香	身心舒暢、平靜詳和
六福皇宮	白茶樹	低調、優雅
臺北喜來登	海藻、睡蓮、玫瑰、白麝香、香根草	回家溫馨感
礁溪老爺	柳橙、百合花、香柏、麝香	消除疲累、助眠
三二行館	茉莉、薄荷、檀香木、甜橙	清新舒爽、溫暖愉悅

　　2007年2月，筆者造訪杜拜的帆船形阿拉伯塔酒店（Burj Al Arab），號稱全球第一家七星級旅館，標準雙套房要價2,231美元，在1999年底落成，已成杜拜地標。內部以金藍紅色調裝潢，流露豪華貴氣的氛圍，貨真價實的K金大量裝飾在大廳、餐廳、廁所等；入門有精彩水舞秀，還可搭乘潛水艇往海底餐廳，一睹神奇海底世界。有人說住此飯店、坐協和飛機、乘伊莉莎白郵輪，人生之夢也！

　　汶萊的帝國飯店（The Empire Hotel）則號稱六星級飯店。筆者曾經住過，房價一晚要價新臺幣2萬元，感受皇家非凡氣

勢，住房設施全自動化，戶外有各項娛樂和球場。而臺灣最貴的房間，則在高雄漢來飯店的總統套房。

二、寄宿及民宿禮儀

　　到外地旅遊或洽公時，若是在自己熟稔的好友或親戚居住地，剛好受到邀請或得到當事人的允許，或許就會有「寄人籬下」的機會。

　　寄宿友人家時，要是對方家中有僱請傭人，對傭人的態度也應要尊重。有些寄宿在朋友家的人會認為對方是傭人，就刻意對他使喚來使喚去的，表現出一副高傲的姿態。有句話說「打狗也要看主人」，如果不尊重對方家裡的傭人，也同樣代表不尊重主人。由於寄宿在他人家中時，相對地，也會麻煩到傭人，他的工作量會因為你的拜訪而增加，所以對待傭人的態度應該要和善，並且自己的雜事也儘量不要交給傭人來為你服務，能自己處理最好。

　　辭行時也應該存有一顆感謝的心，送一些小禮物或小費給傭人以表謝意。大多數的人會認為，小費只有在飯店或餐廳才需要給付，但是小費應該是一種發自內心表達感謝的方式，給予小費的人應該心存感恩，而收小費的人則不需感到自卑，大方收下即可。

　　國外旅遊有人喜歡住民宿，稱B&B（Breakfast and Bed），除了較省錢，還有家的感覺，撫慰異地遊子心境。還有人喜歡挑優質的民宿，有別於大飯店的情趣，享受更精緻、細膩的假期。

　　筆者曾赴德國漢諾威參展，由於當地湧入世界各地人士，飯店爆滿，不得已只好借住民宿，前後有八天。民宿主人有些是空巢族，藉此排遣寂寞，有些人因此增加收入，對我們而言，

更可深入民情。這段時間，他們會把你當自家人，爲你準備早餐，讓出房間。用餐禮儀不必像正式餐廳如此隆重，但服裝亦要整齊，使用餐具及進食方式也不要太隨便。在房間使用衛浴及床舖後，也要稍加整理，不可像在飯店那樣零亂，甚至有如浩劫過後。離開民宿，除了付清潔費用，更要表示感念之情，如能附贈有臺灣風味的小禮物，更能盡到國民外交的一份心。

　　值得一提的是，筆者曾在南美洲祕魯的亞馬遜河叢林高腳屋住過一晚，高腳屋可阻隔爬蟲類入侵，又不怕河水氾濫，沒有電燈，僅有油燈，萬籟俱寂，偶爾有猴子出沒，四處蟲鳴鳥叫，過了一個極爲難忘的一夜。

　　筆者也曾在漠北住過蒙古包，日夜溫差極大，體會「朝穿棉襖午穿紗，晚上圍著火爐吃西瓜」。還有日本的「膠囊旅館」，又稱「棺材旅館」，麻雀雖小，五臟俱全，不講究排場，經濟實惠。2003年8月筆者赴東南非一遊，安排住在肯亞的「樹頂飯店」（英女王曾在此蜜月旅行）、坦尚尼亞的「草原飯店」、波札那的「露營旅社」、馬爾地夫的「海上旅社」、巴西亞馬遜的「原始飯店」等，皆有別於一般飯店之情調。

三、電梯、樓梯、手扶梯之禮儀

1.電梯禮儀

　　在美國、日本的飯店樓層，一樓以Lobby或L代表，然後依2、3、4排列；而歐洲、中東一樓須按G或Ground，二樓開始爲1、2、3，以此類推。歷史較悠久的飯店，電梯以開啓推開的方式開門。筆者住在新加坡的飯店，爲保護住客，電梯須插入房間鑰匙才可啓動。

　　你曾經進入電梯就有如罹患「密室恐懼症」，爲了克服心

理的恐懼就積極地想打破沉默，找認識的人說話。例如，你今天早餐吃什麼？這個週末要不要一起去逛街？上次去聯誼的對象長得還不錯……等，或者跟陌生人說些瑣碎的話，例如，今天天氣真好！你到幾樓呀？……等交談來轉移注意力的經驗嗎？這些一直找人攀談的行為，殊不知已經違反了生活禮儀，而且還會打擾到別人。因為你自個兒嘴裡「碎碎念」，又不停地向陌生人問東問西，想必對方的精神壓力一定超過你。

再者，你和朋友在電梯裡，興奮地說著上一次遇到的好笑經驗，不管是大聲喧鬧或是竊竊私語，都對同樣在此密閉空間的其他人非常不禮貌，別人不想聽你們的對話還得強迫中獎，不就等於是不尊重別人想要耳根清靜的權利嗎？有沒有看過周星馳主演的《東遊記》？唐三藏劈里啪啦地講個不停，聽起來就像隻煩人的蒼蠅在耳朵邊嗡嗡叫。如果不想當隻討人厭的蒼蠅，下次請記得搭乘電梯的時候，先停住還在嘴邊閒聊的話題，或等出電梯後再閒聊也不遲。

穿著比較正式時，難免容易感到悶熱，有的人一進到電梯就開始脫外套、脫帽子、解圍巾……等，其實這些舉動都是很不禮貌的行為。因為電梯算是公共場合中的一種交通工具，在如此狹小密閉的空間中，你「寬衣解帶」的動作，很容易撞到別人，而且搭乘電梯也就那麼一會兒，不到半分鐘就又要跨出去，哪裡來得及將你剛脫掉的行頭穿戴回去呢？俗話說得好，「一動不如一靜」，只要稍稍忍耐一下，亦可讓別人欣賞你獨特的品味，不是一舉兩得嗎？

相信大家一定都有過擠電梯的經驗吧？放眼望去，現在十幾層樓高的大樓比比皆是，幾十個人擠在電梯口排隊的情形更是司空見慣，但是每每進到電梯後才發現，大多數的人都是要到3、4樓，此時，我想你的心裡一定感到非常不高興吧？但是又

無法表達什麼意見，因為電梯本來就是公共的，不管是要到幾樓，每個人都有權利搭乘。歸究其原因，只能說是個人修養的問題，如果本身修養好，就不會有如此的情緒。

　　搭乘電梯時，若雙手提物不方便按電梯按鈕，或是離電梯按鈕較遠時，可以開口請別人幫忙，不一定萬事都得要自己來。通常在這種情況下的請求是不會遭到拒絕的，方便的人自然會幫你按電梯。如果當天真的非常不幸，沒有人理你，那麼你也可以技巧性地說：「那位穿粉紅色衣服的小姐，麻煩你幫我按一下10樓，謝謝！」或是「Ten, please」。被點到名的人通常都會有反應，所以不用擔心會難堪。從這裡我們也可以舉一反三，如果今天換成是我們站在靠近按鈕的地方，就有義務幫別人按鈕及控制開、關門。

　　還有一點要注意，站在電梯內時應該面向電梯門，切忌東張西望，免得讓人覺得「這個人真奇怪，沒事一直盯著我看」而對你留下不好的印象。進出電梯注意同乘者是否面露邪惡、不按樓層，儘量站在靠近控制板的地方，一旦被攻擊，立即用手拍打按鈕，此時，電梯會在每個樓層停下來，同時對外大喊「失火了！」，千萬不要徒手跟歹徒搏鬥。

　　有一次我搭電梯的時候，排在前面的是一對夫婦和兩位先生，電梯來了之後，其中一位先生主動地壓住開門鍵，並禮貌的示意「女士優先」。當女士進入電梯後，沒想到他丈夫託她的福也尾隨進入電梯內，而將兩位先生拋在腦後，或許他認為無傷大雅，甚至是理所當然，但是他這種行為卻很失禮。因為依照國際禮儀，當有人尊重女性，禮讓你的太太或女伴先行進入電梯時，你應該懷著感謝的心，在太太進入之後，懇請那位禮讓者尾隨在後，然後自己最後才進入。這種情況可以用在很多地方，例如在社交場合中，如果有男士脫帽向你的太太或女伴致意時，女

士只要點頭微笑即可；但身為丈夫或男伴的你，就應該脫帽回禮才是。

　　基本上，出於尊重與愛護之情，均是以老、弱、婦、孺為優先，因此被禮讓的女士可以大方的接受，並且記得要向對方致謝。不過也有一種情形，就是對方太過謙虛，或是進入順序太過於計較而遲遲不肯進入電梯，如此一來，往往會造成其他乘客的困擾而遭到怒目。這時候你應該大方接受對方的禮讓，快速步入電梯，之後對方必定也會跟著進入，否則在電梯門口僵持不下，除了浪費其他乘客的時間，也可能因此讓對方尷尬不已。

　　若遇到帶領來賓搭乘電梯時，客服員必須站在按鈕前等待電梯，門開啟之後，多數人都習慣向貴賓說「來，請先進」，其實這是錯誤的，請客人先進入電梯會讓人有一種「先去死」的感覺。所以正確的做法是客服員要先進入電梯內，再請來賓進入，這是根據「安全權」的原則，先確定電梯內安全，以防電梯突然墜落。到達樓層後，我方按住「開」鈕，讓客人先出、先離開，象徵隨時有危險之「電梯」電梯也會失控下墜，屬與「車」、「飛機」同屬「危險物體」。因此，搭電梯時的原則是讓客人「後進先出」，減少危險之概率，並且要注意不可以背部面對客人，這也是不禮貌的，正確的是應要背對兩側。到達樓層、電梯開門時，除非電梯會自動說出樓層，否則這時客服員應說出目前位在幾樓，並向客人說聲：「請。」

故事實例

　　王小華在一棟12層樓高的大樓上班，他的公司在4樓，平常他都是走樓梯上去順便運動健身。不過某日因為身體不舒服，他決定搭電梯，不巧正逢上班的尖峰時刻，電梯內擠了很多人，而他又很不湊巧地離按鈕處很遠。為了不想遭人白眼，即使電梯裡面很擠，他還是決定自己去按4樓的按鈕。就在他把手伸過去的時候，一不小心誤碰到站在旁邊的小姐，那位小姐一時以為是色狼而大叫，把他嚇得魂不附體，差點連站都站不穩；此時大家把焦點全聚集在他身上，要不是他及時反應過來，馬上向那位小姐道歉並解釋，否則可要背上「電梯之狼」的罪名了。

　　從這個故事當中，我們可以知道，當電梯內很擁擠而不方便按電梯按鈕時，應該請靠近電梯按鈕的人幫你服務，而不是自己伸一隻「魔手」去按電梯按鈕，這是沒有禮貌的動作，應避免侵犯國際禮儀的「自由權」。

　　記得筆者有次在黎巴嫩旅遊時，下榻飯店之電梯突然故障停止，又逢中東戰事，投宿旅客甚少。此時不應鬼吼鬼叫，因隔音效果不佳，應冷靜按下緊急紅鈕，自然有人前來處理。

2. 樓梯、手扶梯

　　一般來說，行走時還是依照「女士優先」原則，讓女士先上樓梯或先上手扶梯，男士之後再跟上，長者在前、幼者在後，而下樓則反之。但是你知道嗎？「女士優先」在荷蘭可是不管用的，因為他們不論是上樓梯或是搭手扶梯，都是男先女

後。不論誰先誰後，都沒有好壞之分，只是看是否適合當地國情，因此到不一樣的國家，適應當地的習慣，也是一種禮儀。

電扶梯上的中間部分通常會有一條黃線，行人應站在黃線右邊才是正確的。要是有緊急的事情發生，如警消人員要迅速到達現場時，結果一堆人將通道擠得水洩不通，豈不是耽誤到搶救的黃金時間？所以不論是走樓梯還是搭乘電扶梯，都應該靠右邊行走。如果兩人以上同行，還是儘量不要並排走，將整個走道堵住是非常失禮的行為。

若是遇到帶領貴賓時該怎麼走呢？客人走前面，客服員走後面？還是客服員走前面，來賓走後面？讓大屁股對著來賓對嗎？如果遇到這種特殊狀況時，不論是上、下樓，客服員都應該比來賓向前半步。在樓梯轉折的地方，必須讓來賓走內側，客服員走外側，因為外側要走比較多步，總不好意思讓來賓走個樓梯還要一直跟著客服員的腳步吧？若是遇到只容得下一人行走的樓梯時，由於大公司通常都會請女性來擔任客服員的職務，所以就讓男士先走，總之，不可將你的臀部面對來賓！

小故事大學問

有一天搭乘電梯，就遇上了電梯突然斷電，雖然緊急供電系統幾秒後就開始作用，可是電梯還是從13樓迅速往下墜。

當你面臨生死一瞬間時，當下的你所做的每一個動作將決定你的生死與否。

第一、（不論有幾層樓）趕快把每一層樓的按鍵都按

下。

第二、如果電梯內有手把，請用一隻手緊握手把。

第三、整個背部跟頭部緊貼電梯內牆，呈一直線。

第四、膝蓋呈彎曲姿勢。

說明：

因為電梯下墜時，你不會知道它會何時著地，且墜落時很可能會全身骨折而死。

所以，

第一點是當緊急電源啟動時，電梯可以馬上停止繼續下墜。

第二點是為了要固定你人所在的位子，讓你不會因為重心不穩而摔傷。

第三點是為了要運用電梯牆壁作為脊椎的防護。

第四點也是最重要的是，因為韌帶是人體唯一富含彈性的一個組織，所以借用膝蓋彎曲來承受重擊壓力，比骨頭所承受的壓力來得大。

四、會客時應有的禮儀

下榻期間內若有客人來訪，因房間屬私人空間，所以儘量不要在房間內接待訪客。一般高級飯店都設有大廳、咖啡廳、酒吧、會議廳等供住宿者接待賓客，甚至是更頂級的客房內會有小型的會客室，以供住宿者方便。若是遇到情非得已的情況，必須在客房內接見賓客時，房間內小冰箱裡的食物別吝於請你的賓客享用。或許有人會想說：「房間內冰箱的東西都是要錢

的，而且又貴得要命……」，但是仔細想想看，住宿費都花那麼多錢了，還要省那一點點零食花費嗎？更何況接見賓客時，總要表現一下自己的誠意，否則對方或許特地過來探望你，聊天聊得口乾舌燥，卻只見你吝嗇到連一杯飲料都不準備，豈不是很失禮嗎？所以還是大方地將冰箱中的飲料、餅乾拿出來，招待你的貴賓吧！

五、拜訪禮儀及會議禮儀

　　拜訪是應有的基本禮貌，逢年過節時，拜訪親朋、好友、客戶等，不僅可以拉近彼此的距離，還能為彼此的友誼加溫。

　　不論在哪一個國家，最容易造成塞車的就是交通顛峰時間，所以出門前應事先估計一下到達目的地的時間，或是提早出發以免遲到；最好在約定時間前5分鐘到達總機櫃檯。拜訪對方前，都必須事先和對方約定好，在前一天再確認；如欲變更預定時間，要提早聯絡。避免在用餐時段或夜間拜訪，以免打擾到別人用餐或休息時間。如果突然有事不方便前往，也應該要事先通知對方並道歉。若是因業務上的拜訪，應該將資料或文件準備齊全，以免讓對方對你或是你的公司留下不好的印象，生意自然不容易談成。要特別注意的是，業務上的拜訪不一定要回拜。作客時，若剛好碰到主人有其他客人來訪，就應該先向其他客人打招呼，等主人就坐後再入座，以免誤坐到主人的位子。

　　要知道沙發有尊卑的排序，一般人認為單人座的沙發為上座，這是錯誤的觀念，應該是三人座才對；客人面對的右邊為上座（也是後進先出原則），如下圖所示。

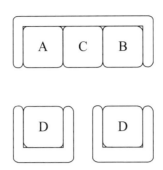

坐下後，背部不要倚靠椅背，約坐二分之一至三分之二的位置，頸、胸、腰保持平直，雙膝靠攏，不要翹二郎腿。

假如拜訪時，主人剛好臨時有急事，就應該縮短拜訪時間，長話短說，然後辭別。當主人送行到門口時，身為訪客的你要請主人止步，這是禮節上必須要注意的小地方。拜訪回國後，要用E-mail、Fax或電話感謝對方。

開會時，會議室的入口會比較多人進進出出，所以主人的位置就在會議廳的入口處，客人則坐在離門最遠的地方，因為國際禮儀規定，最舒適的地方應禮讓給客方；若出口處在中間的話，則中間為主人的位置，而右者為尊，如下圖所示：

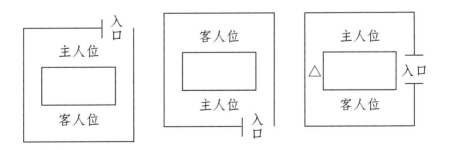

　　若會議後仍有後續要討論的，必須約定下次會談之時點。

　　有一點要注意的是，雅典這個城市到了中午過後，街上的行人、車輛都會明顯減少許多，原因是他們的生活態度較閒逸，所以都有午休的習慣，直到下午太陽下山之後，商店才又開始營業，人民開始活動，一直到午夜凌晨5、6點才是他們晚上睡覺的時間。因此，來到雅典就要儘量避免在中午時段去做拜訪，否則打擾了別人午休時間，可是會被扣印象分數的。這種現象在南歐國家（西、葡、義、馬爾他）也很普遍。

六、電話禮儀

1.接電話

　　當電話響時，太快、太慢接聽都不適宜，最好的時機是在響鈴三聲內接聽。若是公司機構，接聽電話的人應先說出自己所屬的公司行號，如「某某單位你好」。若是透過他人轉接的電話，應先自我介紹：「你好，我是xxx」。

　　要注意的一點就是，接電話的人不可以先掛電話，因為你不知對方是否已經將事情講完，而且禮貌上也是要等撥號的人先掛電話，接電話的人才可以掛電話；但對方如果沒什麼重要的事而只是閒聊，接聽者就可以委婉地推辭了。用電話洽談，要確認談話內容，尤其是數量及金額。

2.飯店詐術

　　在旅遊抵達飯店時，並在櫃臺辦理登記，如以信用卡支付房間費用後，有人可能會打電話到櫃檯並要求轉接到你的房間，而你的電話響了。接起後，將會聽到以下的話：

　　「這裡是櫃臺，在check in時，我們刷卡時有點問題，請再告知我們一次你的卡號及卡片背面的3個號碼。」

此時千萬不要告訴這個人任何訊息，儘管這通電話似乎來自櫃臺。實際上，這個詐騙來自飯店/櫃臺外面，他們只是隨機要求轉接一個房間。如果你真的遇到這個情況，告訴打電話的人，你會親自到櫃檯釐清所有問題。然後實際上到櫃檯了解情況，如果櫃臺根本沒打這通電話，請向飯店管理人通報這個案件，告知詐騙者所作所為就像出自該飯店櫃臺。

3. 撥打電話

打電話的時機也是一項學問。在臺灣，通常過了晚上9點之後，就不適合打電話打擾別人了。但是在捷克這個國家，因為國人都有早睡早起的習慣，所以打電話的時機最晚不可以超過晚上8點。

打電話時，應先確認通話的對象和號碼，以免打錯電話找錯人。若想要通話的對象在某機構上班，而我們不知道其所屬的單位分機號碼，需尋求協助時，要很客氣地懇請接聽人協助。

打電話也是打擾人的一種方式，所以應以簡單明瞭的話語長話短說，通話的時間以不超過3分鐘為原則。使用公用電話時也應該要長話短說，以免讓後面的人等太久。

打電話之前，談話內容先整理5W1H（何人Who、何事What、何時When、何處Where、為何Why及如何How），掌握要領，簡潔談話，並複誦重要事項，適當使用客套語或敬語。

七、手機禮儀

由於科技的進步，即使現在沒有電話線，一樣可以講電話，這就是手機發明帶給人們的便利。所以我們也要學習有關使用手機的禮儀，免得貼笑大方。

你曾經有過下列敘述的經驗嗎？例如，你到電影院看電影

時，有人的手機突然鈴聲大響，破壞了你看電影的興致；開會開到一半時，手機鈴聲此起彼落，使開會過程斷斷續續，甚至延遲開會的時間等。所以，當我們置身在公共場合之中，例如上課、電影院、美術館、研討會、演講、各種會議等，都要切記將自己的手機關機；若逼不得已需要等待重要的電話時，也應該將手機鈴聲切換成振動模式。當有來電時，更應該視情況來決定是否接聽電話；若要接聽電話，也應該在不影響任何人的情況下，迅速離開現場後，再與對方通話。這樣一來，不僅可以避免自己成為「眾人厭惡的焦點」，也可以還給別人一個無噪音的舒適環境。

　　當接聽手機的環境非常吵雜或是收訊不良時，應該轉換地點到收訊良好的地方再接聽；就算一時之間無法離開現場，也應該告知對方待會兒再回電，而不是在原地一直大喊「喂，有沒有聽到……」，或是聲音高亢地訴說私事，強迫別人聽一個不認識的人在那邊高談闊論，這可是非常沒有禮貌的行為。在文明社會所不能接受的粗魯行為，臺灣卻見怪不怪，什麼是手機禮儀，在方便自己時，也不要忽略身旁他人的權益！

　　為了行車時的安全，行進中不可以使用手持聽筒（可用耳機式）。接聽電話時，應將車子停靠在路邊之後再通話，以免一邊開車一邊聊天，分散了注意力而導致意外的發生。

　　另外，手機電池剩一格時不要打電話，剩一格時輻射是平常的1000倍，還要記得用左耳聽電話，因為用右耳會直接傷害到大腦。

小知識大學問

　　在臺灣，開車講手機被開罰單，要罰3,000元；若是騎機車講手機被開罰單，則要罰1,000元。

八、E-mail禮儀

　　訊息的傳送由古時候的飛鴿傳書，到郵差到府送件，而如今只要按一按電腦上的鍵盤，再點一下「傳送」，不分時間、地點、氣候，就可以將我們的信件寄到對方的電腦裡，這就是時下最流行的「伊媚兒」（E-mail）。E-mail速度快、成本低，連郵票都不用貼，還可以不限時間、空間的保存。但是E-mail並非萬能，有時用電話或手寫書信比較能傳達感情及意志，因此必須因時因地選擇。

　　但是當我們在使用電子郵件時，往往容易忽略應有的禮儀。一般人常犯的毛病就是在寫電子郵件時，想到什麼就打上什麼，未經深思熟慮就將郵件傳送出去，萬一不小心冒犯到對方，可是會讓收件者相當不開心！尤其是隨便傳送一些垃圾郵件，更是令人相當困擾。

1.撰寫郵件的禮儀

　　首先要確認收件者的信箱，才不會寄錯對象，帶給其他無關緊要的人不必要的困擾，甚至是洩露重要機密。書寫內容的時候，不要加入不當的字語，以免引起不必要的誤會。郵件的標題也要明確註明，標題和郵件的內容應相符，因為大部分的收件者都是以標題來選擇是否閱讀。

　　雖然現在很流行用符號代表情緒反應（^_^、*_*），但是

在書寫郵件時，並不適合用太多符號來表達你的語意，並且避免在學術網站上進行商業交易、張貼營利廣告、網路色情交易或傳送病毒，這些行為會讓人反感，甚至還可能會觸犯網路法律。

2.傳遞郵件的禮儀

需表明清楚傳送者的身分，否則從E-mail帳號並無法確認是誰寄來的郵件。有些人會將身分附錄在檔案裡或資料中，這項做法是錯誤的，標明身分是電子郵件最基本的禮儀。應遵守網路的法規，尊重他人的智慧財產權，對網站上的資料或系統不能私自篡改或擷取；必要時必須註明原作者的作品，以表示對原作者的尊重。傳送訊息時不要重複傳送給對方，這樣會占用對方信箱的空間。定期檢查電腦上的日期和時間，因為電腦上的時間在傳送郵件時會自動標示於郵件上，以免誤導收件者收到郵件時，覺得日期和時間不對，所以應按時檢查。

3.回覆郵件的禮儀

每當我們寄出郵件時，總是會很期待對方能很快地回覆信件。雖然網際網路十分發達，但是現代人的生活仍是相當忙碌，所以對於寄出的郵件，不要太急於等待對方的回信。通常我們收到誤送的郵件，多半會將信件刪除，但正確的做法應是回覆原寄件者並通知對方，因為這封信件對別人來說，或許是很重要的，助人為快樂之本，舉手之勞告知他傳送錯誤，可能還因此幫了別人一個大忙。

將日常生活打招呼的方式用在回覆信件上是不正確的，雖然電子郵件的確既方便又快速，但是用字遣詞還是要注意，可別把方便當隨便。回覆郵件時，要先確認回覆的對象，或有沒有必要回覆。若是要轉寄信件給他人，必須徵求原寄件者的同意。

小知識大學問

　　記得筆者剛開始使用電子信箱時，有次碰到一位外籍朋友問起我的電子信箱地址，我信口就說出：「y00 little mouse msa.hi……」，老外一聽茫茫然，當場傻眼。我也愣了好一陣子後，才發覺自己犯了「雞同鴨講」的失誤。

　　「小老鼠」@原是英文「at」的縮寫，「at」的原意是「在」，通常用於形容「位在……小角落」，例如「在那邊的轉角」所用的「at the corner」。而電子信箱的收發系統，為了表示某某人的信箱位址在哪裡，也就是要連接電子信箱收件人名字或帳號，跟收件者的地址或電子郵件伺服器IP位置，就使用「at」這個英文單字，將收件者的帳號和他的地址連結在一起。

　　但「at」很容易跟收件者及網址名稱中的英文字母混淆而造成誤導，乃將「at」簡化為「@」，並另設一個鍵盤按鍵，既方便使用又有所區隔，儼然成為全世界通用的一個符號，就讀作「at」，電子信箱地址完整的念法就是「y00 at msa.hi……」。

禮儀小學堂

一、選擇題

(　　)1. 下列敘述何者錯誤？　(A)住宿時，如果身上沒有美金，那麼以1美元等值的當地紙鈔也可以當作小費　(B)不論投宿在什麼地方，「安全」是最重要的　(C)在飯店休息了一晚後，早上起床出門前，別忘了要放置小費在桌上給打掃房間的服務生　(D)在國外，只有乞丐和街頭藝人才可以給予銅板。

(　　)2. 飯店浴室內用來擦拭身體的是　(A)大　(B)中　(C)小　(D)不用　毛巾。

(　　)3. 下列敘述何者正確？　(A)所有國家的飯店都會在浴室裡準備牙刷、牙膏，所以出門前不須自備　(B)淋浴時，應將浴簾拉開，並且垂放在浴缸外側　(C)高級飯店提供的廁紙質料較好，且馬桶水壓又大，所以使用過後的廁紙可以直接丟入馬桶，不用擔心會有阻塞的問題　(D)到盛產榴槤的國家旅遊時，可將榴槤帶進去飯店內。

(　　)4. 住宿時，使用飯店內的泳池時，不須注意到下列何者？　(A)游泳費用　(B)穿著泳衣或泳褲下水，不可以短褲代替　(C)要有戴泳帽的習慣　(D)進入泳池之前必須先淋浴。

(　　)5. 搭乘電梯時，下列敘述何者正確？　(A)進入電梯時，可以跟陌生人說些瑣碎的話來轉移注意力　(B)穿著比

較正式時，難免容易感到悶熱，所以直接脫外套、脫帽子、解圍巾無傷大雅　(C)若雙手提物不方便按電梯鈕，或是離電梯按鈕較遠時，可以開口請別人幫忙　(D)站在電梯內時，應該背向電梯門。

(　)6. 搭乘樓梯、手扶梯時，「女士優先」在下列哪一國是不適用的呢？　(A)義大利　(B)希臘　(C)澳大利亞　(D)荷蘭。

(　)7. 帶領貴賓行走時，身為客服員的你，下列何者帶領法才正確？　(A)走在貴賓正前方　(B)走在貴賓正後方　(C)比來賓向前半步　(D)樓梯轉折的地方必須讓來賓走外側，客服員走內側。

(　)8. 會客時應有的禮儀，下列敘述何者錯誤？　(A)儘量不要在客房內接見來賓　(B)飯店房間內冰箱的東西要錢，而且又貴得要命，儘管有訪客，還是能不用就不用　(C)一般高級飯店都設有大廳、咖啡廳、酒吧、會議廳等供住宿者接待賓客　(D)頂級的客房內會有小型的會客室，以供住宿者方便使用。

(　)9. 當電話響時，接聽最好的時機是在響鈴　(A)一聲　(B)二聲　(C)三聲　(D)四聲　接起。

(　)10. 在捷克這個國家，打電話的時機最晚不可以超過晚上　(A)8點　(B)9點　(C)10點　(D)7點。

二、實地演練題

1.若是要帶領來賓搭乘電梯時，身為客服員的你該如何處理？

行

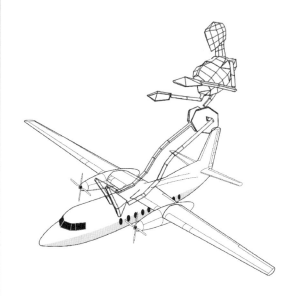

　　古時候的路都是老祖先以「腳」走出來的，眞可謂是「一步一腳印」。隨著技術的進步，交通工具從動物爲人類服務，如馬拉車、驢子背負重物等，是名副其實的「馬路」，演變成老爺車、蒸汽火車等，一直到今日有非常便捷的飛機。由於交通的發達，讓地球彷彿就像地球村，縮短了國與國之間的距離，不論到哪一個國家都很方便。置身在這個時代的我們，隨時都有機會搭乘這些交通工具，所以我們更應該了解搭乘這些交通工具的基本禮儀，才不會被人認爲是「鄉巴佬」。

一、搭乘各式交通工具的禮儀

1.搭飛機

　　出國前的行程安排是很重要的，考慮要拜訪哪幾個景點、共需之天數、抵達與離開的時間能否與班機配合（含轉機）、飛行時間長短、如何調整時差、當地氣候、簽證、當地假日及週休、上下班時間、有否接送、機場貴賓室、地點、事先購妥機票、是否必須事前注射預防針等。

　　乘坐飛機，遨遊寰宇，有如蘇東坡在《赤壁賦》所言：「浩浩乎如馮虛御風，而不知其所止；飄飄乎如遺世獨立，羽化而登仙。」在白天看到無垠的海洋，浩渺的山野，漂浮的雲層；在夜晚看到俯照的星光，黑幕的夜空，大地的燈火，感到天地融爲一體。

　　由於飛機的發明，讓全球的距離愈來愈近，於是搭飛機對很多人來說，就像搭計程車一樣。筆者曾應香港生產力中心之邀，到香港理工大學作三小時演講。當時有要事纏身，所以只好上午搭飛機前往，下午授課，晚上再搭機返臺，出國居然一日來回。早期擔任外銷部經理，出國參展、推銷一趟，都要甚久時

間。每次出去再回國，都有恍如隔世之感，不在臺灣的日子，好像忘了身在哪裡，不覺得它的存在，因而取笑自己得了「失憶症」。

　　但是有些基本的搭機禮節，還是應該要注意的。飛機購票與劃位是不同的，不像我們一般去看電影，只要買了票，位置就已經劃好且固定了。通常我們購買飛機票後，航空公司會在該班機起飛日的前兩天，查核搭乘該班機的旅客，如果沒有被通知到，不要忘了主動打電話或透過網路向航空公司確認座位，以免發生買了票還不能搭乘飛機的事情。不過，有些航空公司已經提供不需再確認的服務了，但是為了自身的權益，這點還是需要注意。

　　出國時，機場是出入境必經的關口，一般各國的登機手續雖因國情不同而有所差異，但是內容上卻都是大同小異，例如，櫃檯的劃位、查驗身分、行李檢測等。一般國際航線的check-in櫃檯，會在班機起飛前兩小時開始辦理登機手續。為了避免耽誤其他旅客或是延誤班機的起飛，在出門前就應先檢查機票、出入境簽證、護照等應攜帶的證件是否準備齊全，還有行李也應先確認是否有違禁品，如此可以加快海關查驗的速度，也避免浪費其他旅客和地勤人員的時間。

　　在筆者旅行過的百餘個國家，檢查最嚴格的當屬印度的喀什米爾，其次是以色列，而波利維亞及伊朗也算極為「仔細」。記得到喀什米爾旅遊時，由於印度與巴基斯坦交惡，有空中劫機的前例，所以通關如臨大敵，鉅細靡遺地檢查，連礦泉水也要當面喝給他看，衛生紙也要一張一張抽取完，橘子也要撥開吞食才可，並且不能有電池隨身（怕引爆），一關又一關，重複連檢五次，甚至下體也要touch，登機後我們戲稱「日理萬雞（機）」。

　　赴北韓（北朝鮮）之行，不准帶手機、電腦及單眼照相機（只可用傻瓜照相機），出機時所拍之照片均須檢查。

　　而到伊朗之行，是伊斯蘭教義比較嚴謹之地，是禁止飲酒的。有位阿伯，晚上一定要喝杯酒，入關帶酒未被查出，出關經幾道檢查後竟被發現，除了酒倒入廁所，罰款200美元之外，並在護照上蓋「永不得入境」字樣。

　　美國因911事件，檢查特別嚴格（指紋、照相、脫鞋、解皮帶）。而年前赴古巴，在機場出境檢查，忽然出現數隻警犬東嗅西聞，過關時也是一問再問，大排長龍，讓人見識到共產主義國家效率奇慢。

　　離開櫃檯時，應再一次確認登機證上的名字、護照等證件是否帶齊或拿錯，免得因此而延誤登機或是無法登機，那可就得不償失了。

小知識大學問

　　一般機票的相關名詞介紹

　　TICKET NUMBER：機票號碼

　　CONJUNCTION TICKET (S)：連接機票的票號

　　ISSUED BY：某某航空公司

　　CARR：航空公司的代碼

　　FLIGHT：班機號碼

　　CLASS：機艙的代碼（頭等艙、商務艙、經濟艙）

　　AIRLINE DATE：訂位的電腦代號

　　STATUS：訂位狀況的代號

DATE AND PLACE OF ISSUE：機票開立日期和開票地點

DATE：起飛日期

TIME：起飛時間（以起飛當地為準）

NOT VALID BEFORE：在某年某月某日之前無效用

NOT VALID AFTER：在某年某月某日之後無效用

NAME OF PASSENGER：旅客姓名（必須和護照上的英文名字相同）

TOUR CODE：旅行團的代號

ORGN/DEST：起點與終點的城市代號

GOOD FOR PASSAGER BETWEEN POINTS：實際的出發地、轉機地、停留地、目的地等

ORIGINAL ISSUE：原始機票的資料

ISSUE IN EXCHANGE FOR：因變動需更改機票資料的原機票號碼

ALLOW：免費行李託運的重量和件數的限制

BAGGAGE CK：隨身行李和託運

FARE BASIS：機票費用的基準

TAX：稅金

EQUIV. FARE PD：付款等值外幣金額

FORM OF PAYMENT：付款的方式

　　飛機劃位分為頭等艙、商務艙和經濟艙，不同艙等不可任意換座位，同等艙可等到飛機上的安全指示燈熄滅後，再告知空服員來安排。頭等艙和商務艙的旅客均可在飛機起飛前使用貴賓候機室，除了餐點不同外，飛機上供應的飲料、酒類均免費；經濟艙就只有在供應餐點或正餐的時段可小酌酒類，其餘都是要付

費的。

　　經濟艙的旅客一律以「先上後下」的原則上、下飛機，因飛機也算「危險物」，為保護頭等艙、商務艙的貴賓，而採取國際禮儀之生命權──後進先出。各位在電視上看到各國元首出訪，一定是最後一個上飛機，揮別後才關機門；俟飛機停妥，打開機門，就是第一個揮手致意走出來的。也就是說，飛機起飛前，經濟艙的旅客要先登機，頭等艙及商務艙的旅客可先待在貴賓候機室，等經濟艙的旅客就定位後，再行登機；如要同時進入艙內，則可優先入內，不必跟經濟艙排長龍，節省排隊時間。下飛機則相反，頭等艙及商務艙的旅客先行離開，經濟艙的旅客則是最後才下飛機。因為搭乘經濟艙的旅客數量較多，若頭等艙及商務艙的旅客先行上飛機，還要在機上等待搭乘經濟艙的旅客全數上飛機後，飛機才能起飛，這段期間的等待是很浪費時間的。因此，航空公司都會貼心地為頭等艙和商務艙的旅客準備一個貴賓室候機。

　　不過現在手持白金卡的人有福了，因為擁有白金卡，就可以免費使用機場的貴賓室。而要有什麼樣的手續才能享有這些優惠呢？首先必須用白金卡刷卡買機票或是給付團費，才可以免費使用機場的貴賓室。銀行的規定是在申請白金卡時，就會收到一張「Priority Pass」，這是ICLP（一家專門與世界各大機場簽約的公司）在全球各地統一核發的通行證，可以使用全球各地與ICLP簽約的機場貴賓室。不過有一些銀行會在卡友出國前一星期向客服部提出申請後才發出。有了白金卡，可不是全球的機場貴賓室皆可免費使用，卡友必須先了解哪些機場的貴賓室是可供使用的。這裡要注意的是，有的貴賓室有頭等艙及商務艙之分，白金卡友是不能使用頭等艙專用的貴賓室。（甚多銀行再升級為鑽石卡、世界卡才可使用）

　　各航空公司的機場貴賓室服務皆大同小異，餐飲、市內免費電話、網際網路等，The Mall還有提供美容、按摩、休閒等項目，Plaza就和一般航空公司的機場貴賓室差不多。其中，法航貴賓室更配有沖澡室，相當貼心，給人賓至如歸的感覺。

　　出國旅行一般都是一件大行李和一件隨身行李（標準尺寸是55×35×25公分），要準備免洗內褲、免洗襪子、舊內衣（穿後可丟）、可拆式外套、正式及休閒服裝，攜帶衣物以穿脫方便，如寒冷地區加帽子、外套、圍巾，若炎熱地方則攜帶帽、傘、防曬油、潤膚液等，還有個人醫藥包，女性要做調經計畫或攜帶生理用品、照相機、記憶體、電池、洗衣粉、盥洗包、鋁製保溫瓶、平常想看而沒時間讀的書冊、雜誌幾本、名片、備用眼鏡、萬用插頭、手機等，錢包（小額貨幣可當小費用）、護照、信用卡亦不在話下。信用卡最好附有照片，萬一遺失，異性不可用，不同種族也很難盜用。商務旅行可能還要筆記型電腦、公司簡介光碟、翻譯機、樣品、目錄、報價單、小禮物……，值錢的首飾少帶。出國前先去保旅遊醫療險，一般機票刷卡只保意外險及人身險，萬一需要就診，把「發燒」、「頭痛」、「氣喘」等相關外語備妥，拿出這些字彙就可以和醫生溝通。以下茲將出國點檢表供讀者參考。

出國點檢表

（一）基本資料

團名：		夥伴：	旅行社：		領隊：		導遊：
地點：				時差：＿＿小時		電壓： 110V/220V	
國際電話／傳真：	外國→臺灣： 00-886-（ ）-＿＿			臺灣→國外： 00-＿-（ ）-＿＿			
國外緊急聯絡方式：（我國駐當地代表處、親友等……）							
日期：				年 月 日 到 年 月 日			
集合時間：		集合地點：	集合緊急聯絡人／電話：				
停車地點：			聯絡電話：				
機票／訂位代碼：＿＿；機票號碼：＿＿			起飛時間：＿＿；回程（當地）時間：＿＿				
再確認日期／時間：＿＿；再確認代號：＿＿			航空公司電話：				
出國前其他準備事項							

（二）必備資料、證件

☐	機票	☐	護照（有效期限超過六個月）、簽證	☐	備用護照用照片（2張）
☐	旅行日程表	☐	地圖（筆、螢光筆：標示路程用）	☐	接機人、電話：
☐	住宿地點電話：	☐	住宿地點傳真：	☐	住宿地點網址：
☐	美金（與新臺幣匯率）：	☐	外幣（與新臺幣匯率）	☐	旅行支票
☐	信用卡（預借現金密碼、緊急救護、特約服務）	☐	公出差旅經費額度（$／天）	☐	當地消費水準
☐	海外旅行保險（單）	☐	國際駕照	☐	行李箱鑰匙、密碼

（三）用具、工具

☐	電腦（磁片／隨身碟、光碟機、滑鼠充電器）	☐	相機（電池、充電器、其他）	☐	底片（記憶卡）
☐	手機（系統頻率、電池、充電器）	☐	電壓轉換插頭：輸出W	☐	萬用插座
☐	隨身聽（耳機、卡帶／CD、電池）	☐	錄音筆	☐	PDA（充電器）、計算機
☐	旅行用熨斗	☐	吹風機	☐	電湯匙
☐	旅遊指南、地圖	☐	閱讀書籍、雜誌	☐	辭典、外語會話書籍
☐	公事資料：	☐	公事包、手提包	☐	名片
☐	重要待辦事項清單：	☐	紀念品、禮品：	☐	文具用品（草稿紙、便利貼、筆）

（四）衣物、用品

☐ 正式衣著（西裝、套裝）：　　套	☐ 襯衫：　　　套	☐ 正式皮鞋：　雙
☐ 領帶（夾）、飾品、領巾	☐ 襪子：　　　雙	☐ 其他：
☐ 休閒衣服：　　件	☐ 休閒長褲：　　條	☐ 休閒短褲、短裙：　　件
☐ 休閒鞋、襪：　雙	☐ 脫鞋	☐ 帽子
☐ 遮陽傘	☐ 輕便雨衣	☐ 腰包
☐ 內衣：　　　件	☐ 內褲、免洗內褲：　　件	☐ 襪子、免洗襪：　雙
☐ 睡衣	☐ 短褲：　　件	☐ 其他：
☐ 盥洗用具（牙刷☆、梳子☆……）	☐ 毛巾	☐ 化妝品、香水、古龍水、噴霧水★
☐ 生理用品	☐ 刮鬍刀、刮鬍泡★	☐ 手帕、衛生紙、（濕）紙巾
☐ 針線包☆	☐ 指甲刀、萬用刀★	☐ 洗滌用品、洗衣粉
☐ 塑膠袋、夾鏈袋	☐ 小型衣架	☐ 安全別針、長尾夾
☐ 安眠眼罩、耳罩	☐ 鬧鐘	☐ 手電筒、防煙（頭/口）罩
☐ 運動衣褲、運動鞋襪	☐ 泳衣、泳褲、泳帽、蛙鏡	☐ 防曬用品
☐ 海灘用涼鞋	☐ 扇子	☐ 小水瓶、保特瓶
☐ 夾克外套、風衣、雪衣	☐ 毛衣	☐ 衛生衣
☐ 圍巾、手套、雪帽、耳罩	☐ 暖暖袋	☐ 其他：
☐ 隱形眼鏡（清潔用具）	☐ 太陽眼鏡	☐ 老花眼鏡
☐ 望遠鏡	☐ 手杖	☐ 助聽器
☐ 軟式購物袋	☐ 背包	☐ 地址、電話號碼簿
☐ 採購清單（比較價目）		

☆：牙刷、梳子、針線包、撲克牌等可向機上空服人員索取。

★：刮鬍泡、噴霧水、萬用刀、螺絲起子等壓縮氣體／液體容器或刀具應隨行李託運，不得隨身攜帶。

（五）常備藥品

□習慣性用藥：
其他：暈車／暈機藥、止痛藥、退燒藥、綠油精、安眠藥、萬金油、胃乳、OK繃、護唇膏、護膚乳液……

（六）備用食品、物品

□	速食麵、杯麵、杯湯	□	零食：	□	口香糖
□	牙線、牙籤	□	開罐器	□	保冷水壺、保溫瓶
□	撲克牌☆	□	其他：		

（七）回程

□	確認機票、護照	□	確認到機場的方式、時間	□	確認採購物品
□	家中、汽車、行李箱鑰匙、停車卡（隨身攜帶）	□	備妥新臺幣、零錢	□	檢查行李箱（物品勿遺漏於旅館中）
□	檢查隨身行李	□	備妥機場稅（外幣）	□	提早Check-out
□	剩餘外幣（用完、換回、捐出、留作紀念）	◎	一路順風、平安歸來～		

　　出國免不了有大包小包的行李，行李箱最好是硬殼的，比較安全，並貼上特殊記號及中英文名牌，行李切記要上鎖。行李的重量、件數、大小視不同的國家而定，一般來說，隨身行李只能帶一件手提行李並且不得超過20公斤，但頭等艙、商務艙會提高標準，且出關時行李優先流出，減少等待時間，這也是國際禮儀的生命權——時間就是生命！

　　如果行李超重會收取「超重行李費」，主要是為了統計飛機的總載重量，如果超過最大起飛重量，基於安全考量，飛機是不起飛的。行李託運時，常會見到行李較少的好心人，願意幫他人分擔超重的行李，令人感受到濃厚的人情味。但是俗話說：「防人之心不可無」，以法律的角度來看，因幫助他人而查出行李中有違禁品，可能會吃上官司。這類的案件也時有耳聞，即使是經驗豐富、經常帶團出國的導遊也可能犯下這種錯誤。除非是非常熟悉的朋友，而你也知道託運的內容，才做個順水人情，否則應儘量避免幫他人帶行李，以免被利用。

　　需特別注意的是：不能將可當攻擊用的物品放置在隨身行李內，例如小刀、剪刀、指甲刀等，這些東西只可放在大行李箱，經由運輸帶送到飛機裡。而危險物品是絕對不能帶上飛機的，一旦被查到，會被扣押在機場，例如玩具槍、汽油、酒精、瓦斯、打火機、化學藥品、含有水銀的溫度計、髮雕噴霧等易燃物品。

　　出國時，應將護照、機票、平安險、信用卡號碼及行程影印交由國內親人保管，不可私自攜帶農產品或寵物登機。國人出國都有一個習慣，就是會帶紀念品回國；但要注意的是：千萬不要帶毛皮類的製品，或是保育類動物身上的器官製品，如犀牛角、象牙等，有些國家的機場都會設置像這樣的警示牌。有些微生物會附著在植物上，因此不可以攜帶國外的農產品回來。

　　搭國際航線班機時，建議在飛機起飛前2個小時抵達機場，辦理報到、劃位手續，以免匆忙而耽誤登機時間。如果坐經濟艙，因空間有限，坐起來相當不舒服，可在起飛前一天上網查位，如要坐較寬敞一點，可選第一排或安全門邊的座位；其次選走道邊，因有一邊可自由活動，上廁所較方便；若想睡個好眠，當坐靠窗，較不受干擾。

　　搭乘遠程航線的人，建議穿戴輕鬆舒適的服裝，並帶一件薄外套禦寒，且穿輕便舒適的鞋子，以免坐久了而有不適感。有些航空公司會貼心地在機上準備免洗拖鞋供乘客使用。如有暈車、暈機的人，應在登機前服用暈車（機）藥。隨身行李應該放置在座位上方的置物箱中，並按壓關好，以免飛行中搖晃掉出而砸傷其他乘客，也可放置固定在座位底下。如有大衣外套，可摺好放置在座位上方的置物箱中，或是請空服員幫忙掛於後艙。為了安全起見，飛行全程是禁止在飛機上使用手機、電腦網路等無線電通訊產品，因為這些電子產品所發出的電波會干擾飛行訊號，造成重大的災難。有些客人不清楚以上規定，空服員便有職責糾正乘客。座位上供乘客使用的毛毯、耳機、報紙、機上說明書、菜單、免稅商品目錄等皆不可以自行帶走，但是將自身的垃圾、清潔袋帶走是一種美德。

小知識大學問

乘客禁止隨身攜上飛機的物品：

易　燃　品——汽油、噴漆。

高 壓 縮 罐——殺蟲劑、潤滑劑、瓦斯罐、氧氣罐。

腐蝕性物品——硫酸、鹽酸、水銀、氟化物。

磁 性 物 質——永久磁鐵等會產生高磁場之物質。

爆　　　藥——TNT及各類引信、雷管、底火、煙火、鞭
　　　　　　　炮。

強 氧 化 劑——如漂白粉（水、劑）、工業用雙氧水。

放射性物質——如鈾235、鈷60、氚等本身游離輻射能量之
　　　　　　　物質、核種。

小型手提箱——具防盜警鈴裝置之公事包或電壓超過2伏特
　　　　　　　鋰電池。

其　　　他——刀（剪刀、指甲刀）、劍棍棒類、弓箭、防
　　　　　　　身噴霧器、電擊棒等具攻擊性物品。

備註：飛往美國的班機不准帶打火機。

資料來源：臺灣桃園、高雄國際機場。

　　有些航空公司爲了避免小朋友坐飛機無聊而騷擾鄰座乘客，會準備一些小禮物，如畫本、玩偶、玩具等，給小朋友集中注意力。在早期，飛機上都會贈送撲克牌，但由於成本考量，現在已經不興盛了，如果眞的非常想要，也不要公然地在大家面前大聲地詢問空服員，因爲答案一定是否定的。有句話說「不患寡而患不均」，如果大家看到有好康可A，一定馬上加入索取的陣容，有再多的撲克牌也不夠應付大家的要求。所以，建議你不妨

輕聲地詢問一位看起來比較和藹可親的空服員，得到的機率會比較高。

　　在飛機起飛前，常常會放映安全示範短片或由空姐表演安全措施，航空公司的用意無非是要保護大家安全。但據我們的觀察，真正用心看的人可謂鳳毛麟角，總認為這種倒楣事不會發生在自己身上，但「不怕一萬，只怕萬一」，多認識安全措施，有益無害！

 搭機笑話

　　曾聽說過有一些阿公、阿婆上飛機，以為商務艙比較少人坐，應屬「博愛座」，大方地進去坐，任憑空服員拜託不聽，空服人員只好說：「前面是要去美國的，我們要去泰國的在後面！」阿公、阿婆居然乖乖聽話，坐到後面去了。

　　還有一位小姐上飛機之後，空服員看了她的機位標示，就跟她說：「你是31A。」小姐就有點不服氣地回答說：「我是34C」（什麼跟什麼……）。

　　和座位有關的笑話還不只一個，有的阿公、阿婆的英文都不太好，拿了機票上飛機之後，空服員跟他們說：「阿公你是D（豬），阿嬤你C（死）在這兒（臺語）」。

　　另外，也有因誤解而發生的笑話，一對阿公、阿婆在飛機上正要用餐時，阿公就想：「曾聽人家說，吃什麼肉就要配什麼酒，那今天就來講究一下吧！」隨後就問空服員說：「小姐，我們想請問一下喔，我吃雞肉，我老婆吃牛肉，那我們要喝什麼酒卡好呀？（臺語）」剛好這位空姐的臺語講得不是很輪轉：「阿公，你ㄅㄟ卡好（喝白好的臺語）；阿

嬤，你**九卡好**（喝紅好的臺語）。」其實空姐的原意只是要說，吃白肉要配白酒，吃紅肉要配紅酒，這樣的搭配最好；但是因為語言上的溝通不良，而鬧了像是在辱罵兩位老人家的笑話。

還有一位老人家一直不願坐窗邊位置，他的理由是：等一下起飛後，窗子打開，風太大會感冒。（真是敗給他了……）

也有一則飛機廣播的笑話，先用國語再用臺語廣播：「各位旅客，你的『墓地』（目的地）快到了，請準備『牲禮』（行李），飛機快要『掉落』（降落）來了！」

看了太多飛安事故，先生出國常是太太揮之不去的夢魇，先生告訴太太世事無常，我留下四千萬在此信封內，太太打開信封，裡面居然寫著：「千萬」要孝順父母，「千萬」要照顧我們的小孩，「千萬」「千萬」不要改嫁。緊張也一程，快樂也一程，何不灑脫一點？

搭飛機時，應隨時繫上安全帶，以免遇到亂流；不可在走道上嬉鬧，與鄰座的人交談時也應注意音量，以免影響別人的安寧。欲將座椅向後傾斜時，先視後方情況再將椅背慢慢向後仰，不可猛然向後倒，以免弄翻後座乘客的飲料或撞傷對方。用餐時，應該將椅背豎直，以免妨礙後座乘客用餐。坐過飛機的人都知道，座椅背面設計有一個隱藏式小桌子，用餐時可以放置餐具與食物，如果椅背不豎直，將會很難使用。套一句小豆豆講的話「關心自己也關心別人」，千萬不要因為貪圖一時的舒適而造成別人的不便。

如有因宗教習慣的特殊飲食者，例如素食（Vegetarian）、

不吃牛肉（Hindu Meal）、豬肉和海鮮等，也不用擔心路途上會餓著肚子。航空公司的特殊餐飲多達二十幾種，有低鹽、低糖、低蛋白質、兒童餐及各國素食的套餐等，只要在訂位時事先告知航空公司，他們就會特地做好安排，如下表所示。餐具使用完畢不可任意帶走，坐在走道旁的乘客有義務服務內側的乘客，例如幫忙傳遞杯子、盤子、毛毯等物件；而靠窗者除非遇到陽光太強烈，否則不宜私自關窗，剝奪其他乘客觀賞風景的權利。

特殊飛機餐一覽表

類別	餐飲選單	特色
素食	東方素食	無肉類、海鮮及蔥、蒜、洋蔥或辛辣品
	西式素食	無肉類、海鮮，但含乳製品與雞蛋
	還有西式全素、印度素食、生菜餐等	
兒童	嬰兒餐	2歲以下，水果泥、蔬菜泥或奶粉
	兒童餐	較易咀嚼消化，或對孩子有吸引力的餐盒食物
	還有斷奶餐等	
宗教	印度教餐	無牛肉，口味較辛辣
	猶太教餐	依戒律提供牛、羊等蹄和反芻動物肉品，餐盒密封
	回教餐	無豬肉，並依教律屠宰及烹煮
醫療病理	低嘌呤餐	適合痛風患者的低尿酸類，避免豆類、動物內臟
	無麩質餐	適合患者麩質不耐受者，不含小麥、大麥及穀類食物
	還有糖尿病、低膽固醇、低卡路里、低蛋白質、低鹽、高纖、無乳糖、流質、無刺激、無脂肪、無碳水化合物餐等	
其他	水果餐、海鮮餐、無牛肉餐等	

資料來源：華航、長榮、國泰、航空業者。

進入飛機內的洗手間時，需將門鎖拴緊，以免遭遇亂流時門突然打開。門鎖上時，門外會有指示燈顯示使用中

（Occupied）的紅色標示，讓後來者了解洗手間是否有人在使用，使用完畢後應保持清潔。

　　雖然機艙裡的空氣都經過加壓、加溫處理，但是與平地上的含氧量相比卻是減少很多。為了讓機長保持頭腦清醒，機長室的空氣中含氧量是最多的，含氧量次多的是頭等艙及商務艙，最後則是經濟艙。所以在機上酒類飲品淺酌就好，千萬不要過多，否則容易感到昏眩。又機艙上比較乾燥，所以要多喝水，因此會多上廁所，也可藉此活動筋骨。此外，也要避免喝太多茶或咖啡。女性儘量化較淡的妝，或可塗抹略多的保養品。依此類推，飛機上的空氣是一體的，空氣很難流通，因此在飛機上是完全禁菸的，癮君子可不要為了一己之需而害全部的人都「缺氧」了。要注意的是，千萬別想說「那我到廁所小抽一下好了」，洗手間內設有煙霧偵測器，全面嚴格禁止吸菸，如有違規將處以鉅額罰款。

　　飛機算是一個國家領土的延伸，飛機在空中飛行時，在機艙所適用的法律是該飛機註冊國的法律，但是飛機落地之後就要遵守落地國的法律。不管是去哪一個國家，搭機出遊一定要隨身攜帶藥物，尤其是心血管疾病或糖尿病患者等，務必要將藥物隨身攜帶，千萬不要放在託運的行李中，處方箋則可以由同行者隨身攜帶。如果患有心臟衰竭、嚴重高血壓、六個星期內曾有心肌梗塞的人，以及懷孕超過36週的孕婦，皆不適合搭飛機。

　　筆者在公司高階主管任內，出國都會搭「商務艙」，價格是經濟艙的兩倍，也曾因商務艙客滿，一不小心升格至「頭等艙」，相當於經濟艙三倍價格；而私人國外旅遊，為了荷包，自然搭乘「經濟艙」。

　　一分錢一分貨，航空公司極力迎合頭等艙及商務艙旅客的需求，形成行銷學的「品牌忠誠度」，略述於下：

(1)頭等艙會安排三位服務員，在食的方面，完全有如在餐廳的感受，鋪好桌巾、放好餐具，一道道上菜，開胃菜、沙拉、魚子醬、鵝肝醬、主菜（海鮮及牛肉），並搭配各式美酒。最後是水果及甜點，並奉上飯後酒及巧克力，一頓下來相當費時，所以中、短程沒有頭等艙。酒足飯飽後就要進入夢鄉，頭等艙座位舒適、寬廣，並可做180度調整，像一張床，再配合淡紫色簾幕及淡柔燈光，馬上有個甜蜜夢鄉，「吃好睡好」是頭等艙的特色魅力。

(2)商務艙大部分是公司高階主管從事商務旅行居多，餐點比頭等艙簡化，比經濟艙複雜，但也是一道一道出菜，同樣備受尊榮。而座位比經濟艙寬敞，椅子皆可調至75度，而經濟艙只有30度，「所以比上不足（頭等艙），比下有餘（經濟艙）」。坐商務艙常會與國外商務人士比鄰而坐，若是長途旅次，能打開話匣子，說不定因此建立商機或友誼。至於由什麼主題切入呢？一般老外喜歡運動、汽車、美酒，不妨從這方面的知識，再漸漸談到其他。

(3)經濟艙乘客數以百計，旺季時人滿為患，形形色色的人都有，實為熱鬧滾滾。餐食是餐盤式，一般只有兩種選擇，飲料有酒、茶、咖啡，簡單明瞭。人多空姐少，喧鬧與忙碌自不在話下。由於經濟艙氧氣供應較少，在高空上，機艙壓力太大，不宜飲酒過量。

長榮航空發現商務艙很少滿座，放推出「豪華經濟艙」介在商務艙及經濟艙之間，推出之後，大受歡迎，不少航空公司仿效。

有人在飛機上升及下降時，耳朵被壓迫而有點耳鳴，建議可吃顆糖、嚼口香糖、吞口水或喝柳橙汁、吃香蕉、維他命C，

也可減緩痛楚。坐長程飛機，在高空飛行，腳易腫大，可以脫鞋換上機上準備的拖鞋或襪套，在飛機禮儀是允許的。

　　近來有一種症狀引起國際間矚目，稱為「經濟艙症候群」，是指深部靜脈血栓的血塊跑到肺部或其他重要器官，引起呼吸困難，可能造成中風或死亡；尤其是超過5個小時的飛行，空間侷限，久坐不動，造成下肢靜脈血栓形成，就有這樣潛在的危險，大多發生在抽菸者及口服避孕藥者或過於肥胖的旅客身上。建議有此症候群的人，搭飛機要穿彈性襪及寬鬆衣物，在飛行途中每隔1至2小時就要站起來走走、伸展四肢，扭扭腳趾頭，保持血液流通順暢；多做小腿肌肉收縮運動，如墊腳尖，將腳尖抬高90度，撐10秒，可改善不適；並且多喝水、少喝酒，以保持體內水分充足。

　　超過5個小時的飛行，建議你在飛行途中做些小運動，如腳部運動：手抓住扶手，背靠著座椅，雙腳貼住地面，然後把雙腿緩緩抬高再緩緩放下，如此重複三次。足部運動：腳跟著地，腳趾儘量上下轉動，重複五次。肩部運動：雙手交叉於胸前，上半身左右搖擺，如此重複三次。腹部運動：上半身慢慢往下彎曲，手儘量下垂至地面，重複三次。到達機場時，儘量步行，不走電動道。

　　抵達目的地入境之前，還須辦理入境手續。如果幫別人託帶行李，記得要特別小心，以免惹禍上身。若行李晚到，航空公司有金額補償，以便旅客購買盥洗用品；若遺失則以每公斤20美元賠償，如破損則可請求理賠。所以行李條務必保存好，如有遺失馬上向航空公司（見下頁附表）反應。若有開會資料或商業文件不可放在託運行李中，建議在隨身行李內放入一日份的盥洗用品。出關後，可以先在機場的櫃檯兌換當地貨幣，以便使用，儘量避免到黑市進行兌幣的行為，因為很容易受騙上當。

　　還有別忘了手錶要調整時差。相反地，若有客人來臺參訪，我們赴機場接機時，應先查明飛機確實抵達時間；若客人從未謀面，不妨板書姓名，於機場大廳舉示，供客人指認；如為重要貴客，在迎接時需獻花。

主要航空業託運報值

業者	經濟艙行李報值或保險費用	報值／投保上限	筆電託運
華航	每報值100美元，收1美元服務費	2,500美元	不可報值
長榮	每報值100美元，收0.5美元服務費	2,500美元	不可報值
國泰	★（報值金額－實際理賠金額）× 0.5%	3,000美元	不可報值
新航	★每申報100美元，收0.5美元保險費	2,500美元	可投保

註1：筆電、手機等3C產品和名牌包等物品最好隨身攜帶。
註2：★須附購物收據。國泰實際理賠金額：20（美元／公斤）×報值行李箱公斤數，牽涉他航將不適用。

　　談到時差，因跨越不同時區，人的生理時鐘會混亂，造成白天昏昏沉沉、意識模糊，甚至脾氣暴躁，要經過幾天才能適應。對經常需要全球商務旅行的人，最難克服的就是時差，那麼要如何處理呢？舉例來說：由臺灣飛往美國約10個鐘頭多（順風之故），一般都是傍晚起飛，約次日中午或下午到達洛杉磯，所以採行「先睡後醒」方式，一到美國後，立刻展開工作，到了美國晚上，早已兵睏馬乏，雖然此時是臺灣的白天，依然能快速進入夢鄉。

　　當由美國回臺灣時，在機上採「先醒後睡」原則，因逆風之故約14小時飛行時間，一般也是深夜或凌晨起飛，在機上前6～7小時看書報雜誌、空中電影，趕走睡神，後6～7個小時全部投入睡眠，當然可以放紙條表示放棄機上之早餐，以免干擾

睡眠。如果睡眠品質佳，自然倒頭就睡；若不佳，不妨服顆短效安眠藥，醒來又是一條活龍。次日早上6點到達臺灣，略加洗刷、梳理，即可投入工作。最近紐西蘭的藥廠（www. nojetlag. com）出品一種消除時差的藥（No Jet-Lag），效果不錯。長途旅行至歐洲、南非等依起迄時間，皆可依此安排（紐、澳雖屬中、長程，但時差不多）。

　　傳染病無國界，只要一個不小心就有可能被感染，在落後國家，醫療品質較差；在先進國家，醫療費用奇貴無比，加上語言溝通不良，所以出國前的準備可依個人的身體狀況做規劃，舉凡年齡、疾病、生活習慣、行程等，預先做好規劃，並事先了解旅遊地點的天氣、衛生狀況、傳染病概況，以及住宿、活動地點等。

　　如果是要前往中南美洲或非洲，建議應先注射黃熱病疫苗；到中國大陸先打A型肝炎疫苗；前往沙烏地阿拉伯時，應先注射腦脊膜炎疫苗；前往潮濕地區應注意避免被蚊蟲叮咬，可穿著長袖、長褲或是使用防蚊液；前往非洲及大洋洲時，最好先服用抗瘧藥劑、疫苗及抗瘧用藥，可以到機場疾病管制局自費施打及採購。

　　在吃的方面，建議大家吃熟食並且趁熱吃，不要生吃海鮮，不喝生水，可以的話，請自備水或是買礦泉水，儘量不要吃路邊攤的食物。進食前要洗手，避免和動物接觸，戶外涉水時應防寄生蟲，更要避免不正常的性行為。

　　建議出國旅遊，帶些體積小、廣泛使用的藥品，自己用不著，或許可幫助他人，如內服藥：(1)解熱鎮痛劑，(2)暈車藥，(3)胃腸藥，(4)感冒藥，(5)助眠藥。外用藥：(1)抗生素藥膏，(2)止癢藥膏，(3)防曬油，(4)貼布，(5)紫雲膏，(6)青珠膏，(7)綠油精。

自助旅行者常建議四大藥品：止痛藥、感冒藥、腹瀉藥、抗生素。前往高原區需備高山症藥品（如Diamox）。有高血壓、氣喘、心臟病、過敏等病史的旅客，最好隨身攜帶所需救命藥品。

2003年3月，中國廣東爆發非典型肺炎疫情（SARS），連北京、上海等地的民眾都感到恐慌；與廣東鄰近的香港也受到波及，尤其香港再度爆發禽流感，讓國際旅客更是卻步不前。由於疫情來勢洶洶，世界衛生組織（WHO）為此發布全球警訊，指出非典型肺炎已在中國廣東、香港及越南蔓延，包括臺灣在內的鄰近地區深受其害。行政院衛生署也呼籲國人，前往以上地區旅遊或經商要特別注意小心，一旦出現流行性感冒的症狀就要儘速就醫。

SARS的防禦措施有：(1)避免到人多的地方；(2)探病時與病人保持適當距離；(3)離開病房時要洗手消毒；(4)多做運動，不要抽菸，注意飲食，增強抵抗力；(5)打噴嚏時要用手帕或衛生紙掩住口鼻。SARS的病徵有：病徵多變及不明顯、發燒、乾咳、頭痛、持續性發燒、全身酸痛乏力、呼吸急促、休克。衛生署查詢專線為：0800-024-582。

此外，在回程前，依航空公司規定在期限內完成再確認（Reconfirm）手續。記得筆者十幾年前由菲律賓轉機馬來西亞，因回程未做確認而被取消機位，改stand-by，頗費周章。

在峇里島發生恐怖攻擊事件後，國人在海外的安全備受關注，因此外交部制定國外旅遊警示分級表，預警表共分黃、橙、紅、灰四種警戒區，分別為「特別注意旅遊安全，並檢討應否前往」、「建議暫緩前往」、「不宜前往」、「提醒注意」，安全無虞的國家與區域不在列表中。詳細資料將公布在領事事務局網站（http://www.boca.gov.tw），並且隨時更新供國

人出國參考。還有到阿拉伯國家旅行，護照不能有蓋以色列之入境章，一定會被盤查或拒絕進入，所以行前應換新護照。

2013國外旅遊警示分級表

（詳細資料請見外交部領務局網站）

地區	說明
紅色警示（不宜前往）	
亞太	日本-福島縣、菲律賓-民答那峨島中部、三寶顏半島及西部蘇祿群島
亞西	阿富汗、伊朗、伊拉克、巴基斯坦、敘利亞、葉門
非洲	中非共和國、查德、埃及、利比亞、馬利、茅利塔尼亞、尼日、索馬利亞、蘇丹
橙色警示（建議暫緩前往）	
亞太	巴基斯坦邊界加穆-喀什米爾、印度-低度開發之中央及東部省份鄉間地區、印度-東北省份、北韓、馬來西亞-沙巴州東岸拿篤、仙本那、古納及斗湖、尼泊爾、菲律賓-雷伊泰省、菲律賓-南部民答那峨島、泰國-南疆（陶公府、耶拉府、宋卡府、北大年府）、泰國-泰、柬邊境爭議地區（帕威寒國家公園）、東帝汶
亞西	巴林王國、土耳其-土耳其東南部與敘利亞交界省份
非洲	貝南共和國、布吉納法索-布國北部及東部地區至馬利—尼日邊境、蒲隆地、剛果民主共和國、剛果共和國、象牙海岸、厄利垂亞、幾內亞比索、肯亞、馬達加斯加、奈及利亞、喀麥隆-北部極北省、北省及東省接近中非地區、西北省、西南省（包括Bakassi半島）、盧安達、南蘇丹共和國、辛巴威
黃色警示（特別注意旅遊安全，並檢討應否前往）	
亞太	孟加拉、印度-塔納塔卡省首府班加羅爾市、印度-印度全境及新德里、孟買、加爾各答、印度-錫金、印尼、緬甸、緬甸-若開邦、緬甸-曼德勒省、巴布亞紐幾內亞、菲律賓-中部諸島（包括長灘島及宿霧）、菲律賓-中部薄荷省、索羅門群島、斯里蘭卡、泰國-曼谷及周邊地區
亞西	以色列、黎巴嫩、俄羅斯、土耳其、烏克蘭
非洲	阿爾及利亞、安哥拉、波札那共和國、吉布地共和國、衣索比亞、加彭、幾內亞、賴比瑞亞、喀麥隆-西南省、海岸省及南省瀕臨幾內亞灣海岸地帶、獅子山、南非、多哥、突尼西亞、尚比亞
歐洲	西班牙、英國-北愛爾蘭

北美　加拿大-安大略省大多倫多地區

中南美　阿根廷、玻利維亞、巴西、巴西-聖保羅、哥倫比亞、古巴、薩爾瓦多、瓜地馬拉、海地、宏都拉斯、宏都拉斯-汕埠市、墨西哥-華瑞茲市、瑞諾沙市、墨西哥-新萊昂州（蒙特利市）、塔毛利帕斯州、哈利斯科州（瓜達拉哈拉市）、貝拉克魯茲州、克雷洛州（阿卡波哥市）、美墨邊境地區城市（華瑞茲市、瑞諾沙市、蒂華納市）、秘魯、千里達及托巴哥、委內瑞拉

灰色警示（提醒注意）

亞太　澳大利亞、不丹、汶萊、印度-南方省海德拉巴市、韓國、寮國、馬來西亞、馬爾地夫、馬紹爾群島共和國、諾魯、紐西蘭-奧克蘭、菲律賓、玻里尼西亞（大溪地）、斐濟、薩摩亞、東加王國、吐瓦魯、萬那杜、越南

亞西　白俄羅斯、喬治亞、約旦、吉爾吉斯、沙烏地阿拉伯、塔吉克、阿拉伯聯合大公國、烏茲別克

非洲　布吉納法索、葛摩聯盟、迦納共和國、賴索托、馬拉威、模里西斯、摩洛哥、莫三比克、納米比亞、喀麥隆、聖多美普林西比、塞內加爾、塞席爾、史瓦濟蘭、坦尚尼亞、烏干達

歐洲　阿爾巴尼亞、安道爾、奧地利、比利時、波士尼亞與赫塞哥維納、保加利亞、克羅埃西亞、賽普勒斯、捷克、丹麥、愛沙尼亞、芬蘭、法國、德國、希臘、教廷、匈牙利、冰島、義大利、科索沃共和國、拉脫維亞、列支敦斯登、立陶宛、盧森堡、馬其頓、馬爾他、摩納哥、蒙特內哥羅、荷蘭、挪威、波蘭、葡萄牙、愛爾蘭共和國、羅馬尼亞、聖馬利諾、塞爾維亞共和國、斯洛伐克、斯洛維尼亞、瑞典、瑞士、英國-蘇格蘭、英國

北美　美國、美國-波士頓、美國-紐約

中南美　貝里斯、智利、哥斯大黎加、多明尼加、厄瓜多、法屬圭亞那、格瑞那達、蓋亞那共和國、牙買加、墨西哥、墨西哥-太平洋、大西洋沿岸各州、墨西哥-坎昆、墨西哥-墨西哥市、墨西哥州、尼加拉瓜、巴拿馬共和國、巴拉圭、聖克里斯多福及尼維斯、蘇利南

出自於：中華民國外交部 http://www.boca.gov.tw 更新日期 12/28/13

　　有時候因商務的需要，有可能要幫客戶或來賓代訂機票，根據安全權，我們附上一份飛安調查資料及航空代碼表，以供參考，讓客戶、來賓感受到主人的用心。因為關心才會用心，用心

才會放心。

各類機種安全榜

排名	機　　　種	總飛行次數	死亡意外發生次數	每百萬次飛行死亡意外次數	使用的航空公司
1	空中巴士A330	N/A	0	-	國泰、港龍、泰航
2	空中巴士A340	N/A	0	-	新航、國泰
3	波音777	N/A	0	-	國泰、聯合、新航、泰航、日航、英航
4	波音767	650萬	2	0.31	英航、日航、國泰、聯合
5	波音737～300/400/500	2,700萬	11	0.41	聯合、英航、日航、泰航
6	波音757	720萬	4	0.56	聯合、英航
7	波音727	7,000萬	46	0.66	聯合
8	空中巴士A320	600萬	4	0.67	國泰、港龍、聯合、英航
9	波音737～100/200	4,900萬	34	0.69	國泰、聯合
10	空中巴士A300	800萬	7	0.88	泰航、華航
11	空中巴士A310	270萬	4	1.48	新航、泰航
12	波音747	1,480萬	22	1.49	聯合、英航、新航、泰國、泰航、加航、華航、日航
13	波音DC10	760萬	14	1.84	聯合、國泰、泰航、日航
14	波音MD11	70萬	3	4.29	泰航、華航、日航

附註：
1.前三名機種因從未發生人命意外，所以沒有飛行次數資料。
2.資料來源：美國航空安全分析員Todd Curtis以1970年至1999年2月的航機意外統計。

小知識大學問

坐飛機不可不知的權益：

1. 依個人需要，起飛前24小時可告知航空公司訂位組，準備低卡路里、低鈉、低膽固醇、流質、水果餐或素食等餐飲需求。
2. 只要在乘客酒力許可下，可要求續杯喝酒。
3. 可向空服員要求毛毯禦寒。
4. 碰上生日、蜜月、結婚紀念日，可要求贈送小蛋糕。
5. 如果無聊，可要求提供撲克牌、跳棋、拼圖。

全球航空公司安全比較表

排名	航 空 公 司	總飛行次數	死亡意外次數	每百萬次飛行死亡意外次數
1	澳洲安捷 ANSETT AUSTRALIA	252萬	0	N/A
2	加航 CANADIAN AIRLINES INT'L	190萬	0	N/A
3	澳航 QANTAS AIRWAYS LIMITED	102萬	0	N/A
4	以色列航空 EI AI	34萬	0	N/A
5	維京航空 VIRGIN ATLANTIC	5萬	0	N/A
6	全日空 AIR NIPPON	464萬	1	0.22
7	英航 BRITISH AIRWAYS	635萬	2	0.32
8	德國漢莎 LUFTHANSA	730萬	3	0.41
9	西北航空 NORTHWEST AIRLINES	920萬	4	0.43
10	聯合航空 UNITED AIRLINES	1,800萬	9	0.50
11	美國大陸航空 CONTINENTAL	800萬	5	0.63
12	楓葉航空 AIR CANADA	475萬	3	0.63
13	南非航空 SOUTH AFRICAN AIRWAYS	160萬	1	0.63
14	紐西蘭航空 AIR NEW ZEALAND	135萬	1	0.74
15	義大利航空 ALITALIA	390萬	3	0.77

16	瑞士航空　SWISSAIR	320萬	3	0.94
17	新加坡航空　SINGAPORE AIRLINES	100萬	1	1.00
18	法航　AIR FRANCE	590萬	1	1.02
19	馬航　MAS	180萬	2	1.11
20	巴西航空　VARIG	245萬	3	1.22
21	荷蘭皇家航空　KLM	240萬	3	1.25
22	國泰　CATHAY PACIFIC AIRWAYS	69萬	1	1.45
23	韓亞航空　ASIANA AIRLINES	54萬	1	1.85
24	泰航　THAI AIRWAYS	105萬	2	1.90
25	日航　JAPAN AIRLINES	244萬	5	2.05
26	嘉魯達印尼航空　GARUDA INDONE-SIAN AIRLIENS	196萬	8	4.08
27	菲航　PHILIPPINE AIRLINES	171萬	8	4.68
28	大韓航空　KOREAN AIR	130萬	7	5.38
29	印度航空　AIR INDIA	44萬	3	6.82
30	中華航空　CHINA AIRLINES	70萬	8	11.40

附註：
1. 安全排名以每百萬次飛行，發生死亡意外次數計算，數字愈高愈危險。
2. 2009年最新報導：德國專業航空雜誌《Aero International》根據航空公司的規模、機票價格以及安全性等多項標準，從全球60家航空公司中評選出安全性最高的航空公司，分別為澳洲環球航空、香港國泰航空、日本全日空、以色列的以色列航空，以及芬蘭的芬蘭航空，全都是30年以上沒有發生造成旅客傷亡飛安意外的航空公司。
3. 中國民航沒有提供相關資料，所以不在排名榜內。
4. 資料來源：美國航空安全分析員Todd Curtis以1970年至1999年2月的航機意外統計。

　　中華航空曾發生兩次大空難，其一：1994年4月26日，一架空中巴士A300在日本名古屋機場失事，死亡264人。其二：1998年2月16日，一架空中巴士A300在桃園國際機場失事，死亡202人。近二十五年內，有六次空難的死亡人數超出300人，分別是：(1)1980年8月19日，一架沙烏地阿拉伯航空在利雅德機場起火燃燒，約300人喪生。(2)1985年8月12日，日本航空

波音747從東京飛往大阪的國內班機失事墜毀，死亡520人。
(3)1996年1月8日，一架俄羅斯製造的安托諾夫32型運輸機墜毀在金夏沙擁擠的市場，死亡逾300人。(4)1996年11月12日，一架沙烏地阿拉伯航空波音747從新德里機場起飛後，與哈薩克的伊留申76型飛機在空中相撞，總共死亡349人。(5)2001年9月11日，兩架美國航空波音767飛機撞入紐約世界貿易中心雙塔，死亡總人數達3,019人。(6)2003年2月24日，一架伊朗軍用運輸機在中部城市克曼附近墜毀，機上302人全部罹難。

小知識大學問

當發生空難時，航空公司都會鉅額理賠，航空公司再向保險公司、再保公司索賠。你知道嗎？柬埔寨航空都跟外國買二手貨、三手貨飛機（華航馬公失事飛機原本飛畢此趟任務就要賣給某國），柬埔寨很多「老」機，保險公司都不肯保，如同上了歲數，人壽保險是不保的一樣。所以乘坐柬航時，從窗戶往下看，有時會有高僧頌經、灑香花，祈求老天保佑！

國際航空公司──直航航空公司 ON-LINE AIRLINES

代碼	公司名稱	英文全名
AA	美國航空	AMERICAN AIRLINES
AE	華信航空	MANDARIN AIRLINES
AN	澳洲安捷航空	ANSETT AUSTRALIA
BA	英國亞洲航空	BRITISH ASIA AIRWAYS
BI	汶萊航空	ROYAL BRUNEI AIRLINES
BL	越南太平洋航空	PACIFIC AIRLINES
BR	長榮航空	EVA AIRLINES
B7	立榮航空	UNI AIRWAYS CORPORATION
CI	中華航空	CHINA AIRLINES
CS	美國大陸航空	CONTINENTAL
CP	加拿大航空	CANADIAN AIRLINES INT'L
CV	盧森堡航空	CARGOLUX AIRLINES
CX	國泰航空	CATHAY PACIFIC AIRWAYS
EG	日本亞細亞航空	JAPAN ASIA AIRWAYS
EL	全日空航空	AIR NIPPON
EF	遠東航空	FAREAST AIR TRANSPORT
FX	聯邦快遞	FEDERAL EXPRESS
GA	印尼航空	GARUDA INDONESIA AIRLINES
GE	復興航空	TRANSASIA AIRWAYS
QF	澳洲航空	QANTAS AIRWAYS LIMITED
KA	港龍航空	HONG KONG DRAGON AIRLINES LTD
KL	荷蘭航空	KLM ROYAL DUTCH AIRLINES
MH	馬來西亞航空	MALAYSIA AIRLINES
MP	馬丁航空	MARTINAIR HOLLAND
NW	西北航空	NORTHWEST ORIENT AIRLINES
NX	澳門航空	AIR MACAU
NZ	紐西蘭航空	AIR NEW ZEALAND
PR	菲律賓航空	PHILIPPINE AIRLINES
SR	瑞士航空	SWISSAIR

SQ	新加坡航空	SINGAPORE AIRLINES
TG	泰國航空	THAI AIRWAYS
UA	聯合航空	UNITED AIRLINES
VN	越南航空	VIET AIR
8L	大菲航空	GRAND INTERNATIONAL AIRWAYS
5X	UPS國際快遞	UNITED PARCEL SERVICE

　　全世界的飛機不是「波音」就是「空中巴士」系統，特別在經濟艙的艙內服務幾乎是千篇一律，所以除了在餐飲時間外，乘客大部分時間都在看報、閒談或閉目養神。但美國有家航空公司採取獨特銷售主張USP（Unique Selling Proposition），每做一次機艙服務（逃生示範、遞毛巾、送飲料、供正餐、賣免稅品……），就換一套衣服（不似所有航空制服一套到底），讓單調的服務增添趣味，因而班班客滿，小兵立大功！

　　其實臺灣的婚宴就是如此，迎賓、敬酒、送客，新娘均著不同禮服，如出一轍，在行銷學稱USP。國際機場評比機構Skytrax年度報告，包括機場便利性、通關速度、服務態度、娛樂設備、購物選擇等40項，總成績第一名是新加坡樟宜機場，臺灣桃園機場在136個參加評比機場中排名98，還在後段班呢！茲列舉分項及總排名於下。

2007年度機場評比排行榜

項目	排名	機場	項目	排名	機場
最佳免稅	1	杜拜國際機場	最佳國際	1	新加坡樟宜機場
購物店	2	阿布達比機場	轉運機場	2	首爾仁川機場
	3	新加坡樟宜機場		3	哥本哈根機場
最佳機場	1	哥本哈根機場	公共廁所	1	關西國際機場
餐飲	2	香港國際機場	最清潔	2	東京成田機場
	3	斯德哥爾摩機場		3	首爾仁川機場
安檢最有	1	赫爾辛基萬塔機場	休閒娛樂	1	新加坡樟宜機場
效率	2	哥本哈根機場	最佳	2	首爾仁川機場
	3	布里斯本機場		3	阿姆斯特丹史基普機場
行李寄送	1	香港國際機場	通關服務	1	關西國際機場
最有效率	2	關西國際機場	最迅速	2	蘇黎世機場
	3	慕尼黑機場		3	新加坡樟宜機場
航廈	1	首爾仁川機場	航站人員	1	布里斯本國際機場
最整潔	2	關西國際機場	最友善	2	開普敦國際機場
	3	東京成田機場		3	奧克蘭國際機場

資料來源：http://b2b.travelrich.com/subject02/subject02_detail.aspx?Second_classificatio n_id=5&Subject_id=1818

2011年機場之最

1. 最大的北京首都機場
2. 口碑最好的韓國首爾仁川機場
3. 最多功能的日本名古屋中部機場
4. 最佳轉機功能的新加坡樟宜機場
5. 效率最高的德國慕尼黑機場
6. 客運量最繁忙的美國亞特蘭大機場
7. 造價最昂貴的香港國際機場
8. 最難飛行的不丹帕羅機場

資料來源：2011年《Horizon》7月份月刊

2008年全球機場評比

五星級★★★★★	三星級★★★
新加坡樟宜機場	阿布達比機場
香港赤鱲角機場	巴林機場
韓國仁川機場	曼谷機場
慕尼黑機場	杜哈機場
四星級★★★★	杜拜機場
阿姆斯特丹機場	約翰尼斯堡機場
雅典機場	科威特機場
丹麥機場	西班牙馬德里機場
南非開普敦機場	紐約甘迺迪機場
馬來西亞機場	巴黎戴高樂機場
倫敦城機場	波蘭華沙機場
澳洲墨爾本機場	桃園國際機場
雪梨機場	**二星級★★**
溫哥華機場	倫敦希斯洛機場
維也納機場	莫斯科機場
芬蘭赫爾辛基機場	
蘇黎士機場	

資料來源：Skytrax。

　　排行首位的新加坡樟宜機場，擁有全球最超值的免稅店，除精品名牌及優質的當地品牌、休閒娛樂設備應有盡有，免費的睡覺休憩區，24小時的免費電影院及付費游泳池。過境超過5小時可免費2小時市區觀光導覽；若旅途疲憊，還可吸「純氧空氣」，免費腳底按摩椅，放鬆筋骨，從安檢到證照查驗，櫃臺都放著糖果，用最簡單親和力，鋪陳它的軟實力，漫步在整個航廈，彷彿漫步在巨型花園及五星級飯店裡，每一視野都是視覺享受，真是以客為尊。

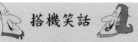 搭機笑話

飛北京的路途上，空姐為飛機上的老外上餐……

老外問："What is this?"

空姐答："Cake China." （饅頭）

老外問："What is this?"

空姐答："Pizza China." （餡餅）

老外問："What is this?"

空姐答："Salad China." （黃瓜）

這時空姐放了一個屁。

老外又問："What is this?"

空姐妙答："Air China." （中國民航）

文化差異在任何地方都得到體現。

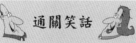 通關笑話

一個臺灣人出國，海關要求打開行李檢查，發現有七條內褲，好奇地問明原因。

臺灣人回答："Sunday, Monday, Tuesday……Saturday."

官員明白是一天一條。

接著來了個法國人，官員要求打開行李檢查，發現有五條內褲，同樣好奇地問明原因。

法國人回答："Monday, Tuesday, Wednesday, Thursday, Friday."

星期六、日如何？"No wear."

官員明白法國人浪漫，星期六、日是不穿的。

接著來了個印度人，檢查發現有十二條內褲，官員大惑不解，忙問為何？

印度人慢悠悠地回答："January, February, March, April……"。

國際機票說明

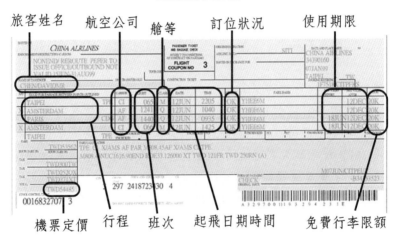

資料來源：http://www.china-airlines.com/ch/check/service-motion2.htm

故事實例：機票烏龍事件

　　臺灣一年入出境旅客超過兩千萬人次，但對於國際機票上的英文小字、英文縮寫或行李載重限制等資訊，多一知半解。常發生旅客要更改訂位或退票時，才發現機票有許多限制，演變為消費糾紛。未來附上中文說明後，這類烏龍事件將可減至最低。

　　成人旅客出國度假辦理登機手續時，機場人員說：「先生，您持的機票是兒童票，無法登機。」旅客一頭霧水，機場人員解釋，機票姓名背後有CHD（「兒童」的英文縮寫），即是兒童票。

看不懂機票，不知要更正

　　機場人員進一步說明，除了「CHD」兒童機票之外，機票上還可能出現「INF」和「UM」。「INF」是指嬰兒票，「UM」是指無大人陪伴的兒童票。旅客最後坦承根本看不懂機票，才會買錯票卻不知道要更正。

　　而「看不懂機票」的烏龍事件，其實不斷在機場上演。

一字之差，錯飛數千公里

　　曾經發生兩名臺灣法師要到非洲塞內加爾達卡城（Dakar）弘法，訂票的旅行社誤以為Dakar的英文縮寫是「DAR」，便訂了飛往「DAR」的機票。

　　法師聽到機長廣播發現有異，向機組人員查詢，才知道達卡城（Dakar）的英文縮寫是「DAK」，飛機前往「DAR」是非洲坦尚尼亞的蘭撒萊達城，兩地相差數千公里，因此流浪異鄉好幾天。

　　曾經還發生一件外籍旅客要到臺灣桃園（Tao Yuan）卻飛到中國山西太原（Taiyuan）的糗事，顯見機票艱深難懂，若沒有適當說明，連老外也會吃癟。

資料來源：2006年12月19日《自由時報》〈英文縮寫看無大人錯買兒童機票〉記者劉力仁／臺北報導。

2.搭火車

　　在國內搭乘火車，由於路途並不算太久，所以火車上除了簡便的廁所、飲水機等，其餘全都是座位車廂。但是筆者曾在俄國從莫斯科到聖彼得堡、在埃及自開羅到亞斯文，也曾由呼和浩特到銀川、敦煌到吐魯番、桂林到貴陽、上海到北京（東方號），馳騁於中國大陸。也有像美洲、歐洲，如西伯利亞鐵路，東方特快車或威尼斯至倫敦（1700公里需30小時），這些火車都是跨國性的。如乘坐Eurostar之子彈列車，時速300公里，由巴黎到倫敦約3小時，與飛機飛行及check-in總時間差不多。也有西班牙馬德里到義大利米蘭Talgo列車，德國柏林到瑞士蘇黎世CNL臥舖車，皆舒適愉快，如同在高級飯店。

　　最特殊的是乘坐巴黎至哥本哈根的Nord Express長途火車，經過德國漢堡到丹麥的海峽，整列火車開入船艙內，真是奇異之旅（汽車進入渡輪是常有的事）。一趟旅程有時要坐上好幾個星期，沿途除了可以在停靠的小鎮下車活動之外，其餘的食衣住行就得在車上解決。

　　身處在臺灣的我們，難有機會搭乘如此長途旅行的火車，有機會到國外搭火車長途旅行時，最重要的是如何在搖搖晃晃的火車上入眠，此時可以服用少量的安眠藥以助睡眠。長途旅行的

火車比短程火車的設備更舒適，如床頭前的液晶電視、音響、電話及高級餐車，活動空間也比較大。而自浦東機場搭往上海的磁浮列車，更可體驗科技成果和疾速快感。除了欣賞沿途風景或處理私人事情，搭乘火車的一些禮節還是得注意！

　　如果是搭乘跨國性的火車，通常車站的人潮盛況比起國際機場是有過之而無不及的。如果是在大型車站搭車前往其他地區時，請務必提早到車站，有車票的人建議在開車前半小時之內抵達車站，而未購車票的人最好提前一小時抵達車站是比較妥當的；如果還需要離境檢查時，就必須再把時間提早一些。大型車站大多有幾十個月臺，到達車站後應先看清楚月臺的位置圖，並確認自己搭乘的火車所停靠的月臺位置在哪裡，以免跑錯月臺而搭錯車；如果還是不確定，可以向站臺的值班人員詢問確定。

　　火車亦有不同等級的座位及車廂，車票上通常會顯示兩種號碼，一是座位號碼，另一個則是車廂號碼，應按照車票上的號碼入座，不可擅自占位或越級。火車通常都是坐臥雙用，白天座椅、晚上臥舖，大部分是上、下舖。除了夫妻外，一般是同性一房，下舖應禮讓年長或行動不便者。

　　一般火車站會有行李服務員，大多是論件計酬，而且這些服務人員都會穿著制服與配戴識別證，千萬不要傻傻地將行李交給來路不明的人。只要旅客出示車票，行李服務員就會很快地帶你至正確的月臺，並且幫你提拿行李。有些火車會要求所有行李送上指定的車廂，而貴重物品應隨身攜帶；但是有些地區的火車則規定所有行李必須隨身攜帶，這時車廂中的座位上方會有堅固的置物架供乘客放置行李，或是車廂中的頭、尾二端會提供適度的空間讓乘客放置大行李，千萬不可堆放在走道、座位附近，以免妨礙其他旅客的行動。

　　還有一點要注意的是：當火車快要到達目的地時，必須先

把大行李拖到火車門旁。一旦火車停穩後，要立即將行李搬下車，否則等旅客都下車後，你還在慢慢搬行李，搞不好來不及下車，火車就開走了，豈不是很糟糕！所以搭火車所攜帶的行李愈簡單愈好，否則太多大行李，徒增不便。參加旅行團搭火車，應先行詢問旅行社如何運送及安排行李。搭乘臥舖火車，應將車廂門鎖好，行李捆好，並將貴重財物隨身分開存放，且不宜配戴貴重珠寶。

　　通常在長程火車上的一般車廂中是禁食、禁飲的（礦泉水除外），這是爲了保持車內的清潔。如果想要吃點心、喝飲料，可到餐飲車廂中享用。有些觀光列車還會有正式餐飲時間，火車行駛中，自然會有服務員前來告知旅客何時可前往何處用餐，因爲餐車空間有限，所以分批用餐的目的在於分散人群。在餐車中享用美食時，除了保持車廂中的清潔，亦不可將食物往窗外丟。除非使用私人包廂車，否則旅客之間的交談應小聲，不可打擾其他旅客的安寧。使用車上的洗手間（一般在車廂頭、尾二端）時，應保持廁內清潔，並且不得占用太久，以免讓後來者等候過久。

　　世界十大頂級豪華列車

　　(1)蘇格蘭皇家列車 The Royal Scotsman

　　(2)威尼斯辛普朗東方快車 Simplon Orient Express

　　(3)亞洲東方快車 Eastern Orient Express

　　(4)印度豪華皇宮列車 Palace on Wheels

　　(5)澳洲印度太平洋列車 Indian Pacific

　　(6)南非「非洲之傲」列車 Rovos Rail

　　(7)南非藍色列車 Blue Train

　　(8)墨西哥Sierra Madre快車 Sierra Madre Express

　　(9)瑞士冰河列車 Glacier Express

　　(10)加拿大人號 VIA Rail Canada

小知識大學問

臺灣阿里山森林鐵路、印度大吉嶺運茶鐵路及智利、阿根廷之間穿越安地斯山鐵路，中國的青藏鐵路，搭乘自有一番情趣！特別是阿里山鐵道為全球僅存非齒輪高山鐵路Z字型折返四次，深具獨特性。陳水扁總統曾藉此發表以退為進哲學，唯2003年3月1日因列車出軌，造成17死171傷之慘劇。

3.搭捷運、地鐵

捷運因為速度快，所以是目前北、高市區內最便捷的交通工具，搭乘者更應遵守交通規則，以免發生危險。時常看到等車的人只要看到車來了，車都還沒停穩，人就開始往黃線區移動，車門一開，就爭先恐後、你推我擠，深怕搶不到位置似的，其實這樣都是很危險的。要是有人因為推擠而跌倒，甚至發生嚴重意外，誰該負責？所以，乘車時應該先讓下車的旅客先下來，上車的乘客再依序排隊上車，否則一群人在月臺上擠成一團的樣子能看嗎？因為怕遲到，匆匆忙忙趕來，警示鈴響車門都快關上了，還不顧一切地硬跳上車，如果幸運跳上車倒還好，要是不慎跳入軌道，或被夾傷，不是更得不償失嗎？如果趕不上該班車，就改搭下一班車，雖然會遲到，但是生命是無價的，千萬不要拿自己的性命開玩笑，萬無一失的好方法，還是提早出門吧！

在臺灣搭乘捷運時，常發現有些人不太注重車上禮節，不是大聲嬉鬧、交談，就是遇到家長任由小朋友在車廂內亂跑亂跳、大聲叫的情形，或許有些人認為無傷大雅，但是如果車上有精神不濟的乘客需要安靜時，或許他會在心中暗自咒罵，那麼何必讓自己成為咒罵的對象呢？所以，在車廂內應儘量保持安靜或

低聲交談，也禁止在車上飲食，以免弄髒走道及座椅，要是違反這些規定可是會遭取締罰款的。

使用站內的手扶梯時，應靠黃線的右邊，黃線左邊的通道是讓趕時間的人通行；而使用左邊快速通道的乘客，行走時也應注意靠右邊的人的安全，不可冒冒失失地撞傷他人。

既然是搭乘大眾交通工具，那麼我們是不是應該更注意禮節，並維護乘坐的安全與舒適呢？

小知識大學問

日本東京有一千五百萬人口，這麼龐大的交通流量就靠地下鐵來運輸，不同路線用不同顏色表示，而車票與車身的顏色一致，同樣顏色的車子來回路途是一樣的，從那兒出去也會返回原來地方。易言之，路線、車身與車票同一顏色，即使對不識日文的外國人也能一目瞭然，不致搭錯車。

筆者曾到過蘇俄、北韓搭乘地下鐵，美輪美奐，宛如地下宮殿，站站不同景緻，但車身卻是一致的，雖硬體舉世聞名，但軟體卻無法達到識別能力；不像東京地鐵運用車廂顏色分野，使人感到多而不亂。

4.搭輪船、遊艇

從鐵達尼、愛之船，讓大家對遊輪有無窮遐思。1993年11月底到12月初，筆者擔任中衛發展中心主辦之「洋上大學」講師，在日本「櫻花輪」巨輪上授課，正巧碰到東北季風（事前要

接受逃生訓練）。我在筆記上寫著：「船在汪洋大海上，猶如滄海之一粟，如此渺小，形單影隻。站在船艙內，總覺得如置身地震中，躺在床上好似睡在搖籃裡。第二天，船搖晃得更厲害，重心隨著船左傾右斜，連走路都走不穩。浪高十五公尺，很多人不僅頭昏、胃不舒服，飯也不想吃，甚至大吐特吐。習慣在陸地上生活的人，絕對無法想像航海會有什麼滋味，有時候看到太平洋海面，一會兒又在窗口下，一會兒又升起來，白浪濤天，好像要淹沒一樣，使我想起學生時代一部《海神號》電影之情節。」跟我搭過的北歐波羅的海、南歐的地中海、中美洲的加勒比海及日本瀨戶內海的風平浪靜，大異其趣。

　　遊輪之行李一般放在自己的艙房內，如果搭乘只過一夜之渡輪，建議不要打開行李箱，只要在隨身行李包準備個人盥洗用具及換洗衣物即可。

　　現代人愈來愈重視休閒活動，許多業者紛紛推出高級遊艇、豪華輪船之旅的活動。使用遊輪度假是一種很特殊的旅遊方式，因為在這艘高達十餘層樓，重達六、七萬公噸的船上，可說是把陸地上最高級的飯店設備全搬到船上去。不僅如此，遊輪上還會提供夜總會、賭場、餐飲、舞會等五花八門的節目供旅客休閒遊玩，是袖珍型的國際文化櫥窗。即使設備如此新穎，大夥兒也得在船上共度個四、五天，所以有些船上禮儀是一定要知道的。

　　船艙（Cabin，不稱Room）有等級之分，等級愈高的船艙所處的位置愈高、視野也愈好，稱為外艙（Outside cabin）；而內艙（Inside cabin）則在主甲板下，只有視窗，故房價相對較低。

　　在船上住宿、生活的各種禮節與在下榻的觀光旅館差不多，可以參考本書「住」的部分。要注意的是，船上也會有服務

生，例如餐廳侍者、調酒員、客房清潔員等，別忘了小費一樣是不可省的。在甲板上或餐廳裡，可以視情況與人交談或進行社交活動，雖然旅遊的主要目的是抒發身心情緒，但是在與別人言談之中，或許可以挖掘商機。

進入餐廳用餐時，必須衣著整齊清潔，如果船上舉辦正式宴會，就必須穿著禮服。因此建議各位，搭乘豪華遊輪時，男士應該準備正式西裝或小禮服，但一般在白天可穿得非常休閒；而女士應該準備一套晚禮服，以免屆時因準備不周而失禮。船上所提供不含酒精成分的飲料大多是免費的，唯有一些酒類要自費，但也有一些高級遊輪提供免費的酒類，例如白葡萄酒、紅葡萄酒、啤酒、威士忌等，以供旅客有不同的選擇，這時就是一個免費品嚐許多不同口味酒類的機會。如果酒量許可，不妨每種都淺嚐試試，但要注意的是，不要拿著同一個酒杯，從頭喝到尾。別以為這麼做就可以減少廚房歐巴桑洗杯子的負擔，因為在這種高級場合中，很少以人力來清潔，餐具大多是用機器無菌消毒過濾，既省時又乾淨。什麼酒類該使用何種杯子，就使用該種杯子，否則拿啤酒杯來喝葡萄酒，豈不是顯得怪異無比嗎？

在北歐的遊輪上，你可品嚐十分新鮮的各式鮭魚，美味至極！用餐時，若與船上官員同桌進餐，務必等候全部的人到達就定位後，才能開始點餐，因為此時船上官員就形同主人，必須尊重他們。要注意的是，除非是受到船長的邀請，否則絕對不能與船長同桌。一般參加「船長之夜」，必須著正式服裝。

啓航首日及返航前日，由於一日是行李皆未打開，另一日是行李已整理裝箱，所以這兩個日子皆可允許遊客穿著輕便的服裝。另外，欣賞海上的日出及日落，絕妙美景，一定不能錯過！

在世界各國的首都或重要城市，常有河流穿過，可安排河上巡禮或船上夜遊，在船上用餐或欣賞餘興節目，或者觀賞日

出、日落，在河光倒影中，令人留連忘返，十分有情調，這種遊艇絕對安全及愜意。然而，有些遊艇之旅則極為刺激，像美加的尼加拉瓜瀑布、巴西及阿根廷的伊瓜蘇瀑布、紐西蘭的衝浪等，這時遊艇左右兩邊人數應均衡，中途不能換座位，且要穿救生衣，甚至雨衣，以策安全。

小知識大學問

1. 在大陸各風景名勝，常會安排遊湖或渡江，從東到西，極賦盛名的西湖、太湖、洞庭湖，可見扁舟點點，水波不興；從南到北，富庶的珠江、長江、松花江，處處魚米之鄉，水鄉澤國。一幅極有趣的對聯如下：
   西湖、太湖、洞庭湖，湖湖錦濤；
   珠江、長江、松花江，江江澤民。
   媲美：
   家事、國事、天下事，事事關心；
   風聲、雨聲、讀書聲，聲聲入耳。

   上句把大陸領導人胡錦濤及江澤民均鑲入，真是絕句！

2. 世界十大遊客最愛遊輪如下：
   (1)水晶遊輪Crystal Cruises
   (2)麗晶七海郵輪Regent Seven Seas Cruises
   (3)精英遊輪Celebrity Cruises
   (4)大洋遊輪Oceania Cruises
   (5)迪士尼遊輪Disney Cruises

(6)荷美遊輪Holland America Cruises

(7)公主遊輪Princess Cruises

(8)皇家加勒比海遊輪Royal Caribbean International Cruises

(9)冠達遊輪Cunard Line

(10)東方遊輪Orient Line

註：2005年的問卷發給387,250名遊客，調查內容有「活動／設施」、「艙房」、「員工／服務」、「設計／規劃」、「食物／用餐」及「行程」等項目。

資料來源：www.concierge.com/cntraveler

二、錯誤的搭乘觀念

　　不論坐客運、火車或其他座位並排的交通工具時，你一定曾有坐在窗邊或走道上的經驗吧？試問你比較喜歡坐哪一個位置，是靠窗？還是靠走道呢？如果你的回答是「走道」，我猜想原因或許是因為上洗手間，或是要做任何行動會比較方便，因為坐在靠窗的位置，若要走出來還得麻煩別人，對於生性害羞的人，說聲「借過」又是一大挑戰。更糟的是，萬一遇到鄰座的人剛好在熟睡中，要不要叫醒他又是另一件傷腦筋的事。善解人意的人會乾脆不打擾他，直接抬腿跨過去，可是這樣跨過別人身體的動作是非常不禮貌的，要是遇到緊急煞車或是一個不小心就跨坐在別人身上，豈不是很失禮？別信誓旦旦地說你技術很好，事情總是偶爾會出乎意料之外，更別想說往後「非走道不坐」就不會發生這種糗事，這樣豈不是自我設限嗎？

　　我們應該要學習的是，如何將對方叫醒並說聲「借過」
（Excuse me）。要是真遇到這種情況時，不妨將音量放大些，
把臉朝向對方並注視他的眼睛，禮貌地說聲「借過」。如果對方
沒睡著，一定會答應你的要求；要是對方已經睡到不醒人事，
不得已只好用手輕拍他的手臂。但要特別注意的一點是，碰觸
的部位必須要隔著衣物，絕不能直接接觸對方的皮膚，免得嚇
到他，尤其是男士要叫醒鄰座的小姐時，更應該注意自己的動
作，以免被誤認為性騷擾。

　　在社交禮儀中，應儘量避免用手去觸碰別人的身體，或是
拉扯別人的衣物，因為這些舉動都是非常不禮貌的。在情非得已
的情況下，手掌、手臂外側與背的中央皆可以輕觸。切記：不論
對方是大人或小孩，萬萬不可拍對方的頭和大腿，更不可以跨過
人家的身體，除了不禮貌之外，別人還會覺得你很不文雅。

　　每個人小時候一定有被叮嚀過「開車前要就定位坐好」，
想當然爾，不管搭乘什麼交通工具，一定要在起動前，選好、看
好、坐好才是正確的。但是，這一套用在搭乘飛機可是大錯特錯
的觀念。搭乘飛機時，一定要先快速找到自己的位置後坐下；
如果要換位置，也要等飛機起飛穩定後，再跟空服員說，由他們
為你安排；就算別的座位上沒人，也不要貿然地跑去坐或拿東西
占住位置，因為飛機有可能到某個國家轉機時，有其他旅客上飛
機。另外，假使別人不願意與你交換位置，或是乘客太多而無法
調動位置時，也請不要刁難空服人員，不要請求別人成全你的要
求，這樣的舉動是有失風度的做法。

故事實例

　　學生在大三暑假那年，舉行了泰國六天五夜的畢業旅行。這趟旅程中有許多人都是第一次搭機出國，沒坐過飛機的人，第一次總顯得格外興奮。其中有一位同學，一上飛機就想要趕緊找到自己的位置，但是看到鄰座的同學不是自己最要好的朋友，是多麼掃興的一件事。所以，當然要趕快找人換位置。可是飛機上的走道又小又窄，而且後面還有一堆乘客等著上飛機找位置，那位同學就站在走道中間東張西望，尋找他的好友，以及可以交換座位的對象，結果大半的旅客就很難繼續前進。最後來了一位親切美麗的空服小姐，請那位同學先坐在原位，等飛機起飛、航行穩定之後再為他做妥善的安排，後來那位同學才稍稍安心地就原位坐好，可是過程中就引來不少其他旅客的側目。這個故事告訴我們，上飛機後，若想與人換位置，應該等到飛機起飛且飛行穩定後，再告知空服員，請空服員安排，而不是自己冒冒失失地尋找可交換位置的乘客。

三、乘車順序

　　「女士優先」在國際禮儀中是很重要的，這個原則到哪裡都通用，乘車時更是如此，不論是搭乘公車、計程車或私家車，都應讓女士先上車。但總有些例外，當女士不適宜先上車時，例如，裙子較短或較緊的時候，這時候男生、女生均不需拘泥於上述原則，而應該先請男士上車。下車時，大部分是由男士或晚輩先下車，然後服務長輩或女士下車。若是乘坐友人有司機接送的私家車，這時就要等司機幫你開車門後才能下車，下車

後，應由男士付小費給司機。約會後或是宴會結束後，男士無法接送女士回家時，男方就有義務替小姐叫車，並且在詢問全程車資之後，先付車資給司機，爾後女士再搭乘，此時女生千萬不要感到不好意思而拒絕，因為這時候的拒絕是很不禮貌的。

行車駕駛的座位方向，各國的規定皆不同，我國的習慣是駕駛坐在左邊，而在日本，駕駛是坐在右邊，但是座位尊卑的順序還是不變，可以依相對位置來做變化。在這裡，我們以數字來表示，①表示最大位，依此類推，④則是代表最小的位置（灰色代表司機）。

1.小轎車

(1)有司機時，以後方右側為首位，其餘依號碼類推。

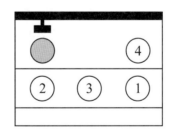

汽車乃屬有「危險」機會，所以①屬「後進先出」，③屬較不舒服的位子，被夾在其中，④在司機旁屬最無聊的位子（因無法交談）。以上是屬靠右行的例子，靠左行則如下圖所示，後頭例子以此類推。

(2)代表車子靠左行的尊位大小：

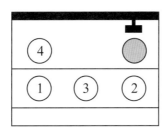

(3)有司機一人及兩名乘客時的坐法：

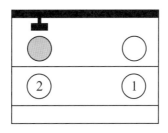

(4)有司機一人及三名乘客時的坐法：

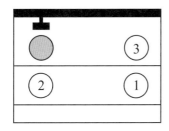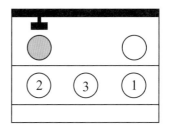

(5)如果是由主人駕駛，則主人的旁邊就是大位，可以陪主人交
　　談。其餘順位同前，若①中途下車，則②補位至①處。

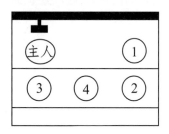

(6)主人夫婦駕車時，不能拆散鴛鴦，客人夫婦應坐後座，
　　並且男女要交叉坐，以符合國際禮儀。

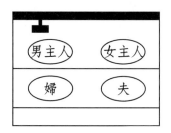

(7)如果是男主人駕駛，則應該要邀請朋友坐前座，而友人
　　的妻子就坐後座。

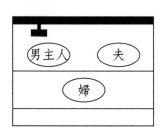

　　很少人會去注意到上、下車的姿勢，在這裡要提醒你，千萬不要將頭、腳伸入車內，以屁股對著後面的人，那是非常不禮貌的。進入車內時，一定要先將臀部坐進車中，再將雙腳收入，並將膝蓋併攏，不要一不注意就打開，那可是很醜的姿勢。

2.九人座小巴士

　　尊位為司機後方側門開啓第一排座位，後排次之，其位置大小依數字類推，司機座旁的位置最小。

　　因九人座小巴士位置大於小轎車，中間位置比較寬闊，不似小轎車被夾住不舒服，在「後進先出」原則下：②＞③，⑤＞⑥。

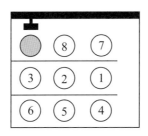

3.遊覽車、大巴士

　　只要是九人座以上的車子，尊位均在司機後座第一排右邊開始，座位大小依數字順序排列。

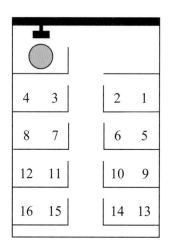

　　在國外搭乘巴士時，車上是禁菸、禁食的，尤其是不可以在車上吃冰淇淋；如果是在熱帶國家，更不能帶榴槤上車。在臺灣，為了怕乘客長時間搭車無聊，所以會在車上設置卡拉OK供乘客娛樂；但是在國外，這種設施是不常見的。當要在車上作自我介紹或唱歌時，請注意安全。另外，在美國、加拿大，通常司機座位後方會有一道白線，切記不要逾越，因為超過那條白色的線，司機是會立刻停車的。

　　當我們到國外旅行時，在觀光行程結束後，為了表達對司機的感謝之意，下車前別忘了給司機、導遊一些小費。小費的多寡並無限制，參考價：每人每天2美元，小費可以直接給本人，亦可以放在司機座位旁的小籃子。

4.吉普車

　　吉普車與一般車子座位不同，是因為吉普車常為休閒之用，如進入叢林、田園、遊樂區，位於司機旁邊的視野是最好的，所以長官、貴賓都恭請坐在數字①的位置。還有一般閱兵儀

式，閱兵官皆坐此位，亦屬尊位。其餘依數字順序類推。

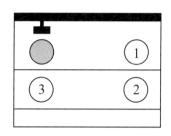

四、行走的一般禮儀

優雅的行走，宜自然擺動，前45度、後15度，用腰力前進，使用腳跟行走，不可用「拖進」，目視前方，餘光四方。女士盡可能平行前進，腳不要太開，大腿併攏，前進時不要跑步（除了地震、火災、急事）。鞋子完全平底是不符合人體工學的，因為腳踝肌腱在鞋子完全沒高度的狀況下，會因為拉緊而容易酸痛。理想平底鞋要有1至2公分的高度，腳踝肌腱才會處於最舒適的狀態。走路鞋最好是真皮，具有延展性，透氣不易發臭較耐用。因人造皮沒有毛細孔，每走一路有體重落在腳底及作用衝回膝關節，甚至造成腰肩疼痛。所以鞋底要有彈性軟墊，才能避震。

靠道路左側行駛的傳統可以追朔至古羅馬時代，由於人類大多數為右撇子，因此騎士上下馬時用左腳踩馬鐙，靠道路左側行走便於上下馬，而佩劍通常掛在身體的左側，靠道路左側行走有利於同迎面而來的敵人進行戰鬥。

靠左走的習慣逐在歐洲成為社會主流。

由於貴族的特權與壓迫，法國大革命後，為廢除貴族特權

行動之一，政府規定此後車輛和馬匹靠右通行。拿破崙透過戰爭征服了歐洲，因此也將靠右側通行的習慣帶到了荷蘭、比利時、盧森堡、西班牙、義大利、德意志和俄國等國家。在拿破崙沒有征服的英國，仍然保持靠左通行的傳統。全世界53個靠左走的國家大部分是被英國統治的殖民地。

　　美國獨立後，出於與以前的宗主國英國劃清界線的動機，形成靠右行駛的通則。在幕府時代的日本，由於武士通常是在身體左側攜帶佩刀，用右手持刀戰鬥，因此成了靠道路左側行走的習慣。明治維新之後，日本從英國引進了交通法規，因此也是靠左行駛，1924年以法律的形式確立下來。

　　全世界交通號誌都是一致的，綠燈行、紅燈停，行進間遇黃燈要快速前進，否則不能闖黃燈，這點國人習慣較不好。在大陸旅遊時，看到交通標誌下有人拿著黃旗，目的在「捉拿」闖紅燈或黃燈者，直到找到下個違規者才可下臺一鞠躬，這個方法還蠻不錯的！

　　國際禮儀是從西方演變而來，也是現代人遵循的一套規則，例如走路靠右。二人並排行走時，以右邊為尊，所以賓客、上司、長輩就要走在右邊。如果是三人，中間為大，右邊次之，左邊最小。進出門時，要幫後面的人開門；有人擋住去路，要說：「Excuse me!」，等對方讓開，千萬不要強行通過。

小知識大學問

　　全世界交通號誌只有紅、黃、綠三種顏色，但為何不搭配其他顏色呢？事實上，這三種顏色是配合人的視覺機能，眼睛有種「感光細胞」，可分辨光線的強弱，而紅、黃、綠在眾多

顏色裡是屬比較敏感的，接受度很高，能快速反應至大腦，讓人們能瞬間分辨。

如在教堂遇到神父等神職人員，或在佛教國家中遇到和尚、尼姑，應禮讓他們先行，以表示對他們的尊敬。在路途中，若遇到殯喪隊伍，也應保持肅靜，戴帽者應脫帽，以示對往生者的敬意。

當男女一起走在路上時，男士應該要走在外側，因為外側的走道較靠近馬路，車子來來往往的地方總是比較危險，為了顯示男士的風度，展現保護女士的義務，一定要讓女士走在內側。除了安全考量之外，還能預防變態人士侵犯你的女伴。

通常男女朋友一同外出時，像是旅遊、逛街、看電影等，體貼的男友一定會幫女友提包包，例如購物袋、行李箱、大包包等，一來可以顯現男士的體貼風度，二來又可以減輕女生的負擔。但是在這裡要告訴你一個很多人都容易忽略的錯誤，那就是，男士可以幫女士拿各種「大又重」的袋子，但是女生隨身攜帶的皮包、女用手提包等，還是讓女生自己提就好。試想一個大男生在大庭廣眾之下，拿著一個細緻秀氣的包包站在那裡，是一個多奇怪的畫面？所以各位可人兒，下次除了大包包之外，小包包還是自己拿比較得體。

若是遇到特殊情況，如訪客來訪時，要如何引導客人是很重要的。但是一般人都覺得很簡單，以至於往往忽略了它的重要性。那麼，要如何接待客人，展現出高尚的禮儀水準呢？行進中，有兩種指引賓客的方式：與賓客並排或走在賓客的前面做引導，以前尊後卑、男左女右、左小右大、中間為最大的原則，要有以客為尊的心態。引導手勢應將手掌張開五指合併，指示行走

的方向。

如果客人是一對夫妻，那麼和前來接待的主人夫妻不可以四個人並排行進，可以分成男男、女女的方式做引導，或夫妻走在一起，由主人的夫妻檔走前面做引導。如果是由多數人一起接待一位客人的話，例如甲、乙、丙接待一位老師，可由二位同學做引導，或是老師和一位同學走在一起，由這位同學來引導客人，千萬不可以讓老師一個人走。

要是客人需要到洗手間時，不可以只告知洗手間在哪裡，讓賓客獨自一人前往，這樣是不合乎禮節的，應用引導的方式帶領客戶，以免客戶迷路或是打擾公司的行政。

上樓梯時，女生先於男生，萬一女生跌倒，尚有男生可當護花使者；若女生著短裙（迷你裙），則改由男生在先，避免有偷窺裙底風光之嫌。下樓梯時，男先於女，避免女生失足，沒人可以抵擋下跌之勢。基本上，還是Lady First！

小知識大學問

在英國，先推門進去的人，不會一下就把推門的手放開，而是會等下一個進門的人，類似交棒儀式。如先進門的是甲先生，先幫後面的乙小姐撐著門，待後面的乙小姐接手後，再幫下一位丙小姐撐著門，一個接一個，讓後面的人不致突兀，這種英式禮儀十分貼心。

五、行的安全

　　一般我們到其他國家遊玩時，如果是參加旅行團，基本上，旅行團都會幫旅客安排交通工具，並且團體行動；但如果是自由活動或是自助旅行，交通問題就得自己安排了，如果能善用當地的大眾交通工具，例如地下鐵、公車、捷運等，既能節省時間，又符合經濟效益。但是，出門在外總是要非常小心，這些人多的地方往往隱藏許多問題，若是輕率去搭乘，可能會成為歹徒下手的目標，甚至很可能捲入是非之中。

　　出外旅遊，要經常提醒自己「人愈多的地方，犯罪發生率愈高。」因此要時時提高警覺。在這裡，我們提供一些安全搭乘當地交通工具的方法。

　　1. 先查閱地圖，決定好目的地後，再決定要行走的路線及所要搭乘的交通工具。若是要搭乘地下鐵或捷運，應事先取得行車時刻表與路線圖。目的地的位置或路線不明時，可以請教當地的觀光服務處，甚至是飯店的櫃檯。有些飯店會設置旅遊服務臺以服務旅客，行前一定要做好規劃，以免迷路而招致危險。

　　2. 無論到哪個國家或是任何地方，深夜、凌晨的乘客都很稀少，此時最容易有犯罪情況發生，如非必要，還是儘量避免在此時搭車。另外，也應儘量避免在上下班、上下課的尖峰時段搭車，因為這時的車內人多擁擠，是扒手最容易下手的機會。

　　3. 如果不是跟著旅行團而是自行搭乘公車、巴士，上車後應該選擇靠近司機的位置就坐，因為國外巴士的後方座位與國內不同，後方通常是給社會階層較低的人坐，因此氣氛會顯得不太融洽，所以應避免坐在後面。在中東國家，男女有別，男生坐前半段，女生坐後半段。此外，對於目的地的下車站牌不是很清楚的話，還可以請教司機，當然要用他熟悉的語言，否則會「雞同

鴨講」，並且請他在快靠近下車地點時提醒你。不過與司機交談時，應選擇時機，千萬不要在司機行駛中途談話，以免發生意外。

4.搭乘地下鐵，應選擇中間部分的車廂，因為兩端車廂的乘客會比較少，很容易形成治安死角，並且盡可能選擇人多的車廂或車掌、警員同乘的車廂會較安全，千萬不要進入照明設備昏暗或故障的車廂，以免讓歹徒有機可乘。

5.單獨出門時，穿著也要注意，不要一眼就讓人看出來是觀光客。因為別人覺得你是外地來的，一定很好騙，也容易成為歹徒犯案的目標。

6.計程車雖然車資較高，但比起一般大眾交通工具來得快速便利，對於時間緊迫的旅客而言，如果想遊歷好幾個觀光景點，就應該包租一部當地的計程車，如此不僅省時，又可以享受更舒適的旅遊樂趣。但是搭乘計程車有幾點該注意的，如果以國內搭車的方式來搭計程車是很容易吃虧上當的。

在國外搭乘計程車，不論車子看起來多麼整齊清潔，也不要恣意地攔車搭乘；同樣地，也不要招呼那些在飯店門外徘徊的計程車，可以請飯店的櫃檯人員幫忙叫車。到達目的地的事前資料要先整理好，並大致了解一下距離、路線與所花費的時間和金錢，上車前先確認清楚。

如果女性想要搭車的話，就算是逼不得已，也千萬不要一個人自行搭乘，無論司機看起來多麼敦厚老實、文質彬彬或態度和藹，千萬不可以告訴司機你的姓名、電話或下榻的飯店等，要不然隔天或許他就會在櫃檯處等你，更可怕的是半夜跑去你的房間。（在臺灣乘坐計程車可使用無線保鑣，使用方法：用行動電話撥打850或850＋計程車牌號碼，但英文字不打，850是「保護您」的諧音）

　　如果在車上發現不合理的地方，例如超收費用等，也不要在車上爭吵理論，聰明的方法就是將車牌號碼記下來交由當地警方處理，這樣對自己的生命財產才有保障。假如身上有行李，也不可先把行李放上車，自己才上車，有時行李全放上車了，但是人還沒上車，司機就把車開走了。也別在開車門的同時，讓行李離開你的視線，因為有可能在那短暫的時間內，行李就被人行道上的小偷給劫走。

　　那麼到底該怎麼做才正確？最好的方法就是行李拿在手上，人和行李一起上車；但是也不要雙手都拿著行李，因為空出來的另一隻手可以用來應付突發狀況。如果說行李又多又重，不能一手或一次進入車內，那麼就該把行李擱置在車門內這一邊，一手扶著車身，一手依序將行李放置車內，這樣一來會比較安全保險。到達目的地時，下車的時候也要觀察周圍的情況，千萬不可疏忽大意，行李也要隨身帶下車，等全部的行李、乘客都下車之後，再給司機車資與小費。

　　雖然「女士第一」在國際禮儀中是很重要的，但是當兩位異性朋友搭乘計程車時，「女士第一」的觀念在此就不適用了。若是女士先上車，司機就把車開走，那麼男士就只能留在原地乾瞪眼了；但若男士先上車，留在車外的女士若遭人搶劫也無法應付得來。那麼該怎麼辦呢？這時候最適當的辦法就是，男性將車門打開，手攀在門上，腳踩在車門檻上，一副可以迅速進入車內的姿勢，除了可以對周圍狀況保持警戒心，也可以護送女性先上車。

　　在國外搭乘計程車真的要非常小心！記得幾年前，新聞上常出現一些不肖的計程車司機劫財劫色後，毀屍滅跡的血案，弄得人心惶惶，大家都不敢搭計程車，最有名的就是彭婉如命案。因此，後來政府修改法規，強制要求計程車司機一定要將車

牌號碼及姓名漆在顯眼的車門旁,才漸漸改善了計程車司機的操守問題。在國外,同樣的問題一樣層出不窮,而到遠鄉作客的我們,更應該小心提防。

雖然這並非表示全部的司機都心懷不軌,但是出門在外,提防之心總是要比較高;最重要的是,不要一開始就讓對方有機可乘。而且身處陌生的環境,難免心裡會發慌,所以有時會過度依賴司機,但是假使遇到惡劣的司機,難保對方不會得寸進尺而犯罪,所以對司機絕對不要太和顏悅色,如果讓他覺得你很好說話,說不定還會看你好欺負而給你惹出許多麻煩。

六、洗手間的禮儀

不論是火車上、飛機上、輪船上或廁所均是共用的,除了要保持廁內清潔、動作迅速外,不需禮讓女士先行如廁,男女生一起排隊等候是很正常的。以往我們在公共場合上洗手間時,常會看到廁所內有很多排隊的人潮,一間廁所門外就一排人,好像玩接龍遊戲一樣,尤其是女生廁所最常見。我還記得那時候大家都有投機心理,看見哪一排人比較少就馬上湊過去,要是很不幸地排到的隊伍是比較慢的,就要等很久,比我們晚來的人早就已經如廁完畢,我們還在等,其實這樣是不對的。

不管是男生、女生,只要遇到洗手間有人使用時,排隊的方式應是照先後順序一整排地排在洗手間的入口處,一旦其中的一間廁所空出來,在第一順位的人就擁有優先使用權,而不是一股腦地衝到裡面在門前排隊,如果外出還是如此,可是會遭人白眼的。

小朋友上洗手間的問題,想必讓初為人母、人父者傷透腦筋!其實禮儀中有一個不成文規定,那就是媽媽可以帶小男生進

女生廁所，但是爸爸卻不可以帶小女孩進男廁，所以當爸爸的你，千萬不要糊塗地將小女兒也一起帶進男廁方便喔！還有一些國外五星級大飯店裡的廁所，地板光可鑑人，在上大號時居然可以看到隔壁之倒影（為了通風，隔牆沒有到底），讓一些女士不敢上廁所，所以太整潔也有後遺症！

在國外，很多公共廁所是需要給清潔小費的，也許臺灣也可如法炮製，以解決一些失業問題，又使人上洗手間不致如臨深淵、如履薄冰。有些是在出口處的桌子擺一個淺碟子，如廁後可以隨意放置一些銅板零錢；嚴格一點的地方，就會在入口處標示費用，甚至有些要事先付費。常常在國外旅遊沒有小銅板，建議給1美元，一群人「批發」進去。還有土耳其因幣值大貶（1美元約等於150萬以上土幣），所以上一次廁所居然要50萬土幣，說不定現在又調漲了，真是天價！還有的是在門口設置投幣式柵門，投一枚銅板，柵門就可以轉動一次，下一個使用者必須再投一枚硬幣。但是臺灣人生性勤儉，往往投下一枚硬幣。就一個人卡在柵門那邊，等全家人都進去後才肯罷休，其實這樣的行為是很失禮的。

有專人打掃的廁所，讓大家都有個乾淨的廁所使用，不是看起來既乾淨、用起來又舒服嗎？所以給點小費更是該有的禮節，千萬別為了省那幾塊錢而貽笑大方。丹麥國家的公廁更是可愛，竟然還有「防呆」裝置，如廁後要是忘記沖水，門會打不開，人可是會被反鎖在裡頭呢！

筆者曾去內外蒙古、新疆旅行，也有赴東南非、中東、中亞之行，浩瀚的草原、砂石、沙漠或荒地，實在找不到廁所，這時要找較隱密處「田邊俱樂部」，男生還好，女生就要帶傘，並相互結伴較妥。

如果到西亞、北非，甚至是印度上廁所，會發現旁邊有

個水龍頭，早期以爲是清掃廁所用的，事實上是供人洗屁股用的。他們上廁所都不用衛生紙，而用「左手」指擦拭，再用清水沖洗，聽說除了清涼舒服外，也比較不會「十男九痔」。在飯店內，上完大號，按一下沖水按鈕，就會自動噴水沖洗屁股，因爲他們認爲如廁用衛生紙擦拭，不能徹底做到「衛生」。又當地左手代表不潔，所以吃飯一定用右手進食，拿東西給人也一定要用右手，入境隨俗嘛！

小知識大學問

1. 你知道嗎？義大利語──「那裡有廁所」是Dove Bagno（哆位放尿），與閩南語居然一樣。而西班牙文（含中南美洲），其廁所就是Bano，與閩南語之「放尿」更接近。越南的廁所，男女廁所會寫Nam、Nu，就是閩南語的「男、女」，講臺語嘛也通！

2. 曾有次到波羅的海三小國之「愛沙尼亞」，驅車過關真正牛步化，又不准下車，等了很久終於通關，大家很急，三個小便池被20歲、40歲、60歲三人先行使用，究竟應排在何者之後，才能快速解放？答案是40歲！理由是20歲年輕力壯，「水庫」儲量多，所以洩洪久；60歲一般攝護腺腫大，解放速度緩慢，所以排在40歲之後準沒錯。

3. 荷蘭人一般都人高馬大，小便尿桶都很高，我們東方人去那兒，都要墊腳才能「方便」。1998年世界盃足球賽，荷蘭進入最後四強，當電視在轉播球賽時，所有人幾乎放下

工作在觀賞（很像早期我們瘋狂少棒），當電視插播廣告時，舉國同一時間趕快上廁所，居然水溝水溢出，證明荷蘭是「低地國」，聽說這是真實故事。（2010年荷蘭是世界亞軍）

4. 曾到有「人間天堂」美譽的蘇州去拜訪臺商，發現有一間廁所極富人文氣息，入口處寫著「水底二重山倒置，鏡中三日月反懸」。用力猜，前一句是字母W（採象形描寫山之倒影），後一句是字母C（初三夜月眉之反懸），合起來就是WC。又到了小便池，邊邊有一瓶花，上書英文Flower（音：扶老二），真是中西合併，令如廁者為之莞爾，會心一笑！

5. 某一年的暑假，我們到了北歐五國──丹麥、瑞典、挪威、芬蘭及冰島，國旗均是橫十字，只是顏色略異，幾乎是「大同小異」。臺灣領隊指著各國國旗說：「大同小異」猜一個場所，最後答案居然是「男女廁所」──大號相同，小號不同。

6. 因兒子在澳洲攻讀，我們去看他。在一處觀光區上廁所，除內部新穎美觀外，人如廁時，燈光開啟並有悅耳音樂；離廁時，燈光自滅，還有溫馨道別詞，並自動沖水，真是科技又體貼。反觀我們的公廁，常臭氣沖天，垃圾滿溢，真叫人退避三舍。

7. 英國亞伯丁市因夜間有男子在街頭隨處尿尿，所以安裝圓筒型升降廁所。白天隱藏於地下，與地面齊平，晚上再以

液壓自動升起，供人使用。晝隱夜升，很方便。

8.一般飛機經濟艙的廁所是男女不分，但部分商務艙則有男
　女之分。一位男士突然拉肚子，而男廁有人，實在憋不
　住，拜託空姐借用女廁，空姐再三交代不得亂碰東西，
　然該男士見馬桶有三個按鈕，分別為HW、HA、ATR，
　好奇心起，將空姐的叮嚀置於腦後，先按HW，噴出清洗
　屁屁的熱水（Hot Water）；再按HA，送出陣陣烘乾熱風
　（Hot Air）；最後，他決定按下ATR，忽地一陣劇痛，血
　流如注，原來ATR是Automatic Tampon Remover（衛生棉
　條自動拔除器）。

9.洋人如何分辨東方觀光客：
　(1)臺灣人：太陽下撐洋傘，或導遊拿著小旗，團員隊伍
　　　拉得好長。
　(2)日本人：在櫥窗前尖叫「卡哇依」，或團員緊跟著導
　　　遊並做筆記。
　(3)韓國人：坐在車上猛補妝，雖然臉上的粉已很厚了。
　(4)香港人：嗓門又大又尖。
　(5)中國人：出來玩，還穿西裝打領帶。

禮儀小學堂

一、選擇題

(   )1.   下列敘述何者錯誤？　(A)頭等艙和商務艙的旅客均可在飛機起飛前使用貴賓候機室　(B)飛機劃位又分為頭等艙、商務艙、經濟艙，不同艙等可以任意換座位　(C)經濟艙只有在供應餐點或正餐的時段可以小酌酒類，其餘都是要付費的　(D)同等艙可以等到飛機上的安全指示燈熄滅後，再告知空服員來安排換位。

(   )2.   各航空公司的機場貴賓室提供不包括　(A)市內免費電話　(B)餐飲　(C)健身　(D)網際網路。

(   )3.   搭乘飛機時，下列何者物品可以放置於大行李中？　(A)含有水銀的溫度計　(B)玩具槍　(C)酒精　(D)指甲刀。

(   )4.   哪一個國家不准有任何中文字出現、也不准出現中文書、不准用中文名字等，甚至連觀光客也被限制帶中文書入境？　(A)緬甸　(B)阿拉伯　(C)印尼　(D)柬埔寨。

(   )5.   搭乘飛機回國時，可帶下列何者回國？　(A)泡麵　(B)毛皮類的製品　(C)犀牛角、象牙　(D)榴槤。

(   )6.   搭乘飛機時，下列敘述何者正確？　(A)飛行時可在飛機上使用手機、電腦網路等無線電通訊產品　(B)隨身行李應該放置在座位上方的置物箱中，並按壓關好，以免飛行中搖晃掉出而砸傷其他乘客，也可放置固定在座位底下　(C)座位上供乘客使用的毛毯、耳機、報

紙、機上說明書、菜單、免稅商品目錄等，皆可以自行帶走　(D)靠窗者可以私自關窗。

(　)7. 近來有一種症狀是指深部靜脈血栓的血塊跑到肺部或其他重要器官，使呼吸困難，可能造成中風或死亡，而引起國際間矚目，稱之為什麼？　(A)噴射艙症候群　(B)頭等艙症候群　(C)商務艙症候群　(D)經濟艙症候群。

(　)8. 超過五個小時的飛行，在飛行途中可做的小運動不包括何者？　(A)肩部運動　(B)腳部運動　(C)跳躍運動　(D)足部運動。

(　)9. 外交部制定國外旅遊警示分級表，分為四種警戒區，不包括下列何種顏色？　(A)綠　(B)紅　(C)黃　(D)橙。

(　)10. 國外旅遊警示表詳細資料將公布在哪一個網站？　(A)財政部　(B)國防部　(C)領務局　(D)移民局。

(　)11. 搭乘火車時，下列敘述何者錯誤？　(A)有機會到國外搭火車長途旅行時，最重要的是如何在搖搖晃晃的火車上入眠，此時可以服用少量的安眠藥以助睡眠　(B)一般火車站會有行李服務員，大多是小費制，而且這些服務人員都會穿著制服與配戴識別證　(C)火車亦有不同等級的座位及車廂，車票上通常會顯示兩種號碼，一是座位號碼，另一個則是車廂號碼，應按照車票上的號碼入座，不可擅自占位或越級　(D)當火車快要到達目的地時，必須先把大行李拖到火車門旁。

(　)12. 下列敘述何者正確？　(A)只要避免弄髒走道及座椅，是可以在車上吃東西　(B)使用站內的手扶梯時，應靠黃線的左邊　(C)因為怕遲到，即使警鈴聲響起，還是

可以冒險跳上車　(D)使用站內的手扶梯時，應靠黃線的右邊。

(　)13. 下列敘述何者錯誤？　(A)拿著同一個酒杯，從頭喝到尾，可以減少廚房歐巴桑洗杯子的負擔　(B)搭乘豪華遊輪時，男士應該準備正式西裝或小禮服，而女士應該準備一套晚禮服　(C)船上所提供不含酒精成分的飲料大多是免費的，唯有一些酒類要自費，但也有一些高級遊輪提供免費的酒類　(D)遊輪上也會有服務生，小費一樣是不可省的。

(　)14. 以下做法何者適當？　(A)坐在靠窗的位置時，如果要走出來，萬一遇到鄰座的人剛好熟睡中，為了不打擾他，可以直接抬腿跨過去　(B)在社交禮儀中，就算對方是一個小孩，也不可拍對方的頭和大腿　(C)搭乘飛機時，如果要換座位，應在飛機起飛前告知空服員　(D)飛機上如有空位，可以隨意坐。

(　)15. 乘車時，下列敘述哪一個正確？　(A)下車時，大部分是女士、長輩先下車，男士、晚輩最後才能下車　(B)行車駕駛的座位方向，各國的規定皆不同，日本的習慣是駕駛坐在左邊　(C)若是乘坐友人有司機接送的私家車，要等司機幫忙開車門後才能下車，下車後，應由男士付小費給司機　(D)約會後或是宴會結束後，男士無法接送女士回家時，女士應自行搭車回家，不宜麻煩他人。

(　)16. 安全搭乘當地交通工具的方法，以下哪一項不正確？　(A)事先查閱地圖，決定好目的地後，再決定要行走的路線及所要搭乘的交通工具　(B)應儘量在上下班、上下課的尖峰時段搭車　(C)上車後應該選擇靠近司機的

位置就坐，因為國外巴士的後方座位與國內不同，後方通常是給社會階層較低的人坐　(D)不要恣意地攔車搭乘，同樣地，也不要招呼那些在飯店外徘徊的計程車，可以請飯店的櫃檯人員幫忙叫車。

(　　)17. 哪一個國家的公廁有「防呆」設計，若是忘了沖水會被反鎖在廁所裡？　(A)瑞士　(B)紐西蘭　(C)澳洲　(D)丹麥。

二、實地演練題

1.到國外搭乘計程車時，要注意哪些問題？如有隨身行李，要如何做才能確保人身及財物安全？

2.關於乘車順序，你能依尊位、小位熟練地將下列空白處填好嗎？試試看吧！

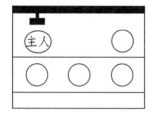
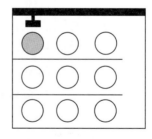

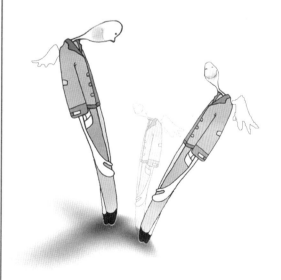

　　「育」所包含的範圍非常廣泛，幾乎所有的生活作息都跟育息息相關，例如，人與人之間的應對進退、出入各式的公共場所等。只要是人與人之間的接觸，都包含在育的範圍裡，因此育的禮儀不僅重要，也是做人做事的基本原則。

一、各式應對進退

1. 一般的應對

　　小時候，老師就教我們「勿道人之短，勿說己之長」的觀念。現今社會中，人際關係已經是非常重要的一環，除了受到各行各業人士的重視之外，也是許多專家學者紛紛探討的議題。你知道嗎？一個人的成敗甚至會受到人際關係的影響。那麼，該怎麼做才能成為一個走到哪裡都受到別人歡迎的人呢？

　　首先，必須從自己的言行舉止做起，例如，適當地稱呼他人；說話速度要控制得當，不要快得像機關槍讓人聽不清楚，或慢得像老牛拖車讓人聽到快睡著；說話時目光要注視對方，不要一下子看這裡，一下子又看別的地方，這樣會讓別人有不受尊重的感覺；說話時語氣不可以太過輕薄，更不可以涉及他人的隱私；對方話未說完之前，要有耐心聽完對方說話，不可隨意打斷對方的談話；參加聚會時，不可只與其中一、二人交談，或是說悄悄話，應該要顧及全場；出入公共場所時，應遵守秩序或是特殊要求（例如，部分餐廳會要求穿著正式服裝進入）；等車、買票、入場、購物結帳時都應該排隊，不可以爭先恐後、喧嘩吵鬧，記得還要將「請」、「謝謝」、「對不起」掛在嘴邊。接下來，就帶大家認識一些在社交場合中常犯的錯誤。

　　首先，在社交場合中，你是否為了場面的熱絡、為了打開大家的話匣子，而隨性問一些問題的經驗呢？在這樣的情況

下，如果你沒有做一些明顯的表示，或是讓人一下就明白這些問題是針對某人而發問的話，往往不是變成一團人議論紛紛，就是大家的反應都很冷淡。姑且不論是哪一種情況，我想應該都不是你願意見到的。

在這種場合中該怎麼做才適當呢？首先，必須找一位想談話的對象，做一個明顯的表示，讓對方知道你的問題是針對他而問的。如此一來，就可以避免一堆人搶著回話，或是無人回應的窘境。舉例來說，如果你身邊站（坐）著三位賓客A、B、C，首先你可以先針對A先生發問，等A先生有所回應之後，在一旁傾聽的B先生和C先生若心有所感，也會主動加入談話，這時候，便可將話題延伸轉而針對B或C先生。如此一來，話題的內容就可以做更深入的探討了，是不是「一兼二顧」呢？若是內容無法吸引對方的注意，那麼找機會換個話題，也是可行的方法。

2.與外國朋友的應對

隨著現今交通的發達，我們與外國朋友接觸的機會也愈來愈多，例如，出國旅遊、訪問及接待外賓等。置身在國外時，一定要有「你代表的是一個國家，而不是個人」的自覺。畢竟出國之後就是代表國家的門面、國家的形象，所以不可以做出有失民族尊嚴或國家形象的舉動；若連自己都不尊重自己的國家，那麼誰會去尊重你所在的國家呢？因此，與外國朋友談話時，應儘量避免對雙方國家、元首、政治、宗教或政府官員有所評論，甚至洩漏國家機密，也不可以為了貪小便宜而請託對方代購名產或其他物品。

二、居間介紹與名片禮儀

　　不管男女老幼，多少都有機會參加各式各樣的典禮、聚會、派對等各種交際場合或是一般聚會，主辦人也有義務為各位賓客做介紹。透過中間人的介紹，可以認識許多朋友，並且拓展人際關係。

　　但該如何介紹兩位互不熟悉，甚至是彼此素昧平生的人互相認識呢？介紹又有哪些該注意的地方，使被介紹人與受介紹人都能欣喜地去認識彼此，真正達到文化交流、賓主盡歡呢？第一點，要考慮雙方是否已認識，兩人之間是否有關聯，例如，兩人是否為敵對公司的人員。若是兩人為不同國籍的來賓，應考慮到兩國之間的友好關係，必要時，應事先詢問被介紹者的意見。另外，介紹前也應先考慮介紹的後果，再決定是否要做介紹。

　　至於介紹的適當時機，應考慮到時間、地點、場合。若是在一般宴會中有新進的賓客，主人應介紹新進來賓的姓名給在場的賓客認識，再依序介紹在場的賓客給新進的來賓認識。在大型宴會中，主人可以只介紹身邊的幾位賓客互相認識即可；若是小型宴會，就必須為來賓一一做介紹。但有主人不認識的來賓，來賓應先做自我介紹。

　　在酒會、茶會或園遊會等場合中，主人若無暇為每位來賓一一做介紹，來賓可以互相自我介紹；但若是專為某人舉辦的宴會，主人還是必須一一做介紹。在正式晚宴中，必須知道鄰座的姓名，若彼此還不認識，可以互相自我介紹；若男士鄰座坐的是女士，男士必須先自我介紹。另外，當有女士進門時，在場的男士應該要起立以示歡迎；若此位女性是祕書或屬下職員，則可以不必起立示意（但非常講究禮貌的人，還是可以起立示意）；但在公共場合中，就不必為每一位進門的陌生女子起立歡迎。不可

將行進間的人叫住來做介紹，正在談話中的人也不宜做介紹。

　　介紹有其先後順序，一般來說，要先將男性介紹給女性認識；將年幼的介紹給年長的、未婚的介紹給已婚的；將社會地位低的介紹給社會地位高的；將來賓介紹給主人認識、個人介紹給團體。如果是介紹一對夫妻，切記以女士優先為原則，要先介紹太太，再介紹先生。

　　另外，介紹時有些小地方仍需要注意。為雙方做介紹的時候，基本上是要站立的；若要將A介紹給B認識，應該先稱呼B的名字（尊位先唱名的原則），然後再將A的名字介紹給B；如果介紹者與被介紹者雙方都有帶名片，則可在此時交換名片。介紹時，雖然女性與長者可以不必起立，但應該互相點頭、握手以表示禮貌。

　　依國際慣例，凡擔任過將軍、大使、教授，即使離職或退休，仍可繼續延用該頭銜，這是一項資歷認定。

　　現今與外國人合作的機會愈來愈多了，單一語言名片已經不符合時勢，所以雙語名片已變成一項最基本的「配備」。與外國人交換名片時，應將印有對方語言的那一面名片為正面；若只有單語，則以該面為正面（名片不能共用許多頭銜，除非是在同一家企業裡，如董事長兼任總裁，否則名片通常是一片一用）。交換時，以對方便觀看的方向為準，可別呆呆地將名片以自己順勢看的方向交給對方。秀出名片要看情況而定，如果對方秀出名片給你，收到名片的人也應該要有所回應。

　　代表公司洽談業務時，雙方應該對彼此公司的關係都十分清楚，儘管代表雙方洽談的人員都不認識，類似這樣的情況，應該在談話結束之前秀出名片。如果雙方對於公司間的關係並不了解，那麼在一開始談話之前，就應該先秀出名片，讓對方有所了解，並藉由名片來增加談話的流暢，能讓對方對公司更加了

解。通常由名片的紙質好壞、設計花樣、內容簡繁，可看出不同國家的文化及商業習慣。

　　當我們收到名片的時候，通常會將注意力轉移到名片上，所以適時地遞出名片也是很重要的。當別人遞東西給你的時候，不管是什麼東西，一定都要用雙手承接，以表示禮貌，名片也不例外。別人遞名片給你時，應雙手承接；如果手上剛好有拿東西，應將東西放下或立即收起，然後將名片輕放在手掌上，並以手指輕微按住名片。記得不要按到名片上的資料或對方的手指，然後拿名片那隻手的高度應該在胸前，以輕微點頭的方式打個招呼，然後瀏覽一下名片上的資料，藉由名片上的資料，向對方禮貌性的問候，並確認對方姓名和所屬的公司。此時可以說：「您是某公司的某先生或職位。」認識完之後，將名片收下。注意不要放在桌上或口袋裡，收下時不要一邊拿東西一邊收名片，要小心收好，不要掉落在地上，這樣會讓人覺得很不受重視。若本人之名片上要寫些字，必須寫在正面，因為寫在背面是很不禮貌的。

　　傳遞任何東西時，如明信片、光碟或是名片等，都要以「奉物」為原則。在遞名片給對方時，應該起身面對著對方，並且以對方收受名片時能夠瀏覽的方向遞給對方，不然對方收到名片時，還要轉個方向，會讓收到名片的人覺得你不夠細心。

　　遞名片應以右手遞出、左手輕輕輔助，態度誠懇的遞給對方，也可以用雙手遞名片給對方，這樣會讓人覺得你很慎重，對你也更有好感。很重要的一點是，不要單手遞名片給對方，這樣會讓人覺得你很草率，而且有不被尊重的感覺。如果你的名片上有艱澀或不常見的文字，當對方在瀏覽你的名片時，應主動告知對方文字的念法，會讓人格外感到親切。

　　如果名片上沒有頭銜，在確認對方的身分時，就稱對方某

某先生或小姐；若是有頭銜的話，就可以直接稱呼：「您是某某公司的經理。」但是要注意，在外國，都只稱呼先生或小姐，而不稱呼頭銜。當收到名片時，應跟對方說「幸會、幸會」（或相對之外語），然後將名片放在手上或桌上，以便忘記時可以再瀏覽一次，以免稱呼錯誤。收到名片時，如果需要註記資料的話，千萬不可以註記在客人名片上，因爲註記在名片上就等於在人家的臉上畫畫，是非常不禮貌的行爲。

遞名片時有分職位的高低。在職場上，職位低的要先遞出名片給職位高的；如果職位高的先遞出名片，或是雙方同時遞出名片時，職位較低者應趕快遞名片給職位高的，再以雙手承接對方名片。拜訪對方時，則由拜訪者先遞出名片。遞名片時不要讓對方等太久，或不知道自己的名片塞到哪裡，應做好名片的管理（如PDA），可別在需用到的時候才手忙腳亂地尋找，這樣是很不禮貌的行爲。

名片十之八九用在社交應酬或友人拜訪，但不巧不適而留片，宜將名片左上角內摺，以示親訪之意。送禮祝賀，應在名片左下角書寫「敬賀」（中文）或To Extend Congratulation（英文），如用在弔唁，左下角爲「敬唁」或Pour Condol。

故事實例

上英文課，老師要求每個同學都要取英文名字。她苦思半天，想到了一個很美的名字，叫Monica（莫妮卡）。想來，也沒有什麼不妥，她也覺得很棒，可是，沒料到老師上課點名時，都會加上姓氏來稱呼同學。她姓陳，全名——莫妮卡陳。

三、答禮與敬禮

在各種交際場合或社交活動中，彼此之間的你來我往，仍是以禮貌為基礎，因此有行禮的需要。在不同的場合、情況及對不同的人，皆有不同的行禮方式，在此為大家做詳細的介紹。

1.頷首與鞠躬禮

「頷首」就是點頭行禮，在路上遇到平輩，可點頭行禮；長輩（長官）對於晚輩（部屬）的敬禮，可以點頭回之。立正加上深度的頷首禮即為鞠躬禮，鞠躬禮一般多為東方人所採用，歐美人士不習慣行鞠躬禮。

行鞠躬禮時，有戴帽的人應用右手將帽子脫下，身體向前傾斜約15度，並以目光注視；向國旗、國父遺像、國家元首行鞠躬禮時，身體應前傾30度，表示特別尊重。

行鞠躬禮與一般的通則大致相同，位階低的人先向位階高的人鞠躬；歐美國家則是對女王行屈膝禮（若有多位長輩，則依地位尊卑依序行禮即可）；介紹男士與女士時，男士行鞠躬禮，而女士行頷首禮即可，但在東方社會中，女性大多會先行鞠躬禮（日本以90度禮而有名）。要是彼此的地位、年齡均一樣，就不必拘泥於行禮的先後順序。

在臺灣，向國旗及國父遺像行禮時，都有行三鞠躬禮的習慣；但在韓國通常只行一鞠躬，最敬禮為二鞠躬禮。

故事實例

曾經有位韓國外交官訪華，於中正紀念堂向先總統蔣公銅像獻花時，發生一件非常尷尬的事。當司儀高唱一

鞠躬時，這位韓國外交官認為已禮畢，正想轉身離去，卻又聽見司儀高唱二鞠躬，不禁暗地裡罵自己不懂禮儀，先總統　蔣公為世界偉人，本應行最敬禮二鞠躬，沒想到二鞠躬禮畢後想再次轉身離去時，卻又聽到三鞠躬，當時場面自然是相當尷尬。經過外交部的禮賓司修正後，外國人獻花行禮時，只行一鞠躬禮，為的是讓外國人適用。但是國人行最敬禮，仍是以三鞠躬禮為原則（如在葬禮，死者為大，均行三鞠躬禮）。

2. 握手禮

握手禮起源於古代歐洲，為了表示手中未攜帶任何武器，握手表示親切友善，後來多被歐美人士採用，現今國人也習慣行握手禮了。基本上，西方國家較注重握手禮，而東方國家較注重鞠躬禮。

握手必須出於雙方自願，女士、地位高、年長的人應先伸出手來表示友善。握手時間不宜過久，約2至3秒即可，力量要適中，太用力會令人感到不舒服，太輕又顯得敷衍，令人感覺缺乏自信，甚至會被誤認為高傲、無視於對方的存在。要特別注意初次見面時，不宜用雙手去握住對方的單手，因為伸出雙手通常是對較親密的朋友才會使用。如果雙手戴手套時，女生可戴著手套與他人握手；若為男士，就必須將要握手的那一隻手套脫下，等握完手之後再將手套戴回。

握手時，雙方距離以一個手臂寬為佳。握手時，上下輕輕搖動表示親切，同時臉帶微笑，以自信的眼神注視對方。若是手不方便（如疾病、手汗、不乾淨），可致歉並說明不便握手的原因。

　　握手也有先後順序，男士對初次見面的女士，不可主動伸手請握，應先等女士伸手後，才可以相握；女士間應由年長者或已婚者先伸手請握；當對方是年長者或長官時，只能輕輕相握，由長者搖動；宴會中或一般交際場合，主人應先伸手與賓客相握。

小知識大學問

　　你知道教義甚嚴的回教國家怎麼問候彼此嗎？親吻禮在回教國家是行不通的；若是握手禮，除非女性先伸出手，男性才可以和女性行握手禮，否則只能利用言語上的問候。切記：行握手禮時，男性不可以比女性早伸手，這是世界各國的通則。

　　在紐西蘭的原住民毛利人，見面打招呼是以碰鼻子表示友善，這種方式相當特別！

3.吻手禮、親頰禮與擁抱

　　男士與女士見面時，女士可頷首示意；若女士主動伸手，手背向上，手指下垂，此時男士應禮貌地輕輕提起女士的手指作輕吻的動作。正確做法是口、手距離一吋，以示男士對女士的尊重，而不是在女士手背留下口沫。需注意的是，一般公共場合不適用吻手禮，大都在正式集會才適合。若女士伸出的手是垂直的，表示可以握她的手。

　　親頰禮由男生主動或女生主動皆不失禮，行禮時只輕吻

對方右臉頰表示友誼；如果親完右臉頰又親左臉頰（右者為尊），通常右左三次，據說三次可帶來好運（three times for good luck），表示更深的熱忱，這大都是很親密的至親好友才會作此禮。但是切忌在行禮時發出啾啾的聲音。

　　好友相遇時，不論男女，互相擁抱時，可以輕拍對方背部表示親密，一會兒之後才分開，中東及中南美洲大多均有行此禮的習慣。

故事實例

　　強吻算是國際禮儀？！臺灣在2000年2月9日有一則報導：一位在超商打工的女學生，遭不明男士強吻長達2分鐘之久，女方提出告訴之後，法官卻以親吻是國際禮儀的說法，判該名男子無罪，此判決受到婦女團體的痛批及各界的譴責聲浪。

　　由於我國對於相關法律的見解不一，趁人不備偷摸大腿、胸部及強吻等性騷擾行為，普遍不被社會接受。各界對於猥褻、性騷擾的看法也相當不一致，相關法律條文規定卻是相當嚴謹，導致有人輕判，有人重判，使得這些登徒子有機可趁。

　　依本人見解：一般所謂親吻的國際禮儀，應在雙方同意的基礎下，做出歡迎對方的動作；若非雙方同意下而親吻、強吻對方，難稱所謂的「國際禮儀」。本案的判決與社會期待有所落差，在一般人眼中，也許強吻這個行為「很色」，但「很色」並不表示「猥褻」，所以對於此次案件的判決結果，實在是非常具有爭議性。

　　著名男士網站（http://AskMen.com）2008年選出全球

十大好色國家：(1)希臘，(2)巴西，(3)俄羅斯，(4)中國，(5)波蘭，(6)義大利，(7)馬來西亞，(8)西班牙，(9)瑞士，(10)墨西哥，其理由均可上網查看。

四、送禮與送花

送禮與送花各代表著不同的意義。送禮代表著一種心意，但是要如何送到對方的心坎裡，可就是一門大學問了。因為每個國家、地方習俗和禁忌都不一，如結婚時，西洋人喜歡白色婚紗，給人純潔感；而中國人卻喜歡紅色旗袍，象徵吉祥感。在這裡，「顏色」就代表著不同的意思。因此，送禮時應了解當地的習俗，還要了解收禮人的好惡，像回教人規定不可以吃豬肉，就算有上等高級火腿，也千萬不可拿來餽贈回教友人。另外，中國人忌諱送「鐘」，因為與「送終」同音，所以祝賀生日時，千萬不可以時鐘為壽禮。又如，日本送禮不能送「六」或「九」個（因為日語中的「六」與「毒」同音，「九」與「苦」同音），否則會給人一種觸霉頭的不好印象。

送禮的場合多，禮品的選擇也多，什麼樣的交情送什麼樣的禮，怎麼挑、如何送才不會失禮呢？送禮應要考慮收禮者的嗜好、好惡及實際需要，並且要顧慮到當地國情、有無宗教信仰、個人特殊習慣和禁忌等。如送酒或打火機給不喝酒、不抽菸的人，或是送牛皮製品給印度朋友，送印尼人烏龜圖樣，都是非常不切實際也非常失禮的行為。

至於禮品的選擇，必須視送禮的對象、場合和自己的身分、能力作配合。例如：

1. 具本國文化的物品，如：字畫、對聯、中國結、交趾陶、陶瓷、木雕、刺繡、國劇臉譜。

2. 本國之特產，如：烏魚子、烏龍茶、手提電腦、手提點唱機、高級運動器材或是公司代表產品。

3. 實用物品，如：筆、計算機、皮夾、皮帶、領帶、手絹、香水、化妝品。

4. 機場購買之免稅菸酒，因有限額，故常代表大禮。

一般以「禮輕情意重」為送禮原則，因為送禮是一種互惠的行為，過於貴重有時會令對方難以接受，甚至不知該如何回禮；但也不可太過草率，否則會給人寒酸、沒誠意的印象。禮品首重實用性或具有意義性，千萬記得別在受禮人住家附近買禮品，因為這樣會讓人覺得是在倉促的情況下買的，缺乏誠意；而且不送則已，要送則以名牌為主。有次要送日本人「肉乾」，儘管筆者母親力薦某巷口之「阿財」香腸極好吃，但不必考慮，一定要送名牌「新東陽」的。

送禮也應儘量避免引起不必要的誤會，像是過於私人的物品不可隨意送，除非是很親密的朋友，否則最好別拿來當禮物送人，如內衣、睡衣或情趣用品等。另外，送禮前絕對要仔細考量，否則有可能會讓人以為動機不單純、賄賂、巴結等。

中國人送禮一向主張「禮輕情意重」，所以送禮的內容就不是那麼在意了。但是要怎麼挑選一份適合的禮物，就是一門高深的學問。筆者大學同學邱義城（曾任全國電子總經理）曾說：「有位外國重要客戶來訪，得知當天是他的生日，特別贈送他出生年份之葡萄酒當作禮物，保證今生難忘！」

尤其是有商業往來的關係時，一定要先打聽各國人民的喜好，像有些國家的人對藝術品並不是很了解，或許你送的是高級瓷器，但是看在對方眼裡，也許會認為你怎麼送這麼廉價的便宜貨給他。

馬英九總統訪問南太平洋島國索羅門群島，贈送1.5噸肥

料，協助索國發展農業，並送HTC手機，除聯絡外，尚可照相、聽音樂，常是致贈外賓最受歡迎之禮物。

　　而南太平洋島國索羅門群島酋長史坦利，贈送五件禮物給馬總統，獨木舟代表雙方友誼，船槳帶領我們走向未來，籃子意味著豐富人民的生活，竹的墊子代表舒適，柺杖象徵著相互扶持、發號施令之意。

小知識大學問

1.中國人不喜歡「4」，因為其諧音和「死」很像，所以送禮時，應儘量避開「4」這個數字，例如4份禮物或是包含4的數量。在回教國家，左手被認為是不乾淨的，所以接受禮物時只可用右手收。

在拉丁美洲，男士若要送禮給女士，一定要有充分的理由，否則會被認為有勾引、性暗示的意味。之前曾提到送禮儘量不要贈送過於隱私的物品，如貼身衣物等，除非和受禮者很熟稔，或是非常了解對方的個人品味才可以。

日本是個很重視階級制度的國家，所以送禮對象階級愈高，準備的禮物也應該要愈高級。

若是大夥聚在一起時，也不應在此時送禮物給特定的朋友。因為在團體裡，把禮物贈送給單一個人，會破壞這個團體的和諧，收禮物的人不僅不會感到開心，反而還會覺得很尷尬。另外，如果要送禮給在場的每一位朋友，千萬不可送相同的禮物。

喜鵲在歐洲代表著製造事端、偷竊、不幸的意味，而在中國紅瓷瓶「法藍瓷」上之喜鵲具有慶賀之意，淡江大學歐

洲研究所副教授林立表示，於英格蘭、愛爾蘭等英倫三島，喜鵲聲音相當吵雜，並認為會招致厄運；在德國、北歐等地方，因喜鵲喜愛叼起閃亮的物品或錢幣等，被認為類似賊的行徑，致使在歐洲各國是不太好的象徵。然而馬總統贈與教宗方濟的「法藍瓷」瓶上之圖樣為：上竹下球，中為一對喜鵲，一般用來祝賀結婚或是文定之圖。因竹為君子，上竹下球表「君子好述」之意，一對喜鵲意謂比翼雙飛，新教宗方濟上任，應為任重道遠，而這凸顯著贈予教宗之瓷瓶有不倫不類之意。

2. 在臺灣喜宴的紅色只用雙數，不可用單數，亦不用「4」及「8」（捌→別之意）。

　　沒有參加喜宴資格者：

　　600元、1,000元→不熟加減包

　　1,200元→同事、一般朋友

　　有參加喜宴資格者：

　　1,600元→同事、一般朋友

　　2,000元、2,200元、2,600元、3,600元→交情不錯的朋友

　　6,000元、6,600元→親戚至交

3. 在2008年中旬，中國大陸毒奶粉（三鹿三聚氰胺），弄得全世界人心惶惶。欲知禮物產地來源，可看條碼前三位數，中國是690、691、692，臺灣是471，其餘見列表。

國際條碼會員國列表

國碼	國名	國碼	國名	國碼	國名
00-13	美國、加拿大	54	比利時、盧森堡	759	委內瑞拉
30-37	法國	560	葡萄牙	76	瑞士
380	保加利亞	569	冰島	770	哥倫比亞
383	斯洛丹尼亞	57	丹麥	773	烏拉圭
385	克羅埃西亞	590	波蘭	775	祕魯
387	波西尼亞、赫塞哥維亞	594	羅馬尼亞	777	波利維亞
400-440	德國	599	匈牙利	779	阿根廷
45, 49	日本	600-601	南非	780	智利
460-469	俄國	609	模里西斯	784	巴拉圭
471	中華民國	611	摩洛哥	786	厄瓜多爾
474	愛沙尼亞	613	阿爾及利亞	789	巴西
475	拉脫維亞	619	突尼西亞	80-83	義大利
476	亞塞拜然	621	敘利亞	84	西班牙
477	立陶宛	622	埃及	850	古巴
479	斯里蘭卡	625	約旦	858	斯洛伐克
480	菲律賓	626	伊朗	859	捷克
481	白俄羅斯	628	沙烏地阿拉伯	860	南斯拉夫
482	烏克蘭	64	芬蘭	867	北韓
484	摩爾多瓦	690-692	中國大陸	869	土耳其
485	亞美尼亞	70	挪威	87	荷蘭
486	喬治亞共和國	729	以色列	880	南韓
487	哈薩克	73	瑞典	885	泰國
489	香港	740	瓜地馬拉	888	新加坡
50	英國	741	薩爾瓦多	890	印度
520	希臘	742	哥斯大黎加	893	越南
528	黎巴嫩	743	尼加拉瓜	899	印尼
529	塞普路斯	744	宏都拉斯	90-91	奧地利

531	馬其頓	745	巴拿馬	93	澳洲
535	馬爾他	746	多明尼加	94	紐西蘭
539	愛爾蘭	750	墨西哥	955	馬來西亞

資料來源：參考EAN TAIWAN(http://www.can.org.tw/)網頁內容製作。

　　送禮時機也要注意，很少有事後補送的情況，除非是回禮，否則一般而言，要提早準備才行。若是喜事，則可以事後補送，但是喪事就不行了。

　　話說「禮尚往來」，因此回禮也是不可忽視的環節。一般情況下收到禮品時，可以不必急著回禮，可先以電話、卡片、信函、E-mail等方式或是當面致謝，等到適當時機再送回禮。若是收到項鍊、耳環等飾品，可在下次見面時佩戴，送禮者看見一定會非常高興。

　　送禮前，禮品一定要經過包裝，包裝前需檢查禮品有無損毀、過期等，並將價格標籤撕去，附上名片或小卡片，卡片右上方寫上收禮人姓名，左下方寫送禮者姓名。因為有時送禮的人一多，收禮的人會不清楚禮物是誰送的，造成無法回禮或致謝的困擾。

　　收禮物也有幾項細節要注意，有些人習慣私底下再將禮物拆開；有些人則是在表達謝意後，就將禮物當場拆開，並加上適當的讚嘆，外國人士最常有這樣的習慣，所以送禮給外國朋友時要特別注意。

　　若收到清楚表明不需送禮的請帖時，千萬別硬是要送，因為有時候會造成主人不知如何處理的情況，也可能會造成沒有送禮的賓客尷尬。主人若是遇到該聚會中有人送禮、有人沒送禮時，就應該私底下再將禮品拆開，以免造成沒送禮的賓客尷尬。若是重複收到相同的禮品，或是家中不需用到的禮品，想再

轉送他人時，應該將禮品拆開查看有無損毀或過期，然後再重新包裝，附上新的名片或小卡片後，再轉送給合適的對象。雖然是二手轉送的禮物，但一樣能夠表現出送禮者的用心和誠意。

　　送禮也是有學問的。送禮時要注意禮物的製造國，例如，送給阿拉伯國家的人的禮物，千萬不可以是以色列所生產製造的，這是因為阿拉伯和以色列是敵對的狀態，所以若是犯了這個錯誤，會讓沙國的人認為你是在污辱他們。早期到美國買小禮物回來送人，居然是"Made in Taiwan"。

　　金錢、支票等禮金，雖然是非常實用且又不需傷腦筋的好禮物，但是對象、場合的選擇就顯得格外重要。一般來說，婚、壽、弄璋、弄瓦等喜慶場合稱作「禮金」，喪事稱為「奠儀」，過年給的紅包則稱「壓歲錢」（在回教國家過年則會包「青包」，因青綠色是神聖的顏色），給服務生的就是「小費」等，這些情況都能合情合理，並為大眾所接受。但若是對象為長官或政府官員等，恐怕會讓人聯想到賄賂、巴結的嫌疑，所以不得不謹慎。

　　另外，皺巴巴的舊紙鈔總是顯得比較草率隨便，所以送現金時應先去銀行兌換新鈔，並用信封袋裝好，寫上一些祝賀或適當的字句，在左下方簽下自己的姓名就可以了。

小知識大學問

　　臺灣人做壽通常是70、80、90或100大壽，日本取名為古稀、傘壽，卒壽及上壽；但日本、韓國不過「整壽」，而是66、77、88及99大壽，而且取很多哲理的代號，66歲稱「華壽」，因為有6個「10」及6個「1」；77歲稱「喜壽」，日本的

平假名，「喜」字為2個七上下排列；88稱「米壽」，蓋「米」字是「倒8」、10、8之組合；又99歲稱「白壽」（白者百減一），61歲稱「還曆」，過完一甲子重新開始，與日本往來十分頻繁者，若有此知識，將有助國際友誼。

在臺灣EICP行銷資料調查，收禮人希望收到的禮物之條件為：(1)看得出送禮的心意，(2)送的禮物具有創意或令人驚喜，(3)親密的朋友或親人送的，(4)實用，(5)價格高昂或稀有。

各年齡層最愛送的禮物

（單位：%）

年齡層	送禮內容前五名大調查
13～19歲	卡片（68.1）、自行設計或製作的禮物（27.7）、文具／圖書（12.8）、衣服／飾品（10.6）、巧克力（8.5）
20～29歲	自行設計或製作的禮物（17.1）、衣服／飾品（14.3）、巧克力（11.4）、糖果／餅乾／蛋捲／海苔（8.6）、鮮花（5.7）、金錢（5.7）
30～39歲	巧克力（15）、蛋糕（15）、文具／圖書（10.0）、自行設計或製作的禮物（10.0）、金飾／寶石（10.0）
40～49歲	卡片（36.4）、巧克力（18.2）、禮券（18.2）、鮮花（9.1）、飲料／咖啡（9.1）、水果（9.1）
50～59歲	衣服／飾品（33.3）、鮮花（33.3）、自行製作或設計的禮物（3.3）

接著要談的是「送花」。不同的情況、不同的花種、不同的花數，各代表著不一樣的意義。什麼樣的場合該送什麼樣的花，提供下表以做參考。

場　合	類　　別
壽　辰	玫瑰、蘭花
婚　禮	玫瑰、劍蘭
就　職	玫瑰、劍蘭、菊花
迎　送	玫瑰、蘭花、紫羅蘭
年　節	玫瑰、聖誕紅
探　病	玫瑰、劍蘭、康乃馨
生　育	玫瑰、豆花
喪　禮	玫瑰、菊花、大利花、夜來香、喇叭、百合花
落成開幕週年紀念	玫瑰、劍蘭、盆栽、鬱金香
演奏會	玫瑰、劍蘭
喬遷拜訪	玫瑰、蘭花、菊花、鬱金香、插花、盆栽
桌上布置	玫瑰、劍蘭、菊花

　　種類不一而足，難以記憶，建議用玫瑰花最普遍。一般用紅（粉紅）色，喪禮用白、黃色，而中南美洲不能送紫色的花。菊花在日本、基督教、臺灣都是喪事用的花朵。

小知識大學問

　　有一位花販告訴我，幾乎所有的白花都很香，愈是顏色豔麗的花愈是缺乏芬芳，他的結論是：「人也是一樣，愈樸素單純的人，愈有內在的芳香。」

　　也有一位花販告訴我，夜來香其實白天也香，但是很少人聞得到，他的結論是：「因為白天的人心太浮了，聞不到夜來香的香氣。」如果一個人白天的心也很沉靜，就會發現夜來香、桂花、七里香，連酷熱的中午也很香。

　　有一位花販告訴我，清晨買蓮花一定要挑盛開的，結論

是：「早上是蓮花開放的最好時間，如果一朵蓮花早上不開花，可能中午和晚上都不開了。我們看人也是一樣，一個人在年輕的時候沒有志氣，中、晚年就更沒有志氣了。」

有一位花販告訴我，愈是昂貴的花愈容易凋謝，那是為了要向買花的人說明：「要珍惜青春呀，因為青春是最名貴的花，最容易凋謝。」

五、各國國旗

筆者拜訪國外客戶，他在公司門口掛上雙方大國旗，讓人打從心底就很感動。進入會場，桌上也立了兩國的小國旗，甚至在晚宴桌上亦是。如孟子所言：「敬人者，人恆敬之。」經過一段時間的蒐集，也有超過150個國家以上的國旗，若能了解各國國旗之典故，可作為談話之「話引」，縮短距離，進而為商機加分。茲簡介如下。

1.各國國旗的涵義

全世界有197個國家，大多數的國家都是聯合國的成員（除了我國及梵蒂岡，最後加入國是東帝汶、蒙特內哥羅、科索沃、南蘇丹），每個國家都有自己專屬的國旗，透過國旗可以反映出一個國家的歷史、文化及宗教等。

認識一個國家可先從代表國家的國旗開始。國旗可以激勵人民的士氣，尤其在國家發生戰爭或危難時，國旗可以喚起人民的民族意識。例如，歷史上八百壯士死守四行倉庫，由女童軍楊惠敏冒死送來的大面國旗冉冉升起，誓不投降。1969年7月太空船阿波羅號登陸月球，太空人阿姆斯壯將美國國旗插在月球表

面，代表了人類首次登陸地球以外的星球，相當值得紀念，國旗也成了國家代表的象徵。

接下來就帶各位了解各國國旗，其顏色、形狀和其中的涵義，讓大家能對世界國旗有更進一步的認識及了解。

2.世界國旗的解析

(1)依顏色區分

a.以綠色為主，大抵為回教國家

如沙烏地阿拉伯、利比亞、奈及利亞、馬爾地夫、孟加拉、葛摩、茅利塔尼亞、巴基斯坦等。這是因為回教創始者穆罕默德所戴的頭巾是綠色的，對回教徒來說，綠色是神聖的顏色，所以回教國家的國旗通常是綠色的。而巴西是例外，一大片綠色代表亞馬遜森林。

b.以紅色為底色，大多是共產國家

如前蘇聯、中國、越南、北韓、前柬埔寨、剛果等。這是因為列寧革命推翻俄沙皇，以紅軍相稱，故共產黨為主的國家，旗幟通常是紅色的。又摩洛哥自古王朝均以紅色為傳統顏色，而綠色又是回教崇尚的色彩，所以才會在紅底繪上六角綠星，以表示與共產國家的不同。此外，土耳其、瑞士也是紅底，亦屬例外，它代表烈士及耶穌殉道的鮮血。

c.以藍色為底色，大多為四面環海的國家

大洋洲地區反映大海的藍色，該地區共14個國家中，有11國配有藍色。中美洲地區國家的國旗由淺藍色和白色構成，藍色代表加勒比海以及太平洋，白色代表陸地，特別在十八世紀前葉最多。

d.「上黃下紅」係多爲西班牙前殖民地

如厄瓜多爾、哥倫比亞、委內瑞拉等。因西班牙國旗爲黃、紅二色，其殖民地獨立後，仍表示與母國心手相繫。

e.「青、紅、白」或其他三色旗，大多爲歐洲國家

如荷蘭、盧森堡、匈牙利、義大利、法國、愛爾蘭、德國、比利時、羅馬尼亞、保加利亞。最早使用三色旗的是荷蘭，由上而下排列是紅、白、青；盧森堡則將青色改爲藍色，眞是「青出於藍勝於藍」。又法國爲直立三色旗，由左而右是青、白、紅，代表自由、平等、博愛。隨著拿破崙東征西伐，三色旗幟的影響遍及各地，1796年拿破崙征服義大利、法國，將法國國旗中的青色改爲藍色，並一直沿用至今。德國國旗由上而下爲黑、紅、金，其取材自當年士兵穿著黑色斗蓬、紅色肩章和金色鈕釦的軍服，制服的三種顏色轉變成今日國旗的顏色。

f.以「白、紅、藍」爲主的，大多爲斯拉夫民族之國家

這是由於彼得大帝自荷蘭研習海軍，仿效設計三色旗，白色代表白俄（貝加爾人）、藍色代表小俄（烏克蘭人）、紅色代表大俄（俄羅斯人），現俄國、捷克、塞爾維亞、斯洛伐克、斯洛維尼亞、克羅埃西亞等六國使用（青色與藍色略異）。

g.以「紅、黃、綠」爲主，大多爲非洲國家

如衣索比亞、喀麥隆、剛果、多哥、盧安達、馬利、中非、聖多美、莫三比克、模里西斯、辛巴威、幾內亞、布吉納法索、迦納、貝南、佛德角等。紅、黃、綠三色爲諾亞方舟傳說中的彩虹顏色，由衣索匹亞率先使用，爾後非洲許多獨立的國家，也先後採用這三種顏色來當國旗。文獻中記載：紅色代表國

家的熱忱，黃色代表富裕、和平，綠色代表泥土和希望。

h.以雙對比色「黑、白、紅、綠」四色旗，均爲回教國家

如伊拉克、阿拉伯聯合大公國、科威特、蘇丹、敘利亞、約旦等國，地處沙漠，景色單調，用雙對比色——黑白配、紅綠配，十分醒目。

i.有「橘色」旗是與佛教有關的國家

如印度、不丹、斯里蘭卡，因僧侶均著橘色法衣。印度旗有橘、白、綠三色，代表佛教、印度教、回教三教共存。

j.其他

在非洲，國旗上呈現黑色的占很高比例，畢竟是黑人本色！國旗只有單一種顏色的就只有一個國家——利比亞，早在1971年，利比亞和埃及、敘利亞共同組成阿拉伯共和聯合邦，共同擁有相同的國旗。後來，埃及與以色列握手言和，利比亞強人格達費一怒之下，自立國旗，並選擇回教本色——全綠旗。而顏色最多的是南非，多達六色。

有兩個顏色的國旗也不少，其中值得一提的是，奧地利的國旗——上紅、中白、下紅。遠在1193年，奧國大公參加十字軍作戰，戰況慘烈，大公白色軍服染滿紅色鮮血，只剩腰間護甲純白色的部分，形成紅、白、紅的顏色，演變成國旗的顏色。而藍、白色爲猶太教士披肩的顏色，所以以色列的國旗選用藍、白兩色。

(2)相近或相似的國旗

a.完全相同

安道爾與查德（左青、中黃、右紅）、印尼與摩納哥（上紅、下白）。

b.完全顛倒

波蘭（上白、下紅）與印尼（上紅、下白）、泰國（由上而下，紅、白、青、白、紅）與哥斯大黎加（青、白、紅、白、青）、愛爾蘭（左綠、中白、右黃）與象牙海岸（左黃、中白、右綠）、馬利（左綠、中黃、右紅）與幾內亞（左紅、中黃、右綠）、衣索比亞（上綠、中黃、下紅）與玻利維亞（上紅、中黃、下綠）。

c.橫豎方向

匈牙利（上紅、中白、下綠）與義大利（左綠、中白、右紅）、衣索比亞（上綠、中黃、下紅）與幾內亞（左紅、中黃、右綠）。

d.大同小異

・中華民國（太陽）、緬甸（稻與齒輪、星）、西薩摩爾（南十字星）。
・紐西蘭（紅色南十字星）、澳大利亞（白色南十字星）。
・巴林（紅色鋸齒）、卡達（咖啡色鋸齒）。
・美國（五十星）、馬來西亞（日月）、賴比瑞亞（白星）。

・荷蘭（青）、盧森堡（藍）。
・阿根廷（太陽）、薩爾瓦多（徽章）、尼加拉瓜（徽章）、宏都拉斯（五藍星）。
・伊拉克（三綠星）、敘利亞（二綠星）。
・土耳其（白星月）、瑞士（白十字）、越南（黃星）、摩洛哥（綠星）。
・印度（法輪）、尼日（太陽）。

(3)附加日月星辰

a.太陽

亞洲國家，如中華民國、日本、韓國、菲律賓、蒙古、尼泊爾、孟加拉、寮國、阿富汗、馬來西亞、吉爾吉斯、哈薩克的國旗上，皆以太陽為幟。一日之初是從國際換日線以西，所以亞洲比其他洲較早看到太陽。當然位於換日線的小國，獨立後很多國旗上，也有太陽，如吉里巴斯（國土散於東、南、西、北半球）、諾魯、馬紹爾、帛琉。南半球的阿根廷、烏拉圭、厄瓜多爾，其國旗都是有臉譜的五月太陽，因為這些國家都是在五月革命成功，而且五月正值南美洲溫暖的冬陽，故以此為紀念。赤道非洲之馬拉威、尼日、納米比亞、盧安達，則終年大太陽。

b.月亮

回教國家中，如土耳其、突尼西亞、阿爾及利亞、巴基斯坦、茅利塔尼亞、馬來西亞、馬爾地夫、汶萊、亞塞拜然、土庫曼、烏茲別克以及伊拉克（新旗）等國家的國旗上皆有月亮。傳說中，馬其頓大軍攻打鄂圖曼土耳其帝國，守城的士兵透過下弦月的光芒，看清夜襲的敵人而擊退來犯，故用在土耳其國旗上。隨著鄂圖曼帝國的擴張，也同樣影響了回教國家。

此外，回教國家採用月亮爲主的「陰曆」，且在下弦月的夜晚，穆罕默德受到「天啓」，因此下弦月便成了回教國家的象徵。新加坡雖然非回教國家，卻同樣引用月亮當作國旗，這是因爲新加坡原屬於馬來西亞一州，在脫離馬來西亞獨立之後，便將州旗定爲國旗。

c.星星

紅星或是紅底黃星都爲共產國家，如前蘇聯、中國、北韓、越南、南斯拉夫、貝南、阿富汗、布吉納法索等。

南十字星多爲南半球國家，特別是大洋洲國家，如澳大利亞、紐西蘭、所羅門群島、吐瓦魯、諾魯、巴布亞新幾內亞、西薩摩爾、巴西等。而澳大利亞比紐西蘭的南十字星多一顆，是因爲緯度不同的關係。

白星加橫條爲美國及受其影響的國家，如美國、智利、古巴、巴拿馬、委內瑞拉、賴比瑞亞等。美國國旗上的五十顆星星，代表著五十洲。巴拿馬之雙星，代表巴拿馬運河連接太平洋及大西洋。賴比瑞亞則是美國解放黑奴，回歸非洲所建立之國家，所以國旗上也有白星加橫條。

黑星代表「非洲之星」，如幾內亞比索、迦納、聖多美。

d.地球

國旗上有地球的，僅僅只有葡萄牙及巴西二國。十六世紀，葡萄牙曾是海上霸主，主掌世界，所以把地球儀放置在國旗上；而巴西是其最大殖民地，故受其影響。

(4)附加十字

皆屬基督教國家，如丹麥、挪威、瑞典、芬蘭、冰島、英國、希臘、瑞士、多明尼加、東加、馬爾他等。北歐五國國旗十分類似，是因為北歐五國在1397年曾經聯盟，共同擁立一個國王所致。而瑞士紅底配白色十字架是自由的象徵，在1815年採永久中立國。後來瑞士人士杜南推動對戰爭負傷者進行人道援助及救護，為感念其祖國，便將國旗的紅白顏色對換，就成了紅十字旗，作為國際紅十字協會或醫院、救護車的標誌。而回教國家則用「新紅月」來代替，所以在中東看到掛新紅月旗就是代表醫院或是救護車了。

(5)附加米字旗

包括英國和曾為其殖民地的國家，如澳洲、紐西蘭、斐濟、吐瓦魯、前南非、前加拿大、前香港等，皆附加米字旗。

(6)附加動植物

有一部分為當地特產，一部分取其歷史意義。例如，斯里蘭卡的國旗有獅子和菩提樹葉，是因為印度以前是種姓制度，為求眾生平等，釋迦牟尼便創設佛教，即所謂「獅子吼」；而菩提樹葉則代表其悟道的故事。斯里蘭卡為南亞僅有之佛教國家。墨西哥的國旗有老鷹啣著一條蛇暫棲在仙人掌上，此為古印度之傳說，即天神指示在有此異象之處建都。塞普路斯的國旗有橄欖葉，自古以來，橄欖葉就是代表和平共處之意，然而，此國有希臘及土耳其人在此定居，二國糾紛不斷。以下將各國國旗之其他相關資料整理如下：

a.以特產的動物爲旗

祕魯（駱馬）、玻利維亞（羊駱）、多明尼加（鸚鵡）、烏干達（羽冠鶴）、巴布亞紐幾內亞（極樂鳥）。

b.以特產的植物爲旗

加拿大（楓葉）、黎巴嫩（松）、緬甸（稻）、阿富汗（麥）、玻利維亞（麵包樹）、祕魯（奎寧樹）、赤道幾內亞（木棉）。

c.取其動物代表的歷史意義爲旗

斯里蘭卡（獅子）、不丹（龍）、尚比亞、墨西哥、埃及、阿爾巴尼亞（老鷹），皆表示獨立、強大、勇敢之象徵。

d.取其植物代表的歷史意義爲旗

斯里蘭卡（菩提樹葉）、墨西哥（仙人掌）、塞普路斯（橄欖葉）。

(7)附加文字的

a.寫阿拉伯文的皆與宗教有關

沙烏地阿拉伯（阿拉是唯一眞神，穆罕默德是先知）、汶萊（追隨神的旨意，和平之地汶萊）、伊朗（阿拉是最偉大的，連續二十二次）。

b.寫西班牙文的與爭取自由有關

薩爾瓦多（神、團結、自由）、瓜地馬拉（1821年9月15日自由）、多明尼加（神、祖國、自由）、巴拉圭（和平與正義）。

(8)附加徽章

在十字軍東征的時候，騎士皆全副武裝、面帶盔甲，導致無法分辨敵方與我方，所以便在盔甲上別上識別標誌的徽章，演變成後來國旗上的徽章。現在有徽章的國家，主要都是中南美洲國家及少數古老歐洲國家，如厄瓜多爾、薩爾瓦多、瓜地馬拉、尼加拉瓜、多明尼加、海地、巴拉圭、祕魯、玻利維亞、墨西哥。在中南美洲的國旗徽章上有很多自由之帽，這是起源於古羅馬時代，奴隸擁有自由之身，才可以戴三角型帽，當脫離西班牙統治，便用這種帽子代表獨立自主。

(9)其他附加標誌

a.附有武器代表建國精神

阿曼（短劍與大刀）、沙烏地阿拉伯（劍）、肯亞、史瓦濟蘭、賴索托、巴貝多（矛、盾）、中南美洲各國（刀、槍、大砲）。

b.與歷史地理有關

韓國（太極）── 乾坤坎離的太極圖，原意中國的哲學思想，寓含著宇宙萬物生生不息。中華民國立國國旗原採五色旗，係金（白）、木（青）、水（黑）、火（紅）、土（黃），亦是古老中國哲理。

印度（法輪）── 古阿修羅的標誌與甘地不合作主義的紡紗輪，二十四條輻射線代表一天二十四小時生生不息。

柬埔寨（吳哥窟）── 古代最大最美的石造寺廟遺跡，象徵其文化淵源。

以色列（六角星）──古大衛王之記號（Double Triangles）。

西班牙、列支敦士登（王冠）。

賽普路斯（本國地圖）。

尼泊爾（山）——唯一非方形旗，用雙三角之鋸齒旗，表示世界雙高峰在其國土上（聖母峰8,848公尺、干城章嘉峰8,586公尺）。

c.代表農工之象徵

舊蘇聯（鐮刀與斧頭）、緬甸（稻與齒輪）、保加利亞（小麥與齒輪）。

當外賓來訪，懸掛雙方國旗，以主位正面立場，我國旗在右（右者為尊、國格至上），外國國旗在左。若同時有三國來訪，則我國國旗立於其中（中者為尊）。

六、世界宗教探討

世界宗教信徒最多的是天主教，其次是伊斯蘭教，接著是印度教、基督教、佛教、東方正教、道教、錫克教……。宗教信仰可令人在不滿的現實世界中幻想另一個精神世界，產生勇氣、信心和希望，成為牢不可破的宗教人生觀。

出外絕對不要與人爭辯宗教，但一定要了解，如此才不失禮儀，又可豐富國外之行。

有一通則稱為「頂天立地」，指的是大多參觀天主教或基督教的教堂時，男士必須脫帽，女士則可以不必。參觀伊斯蘭教、佛教的寺廟時，不論男女一律都要脫鞋。進入拜火教寺廟及以色列的哭牆，則須戴帽才行。以下介紹各個不同的宗教。

1.伊斯蘭教

所謂伊斯蘭教是對阿拉（造物主）無條件的歸順與服從，有一套奉行的典章制度，與佛教、基督教之「解救（脫）靈

魂」相異其趣。其禮拜場所叫清真寺（Uosque），教徒稱穆斯林（Muslim）。以伊斯蘭教為主的國家有馬來西亞、葉門、科威特、伊拉克、沙烏地阿拉伯、伊朗、巴基斯坦、孟加拉、土耳其、北非、中亞等，信徒約七、八億人。

　　伊斯蘭教徒一天要朝麥加方向朝拜五次，分別是在拂曉、正午時、日落前、日落後及夜晚，並淨身禱告。在背誦《可蘭經》的經文時，無論任何理由，均不可被打斷。有次在馬來西亞旅行，教徒面向「西方」朝麥加方向跪拜，有人打趣說：「東方不拜（敗）」。他們一生之中最少要到麥加朝聖一次，故在朝聖期不宜前往沙烏地阿拉伯（即回曆12月）。

　　伊斯蘭教是禁吃豬肉、禁止喝酒的（沙國的伊斯蘭教徒甚至連無鱗的海產類食物也不吃），以牛、羊肉為主食。進食時，是以最清淨的右手抓拿食物，不可用「骯髒」的食具，而且只能使用拇指、食指、中指三根手指，千萬不能用左手，因為他們認為左手是不乾淨的。而且到伊斯蘭教國家，即使你是左撇子，也得改用右手做事。

　　由於伊斯蘭教國家禁止崇拜偶像，所以到伊斯蘭教國家拜訪時，切忌送洋娃娃、照片之類有肖像的禮物，因為看著洋娃娃也視同是崇拜偶像的舉動。特別的是，伊斯蘭教徒死亡後不能火葬，只能土葬（屍體見土，不可用棺材），犯人、有傳染病的人除外，且埋葬的方向一定要朝向麥加。伊斯蘭教國家女性的穿著，會將手臂、腿及頭部包起來，只露出雙眼。女遊客來到這些國家就算不是伊斯蘭教徒，也不可以袒胸露臂。

　　伊斯蘭教國家大多准許一夫四妻制，但是必須能夠公平地對待她們（《可蘭經》第四章第三節敘述，穆罕默德經年征戰，戰士戰死，留下孤兒寡母無依無靠，所以允許娶四個妻子，旨在保護寡婦及失去雙親的小孩）；若是做不到的話，還

是只能娶一位妻子。與沙國人交談時，切記不要談論對方的家庭，更不可問及對方有幾個妻子。

伊斯蘭教有一項特別的習慣就是：禁食和喝水。禁食的期間為回曆9月，虔誠者連口水也不可吞入，因此在齋戒月，只見滿街有人吐痰（口水），以為衛生條件極差。並且只有白天不能吃東西而已，當日落到隔天日出之前，可以任意地吃東西。伊斯蘭教徒在這段期間，除了白天禁吃東西之外，平常應做到潔身自愛，夫妻也不可行房，情緒也要控制得宜，不可隨意發怒或鬱鬱寡歡。直到禁食日的最後一天，一定要施捨，施捨完之後，禁食才算告一段落。禁食結束後，伊斯蘭教徒習慣以「請原諒我的罪」來打招呼。如果是遊客或是異教徒的人不需緊張，因為這是不強迫的。但是無論如何都要切記一點，那就是在他們禁食期間，除非選定一個日落後的時間，否則千萬不可以宴請他們吃飯，如此一來，會令他們很尷尬，也是非常不禮貌的行為。當然，送禮也應避免送吃的禮物，否則對方會認為你是故意要他違反教義而對你產生反感。

在伊斯蘭世界之西亞到北非，大部分夏天酷熱，習慣穿長袖、長裙、頭巾，民房都採中庭式建築，阻隔熱風吹襲，在乾燥、炎熱的地區，駱駝成為不可缺少的動物，至今有了公路，改由汽車取代了。由於教義（跪拜、不崇拜偶像），所以地毯成為最傳統之工藝品，也是身分地位之表徵。烤全羊或羊肉串成為主食，所有建築物全無人或動物當圖騰，全由抽象圖紋、植物花卉、幾何圖樣或文字圖畫來裝飾，並追求整體外觀之美。眾所皆知的印度泰姬瑪哈陵，即是名聞遐邇之代表作。

伊斯蘭教認為，造物主先後派遣多位先知，如亞當、亞伯拉罕、摩西、耶穌（名稱不同），故《可蘭經》與《聖經》情節有相似之處。而穆罕默德是最後派來的，是先知，但仍然是

人，不是神，比起同源之基督教比較接近「一神教」。後來內部陷入權力鬥爭，分裂為什葉派及遜尼派，前者已有穆罕默德血脈之後代子孫才是繼承者，以伊朗為中心，擴及伊拉克、葉門、阿富汗、巴基斯坦；後者以維護傳承先知言行者為領導者，視為正統派別，大部分伊斯蘭世界屬之。

另外，伊斯蘭教一些較特殊的節日，也是不能不知道的。在此，我們整理成一個表格介紹給大家知道。

伊斯蘭教節日

聖紀節	慶祝穆罕默德誕生
開齋節	慶祝賴買丹月（齋月）的結束
顯聖節	《可蘭經》傳給穆罕默德（四十歲得道）
宰羊節	紀念亞伯拉罕的犧牲

別以為禁食是伊斯蘭教徒的專利，其實基督徒也是有禁食的，像基督教中有一門較嚴格的宗派「科布特派」，也是有禁食的。他們的禁食期比伊斯蘭教徒的禁食期還多，每個星期四、五要禁食，每年的三、四月也要禁食。與伊斯蘭教徒不太一樣的地方是，伊斯蘭教徒可以在日落之後大吃大喝，但是基督徒在禁食期間只能吃蔬菜及穀類，並且也只能睡在地上，所以在齋戒期前盡量吃喝玩樂，就是拉丁民族「嘉年華會」之來源（一般在我們農曆新年前後）。有一點和伊斯蘭教徒一樣，那就是他們都不會對異教徒加以限制，但是一定要尊重他們，且不要侵犯他們。

2.佛教

佛教分為大乘佛教（普渡眾生、兼善天下），以中國、韓國、日本、越南為主；藏傳佛教（政教合一），以西藏、蒙古為

主;小乘佛教（獨善其身、利己利人），以中南半島之泰國、緬甸、柬埔寨、寮國及斯里蘭卡爲主。小乘佛教採佛祖的誕生、降魔、初轉法輪及涅槃四件大事；大乘佛教採八相成道，即下天、入胎、出胎、出家、降魔、成道、說法及涅槃；又藏傳佛教亦屬大乘佛教。

佛法陳述生命是流轉的十二因緣：無明（愚癡、迷惑）、行、識、名、色、六根、觸、受、愛、取、有、生死所構成，每個靈魂在死後都會輪迴轉世，依「善有善報、惡有惡報」的原則，生前爲善，會轉生三善道：天道、人道、阿修羅道；前世作惡多端，會轉生三惡道：畜生道、惡鬼道、地獄道。因人生諸行無常、諸法無我，所以要涅槃寂靜，破除貪瞋，培養正確的人生態度與修行，實踐八正道：正見、正思、正語、正業、正命、正勤、正念、正定，以及四聖諦：苦、集、滅、道。活在當下，得到眞正的寧靜快樂。

一般而言，佛教、印度教、希臘眾神、中國道教是泛神教；波斯的拜火教、猶太教、基督教、伊斯蘭教屬一神教。而佛教（多神教）認爲世上有無量的事、無邊的理，用一形象、一方法無法完全表達，所以用許多的藝術品（神像）來說明，達到高度的教學意義。

佛教中，如釋迦牟尼是代表仁愛、清靜之意，兩邊的羅漢是「阿難尊者」，多聞第一，代表智慧；另一尊是「迦葉尊者」，苦行第一，代表行動；換句話說是知行合一。又「阿彌陀佛」是「無量」佛之意，要壽命無量、智慧無量、道力無量……。在佛教山門入口是滿心歡喜、肚大能容的彌勒佛，旁邊四天王，分立東方天王（持國）、南方天王（增長）、西方天王（廣目）、北方天王（多聞），所持法器有長劍、琵琶、雨傘、龍蛇，代表「風調雨順」。在佛前供杯水，是明鏡止

水——用心如明鏡、至善若止水。供花代表「因」、供果代表「果」、點燈代表光明、點香代表「戒定」。由此可知，佛寺沒有一樣不是教學，看過敦煌壁畫、雲岡石窟、北京石經，便可體會佛教的藝術壯觀。現在很多佛學者不知道這些表徵及意義，以致變成泛神教是迷信、低階。

以小乘佛教為主的國家，女施主是不能碰觸到和尚，也不可以直接把東西交給和尚，而是把要布施的物品放在和尚面前的地上，或是麻煩男士轉交。當然，與和尚說話時，頭部亦不可以高過和尚，即使是總理也不例外。進入當地的寺廟必須脫鞋，以示莊敬，如寮國、高棉、斯里蘭卡、緬甸等國，回教國家亦是如此。

緬甸人逢廟必拜，到寺廟拜拜除了必須脫鞋，連襪子也不能穿，門口還會有專人在看顧鞋子，不必擔心會遺失。若在當地購買佛像紀念品，不能隨意放置在地上。有些東南亞國家的日曆上會印有佛像的圖樣，代表那天是禁止吃肉和宰殺牲畜的禁屠日，當然，當天是買不到肉類的，若想吃肉的人，就得忍耐了。另外，緬甸人民有一種特殊習俗，在生日當天必須買花到寺廟，並且把花掛在佛像身上，並往代表生肖的小佛像澆水，幾歲就澆幾杯，年紀愈大的人澆愈多杯。在緬甸有八個生肖（虎、獅、大象、黑鼠、天竺鼠、龍、雷鳥、小象），與我國的十二生肖截然不同。

泰國男生在一生中必須選定一段時間出家當和尚；而緬甸男子一生中要出家三次，分別在十歲、二十歲及四、五十歲。在泰國以佛教為國教，有95%的人信仰，國王必須出家當僧侶，佛教、國家、國王是鼎足而立。而佛祖的誕生地、成道點、初轉法輪處、涅槃所在，均成為朝聖的地方。在中國，四大佛山及敦煌、龍門、雲岡石窟均是佛門聖地。還有一些佛教的特殊節日也

是我們應該知道的。

佛教節日

佈道日	佛陀第一次講道
浴佛節	佛誕日
佛陀涅槃日	佛陀升天
菩提節	佛陀徹悟成佛
盂蘭盆節	目蓮救母，盛大法會

3.印度教

印度信奉印度教（Hinduism），約有信徒8億人，採行「種姓制度」（Varna，原意為顏色、品質），分為四個階級。第一階級稱婆羅門（Brahmans），為教主、祭司、僧侶階級；第二階級稱刹帝利（Kshatriyas），為國王、貴族及武士；第三階級稱吠舍（Vaisyas），為農工商平民；第四階級稱首陀羅（Shndras），為奴隸、僕役；另一種不屬階級的叫「賤民」。前三個階級有誦經祭拜的權利，死後可投胎轉世，稱「再生族」；而後者不能誦拜及轉世，稱「一世族」，所以印度人都有宿命論。業報輪迴控制了印度人的一生，也產生了浩瀚無比的神話、經典、史詩。

在此制度下，身分地位為世襲，貧窮的人是連出頭天的機會都沒有。若身分地位不同，是不可以同桌用餐的，就連結婚也不被允許。連工作也將階級制度劃分得很清楚，比如說，從事清潔工作的人，大部分都是身分地位較低的人（尼泊爾也是身分、階級觀念根深柢固的國家）。人民死後，在河邊焚燒屍體，並將火葬後的骨灰流到聖河——恆河，稱為「火裡來、水裡去」。雖然憲法已廢除種姓制度，但人們心中並沒有真正消

除，仍然深受影響。

在印度教的信仰中，崇拜許許多多的眾神，常令旅遊者霧煞煞，包括自然萬物，衍生三大主神：大梵天（Brahma）為最大的天神，類似道教的玉皇大帝；昆濕奴（Vishni）是創造神，濕婆（Shiva）是破壞神，主掌宇宙生滅運轉，靠著獻祭，人們可以獲得更多的救贖，並主張多子多孫（現印度已破十億人口）。

傳說牛是神的坐騎，所以不可以殺牛，更別說是吃牛肉了。在當地開車時需特別注意，千萬別撞到牛。撞人事小，撞到牛，「代誌就大條」了。撞死牛會被判刑六個月，撞傷人僅僅判刑三個月，真的是人不如牛的國家。除此之外，進入當地的寺廟時，身上也不准有牛皮製的物品。

吃東西也是用右手，左手是上廁所專用的。另外，印度人見面打招呼的方式，是將雙手合掌再慢慢地舉到鼻子前方（斯里蘭卡亦是如此），與其他歐美國家的親吻、擁抱、握手等方式相較起來，著實大不相同。還有一點須特別注意，在印度，若是看見懸掛「紅燈籠」的店舖，可別冒冒失失地亂闖，尤其是女性，因為凡是懸掛紅燈籠的店舖是代表私娼寮，若是不小心闖了進去，後果真的不堪設想。以下再介紹印度教一些特殊節日給大家認識。

印度教節日

灑紅節	紀念黑天的節日，也稱好利節
黑天誕辰節	黑天誕辰
排燈節	新年的燈光節
濕婆節	濕婆的主要節日

埃及的太陽神，為阿拉伯回教同化。希臘的眾天神亦轉為基督教，中國的道教、佛教不分了，反觀印度教同化入侵異族更為彌堅。還有頭髮不可剪，經年包頭的錫克教及連螞蟻都不可傷的耆那教，都是從印度教演變而來的。

4.猶太教

猶太教是基督教及伊斯蘭教義之基礎，崇拜唯一的真神，嚴禁崇拜偶像。其經典稱之《舊約》，係猶太人古來傳承，彙總成冊，內有上帝創世紀、失樂園、諾亞方舟、亞伯拉罕之宰羊節、摩西十誡、大衛與所羅門王。而猶太人並不承認耶穌之後的《新約》，自認為是上帝的選民，而不是耶穌之「博愛」。在歐洲旅行時，看到許多繪畫、雕刻、彩繪玻璃的主題，多取自《舊約》的故事，若有這些知識，就可一目瞭然了。

以色列是信仰猶太教的國家，首都耶路撒冷更是猶太教、回教與基督教的聖地。西元70年，在耶路撒冷的猶太聖殿，為羅馬人所毀，只剩西牆，猶太人從此流亡散居世界各地，雙親有一人為猶太人，其子女就被認定為猶太人。世代子孫均能恪守猶太教律法，強烈的民族使命感，在漂泊兩千年後復國，而舉世聞名的哭牆（Wailing Wall）雖已斑駁，但仍是猶太人心靈最大的寄託。

每逢安息日（Shabbat，星期五日落至星期六日落）上教堂時，男在前、女在後。在以色列以外的地區，禮拜方向朝以色列；在以色列境內朝耶路撒冷；在耶路撒冷境內須朝向聖殿，間接影響伊斯蘭教徒向麥加方向朝拜。猶太教每日晨禱、午禱、晚禱三次，而且儘量集體祈禱比個人祈禱效果大。這天，以色列人都會過著恪守猶太教戒律的生活，是不工作的，可以吃飯，但是不可以做飯、拍照、開車，就連點火抽菸也是嚴格禁止的。

　　除此之外，無鱗無鰭的海產類，如章魚、烏賊、花枝、鰻魚、牡蠣、螃蟹、蝦子也不能吃。屠宰動物時，要一刀斷命，將血流乾後才可以出售。在安息日，以色列都會有一個非常特別的習慣，就是用餐時，飯桌上不會出現同種類的食物，如牛肉和牛奶、雞肉和雞蛋等，因為這象徵「趕盡殺絕」，如果吃完牛肉漢堡須經6小時才可喝牛奶。主要的原因是因為當年猶太人慘遭異族迫害，為了記取這樣的不幸，所以在用餐時，就有這個有別於其他國家的習慣了，有如曹植《七步詩》中的：「相煎何太急！」

　　以色列和阿拉伯國家在宗教上的不和睦，是眾所皆知的事，所以到以色列旅遊時，切記不可以說阿拉伯國家的好話，否則被圍毆可就沒人幫得了你！另外，再為大家介紹猶太教的特殊節日。

猶太教節日

逾越節	擺脫在埃及受奴役的紀念日
贖罪日	請求贖罪的日子
燈節	燈節
歲首節	新年

5.基督教

(1)起源

　　從《新約全書》中的〈馬太〉、〈馬可〉、〈路加〉、〈約翰〉四本福音，內容記載耶穌的生年及言行。另有〈使徒行傳〉，其中有聖母神孕、馬廄誕生、四博士朝聖、約旦河受洗、五餅二魚、來世審判、天國之路、投石妓女、口沫吐臉、最後晚餐、猶大出賣、聖體拜領、被捕審判、三根鐵釘、十字架

酷刑、痛苦之道（苦路）、聖母慟子、耶穌復活……，這些傳說與奇蹟，日後成為美術、音樂、文學的題材，牽動了人間的至愛。若能事前具備基督教方面的知識，歐美之行時，參觀教堂、博物館、美術館，會覺得更有意義，更有情趣。

　　而耶穌被捕、處刑、復活，確信「耶穌是神的獨子，是救世主基督」的信徒，形成了教團，與猶太教義不相容，二者便分立了。當時環地中海均是羅馬帝國的天下，帝國之東以希臘語為主，帝國之西為拉丁語為主，門徒致力傳教，置生死於度外。其中，在基督聖像中拿劍者就是「聖保羅」，在東羅馬地域佈道最力。聖像中拿鎖匙者就是「聖彼得」，在西羅馬殉教。基督教在天時（羅馬帝國黃金時期）、地利（地中海安心航行）、人和（信徒熱忱）之下，短時間內傳播羅馬帝國，與傳統羅馬萬神信仰衝突，甚至有人獸相鬥之慘刑；但情勢比人強，基督教終成國教。

(2)基督教分流

　　隨著羅馬帝國分裂成東西帝國，形成以君士坦丁堡為中心的希臘正教（Greek Orthodox）及以羅馬為中心的羅馬天主教（Katholiek）互爭主導權，到1054年正式分家，直到2000年希臘正教總主教與羅馬教皇才握手言和。後來因羅馬教廷之腐化，推行「贖罪券」，終於釀成了宗教革命，產生了新教（路德派、喀爾文派）及皇帝婚姻問題的英國國教。

(3)東方正教

　　參觀希臘、蘇俄及東歐諸地之東方正教，本質是相同的（典禮、藝術），發現各地獨立管轄，如希臘正教、保加利亞正教、羅馬尼亞正教、俄羅斯正教……各有主教，並加入民族

特色。不似天主教是大一統，其十字架橫豎是1：1，而天主教是1：1.618。東方正教是不崇拜偶像的，所以在教堂內看不到雕像，所有聖經都是彩繪在牆上（不能用刻的，要平面），比起天主教大量浮雕、裝飾，顯得十分素淨，與教義孕育之猶太教比較契合。這種聖像畫的宗教藝術，又稱「拜占庭藝術」。以前識字者不多，就把它當作牆上聖經來教導。歷史上曾有無論平面或是立體，只要偶像就反對，最後以平面的聖像爲上限，仰望聖像就會感到神的存在，加深信仰。做禮拜是站立，而不是坐著祈禱。受洗必須到河邊或海邊泡浸，不似天主教或基督教之象徵性受洗。僧侶手握香爐，大量焚香是東方正教最大特色。教士都蓄鬍子、穿華麗教服，總主教常是正教領袖（早期）。

東方正教比較重視復活節，而不是聖誕節，其聖域是以君士坦丁堡（伊斯坦堡）爲精神中心，而不是耶路撒冷。後來，希臘長期淪爲伊斯蘭教的土耳其統治，又東歐爲無神論的共產主義掌權，這些歷史因素，使東方正教受到壓抑。

(4)羅馬公教（天主教）

羅馬公教（天主教）主要在西歐及南歐，隨著殖民地的擴充，跨海到了中南美洲，現在全世界基督教徒，約有60%是天主教，而新教是24%，東方正教是14%，顯然有其優勢地位。天主教有七項聖禮制度，即洗禮、堅振禮、領聖禮、補贖禮、神父奉獻禮、婚禮與終勢禮，有一定的儀式及經文。教徒不可違反十誡、不可離婚、不可墮胎。

耶穌死後，門徒彼得繼續往西傳教，最後殉教，在其遺骸上蓋了一座聖彼得教堂。傳說耶穌得天國之鑰給予彼得，後來繼承彼得法統的是羅馬教皇，所以在教廷（梵蒂岡）的國旗上印有金銀交叉的鑰匙。天主教有層層組織，從教皇、樞機主教、大主

教、主教……，以致到神父、修士，而神職人員要保持獨身。又以前教皇地位遠高於皇帝，有無上權威，主教以上能支配土地、人民，直到拿破崙時期才消失。

一般天主教均採哥德式或羅馬式建築，高聳天際，比起新教顯得富麗堂皇，而且內外佈滿大型浮雕，他們認為只向無形神祇（如猶太教、伊斯蘭教）聖壁畫或聖像膜拜，民眾無法滿足；要有形的物體，眼到手到，這與佛教應是一致。以耶路撒冷為聖城（新教對聖城觀念較淡薄）。

天主教除信奉上帝及耶穌外，還有聖人、聖物崇拜，信徒相信主有靈力。所謂聖人，包括聖母瑪麗亞、耶穌門徒、為教殉難或對教有貢獻者，均可「封聖」。遠的如聖女貞德，近的如獲得諾貝爾獎的德蕾莎修女。一般都是過世後才封聖，但葡萄牙有三位小孩看到「聖母顯靈」，在生前就封聖了。耶穌遇難的各種物品，如背負十字架、荊棘、聖釘、聖血、聖布及聖人遺物均受崇拜。如同佛教祭拜佛祖外，其徒子徒孫及聖物（佛髮、佛牙、佛骨、舍利子）、聖城（為爭奪耶路撒冷曾多次十字軍東征）均深受緬懷與景仰。早期的基督教義是一神教，最後類似多神教。

天主教早期的《聖經》都是用拉丁文寫的，沒有各地方言，這和伊斯蘭教的《可蘭經》全用阿拉伯文是一樣的。天主教教義反對離婚及墮胎，堅守舊道德，不許生產發財。縱使海外殖民也不重生財事業，所以只一味掠奪，得來之財富奉獻給教會。殖民地的原則：不願信天主教者為奴，信基督教者是教宗子民，所以南美洲印地安人大部分成「天主教徒」。

(5)新教

上溯至西元三世紀的東、西羅馬帝國，後來演變成基督教

東西大分裂——東方正教與羅馬公教（天主教）。而天主教到十六、七世紀又再度南北分裂，生成新教、德國路德教派（臺灣浸信會屬之）、法國喀爾文教派（臺灣長老教會屬之）、英國國教及美國清教。

　　導因是教廷爲募集金錢，大量發行贖罪券（跟佛寺犯太歲、點光明燈有點異曲同工）。1517年，德國修士馬丁路德，及後來法國的《喀爾文宣言》發難攻擊教會腐化，他們主張《聖經》用各地語言書寫（原規定拉丁文），讓民衆人人可親近它，教會不再有以教皇爲中心的金字塔組織，拒絕羅馬教廷的權威性，並簡化繁複的聖禮，保留洗禮及聖餐禮。神職人員（牧師、女牧師）可以結婚，認爲上帝創造「那東西」不只是排泄器官，亦是性交器官，不能違背天理。只承認天父——耶和華，其子——耶穌與聖靈（Holy Ghost, Holy Spirit，接受神意，作爲神的化身，四處自由飛翔）的三位一體。在宗教改革中認爲，聖人（含聖母瑪麗亞）及聖遺物崇拜是違反教義，於是全面廢止。

　　教堂是與上帝祈禱溝通之地，大部分不如天主教堂之富麗高聳。而新教主張「賺錢可以榮耀上帝」的營利方式，所以他們在殖民地設立公司，進行貿易，遍地生財；不像天主教，在海外盡是總督、將軍、教會，甚至盜匪。

　　在早期天主教時代，教會又以向民間收稅，自新教成立，統治者藉宗教改革之名，奪取教會財產及稅收，而中產階級打倒教會之愚民政策及不准發財觀念、支持王政、脫離「超國家」的教廷，結果發生新教教徒被舊教貴族殺戮，即十七世紀最著名「三十年戰爭」的宗教戰爭。

　　十六世紀，英國因亨利八世性好女色，結了八次婚，與天主教不准離婚的教規相違背；又因被離婚的皇后是西班牙之王

室，教皇深受壓力。於是英國與天主教決裂，國王自兼英國國教教主，領地稅收不再上繳羅馬教廷，因而有助海外開拓的龐大費用。

　　英國國教大部分儀式典章與天主教大同小異，但以英語代替拉丁語祈禱，教士可以結婚，反對崇拜聖徒，組織沒有大主教、主教。到了十七世紀，英國國教內部出現一批「清教徒」，要讓喀爾文教義更清潔純淨，這批人到了北美洲（俗稱的「五月花」），在十八世紀建立了「美利堅合眾國」。英國國教秉持「得救與否，先天注定」，縱使黑人已信基督，仍不顧其死活，壓榨到底，這種冷血嗜利的牟利觀，比路德派、喀爾文派更變本加厲，造成英美式的資本主義，也是征服世界的主因。

(6)節日

a.固定節日

(a)耶誕節（12月25日）：在古羅馬時代，貴族巨商之後才有記載生日，而耶穌是平民，故無資料。後來西元325年召開之宗教會議，始定於12月25日為聖誕節，係仿波斯拜火教是日為太陽新生的聖日，且冬至結束，陽光漸弱，把耶穌視為太陽。

(b)顯現節（1月6日）：是日為耶穌在約旦河受聖約翰施洗，首度向群眾傳教。

(c)聖母升天節（8月15日）：紀念聖母升天，舉行大彌撒（新教不舉行）。

(d)萬聖節（11月1日）：追懷歷代聖人的日子（類似佛道之中元節，新教亦不舉行）；隔日為萬靈節，是追思先人的日子，會到墓園獻上菊花（類似清明掃墓）。

b.變動節日

(a)復活節：耶穌在猶太曆逾越節（猶太人的春祭，家家宰羊，血塗門口，免遭橫禍）前一天被釘十字架，第三天復活，換算西曆每年不同（如農曆過年一樣，年年不同日），通常在三月底、四月初之間。

(b)棕枝主日：復活節前之星期天，在家插橄欖樹枝，可保佑全家平安。

(c)耶穌升天日：耶穌復活節後仍徘徊人間，現身門徒面前，第40天才在耶路撒冷的橄欖山升天。

(d)聖灰日：耶穌傳教前在約旦河受洗，並斷食40天，所以在復活節前40天齋戒，其間不婚嫁，避免肉食（魚不限），在之前大吃大喝，是舉行嘉年華會之由來。

七、國際商務活動

1.向客戶簡報事項

(1)簡報應注意

a.服裝要端正、整齊、清潔。

b.氣勢要足，要使眼光涵蓋每一個人，使眼光掃瞄到大家，定能為其簡報增色不少。而不是看著講稿一直念，或是站著不動，這些都會使簡報為之遜色。

c.姿勢是相當有效的陪襯工具，適度的手勢、眉目之間的動作等body language，都會使簡報更豐富及引人注目，而這些都得從平時加以訓練，才能展現在簡報的過程中。

d.音調控制應有高低起伏。

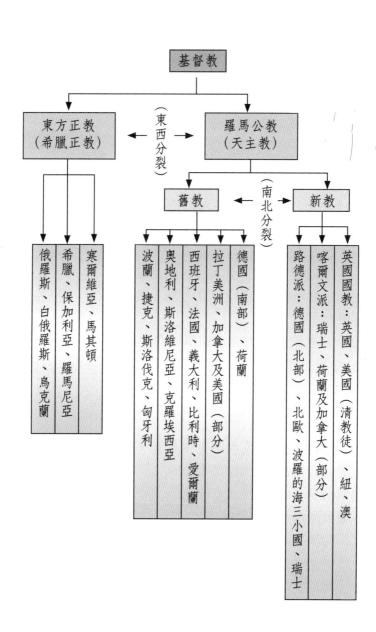

(2)簡報要領

a.用公式及正確表達方式。

b.簡潔表達。

c.頁數不宜太多。

d.重要文字加粗、加框或變色強調。

e.運用統計圖表、插圖。（字不如表、表不如圖、圖不如像）

f.運用配色原理。（黃配黑、綠配白、紅配白……）

(3)要如何使簡報更出神入化呢？

a.充滿趣味性。

b.要有通俗性。

c.要有知識性，這可依靠資料的蒐集。

d.聯想之運用，可用各式的比喻，使簡報內容更具接受性與
　豐富化。

　筆者認為簡報的方式若採用一些輔助性視聽工具，效果會
更好。就我的經驗，以圖像輔助為最佳，文字PowerPoint次
之，投影片之效果居第三。

2.參加外國商展

(1)當銷售主管決定參加何種展覽會時，應注意下列各點

a.這個展覽會在當地的評價如何？

b.概括多少地區？

c.適合何種產品之展出？

d.同時展出的有哪幾家商品？適合選購我們產品的人占多大
　比例？

e.主辦單位在當地的信譽如何？

f.場地費用若干？能提供何種服務？

g.預定場地截止日期為何時？

(2)參展的籌備過程中，下列為一些實際體驗和見解

a.蒐集競爭者的相關資料，凡有關競爭者的商品特性、報價、銷貨量、交貨期及新產品發展動態，皆應有所認識。

b.各生產廠商應與各廣告媒體充分配合，可利用廣告媒體引起消費者注意。

c.選擇參展的主力商品。

d.預先開發潛在顧客，使其先了解參展之商品，等到會場時即可確認。

e.通知你的老顧客，藉此見見面、建立感情，還可趁此機會行銷，爭取一些訂單。

f.印有關展覽專用的產品說明書。

g.印發有關公司的簡介。

h.對展出攤位之管理員應事先訓練，使其了解展出商品的特性，或找當地留學生代看，因其對該地風俗民情已有相當之認識，和客戶交談起來會比較方便與易解。

i.預先寄發邀請卡。

j.若是自己布置，布置小工具最好一起帶去。

(3)展覽會場的設計

成功的會場可吸引參觀者的注意，故在設計上應力求：

a.以生動活潑的氣氛來展示主力產品。

b.動態的展覽，例如公司製造過程之幻燈片、錄影帶。

c.展示的方式應簡潔，使人易懂。

d.儘量展示出產品的特有性能，使人容易發現該產品優於其他產品之處。

e.展示場的布置應針對公司的主力產品。

f.對展示人員的服飾應注意,因其即代表公司。

(4)如何使展覽成功,應注意下列各點

a.人的因素:在會場最好有一位決定性的主管、技術人員的
配合及銷售人員的解說。

b.如果能讓參觀者實際操作,使其了解產品使用性質,對參
觀者所提供的意見則可做為業者的參考。

c.當場贈送贈品或銷售樣品。

d.分送產品目錄、報價單等等。

e.使客戶覺得我們比人家優良之測試及現場實驗。

f.應授權給派出去之人員,讓他有獨當一面之權利,使參觀
者更具信心。

3.參觀國外企業

工商界的人士常因為業務、廠房的需要,須出國參觀訪
問,參觀國外企業應考慮更多的事情。

(1)出國之前應研讀地主國之歷史、地理、政治、經濟及文
化背景等有關資料。

(2)學習一些簡短的地主國語言,如「謝謝」、「請」、
「再見」。

(3)事前研究國外各參觀企業之概況,以俾參觀時能深入了
解及發問。

(4)同一公司最好一次有兩人成行,如一人注意管理,一人
觀察技術;或有些看板資料,限於時間,一人從前端
抄,一人則自中間進行,如此方可有豐碩完整的收穫。

(5)帶一部小型照相機,並備有或嵌裝閃光燈,將有助於參

觀學習。

(6)有些參觀場所不允許拍照，最好用3×5公分之小卡片作筆記及用小型錄音機在不適合筆記時錄音下來。

(7)在適當場合可以與對方交換名片，未來可當作參考或聯絡之用。

(8)參觀企業後，一般會於會議室開研討會，所有疑難及不了解之處，應該提出發問。

(9)在飯店內與隨團人士交換意見，提出問題，以肯定並澄清自己的觀點。

(10)返國之後，趁印象最深刻時，立即撰寫報告，並盡快呈報上級及轉與相關部門同仁解說。

小知識大學問

身體語言（body language）有助於人與人、國與國之溝通。有三則小故事很有意義：

其一，有一個不太懂英語的商人到了英國，好幾天沒有上大號，到了藥店，手指著嘴巴說 "In, yes"，再指著屁股說 "Out, no"（會吃不會拉），藥師即會意而拿便祕的藥給他。

其二，有位越南新娘嫁到臺灣，不會講臺語，到了市場，想要買雞腿，就撩起裙子指著大腿，便如願以償的買到了。第二天她要買牛奶，解開上釦，指著胸前，店員會意給了她。第三天，她要買香腸，只好帶著臺籍丈夫前往，想當然她──拉下褲子的拉鍊，指著命根子。錯了！她丈夫會說臺語！

其三，有次赴保加利亞旅遊，一位韓國太太把鑰匙放在飯店房間內，向櫃檯人員用不熟練的英語雞同鴨講，最後比手劃腳說："Key inside, me outside." 賓果！了解了。

生長環境會影響民族氣質，如芬蘭是千湖之國，培育人民溫柔穩定、愛好和平的性格；日本地狹人稠，形成陰險狡猾的氣質；東歐有無盡的草原森林，滋養粗獷豪放；中國黃河為患、高原荒山，造就節儉勤勞、含蓄馬虎；四面環海孕育了英國民族冒險和侵略性格；非洲炙熱，有熱烈焦躁個性……。所以，人與人、國與國往來也漸漸有所認知。

4. 交談

(1) 美國人

a. 美國人會客時，男士會主動以握手的方式來與你打招呼，但美國的女士則不會主動跟你握手打招呼。

b. 他們認為會面時不可以遲到，因為遲到是不禮貌的行為。

c. 名片的交換：美國人不會主動交換名片，所以當你遞名片給美國商人時，若他沒有回遞名片給你，可不要誤以為他看不起你。他們回遞名片，是為了日後聯繫上的方便。

d. 美國人大多在早上開早餐會議，作為生意上洽談並且熟悉對方。中午的會議在十二點半到下午兩點。

e. 美國人的商業習慣，在初次見面時會重複你的姓名，因為他們想儘早記住你的稱呼。

(2) 日本人

a. 日本人打招呼是以鞠躬的方式。

b.一開始見面就要交換名片，收受名片或遞出名片時，記得要雙手承接。

c.記得不要直接稱呼他們的姓名，應稱某某先生或某某桑，因為他們只有對家人才會直接稱呼姓名。或是對方要求不需那麼拘束，就可以不拘小節，配合對方的要求。

d.與日本人交談時，應保持適當的距離，因為他們不喜歡動手動腳或拍肩膀，也就是不喜歡身體的接觸。

e.在公眾場合打哈欠應用手遮住嘴，笑聲對日本人而言不一定代表高興，也可能表示很尷尬。

f.在日本，職場階級分得很清楚，職位低的要服從職位高的。

g.與日本人協商通常不會說不，因為他們認為很不禮貌。

h.日本人很注重送禮，送禮時應事先告知對方，私底下再將禮物送給對方。

i.禮物的包裝、顏色和數量應注意，不要用白色的包裝紙、不可有蝴蝶結、禮物的數量不要有6的數字，禮物要儘量配合其身分或職位。

j.最後的禁忌就是寄聖誕卡時，不可以使用紅色的卡紙。在日本，紅色卡紙是代表訃文的意思。

(3)阿拉伯人

a.阿拉伯人打招呼是以握手的方式，而且會附加一句話「願你平安」。聽見這樣的問候時，可以將右手放在胸前，這時對方如果將他的手放在你的肩膀上，表示他有可能會親吻你的臉頰；若對方沒有做出這樣的動作，不應主動將臉頰靠過去。

b.在阿拉伯國家開會遲到並不會覺得失禮，而且他們覺得
「錢」可以代表一個人的身分和地位。與阿拉伯人協商
時，不可以表現出很急促的感受，因為這對他們來說是件
非常不禮貌的事。

c.商討正事之前，可以先聊些輕鬆的話題，但是為了避免誤
會，千萬記得不要打聽私人生活。

d.坐下時，腳底不可面向他人，因為他們認為這是一種污
辱。

e.與阿拉伯人交談，必須有心理上的準備，因為會比和西方
人交談時間來得長，而且在交談時，儘量不要流露出很不
耐煩的感覺，以免煮熟的鴨子飛了。

f.切記不可以請他們喝酒，這是冒犯。還有他們認為用左手
指東西很不禮貌。男人與男人之間的拉手是表示友好，不
要覺得奇怪而拒絕。

g.送禮時不要送手帕，這代表分離或會讓人覺得不捨。

(4)北歐人

a.北歐人通常給人的感覺比較冷漠、不太友善，其實是因為
他們個性比較保守，思想較傳統，必須長期相處之後，才
會發覺他們和善的一面。

b.談話的內容儘量避免談論有關政治、薪水、地位，以免冒
犯到對方。

c.他們敬酒的禮儀是先由主人向大家敬酒，客人通常會以
「乾杯」口號做回應，以表達致謝。

d.行走時，大部分是由男士走在女士的左邊。

e.送禮時不要太過昂貴，對北歐人來說是對他人的冒犯。

(5)西歐人

a.法國人通常不用英語交談，見面或道別時會擁抱或親吻臉頰。記得不要用手拍對方的肩膀或背部，這是很不禮貌的。說到母親節，總讓人聯想到康乃馨，例如此美麗的花朵並不是每個國家都歡迎的，例如法國就視康乃馨為不吉祥的花朵，無論是探病、送人等，都嚴禁送康乃馨，要特別注意。

b.在西班牙和義大利作生意洽談時，會向對方家庭關心一下表示禮貌。他們相當重視時間，要準時，不可以遲到；雙方可以互換禮物。

c.荷蘭在洽談生意時比較隨和，他們的語言能力很強，大部分都能說出一口流利的英語。

小知識大學問

如果要參加同事或生意合夥關係的喪禮，一般都是以公司或組織的名義代表致哀，會與治喪單位接洽並致花圈或奠儀，弔唁信函應由個人親自撰寫。參加喪禮時，以穿著陰暗素色為主，如果往生者是公司高階主管，可以將公司的旗子降下半旗一天，表示哀悼。如果是代表公司或生意夥伴參加喪禮，應問候一下往生者的家屬或朋友。

5.談判

由於各國民族性格不同，談判特質也有差異，如美國的

民族性較為坦率有自信；德國人果斷且固執；法國人浪漫及優越；英國人較為友善，具有紳士風範；中國大陸則是講交情、好面子；面對日本人要提防狡猾，但可學習他們的積極進取。

其實商業交談和一般的交談一樣，都應與交談者保持距離，因為交談時若靠得太近，會讓人覺得有壓力。與女性交談時更應注意，以免讓人誤以為受到性騷擾。美國人和德國人對交談時所保持的距離，有很大的差異，美國人在交談時，若覺得距離太遠，會自己移動座椅；可是德國人對於移動座椅是很忌諱的，因為德國辦公家具很厚重，不好移動，而且他們不喜歡將物品隨便移動。

美國人在交談時，比較開放，喜歡以幽默的話題來開場，而且會將重點放在前面；而德國人不喜歡客套話，而是直接進入主題討論，他們習慣將重點的議題放在最後關頭；與德國人交談快結束之前，應重複問題的重點，不然會被忽略。

德國人交談或協商時，比較講求數據和事實，所以交談時，要有足夠的真實資料和可靠的來源才能協議，交談結束前應做重點式的總結。

法國人和德國人不一樣，他們不喜歡像德國一來一往的個性，法國人生性浪漫，較幽默風趣，喜歡比較有趣的談話內容，洽談時通常以哲理的方式協議。法國人在平時，就會對公司的情形做十分詳細的了解，所以在工作時，他們不喜歡別人對他把公司的勤務敘述得很清楚，他們會認為是種污辱。所以有些法國人會辭去德國公司工作的原因，就是因為受不了德國主管對勤務的了解，他們會覺得沒有成就感，且智力受到輕視。

在法國的街上有一個特別的景象，常會看到有人在吵架，其實是他們在爭論事情。法國人可以為了一個小問題，就算是很好的朋友也會打破沙鍋爭到底，總而言之，就是喜歡「爭」。所

以與法國人交談必須有備而來，不能太過急促，因為他們平常就喜歡聊一些奇聞軼事。

美國人交談時沒有德國人直接，德國人比較不懂得開玩笑，因為他們對語言的謎題較不能聯想。美國人講話比較誇大，特別愛開玩笑，與美國人交談時不要太過具體。美國主管對公司下屬部門的狀況都不太了解，因為他們的資料都是由下屬來準備。

「商場如戰場」，在談判的戰場上，要利用人類心理弱點贏得談判的最後勝利。一般談判有三大要素，其一是時間（Time），要有耐心、信心，談判期限或下限務必保密，須知事緩則圓，要設法延長談判時間。其二是情報（Information），資訊愈多愈早愈佳，知己知彼，運用詢問法、正擊法、回擊法、轉換法，並用「使用利益方法」以及假設成交法、選擇成交法、集中成交法、利益列舉法、直接請求成交法。其三是氣勢（Power），如法令（頭銜）權威、專業權威、行業慣例權威，再加上技巧如：

(1)先發制人

以手中握有的優勢，增加對對方的威脅，掌握主客觀有利的條件，搶先一步，主動攻擊，陷對手於困境中。

(2)魚餌戰術

以巨大的利益誘惑對方來談和，條件互換。

(3)馬屁戰術

在不損害自己的利益之下，抬高對方的威望，使其得意忘形，出其不備，再趁機攻擊。

(4)整批交易

將不同的利益焦點集合起來，提高自己的競價力，向對方殺價。

(5)拖延戰術

當處於不利狀況時，以時間換取空間，取得勝利。

(6)分化戰術

分化對方的談和力，使其互打，坐收漁翁之利。

(7)苦肉戰術

說出自己的困難處，博取對方的同情。

談判的最高境界是雙贏「Win-Win」，甚至「你好、我好、大家好」。有個例證：有次自臺北演講回來，無適當火車及公路局班次，所以搭乘高速公路野雞車南下，到彰化鹿港交流道。早期筆者住鹿港，已無「彰化客運」可坐，所以招來高速公路下的計程車，索價200元，但覺得獨自乘坐太可惜，所以直呼我請客，誰要共乘。只見二人前來，其中一人覺得筆者很面熟，說在電視上看過我演講，崇拜之餘說此趟他出錢；另一人也爭著要付，說我這朋友交定了。終於到了鹿港，三人互爭要付200元車費，這時司機說話了：「這樣啦，你們各出100元，比原來的支出賺100元；我（司機）本來收200元，現賺100元。你好、我好、大家好！」以此精神，筆者在企業服務時，特別將公司經營理念定為「顧客滿意、公司如意、員工得意」，無往不利。

6.借鏡

走過芸芸眾國也帶給我們不同的啟示，例如比利時雖為蕞爾小國，但高科技、勤奮工作，克服地窄人稠，做到「小而美、小而富、小而強」。挪威地處高緯度，氣候寒冷，可耕地極少，不能耕地，便改為耕海，在漁業、船務、海上石油大有發展。以色列一直為阿拉伯世界所抵制，屢遭圍攻，由於愛國情操，將士用命，以迅雷不及掩耳之勢，大獲全勝。

英國本為工業革命始祖，而今工業日趨式微，唯獨服務業昌盛，如此工弱商強，謂之「英國病」。荷蘭電子、花卉雙雄稱霸，而其他行業未能齊頭並進，這樣少盛多衰，稱之「荷蘭病」。日本外匯存底居全球第一，但儲蓄與投資嚴重失衡，招致股東、房地產狂飆、工資暴漲、幣值攀升，產生泡沫經濟、企業出走，又年輕人出生在富裕又競爭的環境，外剛內柔，無法忍受挫折而焦躁不安，謂之「日本病」。以上林林總總，實值在臺灣的我們參考與借鏡。

英國列斯特大學將全球178個國家依「生活滿意度排行」排序成一幅「世界幸福地圖」，影響幸福的要素是健康、財富、教育、認同國土景觀。最幸福的前十名國家：(1)丹麥，(2)瑞士，(3)奧地利，(4)冰島，(5)巴哈馬，(6)芬蘭，(7)瑞典，(8)不丹，(9)汶萊，(10)加拿大，臺灣則居68名。如何過著「幸福快樂」的生活，值得我們去取經！

最後談到國家競爭力，有二個最有名的評價，一是瑞士洛桑學院的競爭力評比（IMD），2008年前十名是美國、新加坡、香港、瑞士、盧森堡、丹麥、澳大利亞、加拿大、瑞士、荷蘭（臺灣是13名、中國是17名）；除了美、加之外，沒有一個不是小國。

　　另一個也是瑞士的世界經濟論壇（WEF）的評比，2005～2006年前十名是美國、瑞典、丹麥、臺灣、新加坡、冰島、瑞士、挪威和澳大利亞；2007～2008年名單略有更動，分別是美國、瑞士、丹麥、德國、芬蘭、新加坡、日本、英國、荷蘭。可以說，小國競爭力名列前茅的比例偏高。

小故事大學問

1. 在古老的英國，如果沒有國王的同意是不可以有性行為的，當人們要生兒育女，他們必須要向君主取得許可。取得後，他們會獲得一塊板，在性行為時掛在門上。那一塊板上面寫的是「在國王的同意下可以進行性行為」（Fornication Under Consent of the King.），而不雅的英文字（F.U.C.K）就是這樣來的。

2. 公園裡的雕像，如果是一個騎著馬的軍人，而馬的雙腳是懸空的，代表該軍人是戰死沙場；如果馬是單腳懸空的，代表該軍人是死於戰爭中受到的傷害；如果馬是四腳著地的，代表該軍人是死於自然。

3. 當英國人來到澳大利亞，看到了一種古怪的動物跳得又高又遠，他們就用身體語言來問那些土著那動物叫什麼名字，那些土著就回答 "Kan Ghu Ru"。後來英國人就把這動物叫做 "Kangaroo"。其實那些土著所說的 "Kan Ghu Ru"，意思是「我們不明白你說什麼？」

4.在歷史上，美國內戰期間，如果沒有人員傷亡，軍隊就會高
舉一個牌，上面寫的是“0 KILLED”（0死亡），這正是我
們現在經常會使用的“OK”的由來，所表達的意思就是一
切都好。

禮儀小學堂

一、選擇題

(　　)1. 出國在外時，不應抱持何種態度？　(A)反正沒有人認識，所以可以放肆的玩樂　(B)須顧及國家的面子　(C)做好自己的本分，做個有禮貌的旅遊者。

(　　)2. 到別人家用餐時，把餐盤中的食物吃光光，是最基本的禮貌，也是對女主人或是廚師的廚藝給予的最大讚美，但是下列哪一個國家卻不是如此？　(A)肯亞　(B)利比亞　(C)奈及利亞　(D)阿爾及利亞。

(　　)3. 介紹時，首先應考慮的是　(A)雙方的經濟狀況　(B)雙方的身分地位　(C)雙方是否已經認識。

(　　)4. 在何種宴會當中，主人可以不必一一為來賓做介紹？　(A)大型宴會　(B)中型宴會　(C)小型宴會。

(　　)5. 哪一種情況適合做介紹？　(A)行進間　(B)談話中　(C)休息的空檔。

(　　)6. 介紹的順序，以下何者為非？　(A)將男士介紹給女士　(B)將年長者介紹給年幼者　(C)將未婚的介紹給已婚的。

(　　)7. 晚輩對長輩不適合行哪種禮？　(A)鞠躬禮　(B)頷首禮　(C)握手禮。

(　　)8. 握手禮不宜過久，最適合的時間約為　(A)1～2秒　(B)2～3秒　(C)3～4秒。

(　　)9. 親頰禮應由　(A)男方主動　(B)女方主動　(C)男女主

動皆可。

( )10. 吻手禮應由 (A)男方主動 (B)女方主動 (C)男女主動皆可。

( )11. 送禮時，應考慮 (A)隨便就好 (B)愈貴愈好 (C)視場合及自身能力而定。

( )12. 因為信奉回教，所以不可送回教友人 (A)豬肉 (B)羊肉 (C)牛肉。

( )13. 不可送印度人 (A)豬肉 (B)羊肉 (C)牛肉。

( )14. 懸掛多國國旗時，應按照 (A)國家大小 (B)地理位置 (C)英文字母 的順序排列。

( )15. 若是看到以綠色為底的國旗，這個國家很有可能是 (A)共產國家 (B)回教國家 (C)四面環海的國家。

( )16. 下列敘述何者為非？ (A)介紹的時機要考慮到時間、地點、場合等 (B)就算是在大型宴會中，主人也有必要一一介紹所有來賓 (C)若有主人不認識的來賓，來賓可先自我介紹。

( )17. 下列敘述何者為非？ (A)握手禮的由來是為了表示親切友善，沒有攜帶武器，所以就握手為禮 (B)親頰禮由男方或女方主動皆可 (C)握手時，不管男女，都可以不用脫手套。

( )18. 下列敘述何者為非？ (A)送禮時，為了表示禮品是新買的，可以不用將價格標籤撕下 (B)送禮應抱持著「禮輕情意重」的原則 (C)送禮、送花在各國都有不同的禮俗禁忌，像是在中國，不可送鐘，因為其與「送終」同音。

( )19. 下列對各國特殊禮儀節慶篇的敘述，何者為是？ (A)聖誕節是為了慶祝耶穌誕生而特有的節日 (B)在愚人

節當天，大家都可以隨心所欲地說謊、騙人、造謠，任何的玩笑、惡作劇都可以開　(C)在潑水節這天，人們可以盡情的向人潑水，以示祝福　(D)以上皆是。

(　)20.下列對回教的敘述，何者為非？　(A)回教徒一天要向西方的麥加方位朝拜五次　(B)回教禁吃豬肉，但是可以喝酒　(C)進食時，是以右手抓拿食物　(D)回教國家禁止崇拜偶像，所以到回教國家拜訪時，不可以送洋娃娃、照片之類有肖像的禮物。

(　)21.一般回教徒死後，應該如何處理？　(A)天葬　(B)火葬　(C)土葬　(D)水葬。

(　)22.下列對回教的敘述，何者為是？　(A)回教國家女性的穿著，要將手臂、腿及頭部包起來，只能露出雙眼　(B)回教國家只允許一夫一妻制　(C)回教的禁食期間，夫妻還是一樣可以行房　(D)以上皆是。

(　)23.下列對信仰佛教國家的敘述，何者為是？　(A)女施主不能碰觸到和尚，也不可以直接把東西交給和尚，應將物品放在和尚面前的地上，或是麻煩男士轉交　(B)與和尚說話時，頭部亦不可以高過和尚，即使是總理也不例外　(C)進入當地的寺廟必須脫鞋才能進入　(D)日曆上印有佛像的圖樣，代表著那天禁止吃肉和宰殺牲畜　(E)以上皆是。

(　)24.哪一國的人民會在生日當天買花到寺廟，把花掛在佛像身上，在代表生肖的小佛像澆水，幾歲就澆幾杯？　(A)泰國人　(B)緬甸人　(C)寮國人　(D)柬埔寨人。

(　)25.下列對印度的敘述，何者為是？　(A)印度信奉印度教，採行「種姓制度」，分為四個階級，且身分地位都是世襲的　(B)人民死後採行火葬，並將骨灰流放到

恆河　(C)在印度是不可以殺牛的，更別說是吃牛肉　(D)吃東西也是用右手，左手是上廁所專用的　(E)以上皆是。

( )26. 下列何地是基督教、猶太教及回教的聖地？　(A)麥加　(B)耶路撒冷　(C)以色列　(D)印度。

( )27. 一般而言，存錢在銀行都會有利率，但是在下列哪一個國家的銀行存錢、甚至是貸款，都沒有利率？(A)沙烏地阿拉伯　(B)印度　(C)馬來西亞　(D)新加坡。

( )28. 榴槤在哪一個國家的飯店不得其門而入？　(A)印度　(B)馬來西亞　(C)以色列　(D)美國。

二、問答及模擬題

1. 如果你是一位介紹人，幫一位女性高階主管和一位高齡的男性員工做介紹，此時你的介紹順序為何？如何做介紹？

2. 行禮方式分為哪幾種？

3. 假設你是一位主管，公司要你負責接待一位與你同等職位的外國貴賓，你將如何接待？例如，介紹國家或自己的公司？需不需要準備禮物？如何懸掛對方的國旗等？

樂

　　「樂」指的是休閒娛樂，範圍包括參加舞會、電影欣賞、卡拉OK、各類表演活動、園遊會、戶外活動……等。當走出家門與人接觸的那一刻起，一舉一動除了會受到別人注意外，也會影響到他人。在公共場合中，可以觀察到一個人的修養。有句話說：「有禮走遍天下，無禮寸步難行」，禮儀好的人，不管走到哪裡都會受到歡迎。尤其是在人多嘴雜的公共場合中，每個人更應該遵守公共秩序，依循公共道德，才不至於造成他人的困擾，甚至引來不必要的麻煩。因此，個人修養就顯得格外重要。

　　現代人都過著豐衣足食的生活，許多觀念不斷地在改變，滿足基本需求——吃、喝、拉、撒、睡之後，便開始著重於提升生活品質、培養工作之外的興趣、休假時間的安排，積極參加各種活動，如音樂、欣賞歌劇、戲劇表演等，來調劑生活、培養氣質、增加生活樂趣。但是除了豐富生活內容之外，對於出入公共場合的禮節、對表演者的尊重，是否也應該要隨之提升，以免成爲別人的笑柄，到了國外還丟了國家的面子！

一、歌劇、音樂會、夜總會

　　歌劇與音樂會是屬於較高層次的休閒活動，在國外已是一種普及的文化活動，義大利的斯卡拉大劇院（Teatro alla Scala）、法國巴黎歌劇院（Le Palais Garnier）及英國的Ruthin Castle Hotel都是世界首屈一指的。我國也隨著經濟發展的腳步和國人所得的提高，漸漸懂得如何品味生活。各種大型、具國際水準的演出，已常見於國家音樂廳、國父紀念館或國家劇院，甚至連各縣市的文化中心也會安排一些藝文活動。因此，國人接觸這類觀賞表演的機會也隨之大增，所以出入這些場所時，禮儀千萬不可不知。

　　欣賞歌劇及音樂會，對服裝穿著有些許的要求，以前國人以一條牛仔褲闖通關的觀念已經不符合國際禮儀了。愈是正式、國際級的演出，對服裝的要求愈嚴格，例如，正式的音樂會常是政要及外賓雲集，女士穿著晚禮服，男士則要求穿著深色西裝。在法國、英國對服裝的要求更是嚴格，幾乎是到了不穿晚禮服或深色西裝就不得入場的地步。筆者曾在阿根廷欣賞探戈表演，印象中，阿根廷是比較浪漫不拘束的，但會場入口處仍寫著「服裝不正式，恕不招待」。

　　一人一票、憑票入場、對號入座，除非有兒童節目，否則一般演出不得攜帶年紀太小的小朋友入場，原因是因為有些節目不適合小朋友觀賞，甚至擔心小朋友看不懂表演內容覺得枯燥，喧嘩吵鬧會打擾到其他觀賞者。

　　一般而言，開演前30分鐘即開始入場，演出前3分鐘就關門不得入場，之後場內的電燈便漸漸熄滅，此時觀眾就不可隨意離座或走動了。若提早到達，可先到服務櫃檯索取或是購買節目表，以了解演出內容或曲目，如此還可以增加觀賞樂趣。

　　入場尋找座位時，若有帶位員帶領，應禮讓女士先行；若無帶位員，那麼男士就應先尋找座位，找到位置後再讓女士先行入座之後，自己再就座。要是節目尚未開演，有其他人要進入座位時，男士應起身禮讓他人進入就座，女士則不必起身；若節目已開始，那麼男士和女士皆不必起身讓位。

　　節目開始後，不可擅自離座走動或是喧嘩吵鬧或旁若無人，高談闊論。因為不僅影響臺上表演，也會影響他人觀賞表演的權益。萬一不得已而必須離座時，應該選擇表演結束或是節目告一段落，趁休息的空檔離席。

　　若是座位離表演舞臺有一段距離，可自行攜帶或是租用望遠鏡；但是照相機及攝錄影機未經許可，是不可以擅自帶入會

場的，否則將會被沒收機器至表演結束後。必須遵守錄影、錄音、照相等相關規定，表演中一般是不能照相的，應於終場時才可照相。食物及寵物都不可以攜帶入內，因為吃喝及寵物發出的聲音，都會影響表演及其他觀眾的觀賞。帶手機或是隨身的通訊設備，應在表演時關機、調為靜音或開啓振動，切記不可因交談或是手機鈴聲而影響他人。

　　掌聲是獻給表演者最佳的禮物，什麼時候鼓掌才是適當的時機呢？表演進行中是不適合鼓掌的，應於表演告一段落或是整個節目結束時才鼓掌。若是對曲目不熟悉，可依照節目表來欣賞表演，就能避免鼓錯掌而感到難堪。音樂會時，有時樂章與樂章間會有短暫的停頓，這也不是鼓掌時機，若是在此時鼓掌，會影響下個樂章的表演，應等指揮轉身或鞠躬時，就可以判斷是否為結束；要是真的不懂，跟著懂的人鼓掌是最保險的方法。

　　最後表演結束、幕簾下降之後，觀眾便可以鼓掌。全場觀眾起立鼓掌是對表演者最大的敬意。為了表示表演精采，掌聲可以持續久一些，若是掌聲久至表演者出來謝幕五至六次，就可算是一場非常精采的表演了。

　　我們有機會應邀或自費參加各種音樂會、舞臺劇的演出，歌者歌聲美妙、感人；演奏者曲調悠揚、旋律優美，加上豐富和聲、動人節奏，表現聲音存在之美，每個人天生都有感受美感的能力，興起讚美頌謝之情。當我們聆聽貝多芬的「命運交響曲」、莫札特的「費加洛婚禮」、華格納的「尼貝龍根指環」、孟德爾頌的「仲夏夜之夢」，甚至中國的高山流水、霓裳羽衣曲，臨場音效，震撼心靈。或者欣賞莎士比亞的歌劇「羅密歐與茱麗葉」、「哈姆雷特」、「馬克白」等名劇，陳述人類各種喜怒哀樂。

　　記得曾看過劇名「唐璜」（*Don Giov-ani*），描述風流男子

唐璜，到處留情（像唐伯虎吧！），傷了很多人的心，引起復仇之神的最後警告，然其無動於衷，荒唐浪蕩，終於墮入地獄。真實的社會，很多人沉醉於聲色犬馬，不能自拔（有句順口溜：下班早早回家是窮鬼，晚上九點回家是酒鬼，半夜十二點回家是色鬼，凌晨四點回家是賭鬼）。

戲劇的藝術價值在於揭示真實人生，帶給我們多少深刻的啓示。還有在古典音樂中，如巴哈的「馬太受難曲」、韓德爾的「彌賽亞」、莫札特的「安魂曲」、貝多芬的「彌撒儀式曲」，都是爲宗教而寫。雖然沒信教，伴著歌聲與曲調，悠揚宛如天籟之音，將凡俗人間的至愛，昇華到無盡的尊榮與偉大。

音樂會、歌劇是比較高雅，然而很多人喜歡前往通俗的夜總會，喝喝香檳、欣賞精彩的歌舞表演，載歌載舞，沉醉在興奮的氣氛中。

臺灣的招牌歌「高山青」常被奏起，演出將結束，常有一排旗陣進入，每個歌者輪流演唱其中一句歌詞，不同語言、不同音色、不同民風，譜成大家耳熟能詳的主題曲。藝術凌駕政治、族群，掌聲響起、綿綿不絕、亮片繽紛，燈光由亮轉暗，演出才眞正結束。

二、舞會、卡拉OK

舞會是一種社交活動，社會上常舉辦的各種舞會，理由都不盡相同，但是參加舞會的機會仍是不少，藉由舞會來認識彼此，禮儀當然是不可不知的。

1.舞會的種類
舞會的種類又分爲以下幾種：

(1)茶舞
是屬於下午茶時的舞會。

(2)餐舞
通常是用餐和舞會一同舉行。

(3)餐後舞
不包含用餐的舞會，在用餐後舉行。

(4)大型舞會
一般這類舞會都屬於較正式的，通常都會要求來賓穿著正式的禮服，有時也會與酒會或是餐會一同舉辦。

(5)面具舞會
顧名思義就是參加的人都必須穿戴面具，保持神祕的感覺，但是也必須穿著禮服才可進場。

(6)化妝舞會
這是近年漸漸風行起來的一種舞會，參加的人可做各種打扮，如電影明星、卡通人物或是童話人物等。

(7)主題舞會
舞會有一個特別的主題，參加的人都必須做符合該主題的打扮出場。

2. 舞會的禮儀
服裝上，整潔的服裝是最基本的要求，也可以視舞會的種

類而做出不同的裝扮，一般而言都會在請帖上註明。身爲邀請人應將請帖在兩週前發出，以利賓客準備相關事宜。舞伴的邀請也應該事先就規劃安排好，千萬不可臨時邀約或占用他人舞伴。

　　一般舞會，遲到、早退都不算失禮，只是較正式或是性質較隆重的舞會，就會有較嚴格的要求了。舞會的第一支舞與結束的最後一支舞，都應該與自己的舞伴共舞。如果有主賓的話，應由主人介紹給其他與會的賓客，開舞也應該由男主人與女主賓，及女主人與男主賓來開舞；若無主賓，則是由男、女主人開舞，或是由年長、位階高者開舞。

　　若是想邀女賓共舞時，應先徵求女方的同意；若是女方有男伴在場，也應該徵求男伴的同意；要是女方沒有意願共舞，也可委婉地拒絕。但如果是由主人介紹雙方認識、邀舞，爲了顧及主人面子，也應勉爲其難地和對方跳一支舞，之後再找機會脫身。進入舞池應該禮讓女士先行，男士隨後。一曲舞畢之後，男士要有禮貌地送女士回座。

　　在國際禮儀的舞會規範中，並沒有規定從頭到尾都必須和同一位舞伴跳舞，只需在第一支舞和最後一支舞時，與最原先的舞伴跳完即可；但是若要更換舞伴，應該等到舞曲結束，行過禮之後，否則就眞的是「拋棄」舞伴了。

　　雖然國人的民風逐漸開放，女士向男士主動表示好感已不足爲奇，但是在國際禮儀的規範中，除非是至親好友，否則女士不應該主動向男士邀舞。既然無法向心儀的男士邀舞，那麼女士們該如何應對呢？在此建議大家不能明示，那就用暗示吧！保持自然的笑容，出現在他的附近，自然就增加被邀舞的機會了。

小知識大學問

　　俄國有位詩人普希金，在聖彼得堡參加舞會，特別邀請一位小姐跳舞。那位小姐很傲慢地說：「我不跟小孩子跳舞。」普希金自討沒趣地說：「對不起！小姐，我不知道妳懷著孩子。」他很有禮貌的鞠躬離開，那位高傲的小姐則眾所目視，無言以對，滿臉緋紅。

　　相對於舞會是比較高級的，卡拉OK則比較通俗，但很多人喜歡這個調調，不過要記得不要自己喜歡唱，就霸占麥克風不放，這是相當不禮貌的。然而，有人音色不佳，所謂「乞丐喉，破鑼聲」，不肯上臺，人家又覺得你不上道，不合群。為了自娛娛人，建議在家苦練國、臺、英、日各一首，視場合高歌一曲，自然見好就收，賓主盡歡。

三、展覽

1.參觀

　　博物館、美術館、各式主題的展覽等，其中以參觀博物館最為講究。最有名的當屬巴黎羅浮宮、倫敦大英博物館、紐約大都會博物館、聖彼得堡的冬宮、馬德里的Goya美術館、開羅的埃及博物館、臺北的故宮博物院⋯⋯。世界上各個國家，皆有不同的發展和歷史沿革，可從國家文化、風俗習慣、古代文物和代表性文物中窺其一二。在參觀前可先索取目錄稍微閱讀一下，參觀時再依目錄對照古物一起觀賞，這樣才有深刻的體會。

　　各地大博物館中，陳列著豐富的收藏品，提供遊客觀賞與讚歎。藝術品可以用來裝飾、顯示高貴華麗、可當教育之教材、可當研究對象，甚

至是觀光旅遊之指標，讓人先睹爲快，不虛此行。

　　說起繪畫，更有達文西的「蒙娜麗莎」、米開朗基羅的「創世紀」、梵谷的「向日葵」、林布蘭的「自畫像」、塞尚的「聖維多利亞山」、范寬的「谿山行旅圖」。雕刻方面有米開朗基羅的「聖母慟子像」、羅丹的「沉思者」、莫高窟的「佛像雕塑」……。美好的作品，彷彿一盞明燈照亮我們的心靈，讓生命充滿希望，並感受其奧妙。

　　美的鑑賞，要具備看得懂的能力，欣賞追求永生的埃及藝術、優美壯麗的希臘建築、宏偉實用的羅馬風格、嚮往天國的歌德式、激情絢麗的巴洛克、優雅精緻的洛可可；近期的印象派、野獸派、立體派、抽象派等，由無天生感性的欣賞層次，提升到知性與感性交融的鑑賞境界。若能再懂些希臘神話及聖經故事，就不會空入寶山了。

　　參觀時若攜帶兒童進入，要約束他們的行爲，不可以喧嘩吵鬧或任意奔跑。一般博物館裡的陳設均不可以任意觸碰或是隨意攝影，觀賞時必須在指定的範圍內。博物館內亦不可以吃東西、喝飲料，甚至是抽菸，更不可亂丟垃圾或隨地吐痰。若有導覽解說，應該尊重他並仔細聆聽，才能獲益良多。

　　2012.09.10新華網指出臺北故宮爲提升參觀品質與遊客安全，公告由於拖鞋未附著於足而製造聲響，極容易滑跤受傷，因此來院參觀時盡量勿穿著拖鞋，並在公文上附上拖鞋樣式圖案，請勿穿入展場。由於故宮館藏豐富而成爲遊客必選項目，總參觀人數達384萬多人次，大陸地區遊客佔37%，外籍遊客佔20%。

　　其他各種展覽，如商業展覽的電腦展、汽車展、玩具展、家具展或地方名產等，這類活動的主辦單位希望藉由活動，能讓參觀者仔細鑑定和比較，所以這類活動的限制比較少。雖然參觀者有較大的空間和較多的自由，但是可別把方便當隨便，參觀時還

是要隨時尊重他人的權利，若商品標示著「不可以摸」、「不可以坐」或「此展覽區需要排隊參觀」等規定，就一定要遵守，可別無視於這些標示的存在，依然胡亂觸摸、隨便試坐或是插隊。

2.動物園

我國對保育動物的觀念日趨成熟，各種保育的措施也更為落實了。參觀動物園時，務必遵守園內的規定，以免成為動物獸性大發後的受害者。

去動物園玩的時候總會想拍照留念，但是拍照之前，要先注意四周是否有「禁止拍照」的牌子，也儘量不要驚嚇到動物，例如，動物正在休息時，不可以因為很想看動物而拍打玻璃門或丟石頭，要是不小心讓動物凶性大發而發生意外，後果該由誰負責呢？

也別為了想留做紀念而任意拔掉動物身上的羽毛或鬍鬚，甚至是騎在動物背上。各種動物皆有不同的習性、特定的食物，或管理人員規定的用餐時間，為避免造成工作人員的困擾，大家一定要配合園方的規定，除非有「歡迎餵食」的牌子，否則千萬不可擅自餵食。

如果到開放式的野生動物園參觀時，可別看動物乖順可愛就掉以輕心，想要觸摸一下。千萬要記得不可將車窗打開或是走出車外，以免一個不注意就變成獅子、老虎的肚中物了。

參觀開放式的動物園時，千萬要注意安全。若是服裝的顏色或身上有過於刺激的味道（如香水），都有可能為你引來意外。正確的做法是坐在車內、緊閉車門，並遵守園方的相關規定。

3.遊樂區

因為週休二日的實施，使得國人休閒的時間變得更多了，各種旅遊、休閒活動也日益盛行，使得許多民間設立的休閒娛樂

場所變成大家的好去處。例如，暑假期間就有許多非常刺激好玩的水上遊樂設施，但是，好玩歸好玩，除了一般公共場所的禮節要注意之外，自身的安全也是不可小覷的。

　　一般而言，各項遊樂設施都設有使用或乘坐方式的告示牌，牌上除了說明遊戲規則和使用限制之外，也會有專人在現場指導及維持秩序；除了這些之外，遊客本身也必須了解且遵守相關的規定，才能維護自身的安全，以免發生令人遺憾的意外。

　　根據《經濟學人》公布2014年入境旅遊人數排名前十名為：法國、美國、中國、西班牙、義大利、土耳其、英國、德國、馬來西亞及墨西哥，臺灣則為38名。

小知識大學問

　　你知道為什麼參觀時不可以隨意拍照留念或攜帶食物進場嗎？因為無論是古代的文物，或是現代人的各項創作，在展出時，為了保護這些藝術品，通常會控制溫度、濕度和光線等，所以如果閃光燈一直閃個不停的話，對於作品的保存會產生一些威脅；而食物的油漬、氣味、濕度等，對作品的威脅也不小，理所當然的也不能攜帶入場。還有「智慧財產權」這個觀念，所以未經創作者本人或是藝術中心的同意，任意拍照或使用都是不合法的行為。

　　那麼參觀動物園為什麼不可以隨意拍照呢？這是因為園方怕燈光一閃一閃的，不僅容易驚嚇到動物，進而也可能影響動物的生活作息等，而這些拍照所帶來的後遺症，並非大家所希望見到的，所以下次有機會逛動物園的時候，請記得遵守園方的相關規定。

富士比網站所選出的最佳主題遊樂園

1. 亞騰塔	英國斯塔福德邵
2. 普士樂園	美國佛羅里達坦帕灣
3. 迪士尼樂園	美國加州安納翰市
4. 歐羅巴公園	德國魯斯特
5. 加達樂園	義大利加達
6. 萊斯柏格樂園	瑞典哥德堡
7. 樂天世界	南韓首爾
8. 亞凡圖拉港主題樂園	西班牙薩盧
9. 六旗大冒險主題樂園	美國紐澤西州傑克森市
10. 蒂沃利遊樂園	丹麥哥本哈根市

最佳精彩節慶

一月	加拿大魁北克雪祭
二月	巴西嘉年華會
三月	荷蘭鬱金香節
四月	泰國潑水節
五月	澳門花地瑪聖母出巡
六月	加拿大蒙特婁音樂節
七月	西班牙奔牛節
八月	英國愛丁堡藝術節
九月	德國啤酒節
十月	日本時代祭
十一月	印度屠妖節
十二月	芬蘭聖誕節

四、觀賞球賽的基本禮儀

　　現代人不僅注重休閒活動，連自身的身體健康也不馬虎，有句話說：「健康就是人生最大的財富」，因此各種運動俱樂部也應運而生了。不論是為了健康、減肥，還是比賽，從事運動的人越來越多。除了運動外，很多老外也愛看球，所以英語很多話多來自球賽，常聽到「That's the end of ball game！」（球賽結束了，沒得玩了！）很像我們說：「這下沒戲唱了！」運動休閒的禮儀亦是國人不可不知的一項，以免在一些特殊狀況下出糗。

　　所有運動的總彙就是奧林匹克運動會，自1896年起每四年舉辦一次，現有190餘國參加。每當到曾舉辦過奧運的國家參訪，常會安排參觀奧運會場，代表該國的驕傲。茲列出例年舉辦奧運會的地點（註：古代奧運的競賽項目很少，運動員及選手只限男性，參賽者均裸體比賽，都是在希臘的奧林匹克舉行）。

奧運會舉辦地點

年份	地　　點	年份	地　　點	年份	地　　點
1896	希臘雅典	1936	德國柏林	1980	蘇聯莫斯科
1900	法國巴黎	1948	英國倫敦	1984	美國洛杉磯
1904	美國聖路易	1952	芬蘭赫爾辛基	1988	韓國首爾
1908	英國倫敦	1956	澳大利亞墨爾本	1992	西班牙巴塞隆納
1912	瑞典斯德哥爾摩	1960	義大利羅馬	1996	美國亞特蘭大
1920	比利時安特衛普	1964	日本東京	2000	澳大利亞雪梨
1924	法國巴黎	1968	墨西哥墨西哥市	2004	希臘雅典
1928	荷蘭阿姆斯特丹	1972	德國慕尼黑	2008	中國北京
1932	美國洛杉磯	1976	加拿大蒙特婁	2012	英國倫敦
				2016	巴西里約（首度在南美洲舉行）
				2020	日本東京

備註：其中以美國4次最多，英國3次居次，德國、法國、希臘、澳洲、日本各2次。

2008年奧運誰是老大，解讀各異，請見以下分析。

2008年奧運獎牌總數表

排行	國家	金	銀	銅	總計
1	中　　國	51	21	28	100
2	美　　國	36	38	36	110
3	俄羅斯	23	21	28	72
4	英　　國	19	13	15	47
5	德　　國	16	10	15	41
6	澳　　洲	14	15	17	46
7	南　　韓	13	10	8	31
8	日　　本	9	6	10	25
9	義大利	8	10	10	28
10	法　　國	7	16	17	40
～					
80	臺　　灣			4	4

　　北京奧運落幕，獎牌榜也在水球金牌戰之後確定，但誰才是京奧第一，各大國自有解讀的方式。

　　如果以金牌數作為排名優先順序，金牌數相同，再比較銀牌和銅牌，以此法排序，中國獲得51面金牌，遠勝美國的36金，當上榜首。

　　當慣了國際體壇霸主的美國，自然不甘落後，不少美國媒體就採取總數作為排名依據，如此美國總共獲得110面獎牌，勝過中國的100面。更甚者，還以1896年美國參加奧運以來的獎牌累計總數作成排名，美國當然還是第一。

　　偏重金牌或偏重獎牌總數都有得批評，所以也有人以「加權計分」來計算。比方說，金牌4分、銀牌2分、銅牌1分，但這個方案算下來，中國累計權分為274分，美國只有256分，此法

恐怕在美國並不討喜。

　　澳洲人則以獎牌數除以人口數，算成「國民平均獎牌數」排行榜，這個算法會使牙買加排第一，斯洛伐克居次，澳洲就是第三。

　　歐洲人也有自己的算法，反正歐盟已經成立多時，範圍不斷擴張，如果以歐盟名義計算，中國和美國都不是對手。

　　另外，也是每四年舉行一次的世界盃足球賽與奧運同列為世界最大的運動盛會，足球場的10號球衣是代表王牌核心人物如比利、卡卡、馬拉度納、席丹均是叱吒風雲的球星。相傳是羅馬時代，砍下敵軍將領的頭來踢，以示洩恨，演變成將球踢進對方的球門，規定用頭頂或腳踢，使用手部和臂部都是犯規動作，西方人對足球幾乎「瘋狂」。足球可以加強團隊精神及榮譽感，強化旺盛企圖心，亦可增強個人風度及遵守裁判規則（如設有紅、黃牌）一場精彩的足球賽，可以刺激到令人無法呼吸。茲把歷年世界盃前四名列表，有機會可當成交談資料。

歷年足球世界盃前四名

年度	主辦國	前四名	冠亞軍比較
1930	烏拉圭	1.烏拉圭　2.阿根廷　3.美國　4.南斯拉夫	4：2
1934	義大利	1.義大利　2.捷克　3.德國　4.奧地利	2：1
1938	法　國	1.義大利　2.匈牙利　3.巴西　4.瑞典	4：2
1950	巴　西	1.烏拉圭　2.巴西　3.瑞典　4.西班牙	2：1
1954	瑞　士	1.西德　2.匈牙利　3.奧地利　4.烏拉圭	3：2
1958	瑞　典	1.巴西　2.瑞典　3.法國　4.西德	5：2
1962	智　利	1.巴西　2.捷克　3.智利　4.南斯拉夫	2：1
1966	英格蘭	1.英格蘭　2.西德　3.葡萄牙　4.蘇聯	4：2
1970	墨西哥	1.巴西　2.義大利　3.西德　4.烏拉圭	4：1
1974	西　德	1.西德　2.荷蘭　3.波蘭　4.巴西	2：1

1978	阿根廷	1.阿根廷　2.荷蘭　3.巴西　4.義大利	3：1
1982	西班牙	1.義大利　2.西德　3.波蘭　4.法國	3：1
1986	墨西哥	1.阿根廷　2.西德　3.法國　4.比利時	3：2
1990	義大利	1.西德　2.阿根廷　3.義大利　4.英格蘭	1：0
1994	美　國	1.巴西　2.義大利　3.瑞典　4.保加利亞	3：2
1998	法　國	1.法國　2.巴西　3.克羅埃西亞　4.荷蘭	3：0
2002	日　韓	1.巴西　2.德國　3.土耳其　4.韓國	2：0
2006	德　國	1.義大利　2.法國　3.德國　4.葡萄牙	5：3
2010	南　非	1.西班牙　2.荷蘭　3.德國　4.烏拉圭	1：0
2014	巴　西	－ － － － －	

臺灣足球在全球203個國家地區中，居162名，儘管足球排名很差，但觀看球賽吶喊、狂喜、掉淚，也是開心的事。

2012年奧運獎牌總數表

排名	國名	金	銀	銅	合計
1	美國	46	29	29	104
2	中國	38	27	22	87
3	英國	29	17	19	65
4	俄羅斯	24	25	33	82
5	韓國	13	8	7	28
6	德國	11	19	14	44
7	法國	11	11	12	34
8	義大利	8	9	11	28
9	匈牙利	8	4	5	17
10	澳洲	7	16	12	35
～					
63	中華臺北	0	1	1	2

　　上表為2012年奧運得獎總數表，讀者可依循前述之方法自行演算排名。

　　其他較常參與的球類有以下幾種：

1.棒球

棒球是一種全民運動，早期我國紅葉代表隊在美國打世界盃的時候，熬夜看比賽是大家共同的回憶。時至今日，棒球運動已然發展成為職棒，這表示棒球運動受到許多國人的喜愛。像是我國旅美好手陳金鋒，在小聯盟的表現相當傑出，進而升格到頂尖的美國大聯盟職棒，成為我國職棒進入大聯盟的第一人，其在美國職棒表現的一舉一動，都受到媒體及國人的密切注意。旅美棒球好手王建民，大大提高臺灣在全美乃至全世界的能見度。中南美洲都狂熱於足球，唯獨古巴、尼加拉瓜專美於棒球。所以在成為生活一部分的棒球運動中，禮貌更是不可或缺的常識。

身為看臺上的觀眾，修養絕對不可少。曾聽聞場內選手還未開賽，場外的觀眾卻已打成一團的新聞，真是貽笑國際。還有些觀眾因為自己喜歡的球隊戰敗，或是對手球隊出現失誤，而給予噓聲、辱罵等，這些都是非常不好的行為，既沒有禮貌，也沒有修養。應該要有雖敗猶榮的精神，對於打贏的球隊應承認他們的實力，對於戰敗的球隊要給予支持和鼓勵。

有一位過於熱情的球迷，在比賽開賽前，赤裸著上身跑到球場中央，身上畫著支持球隊的人體彩繪，然後大喊大叫的，雖然表達了對球隊的熱烈支持，但也失了自己和球隊的面子，我想球隊有這樣的球迷也不會覺得高興吧！

2.網球

網球在國內算是非常普遍的一種運動，有些是政府提供的公用場地，有些是私人經營的，有些則是社區民眾繳費自組的俱樂部。因為網球的普及，所以打網球的禮貌也一樣受到重視。

有些世界知名的網球公開賽，對於觀賽者的服裝也會有所要求，男士必須穿著西裝打領帶，而女士則必須穿著日間禮

服。比賽進行時，觀眾不得擅自離席，只可在比賽者交換場地時才可離座，並且也只能在一局或是整場比賽結束時才可以鼓掌。任何會影響到參賽者情緒的動作都應該儘量避免，例如，出現一個精彩的連打或救球動作，也應該避免鼓掌，因為有可能會因而影響到比賽的進行。

比賽進行中，看不到四處兜售飲料或是零食的小販，或有人在觀賞臺上吃喝或是啦啦隊的加油聲等，因為這些都會影響參賽者的注意力。這些較嚴謹的規定，可作為我們一般觀賞時的規定和觀賽的禮貌。

3.高爾夫

除了之前提到觀賞球賽的禮儀，有時候我們也會因商務的關係而進行一些體育活動，像是友誼賽，而高爾夫就是其中之一。不論是政治人員還是商場老手，都喜歡到高爾夫球場上一較高下。因為國民所得的提高，讓人民有更多的時間和金錢可以享受高消費的休閒活動，使得高爾夫球的運動更加地普遍化，也使得原本是達官貴族專屬的運動，轉而變成大眾化運動。因此，打高爾夫球的禮節也漸漸受到大家重視。

(1)安全第一

不論從事什麼活動或運動，都有一定的危險性，運動傷害事件更是時有耳聞，每個人或多或少也曾親身經歷過，所以「安全」是優先考量，高爾夫球也不例外。在擊球、試桿之前，應先確定在揮桿範圍內沒有其他人員站立或行走，同時也要確定擊球方向的落點範圍內沒有人站立，最後則是檢視地面有沒有小石子或樹枝等雜物，以免在揮桿的同時將其帶起，而傷及他人。

(2)多為他人著想

　　當球員在球場上準備發球時，其他人員應避免隨處走動、交談、過於靠近或站在擊球方向，以免干擾到發球員的情緒。第二位接著上場擊球的人，為了增加球局的行進效率，上場前應先思考好所要使用的球桿種類及何種打法，輪到自己時，應是已有萬全準備了，才可避免全場人因為等待你個人的思考而浪費寶貴時間。

　　在前一組球員尚未走出落球距離外的範圍時，後組球員不可擊球，但若是擊球後，無法即時找到球落下的地點，應先做手勢讓下一組的球員擊球，等到後組球員離開落球距離範圍外，才可以繼續擊球。打完一洞之後，球員應立即離開果嶺，這樣可以避免影響到他人。

(3)球場上的優先順序

　　若無特殊狀況時，兩人一組的球賽優於三人一組或四人一組的球賽，並可以超越之。但是個人單獨球員並無任何的優先權，應禮讓兩人以上的球賽球員先通過。再者，打完十八洞整的球賽優於其他洞數的球賽，若某一組球員無法保持正常的行進，落後下一組球員超過一個洞以上，就應禮讓下一組球員先打。

(4)球場上的維護

　　維護球場固然是經營者的責任，但在打球時，也應隨時注意並保持球場上的整潔，以免造成下一位打者或其他球員的不便。尊重球場上的相關規定，例如，若球場有提供高爾夫專用車，應注意是否可行駛於球道之間，以免損傷草皮和果嶺。

　　在沙坑上的洞痕及足跡，或在球道上的草皮若有損傷，應

在離開時立即填平，此時應將草皮向下壓實，特別是在發球區內的草皮，因為使用者較多，所以應特別注意。球袋或球桿的拿取或放置，應確定會不會損傷果嶺。若站在離球洞很近的地方，或要將球取出時，也要注意不可傷及球洞；離開果嶺時，應記得將旗竿放回原位。

(5)高爾夫的服裝

高爾夫是一種休閒運動，所以在服裝上並無特別規定或限制，以適合在陽光下從事活動的整齊穿著為佳，一般無領的T恤及露手臂的背心比較不適合。例如，快速排汗、吸汗的運動上衣等，個人可穿著適合自己的服裝，男士可穿著長褲，女士可穿著褲裙，但是鞋子必須穿著高爾夫專用的釘鞋，以免破壞球道和草皮。至於個別球場的特殊規定，一般都會印在計分卡上，運動前先閱讀一番，便可避免意外狀況的發生。

(6)個人情緒的控制

高爾夫最大的樂趣在於與球場地形競賽，有時場地設計困難度很高，常常在擊球時無法順自己的意，飛到預期之外的地方，像是掉進水池、沙坑或界外等。若常失誤而無法克制自己的情緒，惱羞成怒地抱怨場地的不是，甚至將球具摔壞或踢草皮等，都是很不禮貌的行為，而且非常失態。

五、各國旅遊趣聞及見聞

一般而言，出國旅遊時，參觀活動的行程幾乎就占用了一大半的旅遊時間，所以出發前應先對異國的文化、法律、宗教禁忌等有些許的認識，以免因而失禮或是吃了大虧。

1.亞洲
(1)東北亞
a.日本

日本人茶盤上的茶杯一向都不放6個，這是因爲日語「6」和「毒」的發音是一樣的，所以日本人對「6」是非常敏感的，而且送禮的禮品內容數量也不能送和「6」有關。還有，日本人是很有時間觀念的，無論是私人的聚會或是商業上的往來都一定要準時到達。另外，地鐵在日本也非常普及，一般來說，在日本的街道上行走時，要靠左邊走，但在地鐵中就要靠右邊行走。

由於日本人很少邀請賓客來家裡訪問，所以很少在自己的家裡接待客人，若是你被邀請到家中作客，可是一件非常榮幸的事。不過要記得帶「伴手禮」，才不會太失禮。附帶一提的是，「OK」手勢在日本還包含了「金錢」的意思；「豎小指」在日本是表示「情人」或「女性」的意思；而「豎大拇指」則代表「令尊」、「男人」的意思；此外，食指向下彎呈現拐杖的形狀，其餘四指握拳這個手勢，代表「小偷」的意思。

b.韓國

古時的韓國，我們稱之爲「朝鮮」，但是如果你到韓國去旅行，切忌對韓國人稱朝鮮（2011年7月旅遊北韓時，他們自稱北朝鮮，如講「北韓」馬上糾正），因爲這是非常不禮貌的。就如同中國的英文是「CHINA」，日本稱我們爲「支那」，我們同樣會感到憤怒。還有韓國的首都首爾（昔稱漢城），過去在日本統治時代稱爲京城，到現在許多韓國人對於那些慘痛的回憶都還懷恨在心，就像是聽到「南京大屠殺」一樣，現在還是許多人無法忘懷的，所以若是有機會到韓國旅行，就算懂得日語，也少開口爲妙。

　　我國的國花是梅花，而韓國的國花則是木槿（無窮花），雖然都是國家的代表象徵，但是對於國花的態度卻是大大的不同。韓國人認為既是國花，當然不可隨便，所以舉凡家具、家飾，如床單、坐墊，或是襪子、鞋子，都不可有木槿的圖案。附帶一提，「豎小指」在韓國是表示「妻子」或「妾」的意思。

　　c.中國之旅（部分）：三峽、黃山、杭州遊記
　　筆者因公或私人旅遊赴中國大陸已二十次以上，遠至內蒙、西藏、絲路，最近重遊長江，記錄如下：

　　(a)前言
　　利用暑假與好友們共十六位，同赴大陸三峽、黃山、杭州一遊，休息是為了走更長遠的路，盡情享受如此的中國美景，請大家一齊與我臥遊，共同分享。

　　(b)長江三峽
　　大自然的鬼斧神工，造就了長江三峽絕妙的奇景。自古以來，多少文人墨客泛舟其間，吟誦出許多流傳至今的優美詩篇。
　　在重慶吃完中外聞名的麻辣火鍋，隔天乘坐「長江公主號」順流而下。首先進入瞿塘峽，峽口雄冠天下的夔門，長8公里，為三峽中最短、最狹、氣勢景色最為雄偉壯觀。唐朝白居易說：「上有萬仞山，下有千丈水，蒼蒼兩崖間，闊峽容一葦。」
　　然後是巫峽，長43公里，三峽中最長，逶迤曲折，恰似崖壁阻擋，忽而峰迴路轉，柳暗花明，別有洞天。江中礁石林立，險灘密布，水勢湍急、波濤洶湧。聳立高處的神女峰，可

以一窺其嫵媚動人的倩影。唐代詩人元稹說：「曾經滄海難爲水，除卻巫山不是雲。」

最後是西陵峽，長35公里，這裡大峽套小峽，景色各異，兩岸多溪、泉、石、洞，被稱「西陵山水天下佳」。這裡本來險灘、礁石縱橫，經多年整治，尤其萬洲壩水庫蓄水，水位上升，灘石沉底，已無險可言。船過萬洲壩，利用兩邊不同水位，船身如爬水梯。唐代李白訴說：「朝辭白帝彩雲間，千里江陵一日還，兩岸猿聲啼不住，輕舟已過萬重山。」今已不復再見矣！

三峽區內因山高、峽窄、谷深，經常霧氣蒸騰，變幻莫測，別有一番神祕色彩。從長江支流大寧河折入，綿延50公里，水流迂迴，峭壁夾峙，山翠、水綠、峰奇、瀑飛，造成迷迷濛濛的意境。其中龍門峽、鐵棺峽、滴翠峽被稱爲「小三峽」。

船遊長江三峽，不僅飽覽奇異風光，而且領略悠久的文化和歷史，兩岸懸崖峭壁的縫間，散布著兩千年前的懸棺。古人如何將棺木放到如此險要之處，迄今仍是難解之謎。還有古棧道，絕處凌空，真所謂「蜀道難，難於上青天」。滾滾江水也流經歷史名人的故鄉，如矗立的「屈原故里」、遺址上的「王昭君宅」，以及三國時代的白帝城、張飛廟、赤壁、荊州城。歷代著名詩人李白、杜甫、蘇軾、陸游等，先後旅居於此，留下大量詩篇，還有酆都鬼城，其廟宇中都有著名神鬼，相傳這裡是「陰曹地府」。位於武漢長江旁的黃鶴樓，被譽爲「千古名勝、天下絕景」，依山臨江，層層飛簷，黃瓦紅柱，古色古香，是江南三大名樓之首。黃鶴樓因唐朝崔顥的名詩而大大成名：「昔人已乘黃鶴去，此地空餘黃鶴樓。黃鶴一去不復返，白雲千載空悠悠。晴川麗麗漢陽樹，芳草棲棲鸚鵡洲。日暮鄉關何處是，煙波江上使

人愁。」

(c)黃山

由武漢搭乘大陸「良光」民航，驚心動魄的到達黃山。黃山雄踞於風景秀麗的安徽省南部，以奇特的自然景觀恭稱於世，被譽為天下第一奇山，並已被聯合國教科文組織列為「世界文化和自然遺產」保護區。明朝著名旅遊家徐霞客曾讚歎：「五岳歸來不看山，黃山歸來不看岳。」景區內峰巒迭翠，群峰錯落有致，天然巧成，或崔嵬雄渾，或峻峭秀麗。瑰奇的蓮花峰、平曠的光明頂、險峻的天都峰為三大主峰，以此為中心向四周放射鋪展，跌落為深壑谷，隆起成峰巒峭壁，呈現出典型的峰林地貌。群峰間怪石星羅棋布，造化驚奇，構成幅幅天然圖畫。

奇松、怪石、雲海、溫泉，譽稱為黃山「四絕」，景區內「無處不石，無石不松，無松不奇」。黃山松以石為母，以雲為乳，由於地理環境和自然氣候影響，造化出千姿百態的奇狀。它破石而生，盤結於危岩峭壁之中，挺立於峰崖絕壑之上。最著名的有迎客松、臥龍松、探海松、送客松……等。

黃山怪石不可勝數，栩栩如生，妙趣天成。大者石林聳峙、石昏羅列，小者玲瓏剔透、鬼斧神工。其中「猴子觀海」、「飛來石」、「仙人背包」、「夢筆生花」、「鯽魚背」、「豬八戒吃西瓜」等，更是石中怪傑。

黃山雲海，浩瀚無際，尖峰浮海，猶如孤島，時隱時現，瞬息萬變。立山頂，卻如大海之濱，妙在非海似海，堪稱奇觀，日照時之霞海，光華絢麗，湧金流銀，令人讚歎不已，流連忘返。

黃山激泉，水質清淨，常溫42℃，可飲可浴，是富碳酸的

淡溫泉，對皮膚、關節、神經等疾病有療效作用。

因四季季氣不同，尚有神奇之佛光、華彩、霧淞、冰柱、清溪飛瀑、名花古木、珍禽異獸，猶如一幅立體的壯麗畫卷。黃山之美，是大自然造化，身臨其境，方知其絕。黃山，看不夠，說不盡，也道不完，此生此世，難以忘懷。

(d)杭州

由黃山開了滿長的車程，來到了浙江省省會杭州，是中國著名的七大古都之一，這裡人傑地靈，物阜民豐，享有「上有天堂，下有蘇杭」的盛譽。

杭州古臨海，形成飛來峰的岩洞和峭壁，從五代、宋元時期，石刻造像三百多尊，雕刻精美，刀法洗鍊，線條流暢。印度高僧慧理來此建靈隱寺，後有「濟公」亦在此出家。清朝康熙皇帝南巡顯賜「雲林禪寺」匾，天生有袒胸露腹的彌勒佛坐像，兩旁是四大天王的彩像，分稱「風、調、雨、順」。大雄寶殿單層重檐、琉璃瓦頂，正中為金裝釋迦牟尼佛像，高9公尺，莊嚴肅穆，朝拜、遊覽之眾經日不絕。

隔日一早走訪岳王廟，門樓懸掛「心昭天日」橫匾，有對聯：「父子北征，忠孝岳家軍第一；君臣南渡，河山宋室無雙。」內有岳飛坐像，頭戴金盔，身穿紫袍，一手握拳，一手按劍，神采飛揚。上書「還我河山」，龍飛鳳舞。岳墳前有四鐵像，反剪雙手，面墓而跪，乃秦檜、王氏、張俊、方俟卨等奸佞，背後楹刻「青山有幸埋忠骨，白鐵無辜鑄佞臣」。關前的照壁嵌有「盡忠報國」四字，傳聞岳母刺字，將國字少了一點，隱喻「國不成國」之意，欲收復中原再行補上。迴廊有岳飛手蹟及名人題詠，均雄勁沉渾。

緊接著驅車到杭州聲譽砥柱的西湖，它三面群山環抱，

一面瀕市，宛如一鑲嵌在城市中的明珠，佳山妙水，欲尋幽訪勝，俯拾即是，乘坐畫舫，不禁想起蘇東坡讚詞：「水光瀲灩晴方好，山色空濛雨亦奇；欲把西湖比西子，淡妝濃抹兩相宜。」西湖十景是：花港觀魚、南屏晚鐘、雙峰插雲、柳浪聞鶯、三潭印月、雷峰夕照、斷橋殘雪、平湖秋月、曲苑風荷、蘇堤春曉。西湖堤岸，遍植桃柳，桃花枝頭乍放，柳條倒映煙波，碧波漫漫無涯，美如詩，是中國人世世代代所嚮往的完美之境。其後參觀西湖龍井茶場，龍井茶以「色綠、香郁、味甘、形美」稱譽，為國家級禮品茶，淡香沁人，茶中極品。此外，絲綢、刺繡、東坡肉、張小泉剪刀均是杭州土特產。

(e)後記

江山多嬌，能與好友結伴旅遊，誠人生幸甚！沿途拍了不少照片及幻燈片，日後將勾起許多美好的回憶，引發無限的遐思。

(2)東南亞

東南亞的佛教國家（如寮國、斯里蘭卡、泰國、柬埔寨），對於寺院、佛像、僧尼等都是非常尊敬的，所以到了這些國家旅遊的時候，對於有關佛教的事項，都要特別小心與注意，切勿因而犯了禁忌，最嚴重的情況還有可能會被判處徒刑。例如佛像的拍攝，不可把身子倚靠在佛像身上，或是騎在頭上，對他們而言是大大的不敬，有可能因而引來許多不必要的誤會。

寮國、斯里蘭卡、泰國、柬埔寨這些佛教國家，有一個特別的不成文習俗，就是和尚吃飯的時間不過中午，而且只要手頭寬裕的人，都必須招待和尚吃飯，因而更動原本計畫好的行程表是常有的事。到了這些國家，就必須體諒他們這些不成文的習

俗，因為這也是無可奈何的事。

　　到了這些東南亞國家（如寮國、斯里蘭卡、泰國、柬埔寨、緬甸），每天清晨都會有和尚托缽化緣，而且當地居民也會準時地將東西準備好，等到托缽過後，人們才開始食用早餐。

　　這些東南亞國家一帶的和尚，是在嚴格的戒律下，不斷地修行，並替一般民眾消災解厄。雖然他們沿街化緣，但他們絕不收受現款，這與基督國家的觀念有很大的不同。在基督國家，捐錢給教堂或神父是很平常的事，但是在當地和尚的戒律當中，有一條規定是，凡僧不可觸摸「阿堵物」。所以現在有些地方規定，必須將錢用紙包起來，才可捐給和尚。

　　到東南亞國家有一點是女生要非常注意的，那就是絕對不可以與當地的和尚接觸或交談，尤其是泰國這個國家，連女人的衣服都不能碰到和尚的衣服，而且在這些國家中，穿著不能太暴露，否則會讓人誤以為是在引誘街上的和尚。

　　到這些國家旅遊的女遊客，必須對當地的宗教信仰有所了解，否則不小心越軌犯禁，就容易引起別人的反感。從這點看來，或許有人會覺得這些國家真是男女太不平等了，但是不論女生心中有多麼不平衡，宗教習慣就是一種習俗，入境隨俗也就是要教我們這個道理。

　　這些地區的人民都非常熱情活潑、個性開朗，所以到這些國家旅遊就不需過於拘謹，否則就無法給人留下好印象。印尼人、菲律賓人認為生活就是要快樂，每天都保持愉快的心情，說笑話是他們的生活禮貌之一，所以到當地旅遊，如果能夠入境隨俗和他們打成一片，必定大受歡迎。

小知識大學問

　　一般我們定義佛教有大乘佛教、小乘佛教之分。大乘佛教又稱北傳佛教（梵語Mahayana），代表國家有中國、日本、韓國；小乘佛教又稱南傳佛教（梵語Hinayana），代表國家是東南亞各國。但是東南亞國家的人民堅持他們才是正統的大乘佛教，所以到這些國家旅行時，切記不要在當地說出有關「小乘」或「Hinayana」的字眼，否則他們會認為你有輕蔑他們的意思。

　　東南亞各地（印度、中東、近東亦是）的人民認為用左手拿東西給人是一種極不禮貌且有惡意的行為，所以他們都習慣以右手拿東西給對方；若要表示最高敬意的話，就以雙手拿東西給對方。

　　不只東南亞，不論到哪一個國家，多多少少都會遇到乞丐。印度有句名言說：「有錢人最好的財富就是拯救貧窮人的飢餓。」但是有些地方的乞丐真的很多，當你施捨東西給一位乞丐時，就會引起其他乞丐的注意，進而全部的乞丐都會朝你蜂擁而來。所以，當要做善事的時候，切記要趕快離開當時所在的地方，把要給乞丐的東西給完後就馬上上車，以免被一群乞丐團團圍住。

　　除了乞丐之外，扒手也是世界各地都有的，以技術程度來說，日本和義大利為最。所以不管到哪一個國家，都要隨時注意自己的錢包，小心四周與你貼近的人物，以防被扒手偷了荷包。附帶一提，「大拇指向下比」這個手勢，在東南亞各國代表「失敗」的意思。

a.馬來西亞

馬來西亞這個國家，有許多家庭在洗手間內是不擺放衛生紙的（如印度、菲律賓、印尼也是），可是要如何解決清潔的問題呢？他們擺的是一個比茶杯略大的容器，等到上完洗手間的時候，便用這個容器，盛裝自來水或舀起水缸中的水沖洗，並沒有像之前聽人家說的用手擦屁股。這對我們來說，仍是一件不輕鬆的事，但習慣之後，反而會覺得清爽無比。

在該國請客，可不一定是主人得付錢。只要哪一方較有錢，就是那一方出錢。印度、寮國、中南美洲國家也是如此，是不是很特別呢！除此之外，到馬來西亞國家的飯店居住，嚴禁攜帶榴槤進入，因為其所散發的氣味非常特別，所以大部分飯店均將榴槤列為拒絕往來戶。

b.泰國

在泰國當地有許多販賣佛像的小販，可供遊客購買當地紀念品。雖然只是紀念品，但是當地人認為，佛像就是佛像，應該放在高處供人膜拜瞻仰，如果對佛像過於隨便的話，可是會引來當地人的反感。

另外，在泰國還有一項嚴格的規定，就是只要超過了凌晨2點，就不准買賣酒類商品，不遵守的話便是違法的。即使是在飯店裡也一樣，過了凌晨2點，就不可以請服務生送酒來。除了泰國之外，在印度，因為崇尚甘地精神，所以也有禁酒的規定，在禁酒日的時候是買不到任何酒的。

泰國人認為身體最神聖的部位是頭部，甚至對可愛的小朋友也不能摸頭，高棉與印尼亦是如此。據說理髮師剪頭髮時，還得對顧客的頭行禮；相反的，腳就被認為是最卑微的部位了，所以千萬別用腳趾、腳跟、腳掌指向他人。

c.印尼

印尼這個國家的觀念是非常保守的，對於男女關係的要求也特別嚴格，所以當地有一項非常嚴格的不成文規定，一男一女如果想在當地旅館住宿，必須出示證明你們是兄妹或是有血緣關係；否則，印尼的旅館寧可不做生意，也不願意男客隨便帶個女人住進旅館或造訪男客。

在印尼這個國家，搭計程車也要特別注意，在市區還好，可是如果是在郊外的話，那就得小心了。當地的習慣，總是想找機會大坑一筆，所以在郊外搭計程車時，他們都會在半途中要求多付計程車費，一次又一次的提高價碼，因為遊客害怕在荒郊野外被趕下車，所以只好自認倒楣的花錢消災。

電話是商人用來聯絡生意的重要工具之一，所以無論是到哪一個國家做生意，一定要在事先調查對方國家的電訊狀況。像在印尼（埃及、阿拉伯亦是），電話有時就會出現一下通、一下不通的狀況，甚至即使接通了，也會出現許多雜音，完全聽不清楚雙方所要表達的意思，要是遇到緊急狀況，但是電話偏偏不靈光，搞不好因此損失慘重。附帶一提，「OK」手勢在印尼是代表「什麼都不必做了」的意思，可不是我們說的「好、沒問題」的意思。

d.緬甸

男女不平等的觀念，在中國古代曾經持續了一段非常長的時間，直到近代，這樣的觀念才逐漸改善；但是在其他地方，這樣的觀念還是根深柢固的。像是在緬甸這個國家，由於他們對於佛教的信仰和要求非常嚴格，且釋迦牟尼佛曾經說過，女人是骯髒的，無法獲得救贖，無法成佛，所以對於女人還是抱持著不平等的觀念。

　　有幾項產品在緬甸是沒有銷路的，如皮鞋、球鞋和內褲，因為大部分的緬甸人都打赤腳或穿拖鞋，無論男女都是穿長裙，裡面不穿內褲。而緬甸女性也有自己化妝用的顏料，所以化妝品在緬甸也是很難販賣的商品。

　　此外，「比中指」這個手勢在我國和美國是代表「Fuck」的意思，但是在緬甸卻代表數字「1」的意思；而「豎小指」這個手勢是代表「上洗手間」的意思；「豎食指」則是表示「拜託」、「請託」之意；而食指向下彎呈現拐杖的形狀、其餘四指握拳這個手勢，是代表數字「5」的意思。是不是很有趣呢？

　　e.寮國

　　到寮國這個國家，首先必須注意的是交通警察，他們非常喜歡取締外來者，往往只是因為一些小差錯，便惹來交通警察非常不友善、惡劣的對待，甚至罰款。雖然這些罰款可以當場付清，但是幾乎所有的罰款都被交通警察中飽私囊。由於這樣的外快既輕鬆又好賺，所以當地警察只要逮到機會，便隨便亂罰一通，所以到了這些國家，開車更要特別小心注意，並遵守交通規則，否則會多花許多冤枉錢。

　　在寮國的日曆上，常會出現印有代表釋迦牟尼佛的記號，在這一天，不論是哪個地方，都是買不到肉的，因為這一天正是不可吃肉的日子，所以當然也就買不到肉了。

　　常常我們去拜訪朋友的時候，正好是用餐時間，這時，如果是在寮國的話，即使他們準備的份量不夠，或是菜餚不夠豐富，也一定會邀請你共同進餐，如果這時你拒絕的話，是非常失禮的。寮國、印度和印尼這些國家都是非常好客的，他們認為吃東西時要大家一起分享，獨自享用是小氣而不禮貌的行為。其中原因有可能是來自於大家庭制度，家中的食物是最不缺乏的，而

且價格便宜，臨時多一、兩個人吃飯也不成問題。

　　在寮國（阿富汗亦是），不論你是飽是餓，只要有人善意地邀請你共同用餐時，無論如何都不可以拒絕，一定要接受。就算對方家庭的糧食並不豐富，也還是不可以因為客氣就拒絕對方，因為拒絕是非常失禮的行為。那麼該怎麼辦呢？禮貌上為了答謝主人的盛情款待，還是要硬著頭皮吃，但切忌只吃一、兩口就止住，必須吃到一定程度後再說：「哇！真是太美味了，真可惜我的肚子實在裝不下了，但是真的很好吃！」如此的說法就不會失禮了。

f.柬埔寨

　　柬埔寨這個國家，幣值的單位是瑞爾，因為外匯收入短缺，所以當你兌換的貨幣用不完時，也無法兌換回美元。所以到了一些經濟狀況不好的國家旅遊，在兌換當地貨幣時，就要特別精打細算，用多少換多少，如果留下一些小額錢幣或紙幣也是令人頭痛的一件事。

(3)南亞
a.印度

　　世界各地吃素的人口非常多，有的是因為宗教信仰，有的則是為了健康。不僅吃素的原因多，其中因宗教信仰或其他原因，吃素的規範程度也都有所不同。就像有些人吃鍋邊素，有些人連雞蛋或是韭菜、蔥、蒜等都不能吃，或是牛油等動物油也無法食用，許多人都以植物油來代替，如花生油、葵花油等，在世界各地的素食者都喜歡人造奶油。

　　孟買一帶是世界吃素比率最高的，平均一百人當中有六十個人吃素，而且又以耆那教徒的戒律最為嚴格，連生長在土裡的

植物也不能食用，如馬鈴薯、花生、洋蔥等，原因是怕在挖掘的過程當中會傷害到土裡的蟲子，所以招待印度人時，要先清楚他們是哪一程度的素食者。通常印度人是不隨便殺生的，即使是一隻小蚊子也一樣。

還有一個更有趣的現象，還記得「口是心非」的遊戲嗎？回答是的時候，頭是「搖頭」的；回答不是的時候，頭是「點頭」的；也就是說，印度人是以「搖頭」代表同意的意思。另外，「豎小指」在印度也是代表「上洗手間」的意思，和緬甸一樣。

b.斯里蘭卡

斯里蘭卡位在印度南端東方海中的大島，原名錫蘭。「斯里蘭卡」是現在的國名，意思是光輝閃爍的珍珠。島內的佛教遺跡甚多，篤信佛教的人也不少，但其他還有天主教、印度教和回教徒。

由於斯里蘭卡鄰近印度，所以有許多遊客便認為斯里蘭卡是印度的一部分，但是當地人對於這樣的想法卻顯得相當反感，而且也不喜歡別人誤以為他們是印度人，所以遊客對於這點要注意。

在日本，許多人認為吃美味的食物時必須發出聲音，而且聲音愈大表示愈好吃，但這種習慣在斯里蘭卡卻是絕對行不通的。因為釋迦牟尼佛曾經告誡過弟子，吃東西的時候不可發出聲音，所以當地的和尚也將此奉為戒律之一。

(4)西亞

到了中東國家旅行時，切記不要在國界邊緣遊走，尤其是以色列及黎巴嫩之間的國界更要特別注意，有時候散步不知不覺過了國界是會引起糾紛的，甚至很可能被當作是間諜，不但自己

麻煩，也會造成兩國的困擾與緊張，旅客要特別注意才行！

a.以色列

以色列有許多採取集體型態的農場，而集體農場所過的就是共同生活，所有農場上的東西都是共用的，想吃什麼就拿什麼，愛抽幾根菸就抽幾根菸，但是絕對不可以浪費，因為一有人浪費就會影響到大家，在這裡，自律是最重要的禮貌。其實不一定是在以色列，到任何一個國家都應該以知足惜福的心去珍惜所有的東西，絕對不可以隨意浪費。

另外，以色列人有一種奇特的個性，就是喜歡耍嘴皮子，即使是一些雞毛蒜皮的小事，有時候也會因此吵得面紅耳赤，所以在當地如果不小心犯錯的話，千萬別認為一句「對不起、抱歉」就可以了事，一定要有條有理地向對方分析過錯的原因，才會被對方原諒，否則只是隨口道歉的話，會被對方瞧不起，搞不好還會招來一頓責罵。

b.阿富汗

到了阿富汗這個國家，不管是何種打招呼的禮儀，一定都要做兩次，例如吻頰禮、擁抱，也都需要連續兩次。即使是遇到不是很熟的人，稍微握握手也應該要連續握兩次，真可謂是「無雙不成禮」。

c.黎巴嫩

除了黎巴嫩，科威特也是。在這二個國家，常會因神的旨意而出爾反爾。尤其是當你跟對方約定好的事情或是約會，對方有可能一句「因夏拉」（沒有神的旨意）而改變約定，所以到這些地方做生意時，切記要多加注意！

d.阿爾及利亞

在這個國家中,有一個很特別的規定,就是除了逛街買東西之外,女人是不可以單獨行動的。不管到什麼場合,男士一定要護衛女生到底,但是兩人之間還是要保持適當的距離,可不能貼在一起走。

e.天方夜譚——從驚艷杜拜到海灣六國

阿拉伯聯合大公國是個西亞的回教國家,位於阿拉伯半島的東部,面臨波斯灣小國,面積8.3萬平方公里,人口約450萬(外籍占75%),人民主要信仰伊斯蘭教。原是英國殖民地,在1971年時獨立,由七個酋長國所組成,主要以阿布達比為首都、杜拜為工商貿易中心;就如美國的華盛頓、紐約,中國的北京、上海。每一酋長國都是世襲,但總統由首都阿布達比酋長擔任,副總統由杜拜酋長擔任,大公國綜理外交及國防,其餘任由各酋長國自理。他們的土地大都是沙漠為主,因此植物和水資源就顯得格外重要。在沙漠地區,水是比黃金還貴的,他們大多運用昂貴的「海水淡化」,甚至還從南極拖冰山回來,所以水對他們來說不是用金錢可以取代的。因此,有人形容中東是「水戰爭、火藥庫」。

現在的回教國家有些還是採一夫多妻制,阿聯也是其中一個。這可追溯到穆罕默德時代,因為戰爭使得男人大量減少,因此基於人道而實施這個制度,這也是他們悠久的民族傳統。

二十年前,阿聯的官員曾前來臺灣學習經驗(尤其是杜拜),學習亞洲四小龍的經濟奇蹟,攝取成功的方法,如今他們已經轉型成功,二十年後的今天,大量的觀光客湧入,他們已經不再是個沙漠之國了。他們用頭腦想辦法讓自己站上世界舞臺,花心思在建設、發展上。

　　反觀臺灣，這幾十年來拼的不是經濟，而是政治，從亞洲四小龍的頭掉到尾，從經濟奇蹟到現在的一蹶不振。曾經規劃成「亞太營運中心」到「不要成為菲律賓第二、阿根廷第二」，菲律賓在第二次世界大戰後也曾經是亞洲櫥窗，但因政權腐敗，最後導致經濟嚴重下滑，過去的繁華已成為歷史，國家主要的外匯收入居然是來自遠赴國外工作的勞工。阿根廷在第一次世界大戰期間也曾是世界七大強國之一，但太嚮往歐洲社會主義，無法徵稅卻做太多社會福利，前後大幅改換四次鈔票，最後導致通貨膨脹，外債累累。現在的臺灣如果再繼續空轉下去，可能就會變成過去的經濟奇蹟，搞不好連第二也沒有。

　　杜拜這個迷人的都市，面積僅臺灣的九分之一，位於中東、非洲、印度的轉運點，國民所得是臺灣的兩倍多。免稅等優渥的政策，要人人進來，要錢錢進來。轉型成功帶給國家重大的轉變，也改變了外人對中東好戰、恐怖份子、火藥庫的印象，正是所謂的「杜拜奇蹟」。

　　1930年早期沿波斯灣以靠海維生，當時在沙漠上還是游牧民族。1960年老天給了他們機會，讓他們發現了石油，而黑金時代來臨了。石油在現代的食、衣、住、行都有它的影子存在，是不可或缺的資源，但這種資源終有用完的一天。中東國家幾乎也都有石油，但都屬於王公貴族的。根據一份德國《彩色》畫刊報導，全球多位國王財富排行榜：一是沙烏地阿拉伯；二是汶萊；三是阿曼；四是卡達；五則是科威特。在上位者很有錢，而平民依然很窮困。十六世紀的西班牙、葡萄牙也是，擁有大量的資產與資金，卻沒有從事建設和轉型而大肆揮霍，於是白白浪費掉大好的機會，拱手把位子讓給了西歐列強。

　　杜拜的酋長則有相當長遠的眼光，他們石油儲量有限，

財富也名列前茅，將石油賺來的錢用來積極從事轉運站建設，1980年從海運中心到空運中心，甚至還提供世界最好的飛機和最好的航空服務。1990年後更積極建設商務中心、科技中心、購物中心（DOBAI=DO BUY）、金融樞紐（定位在倫敦與香港間的金融中心），優渥政策也吸引了許多外商投資。

僱用人力方面，菲律賓、東歐、中國等移民雇工也相當多，加上世界各地來的觀光客，可說是種族的大熔爐，在婆娑棗椰樹下，洋溢著醉人異國情調。原來靠著石油發跡的沙漠小城，儼然成為中東的新加坡。

杜拜始終堅持著「不做第一，但求唯一」的精神，蓋800公尺世界最高的大樓、蓋世界最宏偉的清真寺、酷熱的沙漠卻有偌大的滑雪場，什麼都要求做到最好，永遠秉持著自己的精神。

杜拜酋長曾經拿花豹和羚羊來做比喻，並且說過一句重要的名言：「起得早、跑得快。」花豹要起得早、跑得快，不然就沒飯吃；同樣的羚羊也是，要起得比別人早，跑得比別人快，不然就會成為花豹的嘴邊肉。在這個競爭激烈的社會裡也是，誰起得早、跑得快，就比別人領先一截。總而言之，不管是吃別人的或被吃的，都要起得早、跑得快，否則很難在這個社會上生存。

大家都知道第一個發現新大陸的是哥倫布；第一個登陸月球的是阿姆斯壯；世界第一高峰是聖母峰。大家都記得第一名，卻很少人會去記得誰是第二。當第二名就不會有人記得你，因為第二名終究是第一名的追隨。

杜拜酋長採遠景式領導，他說：「當別人沒想到時，我已想到；當別人想到時，我已在做了；當別人也在做時，我已經做得很頂尖了；當別人也做得很頂尖時，我已經換跑道了。」將國家未來十年、二十年後要做什麼都先看好、計畫好了，而且秉持

著"Not NO.1, But only one！"，堅持著當第二名會餓死的精神，帶領杜拜走到今天，一步一前進，一印一個坑。

杜拜的象徵建築物——帆船飯店，外觀如鼓滿風帆的船，共56層，高321公尺，豪華套房中優雅裝飾、科技設施、眞跡名畫，落地玻璃面對一望無際的波斯灣，在視覺上抓住旅客的心，屬於舉世唯一七星級超尊貴的飯店（因設備太過頂級，破例稱它七星級），眞的是無人能比。精心設計的噴泉，所吃的、住的、用的都是最高檔的，接送是勞斯萊斯的轎車。飯店裡有購物中心、海底餐廳，數百種佳餚名酒，都是至尊的消費，應有盡有的高級設備。在這裡住一晚可是不便宜的，但專屬管家親切的服務態度和驚豔的感受，賓至如歸，有如身似酋長、油王。

有人說一生一定要到杜拜住一晚，就好比回教徒一生一定要到麥加朝聖一次、印度教徒一輩子到恆河浴身一次，及中國「不到黃河心不死」的古語一樣。爲了做國際行銷，更請了世界知名的巨星，如高爾夫球的老虎伍茲、足球的貝克漢來這裡。杜拜花下重金爲的就是要做到世界最好，利用事件行銷及口碑行銷打響了全球知名度。也許就是這個信念，使他們計畫興建一座超過臺北101的杜拜塔，有世界第一高樓、購物中心，已於2008年11月完工，與世界最大的人工島——棕櫚島及世界島，併列爲新興的地標。杜拜聚客的「國際行銷」，令人刮目相看。

相對於杜拜，阿布達比著重於文化方面的建設，這裡著名地標「七個茶杯與一個水壺」，也是七位同甘共苦的酋長，與阿拉伯聯合大公國聯盟簽約處，別具歷史意義。還有全球最高的貿易商展中心——高達48層樓的世界貿易中心，建築風格以奇特聞名的電信大廈與阿布達比最大清眞寺。除此之外，也很重視環境的綠美化。因爲在沙漠的國度裡，有生命的植物比黃金更可貴。這裡的樹木全都是使用特殊的滴灌方式所培育出來。

　　而酋長飯店，號稱是全世界造價最昂貴奢華的飯店（耗資約新臺幣900億元，面積18萬坪，常有人迷路），是作為政府國宴之用，聘請有豐富設計皇宮的經驗、還曾為汶萊蘇丹蓋過一座皇宮的艾略特，為酋長皇宮飯店首席建築師。華麗氣派的建築，不禁讓進駐的人都目眩神迷。酋長皇宮在提供夜間客房打掃服務時，工作人員會在床單之間塞一袋薰衣草。待打掃工作結束後，再把香袋塞到枕頭下，讓淡淡馨香籠罩著貴客過夜。

　　在德國坎平斯基旅館與度假中心集團的經營管理之下，酋長皇宮特別提供沐浴管家，為貴客準備七種沐浴選單中的任何一項沐浴方式。倘若你不想按照規定來，也可以自費享受一場泡在滿缸香檳裡的美酒浴。也可以請飯店送早餐到房間，享受「第凡內」早餐的氣派。飯店內一層層鑲嵌裝飾大理石與柔軟地毯，隱密的天花板照明與室外沙漠景致相得益彰。擁有最大的會議室及宴會廳，排場令人側目。

　　在首都裡，酋長也蓋了間培養領導人才的大學，訓練領導人的前瞻眼光、雄心與技巧，帶領阿布達比與整個阿聯到世界的舞臺。為此，阿布達比不僅做了全套都市規劃，也積極發展觀光，欲發展超過杜拜的觀光城市，更期望它成為一個全方位機能的都市。

　　此外，阿布達比也準備蓋海上文化園區，找來最有份量的四大天王：古根漢博物館亞洲分館、巴黎羅浮宮的第一座海外分館、安藤忠雄的海事博物館與普立茲克建築獎得主哈蒂的表演藝術中心。看來他已急著擺脫傳統的舊有形象，想趕上杜拜的腳步，不再想讓杜拜專美於前了，可謂是十足的「雙城記」。

　　除了阿布達比的覺醒很像中國的深圳帶動了廣東，上海帶動了江浙，蔚為風潮。杜拜效應，一直發展下去，集小變以成大變，化不能為可能。還有鄰近的巴林、卡達、科威特、阿曼和

沙烏地阿拉伯，這有如全球最大夢幻工廠的「海灣六國」（中國則被稱世界的製造工廠），也因為這股熱潮而跨出了他們的腳步，有別於過去的閉關自守。像是卡達面積僅有1.1平方公里的彈丸之地，2006年的杜哈亞運中，兩星期就花費了30億美元，比2008年的北京奧運還要多出10億美元，是全球有史以來最貴的運動會！這樣大手筆的投資，讓全世界對這個小國刮目相看，也讓它的地位更上了一層。其境內有「半島電視臺」，顯示有自己的原則。

　　還有科威特曾遭受伊拉克亡國之恨，雖然只有臺灣人口的二十三分之一，但也不服輸地籌備一座1,001公尺高的大樓（暗示天方夜譚的一千零一夜，具有無盡的想像空間），相當於兩個101大樓，由此可見它想超越杜拜的野心。可是建造的資金來源呢？答案是有豐富的石油資源。2006年全國發送兩次賣石油賺得的紅利，每次每人領2萬美元，所以也不難想像他們為何能不惜成本地去計畫他們的未來，努力推動工業多樣化。

　　巴林也是面積小、人口少的國家，卻是美國第五艦隊所在，是一個相當開化的海灣國家。原來阿曼相當保守，當今阿曼卡布斯蘇丹，廢父登基，採行開明而現代化方式，著重國內各項建設，贏得人民的依賴與尊敬，並與美國保持密切關係。

　　而沙烏地阿拉伯一直是海灣六國的老大，是海灣地區中美國最重要的盟友，也是世界石油蘊藏量最多的國家。他們共同的資源就是「油元」，利用它做多元化的運用，卻不僅是坐擁財富。由於杜拜捲起了風起雲湧之勢，新的劇碼正在上演著與眾不同、前所少見、出奇制勝、世界第一……。

　　「海灣六國」的國民所得可高達4萬5,000美元，人口卻占全球不到千分之五，他們擁有全球40%的石油，有人稱之「黑金新絲路」。這樣的石油財富等於兩個金磚四國BRIC（巴西、蘇

俄、印度和中國），約同臺灣五十年所創造的GDP。

　　1981年5月，他們組成了「海灣合作理事會」（Gulf Cooperation Council, GCC），爲了幫助成員國對抗伊斯蘭極端主義入侵，免於被鄰國威脅，並從事經濟合作以擴大影響力。GCC實施統一關稅，且外國貨物進出這六國，僅須繳一次關稅。2007年將籌組共同市場，2010年實施單一貨幣，如同歐元一樣。他們不擔心缺乏外來的人力。如果是高階白領工作者，不但領高薪，還可以享受到高品質、低成本的人力服務。生活必需品甚至比臺灣還便宜，更重要的是，所得完全免稅。有人比喻就像是領矽谷的高薪，但住在聖地牙哥一樣有低薪幫傭，資金來去又有維京群島那樣免稅天堂般方便。

　　外來人口裡，歐美人大多都是各國企業挖來的高階人士，建築工地由印度人及巴基斯坦人包辦，菲律賓人通常在飯店、購物中心等服務業方面發展，其他亞洲人多半負擔基層的勞務工作。中東需要亞洲人才、技術與勞力，協助他們建設新海灣；亞洲需要中東的資金，協助亞洲企業與資本市場的穩定發展。看看海灣六國與亞洲國家過去九年來的貿易往來，平均成長率達14%，遠遠高於世界貿易平均值。

　　海灣六國缺乏的是人才與技術，最不缺的是資金，有好的技術，來這裡就有掏金的機會。

　　想去海灣地區開拓市場嗎？首要是產品價格要有競爭性，品質要客戶可接受，還得配合他們的個性，還有適應當地的環境。由於受到沙漠環境的影響，民族性很保守，必須靠人與人之間的相互扶持，造成阿拉伯人非常重視人際關係，喜歡Face to Face「討價還價」的議價方式。這種特殊的文化習慣，一定要找當地人當合夥人。中東人家庭意識很強，經由合夥人介紹，取信對方，進而商機較大。

　　與阿拉伯人做生意、打交道,他們不是看你的公司有多大,而是看你對他有多尊重,是不是把他當朋友,所以最好的推銷方式就是「直接拜訪」。這時候就拿出臺灣人特有的親切和人情味,甚至在名片印上阿拉伯文。不只在生意上,更要注意他們重視節日、習俗這樣的細節。像是阿拉伯人,過著伊斯蘭曆法的時間,週末是星期四、星期五。在沙烏地阿拉伯,女人一定要蒙面,即使是外國女人來到這裡,也要穿黑袍、蓋住頭髮,一般用餐區只接待男人。處處為他們設想,像是對待親友般替他們打點好一切,保證無往不利。而且他們還有一個特色是逐水草而居,名片上的公司行號地址不用街道名稱,而一律採用郵政信箱號碼。

　　特別要留意的是,他們的夏天氣溫常高達攝氏50度以上,所以阿拉伯人的工作效率相對較差,因此與他們打交道,聯絡時間最好拉長。若要拜訪重要人士,絕對要避開這段時間。在回曆9月(回曆比西曆少11天),則會碰上伊斯蘭教的齋戒月。在齋戒月期間,穆斯林白天不能吃東西,到了太陽下山後才能進食,這段期間,阿拉伯人不喜歡見客、會談。拜訪的時間最好是在每年11月中旬至隔年6月份,這段期間屬於冬季,氣候涼爽,也是阿拉伯人工作精力最旺盛的時段。

　　如果沒時間經常拜訪,則參加當地展覽也不失為有效方法。在海灣六國最重要商展首推杜拜,其次為沙烏地阿拉伯首都利雅德,他們都會來看商展,就有商機了。

f.結語

　　海灣六國都以杜拜為標竿,希望成為中東的新中心。以往的中東常被視為「富而不仁」、「遵守伊斯蘭戒律的封閉市場」,有大量的油元,卻是好戰份子、恐怖中心。而杜拜走出一

條路，摒棄過去的成見。杜拜現在的發展，正是未來海灣六國的縮影。

　　臺灣在1970到1980年代，以經濟發展為主軸，結合民間旺盛的企業精神，創造高成長、低失業、物價穩定、貧富差距小的「臺灣經驗」。今日杜拜憑著想像力與執行力，引進國外的人才與資金，推動遠景及藍圖，創造沙漠奇蹟。臺灣也不要滅自己威風，我們仍有許多優勢，可再攀高峰！

2. 歐洲

　　在臺灣，時常可以看到有人吃過飯之後就拿起桌上的牙籤開始剔牙，實在是非常不雅觀。在歐洲，餐桌上是不準備牙籤的，就算有貼心的餐廳在餐桌上準備牙籤，也不可以在餐桌上使用，一定要到洗手間解決才行。還有一點就是，歐洲人吃飯時是不喝水的，在他們的觀念中，除非是家境窮困才會喝水，並且是喝沒有處理過的生水。所以用餐時只能喝酒，不是啤酒就是葡萄酒，再不然就是喝新鮮的檸檬汁。

　　你知道嗎？在美國、歐洲等地區，打火機是男士社交禮儀的必需品，就算沒有抽菸的習慣，也要隨身攜帶打火機，因為如有女士拿出香菸，男士一定要為女士點火，千萬不可因為自己不抽菸，所以以沒打火機為藉口，這樣是有失紳士風度的。在這邊要注意的是，男士不管有沒有打火機，女士都沒有義務替男士點菸。另外，不抽菸的人是可以請人抽菸的，並且幫對方點菸也是一種禮貌。

　　中國人在看書或點鈔時，習慣先用舌頭舔一舔指頭再去翻；而西藏人習慣以伸舌頭來打招呼；但是到了歐洲國家，千萬不可將舌頭露出，因為歐洲人認為在別人面前伸舌頭是一件非常不禮貌的事情。還有，「比中指」在歐洲代表著嚴重抗議的意

思，和美國「fuck」的意思是不是差很多呢？

(1)南歐

a.希臘

希臘有一成文規定，就是只有納稅的職業攝影師才能使用三腳架來拍照，原因是因為當地有許多名勝古蹟，希臘政府不希望未經允許的職業攝影師隨意拍照做生意。若是一般人或是旅客不知道這個規定，光明正大地使用三腳架，可是會被當地警察抓到派出所的。日本也是一樣，甚至有些觀光區是禁止拍照的，目的是為了維護那些有繳稅的職業攝影師及販賣風景明信片的商人。此外，「大拇指向下比」這個手勢在希臘是代表「下流」的意思。

b.義大利

說到義大利的美食，很多人應該會聯想到好吃的義大利麵。義大利麵最正式的吃法是：左手用湯匙將麵壓住，右手拿叉子捲一口份量的麵來吃。在非正式場合中，也有人拿起叉子就隨意攪起來吃了，但是不論是正式的吃，還是隨意的吃，切記麵吃光後，一定要將番茄醬用湯匙舀起來吃光。

c.葡萄牙

葡萄牙是酒的盛產國，在這裡，酒比開水還便宜，並且葡萄酒的酒精含量也不高，所以在用餐時拒絕飲用葡萄酒是非常不禮貌的事。

(2)俄羅斯

「乾杯」除了是臺灣常見的飯桌交際手法之外，在俄羅斯

亦是。乾杯時一定要將酒喝完，喝完後還要將杯子倒過來表示一滴不剩，才是正式的禮貌。杯子一空，主人就會立即再倒酒，此時還是要喝，不喝是違反禮節的。但是近幾年來，已經主隨客便了，所以遇到真的不能再喝的時候，跟主人說一聲即可。

在俄羅斯，由於國外旅遊的人可以在美金商店購物，而美金商店中的商品應有盡有，但是這些商店卻不接受盧布，所以美金對當地人來說是垂涎不已的。因此俄羅斯有許多人從事美元黑市交易，也就是收購美元，但這種交易在當地是違法的，所以到俄羅斯旅行時，千萬不要隨意從事此種交易，否則易惹來麻煩又吃上官司。

你曾聽過一個人看電影得買兩張票嗎？別懷疑，確有其事。俄羅斯戲院所賣的票都是兩個座位連在一起的聯票，以方便夫妻或情侶去看戲，所以即使你是一個人去看戲也得買兩張票。因此，在俄羅斯街頭常有陌生人約你一起去看戲的事情發生。更特別的是，上餐館不能預約，只能現場排隊等候，因為等待已經是俄國人的一種習慣了。所以，外出吃頓飯都得有十足的耐力等候才能吃到一頓美味的大餐。還有，俄羅斯認為星期一是做生意或旅行的倒楣日，所以公司很少將會議安排在星期一早上。另外，在俄羅斯打招呼時是嚴禁拍肩膀的，因為「拍肩」這個動作在俄羅斯是一種挑釁的行為，所以去各國拜訪、旅遊時，一定要注意各國特殊的禮儀。

3. 美洲

到美國、歐洲與俄羅斯這些國家旅遊，千萬別想說為了貪小便宜就隨意搭便車，因為在這些地方遇到搭便車吃虧，是沒辦法討回公道的，警察只會怪你自己不小心。所以當走在路上時，遇到有人自告奮勇停下車說「我送你一程吧」時，一定要提

高警覺。

此外，跳舞是一種社交禮儀，但是切記一定要男生配女生，千萬不可以與同性跳舞，因為這是違反禮儀的，甚至會被誤認為是同性戀，所以儘管單身一人沒有舞伴，也不可以隨便找同性來作伴。

中國人有一種習慣就是喜歡搶著付帳，但是對於外國人來說，他們不喜歡背負人情債，就算是小錢，他們也不願意別人代付。所以不論對方是清寒者或有錢人，千萬別想說花錢施惠，這是違反禮儀的。最好的方式是各付各的比較合乎禮儀。

另外，「I am sorry」和「Excuse me」的涵義，在歐美國家中是有分別的。因為「I am sorry」在他們的認知中，代表的是發生很嚴重的事時才會使用的字眼。所以不小心撞到別人，或是打擾別人，應該要說「Excuse me」，而不是「I am sorry」，否則對方會搞不清楚為什麼你要頻頻地跟他道歉。

到中南美國家買東西的時候要特別注意一點，就是店家會想盡辦法能不找錢就不找錢，例如用20元買一罐15元的飲料，理應要找5元的，但是店主不會主動找錢，除非你開口跟店家要，否則店家就是吃定遊客，不找就是不找。因此，當你遇到此種狀況時，一定要據理力爭地向對方要求找錢。

(1)美國

以前小時候都會被教導說要「隨手關門」，就連上完廁所也不例外，但是在美國，千萬不要把這種習慣帶過去。因為在美國，浴室的門緊關著代表使用中；門開著，就代表無人使用。如果我們把隨手關門的習慣帶過去，會讓那些美國人不知道廁所是否有人。

國人想叫住前方的人時，常有的動作就是，把手舉起且手

掌心向下並上下揮動，但在美國或歐洲各國，這個動作可就行不通了，甚至還會被誤認為是「再見」的意思。那麼該怎麼做呢？很簡單，只要把我們慣用的動作轉個180度（此時手指是朝向自己），並且輕輕地擺動食指和中指，讓對方看見就行了。若是到別人家中拜訪時，可別忽略了和小孩子打招呼。最好是能當場記住每個人的名字，以免交談時說不出名字，那就糗大了。

不小心做錯事時，下意識地伸舌頭是許多人會有的動作，但在歐美國家，這個動作只有小孩子才可以做，因為他們認為畢竟小孩不懂事，但成年人若做出這個動作只會留給別人「下流」的印象，所以成年人可要嚴格禁止這個動作。所以要特別注意，千萬別把自己的小習慣帶到歐美國家去。

除此之外，在歐美國家是禁止在別人面前脫鞋子的，即使是綁鞋帶也不行，一定得到沒有人的地方再做整理，否則會被視為「野蠻人」。另外，因為美國人與歐洲人對口氣是很敏感的，所以食用大蒜後，一定要等到口中的蒜味完全消除後再與人見面或交談，否則嘴巴散發出臭臭的味道是很不禮貌的。

美國聚集許多人種，其中黑人為數不少，在有黑人的國家或地方時，對他們說「Negro」是絕對禁止的，因為這個字對他們而言是種污辱，「Black」還比較不要緊，但是千萬不可對黑人說「Negro」。請注意：在非洲國家，「Negro」和「Black」都是行不通的。另外，「比中指」這個手勢也別亂比，因為這個手勢在美國代表英文「fuck」的意思，而且在比較落後的區域，向陌生人做出此動作，是很有可能會被海扁的。而「豎大拇指」這個手勢在美國代表著「同意」的意思；「大拇指向下比」這個手勢則代表「無法接受」或「不贊同」的意思。

(2)巴西

　　巴西是個天主教教義非常嚴格的國家，過了晚上9點之後，未成年人是不可以出現在公共場合的。而中國人看起來總是比外國人年輕一點，所以到巴西旅行時，到了夜晚，不論到什麼地點，護照切記要隨時帶在身上；必要時，可以出示護照證明自己已成年，可以避免許多不必要的麻煩。

(3)中美洲見聞錄

a.巴拿馬

(a)獲得美國協助而獨立建國

　　哥倫布於1492年發現新大陸後，西班牙探險家巴斯提達斯於1501年最先抵達巴拿馬北部加勒比海，巴布亞更於1513年從加勒比海岸南下，通過巴拿馬地峽而發現太平洋，並開始殖民。西班牙國王派來的第一任總督於1519年在太平洋岸創建現今的巴拿馬舊城，做為開發中南美洲大陸西岸之殖民據點基地。

　　巴拿馬舊城的繁榮與富有，自十六世紀末起，經常遭遇海盜劫掠，西班牙王室於1718年在哥倫比亞的波哥大設立總督府，巴拿馬便歸其所管轄。

　　美國自十九世紀中葉開始積極擴張海權，對巴拿馬運河之開鑿尤為重視，當巴拿馬人民醞釀革命獨立，美國趁機出兵，迫使哥倫比亞無法鎮壓，更在美國多方協助之下，1903年11月3日終於獲得獨立建國，美國也隨後取得巴拿馬運河兩岸5哩以內的特權，繼法國之後繼續開挖運河工程，1914年運河竣工，溝通了大西洋與太平洋，使巴拿馬成為國際重要航運中心。

(b)風光綺麗的中南美洲「陸橋」

　　巴拿馬位於中美地峽最東南端，地形呈橫向狹長，東南與哥倫比亞交界，因而被譽爲中美洲與南美洲之「陸橋」，西與哥斯大黎加接壤，南瀕太平洋，北臨加勒比海，像S形的巴拿馬地峽就在境內的中央，亦即開鑿運河的地方，運河貫通全境，將巴拿馬國土一分爲二。

　　巴拿馬係印第安語，指「多魚之地」，由於海岸線綿長，漁業資源豐富，尤以捕蝦業最爲發達。農產品則盛產稻米、玉米、咖啡、香蕉等，但以運河及觀光旅遊相關行業爲該國經濟來源之主要收益。

　　在西班牙人入侵之前，巴拿馬已聚居甚多印第安人部族，過著漁獵與狩獵的原始生活。現今巴拿馬的人種比中美洲其他國家複雜，主要原因爲開鑿運河而引進大批黑人，不過仍以西班牙人與印第安人混血的麥士蒂索人居多，其次爲黑人，華人也有1%左右。大多數華僑後裔之祖先都是在修築鐵路、開鑿運河時，自廣東來此工作而定居下來，近十幾年也有不少的臺灣廠商前來投資設廠。

　　提起巴拿馬，往往令人立即聯想到巴拿馬運河，其實巴拿馬在旅遊層面而言，除了特殊景點「運河」之外，其他多樣化的景點也非常多且風光綺麗，如國家公園就有12個，北邊的加勒比海及南邊太平洋沿岸有許多大大小小的島嶼，境內多山，山巒起伏，風景宜人。

(c)首都巴拿馬市，高樓大廈林立
①太平洋海岸運河出入口
　　巴拿馬市位於太平洋海岸與運河出入口附近的半島上，因舊城遭海盜焚燬，而於1673年在現今的卡司各安提瓜建立新城

市，舊區爲主要商業區與金融區，尚保留許多西班牙風格的建築物，後建的新城區則街道寬闊整齊，現代化的高樓大廈林立。

1849年美國在加州發現金礦後，由於東部至西部之陸上交通不便，東部淘金者紛紛繞道巴拿馬再轉往加州，促使美國於1850年修建巴拿馬地峽鐵路，自北岸的科隆至南岸的巴拿馬市，1855年1月竣工通車，成爲美洲第一條橫貫大陸的鐵路。建鐵路與挖運河都先後帶動了巴拿馬市的繁榮，也成爲世界重要交通樞紐之一。

②被英國海盜焚燬的舊城

瀕臨太平洋的巴拿馬舊城，建於1519年，原爲印第安人的漁村，早期西班牙人從南美洲所掠奪的大量金銀財寶，均經由海路運抵此地，再以驢馬由陸路運至加勒比海岸，裝運回西班牙，這座城市遂成爲中南美洲殖民地轉運站而日趨繁榮。

英國著名的大海盜亨利‧摩根，於1671年率領1200名海盜大舉登陸，占領全城並搶劫一空，也擄走俘虜，離開時還放火燒城，迄今只留下一些斷垣殘壁的廢墟。

③獨立廣場和運河博物館

巴拿馬共和國於1903年11月3日在舊區的中心點，即現今的獨立廣場宣布獨立，廣場的西邊有一座建於1673年的大教堂，附近尚有許多歷史性的建築物。

廣場南邊有運河博物館，這棟建築物是以前法國運河公司的管理部門，館內陳列許多有關巴拿馬運河之文件、照片與紀念物等。

④發現太平洋的巴布亞

西班牙人巴布亞於1510年在巴拿馬建立殖民地，當時的土著告訴他在南方有金礦和一片大海，1513年9月1日，巴布亞就率領大隊人馬浩浩蕩蕩南下長征，穿越巴拿馬地峽、濃密的熱帶

雨林和攀登峭壁，歷經25天終於抵達另一邊的海岸，成為第一位發現太平洋的歐洲人。

在巴拿馬海濱大道上聳立著一座威武的「巴布亞塑像」，傲視著波濤萬頃的太平洋。巴布亞極受巴拿馬人民的尊崇，有一個市鎮和很多地方的街道都取名為巴布亞，連巴拿馬的貨幣單位都稱為「巴布亞」，簡稱「B」，據說和美元等值。

(d)科隆自由貿易區是購物天堂

巴拿馬發展經濟最具特色之一是闢設「科隆自由貿易區」。科隆是哥倫布的名字，傳說他最後一次抵達現今科隆的海岸，1825年建城，1914年運河開鑿完工後，成為輪船從大西洋與加勒比海進入運河的北端門戶。

巴拿馬政府為配合運河航運之發展，於1948年在科隆規劃一處自由貿易區，外國廠商可免稅輸入原料加工與製造成產品再輸出，來自世界各地的商品也可免稅在此銷售，其購物中心中物美價廉的精品，已成為觀光客的最愛。

科隆的景點有海關大樓、旅遊中心、自由貿易區等，最令人好奇的莫過於在此地可看到白人、黑人、混血等各種不同膚色的人種雜處在一起。

(e)世界第二長的巴拿馬運河

①西班牙十六世紀就已築夢

自1513年巴布亞發現太平洋後，西班牙為了溝通大西洋、加勒比海與太平洋之間的航線，以便由歐洲輸運補給品和載運中南美洲所掠奪的金銀財寶回國，西班牙國王查理一世曾於1524年研擬利用巴拿馬地峽開鑿運河以貫通二大洋之計畫。可是當時的工程技術困難重重，遲遲未能提出方案；至1814年才著手測

量航路並決定開挖，但昔日龐大雄厚的帝國財力已逐漸耗竭，以致無力實現。

　　②法國捷足先登，可惜半途而廢

　　法國人於1869年完成蘇伊士運河開鑿工程後，信心大增，決定開鑿巴拿馬運河。蘇伊士與巴拿馬兩條運河之地理環境不盡相同，法國人開鑿前者的經驗無法運用於後者，因而設計錯誤，導致工程遭遇到困難，又遇到非洲奴隸帶來病毒的黃熱病及瘧疾等流行病，技術人員及工人死亡約22,000人，無奈宣告停工。後來法國人又重組新公司，財務狀況出現惡化，工程只好又停擺。

　　③美國接手，美夢成眞

　　二十世紀初，美國對溝通兩大洋修築運河興致勃勃。1903年在美國的協助下，巴拿馬終於獲得獨立，美國便趁機與巴拿馬簽約開鑿運河，第一艘輪船於竣工時曾首航成功，但因逢第一次世界大戰並未立即開放；第二次世界大戰後，巴拿馬人民要求政府收回運河主權，並進行持久又艱苦的抗爭，現今的運河已由巴拿馬政府管理與經營。

　　(f)巴拿馬運河概述
　　‧位置：巴拿馬中部，北端面臨加勒比海，成彎曲的S型，南臨太平洋。
　　‧出入口：北端爲科隆，南端瀕太平洋。
　　‧長度：從深水點起算爲81.6公里，從南北二端算起爲64.83公里。
　　‧寬度：192～304公尺。
　　‧深度：13.5～26.5公尺。
　　‧通航限制：船身長294.13公尺以下，支撐甲板的橫樑寬

度32.31公尺以下。

‧通航時間：日夜均可通航，也可同時雙向通過。

輪船進出運河時，均需由運河管理部門派員司舵，通常要先在南或北端港口等待，若遇到旺季輪船擁擠時，有可能要等待好幾天。

b.哥斯大黎加

(a)崇尚和平，是永久中立國

①哥倫布命名爲「富饒的海岸」

哥倫布第四次西航來到哥斯大黎加的利蒙港，看到當地的土著戴有黃金飾品，認爲這裡是富有的地方，因而命名爲哥斯大黎加（西班牙語即「富饒的海岸」之意）。哥斯大黎加也是昔日參加中美洲聯邦的五個成員之國之一，同樣於1821年脫離西班牙統治，1838年脫離聯邦眞正獨立，由於政局穩定，經濟得以逐步發展。

②最早實施民主選舉

1889年辦理人民直接投票選出總統，成爲中美洲最早實施民主政治的國家。哥國人民一向崇尚和平，不像其他國家革命、政變、內戰層出不窮。哥國人種以白人居多，大部分是西班牙的後裔，其次依序爲混血、黑人、印第安人。在中美洲諸國中，哥國的教育最普及，民主化程度最高。

③被譽爲「中美洲的瑞士」

哥斯大黎加的自然景觀呈現多樣化，境內有30多處國家公園，包括火山及動植物、森林、自然生態保護區，占全國面積之23%，處處風景秀麗，各具特色，因此被譽爲「中美洲的瑞士」。

(b)亞蕾納火山下泡溫泉

亞蕾納火山位於哥斯大黎加西南方,這座國家公園除了火山之外,還有一座湖泊及溫泉區,在這裡泡溫泉全是露天的,建有一座大型游泳池的「大眾浴池」,其餘的溫泉都是順著天然的地形闢設,有許多飛瀑流泉,遊客就坐在小瀑布下沖溫泉水,也有遊客躺在溫泉水潺潺流過的小溪裡。

在此還可以乘坐空中纜車欣賞一望無際常綠的雨林,從纜車上可俯瞰到各種附生在大樹上的植物。哥國的林地遍植熱帶西洋杉與桃花心木等高價值的林木,哥國政府已積極推展保護森林措施。

(c)高原上的花城──首都聖荷西

聖荷西內有許多西班牙傳統風格與現代化的新舊建築交雜林立,四面環山,地勢高峻,四季溫和涼爽,由於街道兩旁種滿花樹,家家戶戶栽滿玫瑰花,因而被譽為「高原上的花城」。

聖荷西有一個很特殊的情況,除了市中心鬧區有一條被稱為中央大道外,大部分街道並沒有街名,也沒有門牌號碼,市民幾乎是憑建築物各不相同的造型、外觀與顏色,去辨識商店與住家。

聖荷西當地富有的咖啡園園主,為了提升哥國的文化藝術水準,於1890年興建「國家劇院」,外觀造型充滿文藝復興古典優雅的風格,內部裝飾金碧輝煌,正面屋頂三角楣頂上的三座雕像分別代表音樂、舞蹈、歌劇,是哥國人民最引以為傲的文化藝術殿堂,堪稱為中美洲最宏偉、華麗的歌劇院之一。

(d)優質咖啡享譽國際

1808年哥斯大黎加從古巴引進咖啡種子,即開始推廣種

植，是中美地峽最早生產咖啡的國家，也一直是哥國最主要、最大宗的輸出品，產量雖不及巴西，但卻以優良的品質見稱。據說哥國優質咖啡除了味道香濃外，還含有荷爾蒙成分，能刺激「性神經」。哥國女性也許常喝自己國家的咖啡，而成為熱情如火的「拉丁情人」！

(e)能在空中瞬間停滯的蜂鳥

聖荷西四周的山坡森林盛產蜂鳥，牠的體型細小，身長約12公分左右，喜歡在溫暖的陽光下用尖長的喙吸食花朵中的蜜汁，牠的翅膀活動力特別強勁，能夠在一秒之間振動55次，因此在空中飛翔時，能做為瞬間的停滯。

c.尼加拉瓜
(a)中美洲面積最大的國家

尼加拉瓜位於中美地峽的中部，東瀕加勒比海，南臨哥斯大黎加，西南臨太平洋，北接壞宏都拉斯，是中美地峽七國中面積最大、地勢最低的國家。尼加拉瓜主要外銷的農產品有棉花、咖啡、糖、木材等，因海岸線長，漁業也很發達，境內的人種仍以西班牙人與印第安人混血的後裔為主，但黑人、白人的比率比中美洲其他幾個國家略高。

(b)首都馬拿瓜為防震而分散建築

馬拿瓜原精華地段市區就橫跨在地震斷層上，根據統計，該市大地震發生的頻率為40～50年一次，因此尼國政府決定不在震央中心3平方公里處重建，而予以改闢為公園與運動場所，並採取在郊區建設市鎮，分散安全區隔，各地段各興建不同用途並加強抗震的建築物。1972年大地震受創慘重的馬拿瓜，原有

較具歷史性的建築大多損毀，現今可供觀光之處甚少，遂成為轉往他處景點旅遊之中繼站。

位於馬拿瓜附近的馬薩雅，曾是內戰時期一個非常重要的據點，西邊有一座中美洲著名的「馬薩雅火山國家公園」，是尼加拉瓜最具特色的觀光景點，公園入口處有一座「火山博物館」，陳列許多模型和巨幅的畫板，說明火山的構造、爆發與地震等一般常識，很值得參觀。

(c)尼國「雙城計」之一的格拉那達

格拉那達和利昂是西班牙人在尼加拉瓜最早建立的兩座殖民城市，這兩城在政治上互爭領導權而鬧得水火不容，直到1857年才化解長達二十年的不和，在尼國的歷史留下「雙城計」的政治抗爭。

格拉那達的地名係取自西班牙南部摩爾人的古都格拉那達，昔日的榮景已煙消雲散，現今的格拉那達顯得甚為寧靜古樸，街道和建築物粉刷的顏色仍保持西班牙的風格，最明顯的是教堂及各種建築物。

(d)尼加拉瓜湖中有300多個島嶼

尼加拉瓜湖是中美洲最大的淡水湖，以前當地的土著稱它為「科西保爾卡湖」（甜海之意），西班牙人入侵後才被稱為現今的湖名。據說在史前時期，格拉那達郊外的夢巴楚火山爆發，當時若要遊湖時是搭乘汽船在這些島嶼之間穿梭，大部分的小島上都各自建有度假別墅，以小船做為交通工具，也有一些小島掛牌出租或出售，泛舟在水天一色的湖上，欣賞湖光島景，真是令人心曠神怡。

d.宏都拉斯

(a)曾被稱爲「香蕉共和國」

該國濕熱的氣候很適合栽種水果，十九世紀末開始，美國的三大水果公司控制宏國北部加勒比海大片土地，開闢大農場，清一色種植香蕉，僱用大批工資低廉的宏國人民，並自建鐵路、港口、碼頭、醫院等，儼然成爲宏都拉斯的「國中國」，其香蕉外銷高居世界第一位，因此被稱爲「香蕉共和國」。

宏都拉斯的首都特古西加爾巴，位於中南部海拔975公尺的高原上，這座山城的四周有銀礦，也因爲開採銀礦而繁榮，因而別稱「銀丘」，有百萬人口，爲全國第一大城。

(b)馬雅世界的邊陲城邦——科潘

馬雅世界最東南邊的科潘城邦，被現代研究馬雅文明的學者公認其規模和實力在古典時期僅次於瓜地馬拉的提卡爾，但人像石柱雕刻和象形文字之成熟發展，卻被一般學者認爲超越提卡爾。有不少考古學家本來以爲科潘的石造建築群是一座非常重要的宗教祭祀儀式中心，但爾後的考古研究卻有重大的突破，由於大祭壇上16個人頭浮雕、大廣場上12座雕像石柱等所雕刻的象形文字被讀通，才斷定那是科潘王朝的16位國王，因而推論科潘應是一座宏偉壯麗的城市。

(c)石雕是馬雅藝術最高的造詣

被聯合國教科文組織列爲「世界文化遺產」的「科潘遺蹟」，係宏都拉斯最主要的觀光景點，政府當局非常重視，已予劃定爲國家公園，1996年8月完成闢建，是保存相當有規模的馬雅文明、獨一無二之雕刻博物館，將古城遺址中心區所發掘出來較爲完整的雕刻文物集中陳列，這些雕刻品都是奇形怪狀，特別

引人入勝。

(d)馬雅人偏愛翡翠碧玉

宏都拉斯與瓜地馬拉邊境地區是翡翠碧玉的產地，古代馬雅人對綠玉有著特殊的偏愛，被視為是尊貴與權勢的象徵，是最受喜愛的飾品。在科潘地區曾在一處墓葬中挖掘出一件綠玉面具，由大約200片的綠玉黏接而成。考古學家推斷是家人讓往生者很有體面地含笑九泉，甚至在陰間受審判時若遭受處罰或墳墓被破壞，則可用綠玉面具去擋，以保住靈魂而復活到另一個世界。

炎熱的氣候使馬雅人的衣著簡單，男性一年四季都以一條長長的腰布先捆在腰部，再一頭垂直到膝蓋，另一頭垂在背後腰身下，上身赤裸，腳穿涼鞋或赤腳。富有者穿皮製的涼鞋，留長髮，往往在頭背後紮成束。婦女則習慣披圍巾裹住身體，而男女都喜歡紋身及塗臉。

市集採以物易物的交易，為了便於衡量價值，採用可可豆做為計數的單位。

e.薩爾瓦多

(a)中美洲面積最小的國家

薩爾瓦多（西班牙語「救世主」之意），從地圖上可看出是中美地峽諸國中唯一沒有面臨加勒比海的國家，也是中美地峽上面積最小的國家，境內已有超過25座死火山，其餘的活火山之活動力甚為旺盛，爆發時非常猛烈，常造成嚴重的災害，其所形成美麗的火山湖，則成為著名的景點。

薩國早期的原住民為皮皮爾族和部分馬雅族，迄今尚保留一些規模不大的馬雅遺蹟，現今的人種和其他中美洲國家一

樣，是西班牙人和印第安人混血之後裔的麥士提索人，而薩國人民一般生活習俗則較開放。

境內山地的坡度不大，且土質多含有火山爆發後覆蓋的火山灰與熔岩，成為非常肥沃的土壤，加上適度的氣溫和雨量，很適合種植咖啡樹，其大量的咖啡外銷，早已成為薩國最重要的外匯收入。

(b)十四家族集團壟斷產業

塔卡集團係薩爾瓦多後起之秀新興的大財團，而在殖民時代崛起的富有大地主，即著名的十四家族，一直壟斷薩爾瓦多的咖啡、棉花等之產銷。薩國許多山間盆地較低的坡地與耕地所闢設的大農場，幾乎都是這十四家族所有，其財大勢大也間接影響了全國的政經命脈。

十四個家族集團自二十世紀開始更積極地剝削農民，造成貧富階級尖銳對立。採收咖啡豆的貧農於1934年曾集體抗爭大地主，薩國政府出動軍隊加以鎮壓，三天內即屠殺了可憐的貧農3萬人。自內戰結束後，政府當局著手實施土地改革，甚至立法徵收農地等措施，以保障眾多農民的生活安定。

(c)首都聖薩爾瓦多，飽受地震蹂躪

聖薩爾瓦多城係西班牙人於1525年所建，起初建於該城東北方30公里，後來才遷到現在的區域。這座城市雖有悠久的歷史，但一些風格富麗堂皇的建築物都在歷次的大地震中，先後一一震毀倒塌，迄今已少有僥倖著名的歷史性建築。

(d)馬雅世界

一個燦爛聞名的正統血源，驚奇的金字塔、廟宇、宮殿、

藝術眞品和古老的寶藏，矗立在一片美麗的大地上，這是馬雅人的家，他們在西元二世紀前即建立了一個最先進的文明。一進入馬雅文化遺跡，就能使遊客有豐富的想像力，這些無數的古蹟、原始林、海灘、城鎮和路徑是歷史探險的最高形式。還有，在本區內的國家公園和保育區一直都是遊客的最愛。

薩國是著名的保存有馬雅文化的國家之一，由古老遺跡中依然可追尋薩爾瓦多人過去的繁榮文明。首都往西32公里外，在科侖和奇拉馬達之間，有一地名爲聖‧安得列斯，有保存良好的古蹟。

f.瓜地馬拉

(a)像「奎特查爾鳥」追求自由

古代馬亞地區的地名爲「Quauhtemellan」，意爲「森林的大地」，後來經西班牙人的譯音而演變成現今的瓜地馬拉。瓜地馬拉主要的人種爲印第安人的馬雅原住民及印歐混血，約各占半數人口，馬雅的後裔大多聚集在不同地域的山區，除了農牧之外，就是替大地主工作，生活較爲窮苦。

自該國政局安定後，工業已逐漸發展，出產的石油開始外銷，咖啡爲最大宗輸出的農產品，觀光事業爲僅次於咖啡的第二大收入。

瓜地馬拉的熱帶雨林約占全國面積的一半，在濃密的叢林中有超過八千種的動植物，其中有一種鳥名叫「奎特查爾鳥」，有全世界最美麗的鳥之稱，身軀不大，但牠的毛像彩虹般美麗，尤其雄性有長長的尾羽，這種鳥慣於自由自在獨自生活在叢林中，一旦被捕捉關進籠中，就滴水不沾也不吃飼料，寧願就此魂斷在籠裡。古代馬雅人奉這種鳥爲神鳥，牠的羽毛被視爲高貴形象，被國王、貴族、祭司做爲裝飾之用，如今牠已成爲瓜地

馬拉的國鳥，象徵自由，被做爲國徽圖案之一，也出現在瓜國紙
幣上。

(b)馬雅古文明的核心發祥地

世界四大文明古國的發祥地，都是在長而大的河流流域，
如埃及的尼羅河、中國的長江與黃河等，燦爛的馬雅古文明核心
發祥地——瓜地馬拉北部的佩騰省，是熱帶雨林密布的平原與丘
陵，只有小河溪穿越其間，經過一百多年之考古，許多馬雅世界
中失落的荒城、廢墟、文物，大部分都是在瓜地馬拉境內被發掘
而重見天日，使馬雅古文明之神祕面紗逐漸被揭開。

要了解馬雅文明，最重要的關鍵是必須先認識他們的宗教
信仰。馬雅人認爲整個宇宙可分爲天堂、地球（凡間）、地獄三
階的形狀，能夠遵守神靈的旨意而守本分的人就會上天堂。因
此，馬雅人認爲死亡不是終點，只是中途的驛站而已，人是永生
的。

古代馬雅人常用的數字有別於其他古文明國家，他們認爲
人有雙手十隻手指，雙腳十隻腳趾，合計爲20，成爲最基本的
計算單位，亦即使用20進位法。

(c)馬雅世界最大的城邦

提卡爾是古代馬雅人居住的佩騰地區之核心，位於瓜地馬
拉的北部，西元三至十世紀是提卡爾最繁榮昌盛的時期，城市中
的人口有10萬人，整個城邦有50萬人，他們沒有金屬鐵器，沒
有輪車之使用，也沒有大象、牛、馬之拖運，完全靠石器和人
工，建立起龐大宏偉壯麗的城市。提卡爾不僅是馬雅世界最富
庶、最大的城邦，也是宗教、商業、人文薈萃的中心，因此常被
稱爲「馬雅文明之搖籃地」。

馬雅人所建造石砌的金字塔，係沿襲奧爾梅克文化之傳承，在古代馬雅世界常以建造金字塔數目之多寡及規模大小做爲城邦實力之象徵。因此，各城邦的國王在位時，莫不全力以赴建金字塔。

(d)首都瓜地馬拉市

瓜地馬拉市位於瓜國南部，氣候終年溫和涼爽，但鄰近火山地帶，常受頻繁的地震威脅，近年來新設計防震與耐震的高樓大廈接踵興建，市街已逐漸呈現現代化的氣派。瓜地馬拉市一些富麗堂皇或具有歷史背景的建築物甚多毀於地震，現今除了幾座教堂與博物館外，已少有景點可看。

瓜地馬拉市的城區劃分爲十五個區，北邊第一區爲熱鬧的商業區，附近有優雅寬廣的「馬耶廣場」，是典型西班牙風格的廣場。馬耶廣場北面壯麗的巴洛克式建築物「國家宮殿」，係瓜地馬拉總統府，也是歷史博物館，是瓜市最值得參觀的景點，可開放讓民眾自由進出參觀。

(e)有西班牙風貌的安提瓜

安提瓜四周被群山環抱，所以氣候適宜，是中美洲殖民文化的發源地，在此，1535年創立了中美洲第一所學校。安提瓜的繁榮雖毀於地震，但是大部分的遺蹟保存完整，市容仍保持當年的風貌，由此，後人彷彿得以置身於殖民地時代的中美洲首善之地。

天主教是西班牙征服殖民地，除了武力之外的另一種手段，安提瓜至今彌漫了濃厚的宗教氣息，宗教的虔誠表現在復活節重演耶穌受難與復活的節目上，也吸引了中美洲甚至世界各地蜂擁而至的觀光客。

g.古巴

(a)哥倫布稱讚最美的地方

位於加勒比海西北方的古巴,是西印度群島中的第一大島,四面環海且海岸線曲折,有甚多水深天然的海灣與良港,屬亞熱帶,氣候高溫多雨,適合農業耕作,從石灰岩風化而成的土壤不僅肥沃且透水性強,自從非洲引進甘蔗種植後,即以盛產蔗糖聞名,其生產量及外銷出口量一直高居世界之首。

阿根廷裔的切·格瓦拉是在1956年11月25日,跟隨卡斯楚從墨西哥潛回古巴。喜歡攝影的他,當時所拍的一張照片被做為宣傳海報,他的眼神透露出革命必成的堅定信心,這張照片鼓舞了古巴人民的希望,很受人民的喜愛與收藏,迄今仍歷久不衰,被古巴人民尊稱為游擊英雄。

(b)充滿摩登又古雅景象的哈瓦那

哈瓦那最早的發祥地即現今的舊城區,保留甚多十八世紀西班牙古雅風格的建築物。二十世紀初開始,美國人前來古巴投資房地產、種甘蔗、製糖事業等,也促進哈瓦那更加繁榮,而所闢建的市區,高樓大廈林立,被稱為新城區,政府重要機構、高級飯店、餐廳、夜總會等幾乎都集中在此。

①革命廣場

寬廣宏偉的「革命廣場」是全國重大集會活動場所,廣場的東北側為國務院,最引人注目的便是懸掛在國務院大樓之切·格瓦拉上半身的巨幅鋼管塑像,下面三行西班牙文翻譯為「為勝利繼續奮鬥」之意。

廣場南側高聳約139公尺的「約瑟馬蒂紀念塔」,塔前尚豎立馬蒂坐姿雕像。馬蒂係西班牙人,卻甘願挺身而出,為爭取古巴之獨立自由率兵戰鬥,為國捐軀,被古巴人尊崇為民族英

雄。馬蒂雕像於1901年被豎立,成為哈瓦那的地標,塔內設有馬蒂紀念館、古巴各種重要事件文物紀念館等,可搭乘電梯至塔頂,一覽無遺地俯瞰哈瓦那市區景色。

②國會議事廳

中央區最宏偉、壯麗的建築,採用新古典主義風格,其圓形屋頂高達91公尺,踏進大門就令人驚嘆它的氣派非凡,挑高的大廳、華麗的大理石地板、別緻的壁畫裝飾等。

坐落於國會議事廳北側的哈瓦那國家歌劇院,最早建立於1834年,四座圓形尖頂上各豎立一座天使雕像,分別代表教育、博愛、音樂、藝術,一些世界頂級的歌劇樂團均曾在此登場演出。

③哈瓦那大教堂

建於1748年的哈瓦那大教堂是舊城區的地標,教堂正面的建材採用有細孔的珊瑚礁岩,因此難於再作細部之雕飾,左右兩側之鐘樓造型與大小均不相同,大教堂前的廣場有露天咖啡座、紀念品攤販、藝人表演等,是舊城區最熱鬧的地方。

(c)熱帶酒店,曼歌妙舞

哈瓦那郊區的熱帶酒店是一座位於熱帶叢林中的露天晚間秀場,早期設有餐廳、舞廳、賭場等,現改為大型的歌舞秀場,自古巴開放觀光以來,已成為觀光客晚間不可錯失的看秀活動。

表演時除了舞臺外,兩側及舞臺背後的熱帶叢林上也有表演者同時搭配演出,令人目不暇給,獨特的音樂旋律,有悠揚的鋼琴、小提琴等樂器,融合扣人心弦的西班牙吉他和野性奔放的非洲低音鼓,眾多身材高眺、婀娜多姿的舞孃,穿著金光閃亮的舞衣,隨著強烈悸動的鼓聲,扭腰擺臀大跳森巴,充滿力與美的

熱情演出，更令人渾然忘我。

(d)最美麗的維拉德洛海灘

維拉德洛狹長的半島是古巴富有的卡德奈斯家族所購得，建有別墅及公園，做為其家族及古巴上流社會之聚會、度假之用，新政府成立後才開放成為大眾休閒度假的勝地，二十世紀配合發展觀光事業，大量興建高級飯店及商店，現今已發展成為古巴最聞名的觀光城鎮。

維拉德洛除了優雅的強生公園、購物中心、精品店、市集外，最令人陶醉的便是那長達20公里的海灘，瀕臨佛羅里達海峽，藍藍的海水和潔淨細白如綿的海灘，被譽為古巴最美麗的海灘。

h.貝里斯

(a)中美洲唯一英語系國家

這個中美洲小國，引起世界各國人的注目，還是近幾年來事情。貝國擁有得天獨厚的自然美景和寬鬆的移民條件，最廣為國人熟知。其他迷人之處，如氣候宜人、政治安定、民風純樸、重視人權、地廣人稀、零污染的自然生態環境，令去過的人都留下深刻的印象，被譽為中美洲的伊甸園。

貝里斯位在中美洲尤加登半島的西南方，西北與墨西哥接壤，西南和瓜地馬拉相連，東部濱臨加勒比海，面積為臺灣的三分之二。境內氣候溫和，河渠縱橫，大部分土地為熱帶雨林覆蓋，一切都還保持著原始特色，未受人為污染。

貝里斯是中美洲唯一以英語做為官方語言的國家，62%的人說英語，在中美洲國家中政局最為穩定，自1981年獨立以來，一直採用英國的政治制度，每五年選舉一次，執政黨即為該國眾

議院的多數黨，政治的運作十分理性，人民基本權利受到充分尊重。

貝國人口約二十萬，大部分人爲印地安人、西班牙人、黑人的混血後裔，加上少數白人、印度人；中國人有兩千人，大部分從事餐館業；部分老華僑則經營五金、轉口貿易業，經濟基礎較爲雄厚。

(b)優惠外商投資，移民條件寬鬆

政府的經濟策略朝向多層面發展，農業、漁業、輕工業、旅遊業等都迅速增長，加上外國（主要是美、加、日、臺）的開發援助，各國也給予貝里斯享有進入美國、英國及加勒比海之國家市場優惠權。貝國政府獎勵投資而有種種特許優惠，倒是吸引了外來投資者的青睞，歐美各國主要投資於基礎能源工業與交通電信建設，亞洲如臺灣、韓國、馬來西亞等國也有相當多的資金介入，臺灣政府提供貸款成立中小企業發展基金已行之有年。

貝里斯政府爲了鼓勵外國投資，訂有許多稅期優惠措施，外國投資人可享有與本國投資者一樣的發展特許，包括對加工工業品的出口給予二十五年以上的特許，其他一些工業品予以五年或可延長至十年以上的特許。此類特許的條款包括免稅期、固定設備和原料進口稅的減免。投資者使用本地資源和原材料，製造進出口產品或生產進口產品的替代品，以增加就業機會及提高貝里斯人的技術水準，更受政府歡迎。外國人允許擁有100%的企業，但政府鼓勵本地企業家參與合資企業。

一般投資者申請投資時，必須詳列投資計畫，符合特許條件後，可申請「發展特許」，約需六十天的審核。取得發展特許只是第一步，有時需至政府其他單位取得更進一步的執照或許可。貝里斯商業和工業委員會幫助投資者取得必要的執照或許可

後,就能進行事業經營。

(c)擁有世界第二大堡礁

貝里斯境內將近有一半土地覆蓋著濃密的熱帶雨林,孕育許多珍貴的野生動物,包括瀕臨絕種的美洲豹、吼猴及兀鷹等,還有500多種鳥類,如大嘴鳥、鸚鵡等,在叢林中尚有250多種的蘭花,包括貝里斯的國花——黑蘭花。

長達280多公里綿延的沿海,由北而南幾乎與海岸線平行,密布著幾千座小珊瑚島,其所形成的大堡礁,號稱世界第二大,僅次於澳洲。未受破壞與污染的海洋自然景觀,海水清澈純淨,潛水欣賞海中美麗壯觀的珊瑚礁,已成為貝里斯最具魅力吸引觀光客的主力景點。

(d)第一大城——貝里斯市

貝里斯市原是古代的馬雅漁村,英國移民在貝里斯河口建立城鎮和港口而逐漸繁榮。瀕臨加勒比海的貝里斯市,每年7至10月常受颱風侵襲,市區少有高樓大廈。市區內有座著名的「聖約翰教堂」,屬於英國國教之聖公會,是中美洲最古老的教堂之一,建材和裝飾均來自英國,先後曾有三位尼加拉瓜蚊子海岸的印第安國王在此加冕,因此被當地人視為是一座帶來好運氣的教堂。

4.大洋洲

澳洲

在臺灣,打高爾夫已經成為上流社會的交際活動之一,許多政商名流都喜歡趁著假日,到高爾夫球場揮桿較量一番。但是到了澳洲,千萬不可以在假日時邀澳洲人去打高爾夫球,因為他

們非常重視宗教性的聚會，而假日正是他們到教會的日子，所以千萬不可以打亂他們的習慣。還有，「豎大拇指」這個手勢在澳洲代表「下流」的意思，所以可別亂比。

5.非洲

非洲國家有許多黑人土著，所以在非洲國家談論膚色是一種禁忌，如果用「Black」稱呼他們，他們並不會排斥，但是千萬不可在他們面前用「Negro」或「African」，否則很有可能被驅逐出境。

(1)利比亞

參加宴會的時候，大家都會盛裝打扮出席，並且氣氛很正式，不可以喝得醉醺醺的，也不可以做出喧賓奪主的行為，否則會被視為沒教養。但是來到利比亞這個國家可就不一樣了，如果被邀請了，切忌坐在一旁一動也不動，否則主人可是會認為你不滿意他們的招待而感到不安。一定要興高采烈一番，痛快地玩一場，如此一來，主人見你高興，才會認為自己盡到地主之誼。但是玩歸玩，千萬不可以在會場中口出穢言或做出有礙觀瞻的行為。在利比亞，把自己愉悅的心情用行動表現出來，是一種禮貌。

利比亞對美國簡直排斥到了極點，全世界的飛機場內沒有英文字出現的就屬利比亞了，全部都是阿拉伯文。所以到利比亞觀光旅遊，還是學一點阿拉伯文比較方便。

(2)衣索匹亞

觀光客每到一個國家旅遊的時候，總是習慣拿起照相機不停地拍照，但是由於此國家較落後，並且也討厭被別人傷害其自

尊心，所以有些被寫實作品影響的遊客，千萬不要將鏡頭朝向那些穿著破爛衣服的人照相，這與直接揭他們的瘡疤無異，是非常不禮貌的行為。另外，在過去的時候，衣國人民認為被人目不轉睛地盯著會遭致禍害，甚至招來死亡，因此到當地旅行時，千萬不要注視當地人太久，否則會令對方感到不悅。

(3)阿爾及利亞

在這個國家的女性，除了逛街可以單獨行動外，在其他時刻必須要由男士陪伴，因為他們認為女人單獨行動是一件不高尚的事，有失人格。即使你是來自外地的女遊客，也要遵守當地的風俗習慣，否則會被認為是隨便的女性。

在這個國家，白色衣服及披風被認為是純潔與貞節的象徵，他們認為這樣穿著的女人是高尚的，男士也會對你特別尊重。建議要到這邊旅行的女遊客，出門時不妨穿著這樣的服裝，如此一來可以避免許多麻煩。

握手是見面時最常見的打招呼方式，當然，阿爾及利亞也不例外，但特別的是，握得愈用力，他們會認為你愈有誠意。所以到阿爾及利亞拜訪時，握手時要記得使出吃奶的力氣，好讓對方知道我們誠意十足。

(4)孔雀東南飛（東南非見聞錄）——肯亞、坦尚尼亞、辛巴威、尚比亞、波札那、那米比亞

「暢遊天下名山大川，廣交天下英雄豪傑，博覽天下奇文雋語，翰書天下悲歡離合」，是個人生平的宏願，立志要走遍天下九十九個國家，當然保留第一百個國家——天國，最後才去，這就是為什麼我要去東南非的原因。

非洲面積三千萬餘平方公尺，僅次於亞洲，海岸平直，缺乏海灣及斷崖，外人不易深入，所以開發遲緩。非洲國家有豐富的礦產，但只有小部分被開發，過去是歐洲的殖民地，經濟制度不健全，政治也不穩定，種族複雜而且大部分還處於貧窮狀態。非洲部族觀念比人種重要，部族間有共通的語言、生活習慣，同部族凝聚力很強，普遍認為部族的存在對非洲很重要。

非洲位於北緯37度至南緯35度間，赤道橫貫大陸中部，形成南北對稱的氣候。非洲的原住民分為二大類，即北非的白種人，以及撒哈拉沙漠以南的黑種人。這二個世界截然不同，因為撒哈拉沙漠的橫隔，以前的歐美人士沒辦法度過此天然障礙，海岸港口又平直難靠岸，使得大家都不了解非洲。

此地到處是叢林、急流、瀑布，有毒蛇、蚊蠅，一般人無法披荊斬棘的走進去。一直到1498年，達伽瑪發現新航路，才慢慢對沿海熟知，及至李文斯基、史坦利相繼走入此不毛之地探險，才慢慢的有所認知。此地的總統、國王非常專制，而且連選得連任。但絕對的權利使人絕對的腐化，很多國家靠政變、內亂推翻政府，周而復始。此地有很多傳染病，如愛滋病、瘧疾、霍亂、登革熱等疾病，所以要去非洲，一個月前就要接種預防針，才能安心上路。

臺灣對非洲的資訊非常模糊，名之為「東南飛」就是著眼於此。非洲之旅一路上很顛簸，沒有柏油路，車內沒有冷氣，狂沙飛揚，是我旅行過的國家中最辛苦的一趟。

(a)肯亞（Kenya）

土地：58萬平方公里。人口：三千萬。國旗：黑色代表國民的顏色，中間的紅色代表鮮血，下方綠色代表大地和天然資源，二條白線代表和平，中央的是馬塞族的盾和二支矛，代表肯

亞人將堅守由長年戰鬥而得的自由。

　　肯亞是人類發源地之一，曾出土約150萬年前的人類頭蓋骨化石。境內裂谷的輪廓非常清晰，縱貫南北，將國家分為兩半和橫穿全國的赤道相交叉，因此肯亞又稱「東非十字架」。大裂谷是野生動物的樂園，每天都有一批批的觀光客來參觀野生動物。維多利亞湖位於非洲中東部，是世界上第二大淡水湖，也是世界上最長的河——尼羅河的發源地。平均高度1,500公尺的肯亞，氣候十分宜人。十九世紀時，許多野生動物在捕獵下瀕臨絕種，二次大戰後，肯亞政府設立了四十餘座國家公園及保護區，並全面禁獵，目前肯亞旅遊以生態觀光為主。

　　農耕是肯亞最主要的行業，主要種植茶、咖啡、核桃、瓊麻。肯亞除了被視為「人類的搖籃」外，更有全非洲大陸最豐富、最多采多姿的部落族群。從鈔票背面可知道其國內動物獅子、牛、駱駝、大象是其代表。肯亞原先是英屬，後來獨立，首都奈洛比有一地標「國際會議廳」，是非洲國家開會的地方。肯亞已成為非洲的中心點及避暑勝地，有許多豪華的度假飯店。

　　歷史上被英國統治過的國家都比較有法治、注重教育和交通運輸，所以肯亞有東非的倫敦之稱。而法國較會剝削，被法國統治過的國家都恨法國，而且恨得牙癢癢的，這也是西非國家（大都法屬）時常政變的原因。

　　肯亞的緯度很適合產茶，其紅茶在世界的排名第四，第一名是印度的阿薩姆紅茶，第二名是中國大陸的祁門紅茶，第三名是斯里蘭卡的錫蘭茶。肯亞的咖啡也非常有名，因咖啡要種在赤道附近，土地是火山岩，坡度要在800到1,200公尺之間，氣候不能太熱，而肯亞是一高原國家，上列條件都包含在內。

　　電影「遠離非洲」，動人的景色就在此地拍攝；電影「獅子與我」，人與獅子真實的感情也在肯亞發生。「沒去過肯亞的

人，會想去肯亞看看這塊大地；到了肯亞之後，看它的一切會令人感動而不想離開；到過肯亞的人，都會充滿著快樂的回憶，會一直想再回去肯亞。」肯亞黑人的耳朵都有洞，而且都拉得很大。肯亞的首都有一半的人口是印度人，在東非、南非，印度人的勢力不可忽視。在肯亞草原上可見到所謂的「天蒼蒼，野茫茫，風吹草低見牛羊」，一望無際的景色。肯亞及坦尚尼亞是世界長跑健將的出生地，因原野廣闊，為了追逐動物而造就了許多長跑健將；而西非則多是短跑健將，因很多叢林，無法一直跑，所以西非有「非洲之獅」之稱，如塞內加爾、奈及利亞的足球、籃球隊等，都曾在世界揚名。最會跑的肯亞選手，曾測其DNA，發現其祖先都是強盜，為了活命而死命地跑。

　　在此有作一個實驗，以赤道為中心向北走25步是為北半球，水是順時鐘方向流出；反之，以赤道為中心向南走25步是為南半球，水則以逆時鐘方向流出，這驗證了1498年達伽瑪所發現的新航路很不簡單，因和1492年的哥倫布發現新大陸時航向是往西是一股作氣，而達伽瑪是往南，氣流、水流方向完全相反，兩者控制航行有如開車左駕和右駕不同，這是北半球和南半球不同的地方。

　　在此地因赤道經過，太陽很大，人們利用凹透鏡圓片來聚光燒水，在北半球晚上可看到北極星，南半球則可看到南十字星。北半球很富裕，南半球很貧窮，世界最貧窮的國家大部分在南半球的非洲，主要原因是一夫多妻又重男輕女，只有男生有受教育和就業機會，女人只有生孩子。又因為疾病多，孩子存活率低，所以生很多孩子以確保存活，因而造成了人口爆炸，也造成非洲的貧窮，因此，唯有透過教育來改善貧窮的現象。

　　WB（World Bank，世界銀行）如今在此地用了很大的心力在推廣教育，廣設個人電腦，開墾公路、鐵路來改善非洲的貧

窮，有幸親眼看見此一道曙光。有道是只要有知識就可脫離貧窮，「一身技，一生翼」的功效在非洲也就看得到。

　　住在國家公園內是很大的享受，國家公園的旅館大多為度假村的形式，在旅館內就可看到野生動物。此行所住的飯店是鼎鼎有名的「樹頂旅舍」，旅舍就圍繞著樹架建造起來，赤道通過此旅舍，周遭有持槍的衛兵，一來保護住客，一來防阻動物進入干擾。英國伊麗莎白公主蜜月旅行就住在此旅舍，恰好其父王喬治逝世的消息傳來，因大英國協不能一天沒有國王，所以立即在此旅舍宣布繼位為英國女王，她在就位五十週年時再次舊地重遊，使此旅舍有其歷史上的意義。其前面有水池，動物會走過來喝水，人們便能看見一大群的動物，此方法有如行銷學中所言及的「蜘蛛戰法」──結一個網，讓人自投羅網，由此延伸出「蜜蜂戰法」──主動出擊。

　　非洲動物大遷移──「馬賽馬拉」是肯亞最著名的野生動物保護區，面積320平方公里，和坦尚尼亞的「塞倫蓋蒂」大草原連為一體，成為世界上舉世無雙、野生動物最集中的野生動物保護區，每年超過100萬頭黑尾牛羚（俗稱角馬）、15萬頭斑馬和35萬頭瞪羚，從散居坦桑尼亞的「塞倫蓋蒂」大草原南部，不約而同地輾轉走到肯亞的「馬賽馬拉」，短暫度過一、兩個月後，又千里迢迢地返回坦桑尼亞的「塞倫蓋蒂」大草原南部，年復一年，周而復始，又稱為「角馬大遷徙」。因為俗稱角馬的黑尾牛羚是大遷徙中數量最多的，但牠們不是大遷徙的先鋒，帶領著百萬動物大軍的，是愛吃長草的斑馬，憑著牠們鋒利的牙齒，把草莖頂部切割下來慢慢咀嚼，剩下草的底部給隨後愛吃短草的牛羚，牛羚吃飽後，草地上露出剛長出的嫩草，是走在後面瞪羚的美食。

　　筆者此行看到劍羚、大羚羊、黑面羚羊、東非條紋羚羊、

跳羚、斑哥羚羊、牛羚等等，這種動物跑得不快又沒抵抗力，只供肉食動物享用，但繁殖能力很強。

　　整個草原上有至少十萬隻以上的羚羊，斑馬混在羚羊群內，這些動物走過草原後，整片草原變成一片平地，所以被人稱為「割草機」，這也是為什麼這些動物要遷移，只是為了一個任務——吃草。在草原上看到很多洋槐樹，這是最高的動物長頸鹿喜歡吃的樹，樹頂被吃得平平的，而羊吃底下的樹葉及較高剩下的樹葉，有人判斷這些羊以後脖子都會變長，因這是適者生存現象，正如以前象的化石，鼻子很短，但為了吃更高更遠的樹葉，現在的象鼻子變得很長。

　　在草原上看到很多最大的陸生動物——象，其中都是母象帶著小象，公象在十二歲時就被趕出門，這些公象都聚在一起。要判斷公象或母象最簡單的方法，就是假如看到的是五條腿在走路的就是公象，四條腿在走路的就是母象。可看到跑的速度快如泰山壓頂的獅子，快跑時的時速達120公里。所有動物中跑最快的獵豹，被牠追到的動物很難存活，但牠雖能跑那麼快，體溫卻會升高到41℃，熱血動物若高達此溫很容易休克，所以凶猛如獅子、獵豹卻沒辦法長途奔跑，被追逐的動物只要超出攻擊動物的速度和體力極限，就能倖免於被吃的危機。

　　在此地，可親眼看到獵豹活生生吞食羚羊的一幕，獵豹吃完後，土狼圍過來吃食第二餐，土狼吃完後，禿鷹飛下來吃第三餐，因禿鷹雖然凶猛、敏銳，但卻只能啄食不能咬碎，所以要在獅子撕開動物身體、土狼拉開後，禿鷹才能啄食。在禿鷹啄食後，非洲白蟻出來吃食最後一餐，整隻被獵殺的動物一轉眼就只剩下一顆頭顱。有幸能親眼目睹這壯觀的食物鏈循環。

　　此地很多小動物為了聽覺敏銳，耳朵都長得很大，為了保命都能跑得很快，空中的鳥也飛得很快，這景象深印入心中。最

令人難忘的是斑馬，所有動物都有保護色，一遇攻擊都跑入叢林內以求自保，但斑馬身上的條紋卻是黑白分明，成為明顯的攻擊目標，其特殊求生方式是一方面是混在牛羚之中，以求安全逃離；另一方面藉由跑得很快會產生「視覺暫留」成為一片黑色，讓攻擊的動物看不清楚目標後就不再攻擊。能來此親眼看到斑馬變成黑色的「視覺暫留」現象，真是價值連城。

　　十八世紀達爾文的名言「優勝劣敗，適者生存」，活生生地應驗在此地。企業何嘗不是如此，企業要先求存活，存活後要求獲利，企業不賺錢是一種罪惡，接著企業要成長，不成長即死亡，再來要力求市場占有率，力求占有大地盤，動物力求生存和我們的企業界生存一樣，這一連串從存活、獲利、成長到占有率，給我們很大的省思。

　　在動物大遷移中，最精彩的是：當這群動物過河時，河內已有虎視眈眈的鱷魚。鱷魚和禿鷹一樣只能咬動物卻不能撕裂，所以咬下羚羊後馬上拉入河水裡面淹死、柔軟後才吞食，這些與臺商處境不是一樣嗎？在臺灣「等死」，走大陸「赴死」。而牛羚在這邊草原沒草吃，不是「等死」，過河被鱷魚吞食「赴死」，但與其坐以待斃，不如前仆後繼，所謂「出路、出路，出去走就有路；困難、困難，困在家裡就難」。

　　聽說這些鱷魚可活120歲，可以很多天不吃東西及吞食石頭入腹以保持身體平衡，嘴巴和尾巴都是攻擊的工具。河裡另有一大型動物河馬，河馬的眼睛、鼻子都在上面，很怕太陽，所以整天泡在水裡，等到黃昏時才上岸吃草。河馬有共生的夥伴鳥，此鳥吃河馬身上的跳蚤，使河馬感覺舒服，當凶猛的動物過來，此鳥會先驚叫飛走，引起身體龐大的河馬注意而先行準備抵抗。自然界的和平相處之道，在河馬和鱷魚之間及獅子和獵豹之間互不攻擊可發現。

　　其實，此行最值得一再提起的是，在大片草原上能同時看見數萬隻以上的紅鶴，場面極為壯觀。紅鶴為何是紅色？只因其吃食藻類，此藻類內有紅色色素會沉澱，所以看到很紅的紅鶴就是老紅鶴，粉紅的紅鶴就是小姑娘。當然也可以坐上熱氣球去觀看場面壯觀的動物大遷移。數量龐大的紅鶴在飛翔，上百萬隻牛羚在過河，大自然的奇妙規律被列為世界自然七大奇景（其他為聖母峰、撒哈拉沙漠、美國大峽谷、祕魯及巴西的亞馬遜叢林、巴西及阿根廷的伊瓜蘇瀑布、澳洲的烏魯魯巨石）。

(b)坦尚尼亞（Tanzania）

　　坦尚尼亞是古人類發源地之一，人口有三千多萬，種族複雜，有一百二十個以上之族群，為全非洲都市化程度最低的國家，國民所得只有100美元。原為德屬，第一次世界大戰後，轉為英屬。

　　國旗：綠色代表國土和農業，黑色象徵坦尚尼亞所有人民，藍色為坦尚尼亞面臨的印度洋，二條黃線表示豐富的礦物資源。二十世紀的1950年代，在東非大裂谷奧杜韋谷地，發現史前人類的頭骨化石，生存年代距今一百七十萬年前，這具頭骨化石被命名為「東非人」，是目前為止所發現最早的人類，比起中國五十萬年前的「北京人」早很多，所以有人類的起源來自非洲之說。以前報紙上就提過，李遠哲博士有東非DNA的血統，此地有詳細的人類演變展示場所。

　　如果從飛機上往下俯視，會發現地面上有一條碩大無比的「刀痕」呈現在眼前，這就是號稱「大地臉上最大傷疤」的東非大裂谷。東非大裂谷全長達8,000公里，深達2,000多公尺，寬達到80到200公里。這條長度達地球周長六分之一的大裂谷，氣勢宏偉，景色壯觀，是世界上最大的裂谷帶，也是全非洲最高的地

帶。有非洲第一大湖之稱的「維多利亞湖」。塞倫蓋提國家公園在坦尚尼亞北部，面積1萬4,000平方公里，有象、獅、河馬、斑馬……超過300萬頭大型動物。

國內梯田種很多茶、丁香香料、檀香木、非洲第一高峰吉力馬札羅的咖啡。有世界上最大的火山口，直徑38公里，在此可看到最原始的動物。這裡所有動物都跑不出去，裡面有很多的岩洞，岩洞裡有非常有名的岩壁畫，此畫在西元前就已經存在，畫出人類如何生活、如何馴服動物，並可依稀看到大象、駱駝圖像，證明非洲並非沒有文化，反而是最早的文化發源地。

非洲總是給人炎熱的感覺，此地卻有最值得觀賞的一座山頂終年積雪的高峰——「吉力馬札羅峰」，高5,895公尺，是非洲第一高峰。有人專門登各洲第一峰（亞洲為聖母峰8,848公尺、美洲為阿空加瓜山6,960公尺、歐洲為白朗峰4,807公尺、大洋洲為庫克峰3,764公尺），所以行銷名言：「不能全部第一，也要局部第一。」

此地的旅館非常有特色，都蓋在森林裡面，而且是一間一間獨立在森林裡，住此旅舍能看到奇特的原野風光，可看到猴子在裡面跳，長頸鹿和斑馬在跟你打招呼。也有各式各樣的岩石旅舍，房間就蓋在岩石裡面。

坦尚尼亞到處都是叢林，和肯亞到處都是草原不一樣，種有適合雕刻的黑檀木。此地有非洲五霸：獅子、犀牛、野牛、大象、獵豹。非洲並沒有老虎，而犀牛跑的速度雖慢，卻力大無窮。市面可買到象牙、犀牛角、長頸鹿尾。據說犀牛角可增加性功能，長頸鹿尾可用來趕蒼蠅、蚊子，象牙用來裝飾，因具有這些功能卻使這些動物慘遭毒手，真是懷玉其罪！

此地是唯一保持最豐富原始動物地區，有各種動物、植物，研習生物系的同學來此一定會滿載而歸。牛隻是他們最珍

貴的寶貝，也是生活依靠，他們的生活與牛分不開。原始部族都喜歡跳舞，舞蹈以鼓聲伴奏，跳舞時都仿照獵豹、獅子等各種動物的舞姿。此地可看到山豬、駝駱、駝鳥、七彩鳥、食蛇鳥等奇珍異獸。其中最值得推薦的是羽冠鶴，羽冠鶴的頭非常漂亮，烏干達的國旗就有羽冠鶴的頭印在上面，是所有鳥類中最漂亮的頭。鱷魚肉是非洲有名的一道菜，飯店內可吃到幾百種各種不同動物的肉。此地有穿著鮮艷紅色的馬賽族人，杖不離手，紅色手杖代表權威，但有時可看到全身黑裝黑臉裝扮，這是他們的習性。男生割包皮後必須穿著黑色、臉塗裝成黑色，以防妖魔鬼怪附身，而且三個月不能洗澡，三個月後還要打一隻野獸回來作為成年禮，才可脫離家庭自立門戶及穿回紅色衣服。

非洲國家的疆界以經緯度為邊界，就這樣把馬賽族硬生生地劃分歸屬到三個國家：肯亞、坦尚尼亞、烏干達，這是馬賽族的悲歌！此狀況有如中東的庫德族被劃分歸屬到伊朗、土耳其、伊拉克一般，在這三國都變成少數民族，民族流離失所，悲哀地造成自己的命運自己不能掌握。

(c)辛巴威

英屬，1980年獨立，是全世界二十個貧窮國家之一，人口一千一百萬，百姓主要以農、漁業維生。國旗：紅、黃、綠、黑是非州的傳統色彩（只要看到紅、黃、綠的國旗，絕大多數是非洲國家的國旗）。左邊的辛巴威鳥是取自辛巴威十二世紀遺跡中雕刻在柱上的鳥，代表辛巴威古代高度的文明，紅星代表社會主義，黑色象徵國民為黑人，紅色代表為爭取獨立所流的血，黃色代表礦物資源，綠色象徵農業，白色代表和平。

辛巴威的平衡石由風化侵蝕而成，遠看層層重疊、搖搖欲墜，像是大自然魔術師玩的平衡把戲，然而卻固若金湯，屹立不

搖。辛巴威的觀光資源以野生動物保護區和世界三大瀑布之一的維多利亞瀑布，享譽全球。有黃金、玉米、菸草、棉花、煤、鐵、鉻、石棉等農礦業，主要經濟作物是菸草。

辛巴威的平衡石告訴我們做人做事的道理，太過積極會引起反彈，不改革則爲墨守成規。要取得動態的平衡，在穩定中求進步，是爲人處世治國中很重要的道理。非洲的尼羅河、剛果河、尙比亞河都發源此地，故有「萬河之母」的稱號。此地水量多、水力豐沛可做水力發電，也有很多的煤可做火力發電。

1855年，英國探險家李文斯基坐著獨木舟來到東非，發現了介於辛巴威和尙比亞的世界第二大瀑布——維多利亞瀑布，又稱爲非洲七彩之光、彩虹瀑布。南美洲的伊瓜蘇瀑布是世界第一大瀑布，第三大瀑布是美加之間的尼加拉瓜大瀑布。

在此要強調的是，任何行業一定要擠上前三名，這是行銷學中出名的BIG3戰略。在世運會上前三名爲金、銀、銅牌，第四名及以後，通通沒有資格上臺受獎。

辛巴威舊名西羅德西亞，以前辛巴威人有一族從肯亞下來，一族從南非上來，混戰後由白人統治，都市治理得井條有序、綠草如茵，市容有如人間天堂，人民給人的感覺都非常友善。後來由黑人統治，但經濟還在白人手上，一切還相安無事，如同馬來亞，政治由馬來人掌控，經濟由華人掌控。但現今連任六次的總統卻宣布所有白人必須放棄財產，遠離辛巴威，所有國土財產由國內黑人接手，此情況和印度的綠色革命一樣，因缺乏配套措施而功敗垂成。如今辛巴威產生通貨膨脹，一日三價，黑市美金已是官價的N倍。2009年1月曾發行100兆之巨鈔（爲金氏世界紀錄最多 "0" 的鈔票，見下附圖）。辛巴威雖然想將國家收回黑人所有，國家經濟卻每況愈下，到處都是遊民，甚至有人將田裡的野鼠也打來賣。

(d)波札那

人口：一百五十萬。土地：五十八萬平方公里。國旗：採用藍底，在兩條白線之間的黑色橫條十分明顯，表示在本國的天空下，黑人和白人有平等的精神。藍色代表天空外，也象徵對水資源的依賴。

波國以畜牧、觀光和鑽石為主要的經濟來源，為世界第一鑽石生產國，和獨立國協及南非並列為世界三大鑽石國，牛肉提供給歐洲；此外，銅礦與鎳礦為波國第三大出口品。錢幣中印有三位人士，此三位人士遊說美國幫助其國家獨立，所以美國人在此地很吃香。

這個國家是鳥類的世界，居民大多以畜牧業為主。波札那沒有殺戮，沒有苦難，從鴕鳥到公牛都能安詳地在此生存，沙漠中有觀光狩獵園。

波札那缺水的情形十分嚴重，幾乎不適於人居住，人口密度低，許多原住民至今仍過著很原始的狩獵生活，電影「上帝也瘋狂」就是在此地拍攝。我們也在此地看到大象作愛，但作愛

時間極短，每次都匆匆結束，而犀牛作愛的時間卻可高達46分鐘，所以非洲人喜歡傲稱自己是犀牛。

有一則笑話：美國第三十任總統柯立芝（Collide）夫婦有一次來波札那觀光，總統夫人看到此地的獅子在短時間內能連續作愛十二次，很是羨慕，就告知隨從：「等一下總統來時告訴他，獅子能作愛十二次！」當總統來時，隨從轉告夫人的話。總統詢問公獅子是否和同一隻母獅子作愛？隨從答說：「是十二隻不同的母獅子。」總統立即答說：「那我也能夠！」這則笑話被稱為柯立芝效應（Collide Effect），也就是男人本色。

此地的「邱比國家公園」是野生動物的天堂，很適合露營。此國家有很多露營的旅館，但此地愛滋病卻很嚴重。

(e)尚比亞

人口約一千萬人，英屬。國旗：展翅遨翔的老鷹是魚鷹，象徵國家自由光榮，與打倒困境的國民力量，紅色表示為自由而戰，黑色代表多數人民是黑人，橙色是天然資源，綠色象徵自然資源。魚鷹在非洲南部非常受到重視，牠們專門吃魚。國內有很多礦產如銅、鈷、鎳，是世界三大產銅國之一（美國、智利、尚比亞），所以此地銅的雕刻品很多。維多利亞瀑布介於辛巴威和尚比亞之間。

此地是世界上象最多的國家，可看到象在泥沙中打滾後，用鼻子吸水噴身體，使沙附著在身上來防曬。象每十年換一次牙齒，共換六次，60歲後就不長了，所以象的壽命大約60多歲。象老了之後沒牙齒，只能在河邊吃嫩草，所以大都死在河邊。雖然12歲後公象被趕出門，但死前會發出音波，小象和母象都會趕來送終，並挖個洞將牠埋起來，守靈一段時間後才離去。象真的很有靈性，所以在河邊可以看到很多象的骨骸，但因象都會用

樹來磨牙，破壞樹的成長，所以此地都會定期射殺大象。亞洲象較溫馴，體型較小，長在中南半島，耳朵較小；非洲象非常凶猛，大多集中在尚比亞，體型較大，因天氣熱，耳朵較大可用來搧風。

　　尚比亞的銅必須透過莫三比克的港口外銷，有一次日本商社私下探知莫三比克會發生內亂，在內亂前先在世界上大量購買銅礦，當內亂發生時，銅礦不能出口，銅價大漲，日本商社大賺其錢，證明情報戰在商場上是很重要的。

　　(f)那米比亞

　　人口約一百六十二萬，88%是黑人，有種布希曼人是黃褐色人種，很奇特。1990年獨立，是非洲最後的獨立國（原為德屬，第一次世界大戰後由南非託管），其國旗有青天黃日的十二道光芒，和我們的國旗青天白日很相似。居民以畜牧為主，境內擁有豐富的礦藏，如鑽石、銅、鉛以及錫礦。

　　那米比亞十字角是著名的海豹保護區，有8至10萬隻海豹聚集在這一邊是沙漠、一邊是海岸的世界奇景，是攝影家最嚮往拍攝的地點。埃托夏國家公園面積超過2萬平方公里，包含114種哺乳動物、340種鳥類、16種爬蟲類與兩棲類、魚類及數不盡的昆蟲。有一地形終年乾燥，積水不超過一公尺深的淺低地，會引來無數的動物聚集，和平共處在這沙漠天堂。

　　所謂「沙漠之舟」的駱駝，在亞洲為雙峰，非洲則為單峰。大地時常會出現海市蜃樓的景象，把動物、樹木扭曲成奇形怪狀。

　　那米比亞在當地語是「沙漠之地」。赤道0度是熱氣上升，北極圈65度是冷流上升，兩極相遇在32.5度相逢下降，皆是無風乾燥，是典型沙漠帶。北緯32.5度是撒哈拉沙漠，阿拉伯沙漠、

大戈壁沙漠、長江三大「火爐」、美國內華達沙漠、百慕達神祕
三角洲,而納米比亞之沙漠則坐落於南緯32.5度,相對在澳洲、
智利此一緯度亦屬沙漠帶,真正32.5度的宿命論!

(g)小結

此趟旅行讓我走過、看過、摸過非洲,讓我留下記憶、回
憶和追憶,此地的風景是世界上其他地方所不能比擬,這一趟旅
行很辛苦卻很值得,是我走過的所有國家中,最令人難以忘懷的
一段!

小知識大學問

1.到了中國,才知道只生一個孩子好。

2.到了臺灣,才知道罵祖宗還可以面帶微笑。

3.到了香港,才知道明星都戴著口罩。

4.到了日本,才知道死不認帳的人,有時候還會很有禮貌。

5.到了韓國,才知道亞洲足球讓上帝差點瘋掉。

6.到了泰國,才知道看見漂亮妹妹先別急著擁抱。

7.到了新加坡,才知道為什麼四面都是水,還要向別人要。

8.到了印度,才知道多貴重的人都得給牛讓道。

9.到了印尼,才知道為什麼華人夜裡睡不著覺。

10.到了阿拉伯,才知道做男人是多麼驕傲。

11.到了法國,才知道被人調戲還會很有情調。

12.到了西班牙,才知道被牛拱到天上還可以哈哈大笑。

13.到了南斯拉夫,才知道為什麼有人不願回到祖國的懷
抱。

14. 到了奧地利，才知道是個乞丐都能彈上一支小調。
15. 到了瑞士，才知道開個銀行帳戶，沒有十萬會被人恥笑。
16. 到了丹麥，才知道寫個童話其實可以不打草稿。
17. 到了義大利，才知道天天吃披薩，臉上都可以不長膿包。
18. 到了希臘，才知道迷人的地方其實都是破廟。
19. 到了梵蒂岡，才知道在其境內任何地方開槍，都可以打到羅馬的鳥。
20. 到了美國，才知道不管是誰，亂嚷嚷都會中炮。
21. 到了加拿大，才知道面積比中國還大的地方，人比北京還少。
22. 到了巴拿馬，才知道一條河也代表了主權的重要。
23. 到了巴西，才知道衣服穿得少也用不著害臊。
24. 到了智利，才知道火車在境內拐個彎也很難辦到。
25. 到了阿根廷，才知道不懂足球會讓人暈倒。
26. 到了南非，才知道隨時會被愛滋病吻到。
27. 到了撒哈拉，才知道節約用水的重要。
28. 走遍非洲，才知道人吃人有時候也是一種需要……。

六、外賓來臺之觀光景點

1. 依觀光局遴選各縣市旗鑑點及其活動，可引領外賓觀光，賓主盡歡。

2. 若無法全臺趴趴走，只能在首都臺北附近停留，建議白天赴中正紀念堂、忠烈祠、故宮博物院、歷史博物館、228公園的臺灣博物館、行天宮、龍山寺，欣賞廟宇之美。若時間許可的話，可到九份、野柳、高雄（愛河）、礁溪（溫泉）、南方澳（漁火）。晚上可以逛士林夜市、101摩天大樓觀賞夜景，並讓客人體驗足部按摩、中式茶道、卜卦、觀賞歌仔戲、布袋戲等。

3. 部分媒體熱炒中國觀光客的龐大商機，但它並不是振興臺灣觀光業的萬靈丹，眼光要放向世界，臺灣觀光產業才有前景。根據觀光局統計，扣除華僑之外籍旅客的排名如下：日本、美國、新加坡、韓國、馬來西亞、泰國、印尼、菲律賓、中國大陸、德國。

4. 故宮曾以網路票選十大國寶：①清翠玉白菜，②戰國龍形珮，③元大雁玉帶飾，④清院本清明上河圖，⑤清掐絲琺瑯天雞尊，⑥清高宗夏朝冠，⑦晉王羲之快雪時晴帖，⑧漢玉角形杯，⑨清楊維占雕沉香木香山九老，⑩清竹絲纏枝番蓮多寶格圓盒。

5. 臺灣特色夜市

最友善
▶基隆廟口（中英日文招牌標示）
▶宜蘭羅東（攤販親切微笑有人情味）

最有魅力
▶高雄六合（行銷動員強，雙語官網）
▶臺北士林（綜合型，娛樂性足及活動集客）

最美味

　▶基隆廟口（美食多）

　▶臺中逢甲（創新食物多）

最好逛

　▶臺北華西街（遮雨棚及行走空間充足）

評審推薦獎

　▶嘉義文化路（特色老店）

　▶臺北寧夏（創新行銷）

　▶臺南花園（現代趕集）

　▶鳳山市中華街（厝邊人情味）

網路最佳人氣

　▶高雄六合

（資料來源：觀光局）

　6. 臺灣十大伴手禮

　　臺灣最有人氣的遊伴手禮，經過資深領隊與導遊試品嚐，再加上網友票選後，臺灣十大旅遊伴手禮出爐，礁溪農會「溫泉米粉」、大溪農會「黑心肝」、宜蘭三星農會「蔥海味脆片」位居前三名。

　　其他十大伴手禮還包括雲林土庫的奇香妙草醋、屏東枋山龍眼蜜、高雄林園黃金蝦XO醬、臺南仁德好麵伴、彰化二水柚子蜜茶、南投水里凍橄梅、坪林包種老茶。

7. 臺灣10大魅力旗艦景點

全臺10大魅力旗艦景點	
北市	孔廟歷史城區觀光再生
新北	再現水金九之美
中市	綠園道都會綠帶再生
彰化	串連遊憩路徑，找回鹿港精緻面貌
屏東	以恆春古城為基礎，串連舊有城垣馬道
新竹	以內灣支線閒置鐵道、老街，打造漫畫夢工場
臺東	市區舊火車站周邊地區，變身鐵道藝術村
南投	結合鹿谷的凍頂烏龍茶、竹山的孟宗竹產業
苗栗	運用公館油業博物館及後龍油桐花資源
澎湖	結合古城、眷村及仙人掌特色

資料來源：觀光局　製表：記者林嘉琪　2011.9.12自由時報。

8. 臺灣十大觀光小城
(1)臺北北投-風華小鎮
(2)金門金城-後浦古樸小鎮
(3)桃園大溪-大溪總統鎮
(4)新北瑞芳-水金九地區礦山祕境
(5)臺中大甲-媽祖文化城
(6)彰化鹿港-工藝美食古蹟小鎮
(7)南投集集-火車印象‧踩風集集
(8)臺南安平-臺灣之名源自安平
(9)高雄美濃-美濃意情濃
(10)宜蘭礁溪-礁溪溫泉養生樂活小城

禮儀小學堂

一、選擇題

(　　)1. 一般而言，歌劇與音樂會在開演的前幾分鐘就開始入場？　(A)10分鐘　(B)20分鐘　(C)30分鐘。

(　　)2. 一般欣賞歌劇、音樂或表演是不可以照相的，但是如果沒有特別規定的話，應於　(A)表演開始時　(B)隨時隨地都可以拍照　(C)終場時。

(　　)3. 歌劇或音樂會節目開始後，於何時才可離席走動？　(A)想上洗手間時　(B)表演結束或節目告一段落時　(C)看表演看累時。

(　　)4. 表演時，何時才是鼓掌的時機？　(A)有精彩演出時　(B)表演結束或告一段落　(C)樂章與樂章之間的短暫停頓。

(　　)5. 入場尋找座位時，若有帶位員帶領，則應由　(A)女士先行　(B)男士先行　(C)男女皆可。

(　　)6. 哪種舞會是包含用餐的？　(A)茶舞　(B)餐舞　(C)餐後舞。

(　　)7. 舞會的邀請帖應於幾週前寄出？　(A)一週前　(B)二週前　(C)三週前。

(　　)8. 舞會上若是有主賓時，則應該由　(A)主人與主賓開舞　(B)主人開舞　(C)年長者開舞。

(　　)9. 舞會應該與自己的舞伴共舞的是　(A)第一支舞　(B)最後一支舞　(C)以上皆是。

( )10. 如果想換舞伴，適合的時機為　(A)舞曲結束，行禮過後　(B)舞曲的中間　(C)隨時想換就換。

( )11. 有許多保護文物的措施，像是禁止拍照、攝影、攜帶食物入場等等原因，下列何者為非？　(A)食物的油漬、氣味、濕度等會破壞作品　(B)因為智慧財產權的觀念　(C)怕吃完食物後的垃圾會破壞環境。

( )12. 高爾夫球球場上的優先順序是　(A)單獨一人　(B)雙人一組　(C)三人以上組別的最為優先。

( )13. 觀賞網球球賽時，鼓掌的時機為　(A)出現精彩動作時　(B)結束一局比賽時　(C)打完一球之後。

( )14. 在日本的旅館通常會加收　(A)0～10%　(B)10～20%　(C)20～30%的小費，所以不需再另外給。

( )15. 在印度孟買一帶，吃素的人口是世界最多的，戒律最嚴格的是　(A)佛教　(B)印度教　(C)耆那教。

( )16. 東南亞哪個國家因為外匯短缺，所以兌換的小額貨幣用不完時，也無法換回美元？　(A)泰國　(B)印尼　(C)高棉。

( )17. 下列敘述何者為是？　(A)在國外欣賞音樂會或歌劇時，只要服裝整齊就可以，就算是穿牛仔褲也無傷大雅　(B)在聽歌劇或是音樂會，除非演出時有兒童節目，否則禁止攜帶小朋友入場　(C)難得到國外一趟，所以聽音樂會或歌劇時可攜帶照相機，隨時隨地都可以拍照。

( )18. 下列敘述何者為非？　(A)化妝舞會是要求參加人員按照某一主題打扮的　(B)到動物園時，因為動物的性情捉摸不定，所以千萬不可隨意丟石頭，或是餵食東西　(C)到博物館參觀，有些是嚴格禁止攝影的，應遵守館

方的要求　(D)舞會是不可以遲到或是早退的，這樣對主辦人是很失禮的。

(　)19. 下列敘述何者為是？　(A)東南亞的國家，對於佛教的事情都非常尊敬，所以出入這些國家時要小心注意不要犯了禁忌　(B)馬來西亞這個國家，廁所是不擺衛生紙的，所以上完廁所之後，直接用手擦屁股　(C)寮國是個好客的國家，但是若是食物的份量不夠，他邀請你一同用餐時，你要客氣的拒絕。

(　)20. 雖然我們華人與朋友吃飯時總喜歡搶著付帳，但是哪些國家卻不喜歡別人代付？　(A)歐美國家　(B)亞洲國家　(C)非洲國家。

(　)21. 哪一國的人民認為身體最神聖的部位是頭部，甚至對可愛的小朋友也不可以摸頭？　(A)馬來西亞　(B)緬甸　(C)柬埔寨　(D)泰國。

(　)22. 下列對沙烏地阿拉伯國家的敘述，何者為非？　(A)他們認為「牛眼」是最上乘的待客之道　(B)沙國是嚴禁穿著印有星星圖案的衣服，是因為以色列國旗上印有星星圖案　(C)談話時不可以談論對方的家庭，更不可問及對方有幾個妻子　(D)不論老幼，只要是女人，一定得要用長披風將身子裏住，只能露出眼睛的部分，並用一層較薄的網子遮住。

(　)23. 下列哪一個國家不歡迎留長髮的男士入境？　(A)新加坡　(B)馬拉威　(C)阿爾及利亞　(D)以上皆是。

(　)24. 梵蒂岡教堂外的衛士，是由哪一國的人民擔任？　(A)以色列人　(B)瑞士人　(C)西班牙人　(D)德國人。

(　)25. 哪一國的高速公路是不限制速度的？　(A)沙烏地阿拉伯　(B)美國　(C)德國　(D)英國。

(　)26. 哪一國的雙層巴士有分吸菸區和禁菸區？　(A)美國　(B)德國　(C)西班牙　(D)英國。

(　)27. 哪一國人民取名字是依據出生當天在日曆上的神名來取名字的？　(A)捷克　(B)德國　(C)西班牙　(D)法國。

(　)28. 紫色總給人一種「神祕」的感覺，但是下列哪個國家卻視紫色為不吉祥的顏色呢？　(A)祕魯　(B)英國　(C)墨西哥　(D)印度。

(　)29. 哪一個國家的機場是完全沒有英文字出現？　(A)伊朗　(B)利比亞　(C)沙烏地阿拉伯　(D)俄羅斯。

(　)30. 見面最常見的打招呼方式就是握手，下列哪一個國家握手愈用力，他們會覺得你愈有誠意？　(A)美國　(B)阿爾及利亞　(C)利比亞　(D)英國。

(　)31. 用餐時，餐桌上不會出現同種類食物，如牛肉和牛奶，是哪一個國家？　(A)印度　(B)泰國　(C)伊朗　(D)以色列。

二、實地演練題

1. 欣賞歌劇和音樂會時應該注意些什麼？

2. 舞會的種類大約有哪幾種？

3. 試回想你以前有沒有參觀國內博物館、動物園或是球賽等經驗，你有沒有做出違背國際禮儀的事呢？如果有機會觀賞國際性的比賽或是參觀展覽，有什麼要注意的地方呢？

結　語

　　筆者在企業舞臺上，因公務的需要，常要出國參展、考察、參觀、訪問、談判、設廠，以及每年寒暑假定期與內人作私人海外旅遊，迄今已經遊覽一百餘國，尚有點名氣的國家幾乎都曾留下足跡，澳洲維多利亞大學瑟巴斯汀・菲列普（Sebastion Filep）之研究，出門度假旅遊，抵達目的地的種種經驗，以及度假回來的豐富回憶，有益身心，去憂延壽的效果。然而，我們的一言一行不僅是個人的舉止行為，也代表了公司、代表了國家。國際禮儀是心中的一把尺，而世界就是一本書，看到不同的人，不同的生活方式，去嘗試新鮮的事物，去體驗不一樣的經歷，好像置身在小說情節裡，真實環境的布景，上演動人的劇碼，去玩味生活，啟發心靈。

　　除了「暢遊天下名山大川」之外，「品嚐天下佳餚美味」也是海外旅遊的另一收穫。很多人在國外吃不慣當地風味菜，一定要中式餐館或自備泡麵進食，這實在太可惜了。筆者在廣州吃過龍虎宴（是用蛇與貓烹飪），廣州料理善烹狗肉，所以說「吃在廣州，穿在杭州，玩在蘇州，死在柳州」。在烏魯木齊吃過魚和羊料理，叫做「鮮食」；在非洲旅行也嚐過經處理的蝗蟲、白蟻等昆蟲；還吃過各式草食、雜食動物，如鱷魚肉風味絕佳。

　　美國是我們常去的國家，美式餐廳沒有法國菜的繁複，也沒有英式的拘謹，比較輕鬆愉悅。美式料理是多元風格，如在紐奧良是以歐式烹飪為基礎，融合南美特有蔬菜、海鮮、肉類，

帶有粗獷的鄉村風味。到了芝加哥、紐約則以傳統美式餐廳爲主，提供優質牛排、羊排及海鮮，並常有歌舞表演；而美國是速食的故鄉，如炸雞、披薩、三明治、熱狗、漢堡、罐頭，簡單迅速，但被評爲不夠精緻，不是大國風格。墨西哥菜餚融合古印第安及西班牙特色，味道酸辣，主食爲玉米，並搭配不同佐料。有名的墨西哥餅，包上碎肉、蔬果、乳酪及醬料，再喝上一杯「龍舌酒」。

　　巴西有名的是將各種肉類窯烤用劍穿插成串，吃到飽爲止，再來一杯「馬黛茶」。法國料理風靡全球，重視食材及醬汁，有名的生蠔、田螺、魚子醬、鵝肝、松露，加上高雅的裝潢、精緻的服務、高檔的氣氛，是在享受一種藝術。德國料理給人的印象是眞材實料，並相當注重餐飲禮儀，有名的豬腳、香腸、冷盤，再喝上極棒的啤酒，豪氣萬千。西班牙、葡萄牙有名的「帕耶拉菜」（Paella），則以章魚、烏賊等海產爲主食。

　　義大利最具特色的料理是披薩及義大利麵，大量使用橄欖油、番茄、香料、大蒜以及濃厚鮮美的湯汁。瑞士美食就是瑞士火鍋，以油、乳酪、巧克力爲湯頭，起鍋後沾醬料，口味獨特，最好配上白酒，人間美味。阿拉伯料理以各種肉類、牛奶、椰棗組合或者烤全羊，並滲入各種香料，在餐飲中是禁酒及不食豬肉。印度菜兩大支柱是咖哩及香料，忌食牛肉，以雞肉及羊肉爲主食，口味偏辣，素食的人也不少；還有印度鬆餅，聞名遐邇。另外，印度用右手抓食，禁用左手。

　　泰國菜常加上香料、魚露，口感酸、辣、香，並用泰國的各式水果（芒果、榴槤、椰子、紅毛丹等）做成各式糕點，美味可口。越南菜的名菜是鴨仔蛋，是具雛形的鴨蛋，有人是敬謝不食；另一種河粉，有高湯、河粉及生牛肉片，令人垂涎三尺。印尼最普遍是「抓食」，將飯菜放在蕉葉上，搓成球狀，入口就

食，一般都具強烈味覺的香料。馬來亞家喻戶曉的「沙嗲」是用烤肉小串，配上黃瓜、洋蔥，是老饕最愛；而肉骨茶是以中藥及香料熬煮排骨，汁濃不膩。

　　韓國菜以泡菜、烤肉、火鍋以及人蔘雞聞名，口味獨特；尤其辣椒用在泡菜製作，發揮辣味功能。日式料理已在「食」部分言及，強調五味——甘、酸、辛、苦、辣，五色——青、紅、白、黃、黑，五法——生、煮、烤、炸、醃，五味——香、豐、熟、甘、嫩；在飲食中體會文化之美，尤其懷石料理為最；而甜不辣、壽司、壽喜燒為其最傳統食物。

小知識大學問

　　體驗新奇是旅遊最有趣的部分，但要嘗試某些食物，即使最大膽的旅遊探險家都敬謝不敏。

　　別人認為難吃的食物，可能是他人的佳餚，旅遊網站VirtualTourist.com選出全球十大怪食。

　　第1名臺灣豬血糕：豬血糕插在木棒上，吃法像冰棒，路邊攤常見，是豬血和米混合製作而成。

　　第2名南韓活章魚：上桌時還活蹦亂跳，不像烏賊端上桌時是煮熟的。老饕建議趁鮮儘快下肚。

　　第3名烏干達蚱蜢：雨季蚱蜢繁盛，可生吃或煮熟，四季都受愛戴，還可選擇是否要附翅膀和腳。

　　第4名法國鴿子：很多人以為鴿子普通又骯髒，但這道料理價格不菲，法國高級餐廳因它增添餐桌風采。

　　第5名馬來西亞榴槤：有些旅館豎起榴槤禁入的標誌，味

道極重、表殼多刺,許多人退避三舍,但是馬來西亞人卻愛死它柔軟黏滑的口感。

第6名挪威鹹魚:鱈魚浸入鹹液,醃到膠狀如果凍,被稱史上最臭食物,在挪威卻很受歡迎。

第7名澳洲蛾幼蟲:白色、富高蛋白質的小吃,也是澳洲沙漠的昆蟲食物,曾經是原住民主食。

第8名越南蛇酒:據說有藥效,最好快速下肚,以蛇血液釀造,酒瓶內泡著蛇,偶有蠍子。

第9名義大利驢肉:通常是切片,嚐起來像煙燻火腿,義大利很多酒吧都提供這種三明治肉片。

第10名南非鴕鳥:膽固醇含量低,一般認為鴕鳥肉比其他肉類健康。從鴕鳥肉漢堡到鴕鳥蛋製成的蛋捲,都可在菜單上找到。

資料來源:《聯合報》(引自路透社),2009年9月20日。

行走諸國,意猶未盡,「如人飲水,冷暖自知」,只有自己去品味。若有閒暇,可在世界有名的都會,坐下來喝杯咖啡,縈繞在浪漫的「咖啡香,人文夢」,尤其在巴黎左岸咖啡中之「雙偶」及「春神」咖啡廳,遐思無數夢境。

出國之前,能多多了解一些有關該國的歷史情事,不僅對當地的文化背景、古蹟有所認識之外,更能幫助自己較快融入當地的生活。舉個例子來說,曾經被英國統治過的國家,大多較重視政治、教育、交通,例如,香港、新加坡、馬來西亞、東非等,也由於英國政府較柔性的管理,所以被統治的國家都比較晚獨立,並且還容易被懷念,不愧是當今世界的主角。

反觀法國所統治過的地區,如北非、西非、越南、寮國,

由於法國人統治其殖民地時，手段較殘忍，所以這些國家獨立至今，提到法國人還是會有怨恨的情緒。相同的例子還包括西班牙以剛性的態度統治南美，所以南美很快就獨立，脫離西班牙人的統治。而巴西接受葡萄牙人的柔性統治，則是最後才獨立（1494年西葡爭霸，教皇阿雷基薩多爾六世要西葡訂多爾代列斯條約，西經46°30'以西為西班牙領土，以東為葡萄牙領土，所以巴西、非洲屬地為葡所有）。

有句話說：「在羅馬要像羅馬人」（When in Rome, do as the Romans do），有些特別專有的習俗或禮儀，咱們也不妨有樣學樣，或多或少還可以贏得些許的友誼，進而建立實質關係。從早期的國外商務旅行，到近年追求知性之旅，彷彿為使命而遊，為見證而寫，用照片存證，用文字記錄，當親臨陌生國度，體會異地文物，有那種「我來、我看、我征服；去想、去做、去感受」的滿足感。當有人要我推薦哪一個國家或哪一個景點最好玩，我一定回答：「沒去過的地方最好玩。」

通常我們問人家身高的時候，對方都會直接說數字158或是180等，很少連公分一起說：就連詢問多少錢的時候，我們也習慣性地說20元、100元，很少會說新臺幣20元。告訴你一件真實發生的烏龍事件：臺中有一個軍事基地叫「清泉崗」，當時美國方面來協防，希望我們能建一個100×100的游泳池，我們一被告知就馬上做了一個100公尺×100公尺大的游泳池，美國人一看差點沒被嚇到，怎麼我們做了一個比實際計畫中還大十倍的游泳池。原因出在美國人的100×100是以英呎為單位，而我國卻習慣以公尺為丈量單位，就因為國情的不同，造成了大烏龍。所以無論如何，有關單位的資料，最後都要在數字旁邊附上丈量單位，以免出差錯。

事實上，世界大多數國家的度量衡都採公制，連英制創始

國英國也改了公制，因公是十進位，換算容易。但使用英制的美國，雖也想改公制，因美國幅員廣大，人口繁多，習慣已養成，改變度量衡，牽涉太廣，所以一直沒改。

　　還有另一件因國情不同而造成的誤會：相傳有一美國士兵在諾曼第登陸，在攻占丹麥時，與丹麥一女子相戀，雖然雙方語言不通，但是兩人運用肢體語言及彼此間的默契，也相戀多時。光陰似箭，美好的日子總是過得很快，這位美國大兵被徵召回國，必須與丹麥女子分別，二人都非常依依不捨，此時美國士兵用筆在紙上寫下7/8，然後用手比了比所在的飯店，表示在明年的7月8日要在此飯店相聚，丹麥女子含情脈脈地點頭示意。

　　隔年的7月8日，美國士兵依約定來到當年那家飯店，但是等呀等，等了一整天就是不見丹麥女子的到來，後來美國大兵傷心難過地離去。沒想到過了一個月後的8月7日，丹麥女子依約來到此家飯店，等呀等，也等了一整天，使終不見愛人的蹤影，最後傷心欲絕地離去。事隔幾十年後，白髮蒼蒼的兩人偶然異地相逢，最後才知道原來7/8在美國的用法是由左至右看，所以是7月8日，但是歐洲人習慣由右至左看，因此是8月7日。因為國情的不同，讓兩個相愛的人因此分離好幾十年，而且綠樹成蔭葉滿枝。也因為這樣，不論是在何處，只要是和日期有關，都必須以「20xx August xx」來表示，才不至於造成雙方的誤解。

　　我們都知道「龍」在中國象徵至高無上，只有皇帝才可以使用；但是外國人卻認為中國人所崇拜的龍是蛇的化身，而外國人對蛇的印象卻是邪惡的。不同的國家，因風俗民情的不同，對顏色的感覺、印象也會不同。就像紅色在中國代表著喜氣、幸運、幸福，但是在西歐，紅色，尤其是深紅色，卻是和黑色一樣代表著惡魔的象徵。而黃色在中國、印度和馬來西亞都是貴族才能使用的顏色，如皇帝身上穿的黃袍，一般的平民老百

姓是不可以穿的；但是新加坡卻是勞動者才會穿著黃色衣服；日本亦是，在過去也只有卑賤的人民才穿著黃色衣服。基督教也是非常不喜歡黃色，所以他們會把壞人以「黃色的狗」來稱之。伊斯蘭教對黃色的定義則是「死亡」，這也是足球比賽中黃牌的由來。不過綠色卻是伊斯蘭教最喜愛的顏色，但是在西歐卻是代表「嫉妒」。

　　白色在中國代表著弔唁死者的顏色，而日本及韓國認為白色代表著清潔，但由於受到中國的影響，日本的死者也是身穿白色衣服。但是在北歐、印度及佛教國家，白色是代表神聖、喜慶。

　　大多數的國人到國外去旅遊時，最符合「上車睡覺，下車尿尿，逢店買藥，回旅社呱呱叫，回國統統忘掉」這句話，很像一般人所說的苦力團或是採購團，這樣不太好，難得到別的國家瀏覽，就應該放鬆心情來盡情欣賞，這才叫做享受人生。

　　更有句話說「行萬里路，勝讀萬卷書」，所以到不同文化的國家時，應該是要藉著此次機會好好瀏覽一番，開拓自己的視野，增加自己的國際觀，不要像「井底之蛙」。所以選地方、選時節，不如選心情，禪宗說：「春有百花秋有月，夏有涼風冬有雪」，因開心才會關心，因開懷才會關懷。然而，莊子說：「吾生有涯而知無涯，以有涯追無涯，殆矣！」所以以有限的腳力，走無限的山河，無異是癡人說夢，倒不如慎選世界重要名勝古蹟，才不枉今世走這一遭。

　　兩千多年前，有位希臘作家安提佩特，行走今地中海右側地方（當年能力所及），列舉了「世界七大奇景」：埃及金字塔、巴比倫空中花園、希臘宙斯神像、希臘羅得島阿波羅神像、土耳其阿黛蜜斯神廟、土耳其摩索里姆陵墓、埃及亞歷山卓燈塔。希臘人認為七是吉祥數字，故選了世界七奇。經過幾世

紀,除了埃及金字塔還碩果僅存,其餘都倒塌成廢墟,或煙消雲散,憑弔追憶。

1994年《讀者文摘》選出「自然七景」:尼泊爾「聖母峰」、美國「大峽谷」、巴西與阿根廷的「伊瓜蘇瀑布」、澳洲的「烏嚕嚕」岩(又稱愛莉絲岩)、非洲的「撒哈拉沙漠」、坦尚尼亞與肯亞的「動物大遷徙」,以及祕魯與巴西的「亞馬遜雨林」。

另有「人文九景」:埃及金字塔、土耳其的索非亞教堂、希臘雅典娜神殿、義大利的羅馬競技場、中國的萬里長城、祕魯的馬丘比丘、印度的泰姬哈陵、印尼的婆羅浮屠、柬埔寨的吳哥窟。行有餘力,聯合國教科文組織所評鑑的世界文化與自然遺產,公認有「傑出普世之價值」(outstanding universal value),皆是值得欣賞的世間瑰寶,供大家出遊參考。

2008年美國《旅遊休閒》(*Travel & Leisure*)雜誌選出十大全球魅力都市,依序為:(1)曼谷(泰國),(2)布宜諾斯艾利斯(阿根廷),(3)開普敦(南非),(4)雪梨(澳大利亞),(5)佛羅倫斯(義大利),(6)庫斯科(祕魯),(7)羅馬(義大利),(8)紐約(美國),(9)伊斯坦堡(土耳其),(10)舊金山(美國),皆值得在有生之年去遊歷。

2000年,美國土木工程學會曾選出足以體驗現代卓越技藝的景點,包括英法海底隧道、世界第一高塔加拿大多倫多鐵塔、紐約帝國大廈、舊金山金門鐵橋、巴西伊泰普大壩、巴拿馬運河等雄偉人工傑作。2008年,《時代》(*Time*)雜誌選出年度十大建築也值得參觀鑑賞(如下頁附表):

時代雜誌年度十大建築

1	美國／堪薩斯的尼爾遜艾金斯美術館 Bioch Bullding, Nelson-Atkins Museum	建築師霍爾以新手法延伸該新古典主義風格，一排沿坡而下的建築物，在夜空下散發令人著魔的效果。
2	美國／舊金山聯邦大廈 Federal Building	這棟政府大樓運用不鏽鋼網琴褶設計，不僅具設計美感，亦可遮陽。
3	美國／西雅圖奧運雕塑公園 Olympic Sculpture Park	在重要幹道、鐵路經過的工業區舊址上，建築師的設計將自然、藝術與城市風景合而為一。
4	美國／紐約互動網路集團總部 IAC Headquarters	建築師蓋瑞運用白色玻璃勾勒出他擅長的幾何線條。
5	美國／紐約新當代美術館 The New Museum of Contemporary Art	由日本建築師妹島和世和西澤立衛共同設計，外形像是不對稱金屬網格盒子的時尚堆積體。
6	中國／北京奧運體育館	來自世界各國的運動員都在此鳥巢狀建築物中一較高下。
7	中國／北京央視總部	這棟四面體建築將成為世界上想像力發揮至極致的高樓。
8	中國／北京當代萬國城	建築師霍爾運用空橋，連結八棟住商混合建築物。
9	英國／倫敦希斯洛機場第五航站大廈 Heathrow Five	拱形航站
10	西班牙／馬德里銀行集團大樓 Caja Madrid Tower	該大棟屋頂裝有發電用風力渦輪機。

資料來源：Time 雜誌，http://udn.com/NEWS/READING/REA8/4142889.shtml

新世界七大奇景候選名單

☑亞　洲
★中　國：萬里長城（第一名）
　日　本：京都清水寺
　柬埔寨：吳哥窟
★印　度：泰姬瑪哈陵
　土耳其：伊斯坦堡聖索菲亞大教堂
★約　旦：佩特拉古城

☑美　洲
　美　國：紐約自由女神像
★墨西哥：猶加敦奇琴伊查馬雅遺址
★巴　西：里約熱內盧救世主耶穌基督像
★祕　魯：馬丘比丘（第三名）
　智　利：復活島石像群

☑歐　洲
　西班牙：格拉納達阿罕布拉宮
　希　臘：雅典衛城
★義大利：羅馬圓形競技場（第二名）
　德　國：福森新天鵝堡
　英　國：阿姆斯伯利巨石群
　法　國：巴黎艾菲爾鐵塔
　俄羅斯：莫斯科克里姆林宮

☑非　洲
　埃　及：吉札金字塔
　馬　利：廷克巴圖

☑大洋洲
　澳　洲：雪梨歌劇院

★2007年7月7日公布當選新世界七大奇景

註：瑞士文物保護組織「新七大奇景協會」於1999年開始，近兩百個名勝古蹟參加
　　決選，在2006年1月1日公布入圍21個景點，展開全球網路票選，於2007年選出
　　新世界七大奇景。

　　有句話說：「凡走過必留下痕跡，凡住過未必是鄰居（就飯店而言），凡是睡過未必是夫妻（出國分配旅社房間的時候，大多是夫妻配，否則就是同性配），珍惜百年修得同船渡，千年修得共枕眠。」到各國旅遊，如果身體狀況許可，也可以盡情參加當地的特殊驚險活動，如騎鴕鳥、騎駱駝、衝浪、高空彈跳、熱氣球、登山低空鳥瞰等，都可以增加人生中難得的回憶與經驗。照相機、V8攝錄影機、數位相機，漸漸變成了必要的隨行配件，尤其是數位相機，不僅體積小不占空間，而且功能強大，通常可一機多用，不僅可錄像、錄音，同時又具備傳統相機的功能。

　　總而言之，就是隨時將自己所走過的地點，拍拍美麗的風景照，或是買些特別的紀念品，剩下沒用完的當地貨幣都可以留下來做紀念，將所發生的趣事一點一滴地記錄下來。若是出國洽公，可在回國後向公司報告時，再搭配書面資料，能有聲有色的傳達給大家，而且也更具有說服力；若是私人的出國旅遊，也可在回國後將你的喜悅，跟家人親友一同分享，也為自己留下一個美好的回憶。

　　筆者到了每一個國家都會蒐集他們的國旗及紙鈔，其中就會發現很多樂趣。經過歸納、分析、整理，每面國旗都有它們的故事及典故，在本書「育」的部分就有言及。而典藏貨幣，它們有如一個國家的名片，有人物、有歷史、有前瞻、有動物、有植物、有建築、有實業（農、工、礦、交通等），也看到分久必合（歐元）、合久必分（蘇俄及南斯拉夫解體）的變化，也看到朝代更替不同貨幣（如滿清到中華民國，南越到越南，南非黑白政權交替，伊朗巴勒維到何梅尼等），也了解以2開頭的貨幣使用不普及（如2美元、2,000日圓、新臺幣200元、新臺幣2,000元），而個人擁有幣值最大的是前南斯拉夫的5,000億，幾年前

流通於世最大的是土耳其的2,000萬。2009年1月，世界最大的幣值是辛巴威的100兆（14個零），後來改幣值：1兆換1元新幣。

又幣值最值錢是科威特幣，其1元相當3.3美元；而紙幣紙張最大的是約一百年前，蘇俄沙皇時代的彼得大帝圖像的500元鈔票，尺寸為28.7cm×13cm，約新臺幣100元的三倍大；最小的是蘇俄解體前發行，宛如郵票。一般幣值大多數是整數或易找錢的數字，而緬甸居然有15元、35元、75元、90元，真不可思議。

筆者還蒐集到同一數字（如111111，999999）、階梯數字（123456、654321）或AA字母、000001（最早發行的）。被世人公認最美麗的鈔票是瑞士幣10元，是為了紀念現代主義大師柯比意所設計的；以及羅馬尼亞2,000元，為紀念九大行星排成一排。以前讀過「六中觀」——忙中有閒，苦中有樂，死中有活，意中有人，壺中有天，腹中有書。其中「壺中有天」就是蒐集茶壺別有洞天，意即要培養嗜好，在公餘、退休時充實你的人生，同時也是在國外旅遊時，一件附加的情趣與收穫。

為了體驗異國情調，要把握分秒時刻，除了一般拍照，為了求好心切，能選用200度底片，室內400度底片，再運用拍攝技術，可求得叫好叫座之境界。另外，會準備一臺性能較高的相機拍攝幻燈片（正片），一方面留下紀錄，讓我縈迴舊夢；二方面用來教學使用，由於幻燈片色澤鮮豔生動，富感染力，有臨場效果，能提升教學效果，使出國不留白（現都使用數位相機，幻燈片已久不用矣！）。但在邊界通關及國際軍民兩用機場（如越南胡志明市機場、阿聯阿布達比機場等），皆不能拍照。誠如旅遊名言：「除了攝影，什麼都不取；除了足跡，什麼都不留！」（傳說中：夏威夷的沙石、蘇格蘭的石頭、西藏的人

骨、埃及的黑貓神像、羅馬尼亞的木頭等，都是不能帶走的紀念品，因為會受到詛咒，信不信由你！）

在海外旅遊可能發生遭搶被騙、證件遺失、疾病住院、行李不見、飛安事故、船發生意外、搭機延誤、發生車禍……等，這些危機處理，事先有所防範措施，事後有應變能力，才能脫困解危，所謂「不怕一萬，只怕萬一」。避免出國身陷困境，如不單獨行動，不接受陌生人之食物及飲料，不行經偏僻小巷或死角，不流連酒氣財色場所，女性單肩側背包宜斜背，並將皮包置於身前，避免在公開場合掏錢及數錢。

很多人出國只是走馬看花、虛晃一遭或大肆血拼，其實應從別人過去的歷史文化、目前的生活環境，去體會我們自己的定位與方向。學習其他國家的經驗、智慧與生活哲學，包容不同文化，拓展國際視野，培養一顆更開闊的心。「國際化，地球村」的時代已來臨，了解國際禮儀，良好的海外旅遊經驗，為全球化過程所必備的因應之道。

日本是靠「禮」和「節」來維繫社會秩序的，2003年因為SARS的關係，使得各國機場都有量體溫的動作，唯獨日本沒有。這是因為日本覺得，強制他人量體溫是很冒犯的行為，而且既不合法也不合「禮」。不過，因為日本有「節」在把關，假使有感冒、咳嗽的人都會自行戴口罩，以避免傳染給別人，所以，日本並不擔心發燒的病人會偷偷闖關。由於疫情的發燒，使得臺灣變成許多國家的拒絕往來戶，但是尚無疫情傳出的日本並沒有隔離臺灣的關鍵在於「禮」這個字。日本大概認為臺灣也會自行居家隔離，不需他們強制隔離。遺憾的是，臺灣流行「爽」就好，「只要我喜歡，有什麼不可以」的一些沒公德心的國民，連嚴刑峻法都不看在眼裡，怎麼會把日本的禮節放在心上呢？日本認為不可思議的事，臺灣人早就見怪不怪了。

　　在日本明治維新時代，有些從鄉下來東京觀光者，身上都揹著紅色毛毯（日文：赤ゲット），內藏著各式用品，舉止令人難以領教（在南美的玻利維亞之鄉下婦女亦把叫賣物品用大圍巾綁在身上，赴城趕集），這個字眼轉成「初次出國者」，作家永井荷風描繪「赤ゲット」醜態百出。男性如：(1)在飯店或公共場所大聲講話或高歌，(2)穿著內褲在酒店走動，(3)把錢袋繫在肚子上，掏錢都要解開腰帶的醜態，(4)在大街或建築物邊小便，(5)吃東西發出渣渣的聲音，喝湯發出稀瀝的聲音，(6)在浴缸外淋浴，而成一片汪洋澤國，(7)吃豆或米麥用叉子背部去吃……。女性如：(1)頭上捲著髮捲在酒店內走動，(2)在飯店或公共場所撲粉，(3)當眾補妝……。

　　日本人經年累月的教育，師法德國，自律文明，從小接受嚴謹的禮儀，要禮讓為他人著想，不給人添麻煩，在世界上的評價是彬彬有禮，進退有節，縱使人潮洶湧，仍感到井然有序；上廁所依先後順序，絕不先搶先贏，入廁一定為下一位著想（雖然有時被譏為「有禮無體」）。

　　中國大陸在2008年舉辦世運，2010年舉行萬博，希望能消除以下之十七大生活陋習：(1)隨地吐痰擤鼻涕，(2)隨地便溺傳疾病，(3)亂倒垃圾倒污水，(4)公眾衛生不維護，(5)濫捕野生動物，(6)咳嗽噴嚏不掩飾，(7)公共場所吐煙霧，(8)手沾唾液數錢物，(9)喝酒勸酒不節制，(10)飯前便後懶洗手，(11)坐公車搶座，(12)排隊插隊，(13)赤膊祖胸，(14)大庭廣眾脫鞋脫襪，(15)吃自助餐多拿，(16)遇有糾紛惡語相向，(17)喜歡大聲嚷嚷。

中國客十大罪狀

◎愚工2011.6.24自由時報

一、隨處拋丟垃圾、廢棄物，隨地吐痰、擤鼻涕、吐口香糖，上廁所不沖水，不講衛生留髒跡。

二、無視禁菸標誌想吸就吸，污染公共空間，危害他人健康。

三、乘坐公共交通工具時爭搶擁擠，購物、參觀時插隊加塞，排隊等候時跨越黃線。

四、在車船、飛機、餐廳、賓館、景點等公共場所高聲接打電話、呼朋喚友、猜拳行令、紮堆吵鬧。

五、在教堂、寺廟等宗教場所嬉戲、玩笑，不尊重當地居民風俗。

六、大庭廣眾之下脫去鞋襪、赤膊袒胸，把褲腿捲到膝蓋以上、蹺二郎腿，酒足飯飽後毫不掩飾地剔牙，臥室以外穿睡衣。

七、說話髒字連篇，舉止粗魯專橫，遇到糾紛或不順心的事大發脾氣，惡語相向，缺乏基本社交修養。

八、在不打折扣的店鋪計價還價，強行拉外國人拍照、合影。

九、涉足色情場所，參加賭博活動。

十、不消費卻長時間佔據消費區域，吃自助餐時多拿浪費，離開賓館飯店時帶走非贈品，享受服務後不付小費，貪佔小便宜。

臺灣人也常：(1)不排隊、不禮讓、不借過，(2)盯著陌生人、殘疾者看，(3)咀嚼檳榔、滿口食物又講話，(4)公共場合高聲談笑，(5)不尊重別人隱私，(6)在規定場合手機未關機或轉振動，(7)吃牛排時通通切成塊狀再一個一個吃，(8)與主管下樓並排，(9)上公共廁所直接衝入卡位，(10)吐痰。

　　有的國際飯店為避免影響自己的聲譽，嚇跑其他客人，甚至明確表態不接待臺灣客人。世界知名的《讀者文摘》與美國有線電視新聞網（CNN）更是數度刊出類似報導，使得「臺客」在國際上聲名狼籍。

總結起來，臺灣遊客的「惡行」基本上可以分成如下幾類：

一、把原本的不良習慣帶到其他地區，如當街吐痰、大聲喧嘩、喝酒鬧事、不排隊、隨地亂丟煙蒂垃圾等，還有的人披著浴袍、圍條浴巾、穿著拖鞋在飯店裡來回走動讓講究穿著禮儀的西方人目瞪口呆。

二、由於對現代化生活用品不了解鬧出不少笑話。當時在臺灣遊客中流傳著這樣一個笑話：歐洲旅館大多在抽水馬桶旁裝有一個下體沖洗清潔器，供賓客方便後衝洗下體。但是，臺灣遊客當時卻不問青紅皂白，有的把它當飲水器，有的把它當洗手臺，兩方人對此極為鄙夷。

三、暴發戶行徑令人反感。不少臺灣遊客到了商店買東西頤指氣使，動不動就責罵店員，許多歐美國家形容他們的「購物哲學」是「拿一大把鈔票，只問貴不貴、不問好不好」，有的人甚至到了博物館參觀也要問一句展品值多少錢。對他們而言，觀光不是去看各地的風土人情，而是炫耀自己的富有，所以當時有到歐洲大買名表的「勞力士團」，有專門在東南亞橫行的「買春團」，甚至有特意到災區去看災難現場的「災難觀光團」……這也促使島內有識之士開始反省：同樣是花錢不眨眼的大戶，在外守秩序有禮貌的日本遊客大受歡迎，臺灣遊客卻被歧視，臺灣不應淪為海內外的笑柄。

　　最後，再以幾句中英對照的禮儀詞句作為結語：

食：在吃飯時，不大聲說話，儘可能將盤內食物吃完，喝湯時不發出聲音。

Aliment：When you dining, don't talk loudly, eat food to finish, no voice when you drink soup.

衣：參加聚會時，女生在白天要戴帽子，而晚上不要戴。

Apparel：To attend meeting, women should be to wear one's hat in morning, don't wear in the evening.

住：在飯店時，不要在床上抽菸，也不要將東西拿走，並保持清潔。

Dwelling：In the hotel, no smoking in the bed and don't take anything.

行：在電梯裡，不要吸菸，也不要大聲說話。

Carriage：In the elevator, no smoking and don't talk anymore.

育樂：去參加任何音樂會時，要提早十分鐘到，不要遲到，也不要帶小孩和吸菸，更不要吃東西。

Education & Entertainment：To attend any concert, should be early ten minutes, don't be late and don't take child, no smoking and no eating.

解　答　篇

第一章　食

一、選擇題

1.(B)　2.(A)　3.(B)　4.(C)　5.(A)　6.(B)　7.(C)　8.(A)　9.(B)
10.(A)　11.(C)　12.(E)　13.(A)　14.(B)　15.(A)　16.(D)　17.(B)　18.(D)
19.(E)　20.(B)　21.(E)　22.(C)　23.(D)　24.(E)　25.(B)　26.(E)　27.(A)
28.(D)　29.(A)　30.(E)

二、簡答題

1.臺灣：主人的位置在最靠近入口處，主客的位置在主人正對
　面。
　大陸：主人的位置在最內部（即12點的位置），客人的位置
　在主人的右手方。
2.看：用雙眼觀看酒的色澤。
　嗅：用鼻子聞酒所散發的氣味。
　嚐：用舌頭品嚐酒的味道。

第二章　衣

一、選擇題

1.(A)　2.(C)　3.(D)　4.(C)　5.(D)　6.(B)　7.(A)　8.(B)　9.(B)
10.(D)　11.(B)　12.(B)　13.(C)　14.(C)　15.(B)

第三章　住

一、選擇題

1.(C)　2.(B)　3.(C)　4.(A)　5.(C)　6.(D)　7.(C)　8.(B)　9.(C)
10.(A)

第四章　行

一、選擇題

1.(B)　2.(C)　3.(D)　4.(C)　5.(A)　6.(B)　7.(D)　8.(C)　9.(A)
10.(C)　11.(B)　12.(D)　13.(A)　14.(B)　15.(C)　16.(B)

第五章　育

一、選擇題

1.(A)　2.(C)　3.(C)　4.(A)　5.(C)　6.(B)　7.(B)　8.(B)　9.(C)
10.(B)　11.(C)　12.(A)　13.(C)　14.(C)　15.(B)　16.(B)　17.(C)　18.(A)
19.(D)　20.(B)　21.(C)　22.(A)　23.(E)　24.(B)　25.(E)　26.(B)　27.(A)
28.(B)

第六章　樂

一、選擇題

1.(C)　2.(C)　3.(B)　4.(B)　5.(A)　6.(B)　7.(B)　8.(A)　9.(C)
10.(A)　11.(C)　12.(B)　13.(B)　14.(B)　15.(C)　16.(B)　17.(C)
18.(A)(D)19.(A)　20.(A)　21.(D)　22.(A)　23.(D)　24.(B)　25.(C)　26.(D)
27.(A)　28.(A)(C)29.(B)　30.(B)　31.(D)

參 考 資 料

1.《1分鐘服裝禮儀》，李牧編譯，榮峰出版社。

2.《Bonjour！水果》，喬鹿（Louis Jonval）著，鄭志仁翻譯，大塊文化出版。

3.《Modern 現代社交禮儀》，張美雯著，文國書局出版。

4.《工商業禮儀》，關根健夫著，陳蒼杰譯，建宏出版社。

5.《下午茶的時間》，薛慧瑛編譯，信宏出版社。

6.《女性常春月刊》，2002年7月1日出版，臺視文化公司出版。

7.《上班族超實用社交禮儀》，宋立民著，三思堂文化事業有限公司。

8.《今天，回家喝咖啡》，劉薇著，太雅出版有限公司出版。

9.《世界各國旅遊禁忌》，林鶴友編著，國家出版社。

10.《生活社交禮儀》，陳冠穎著，中華民國禮儀推展協會。

11.《生活禮儀》，向志強、陳湘、劉明德著，揚智文化事業股份有限公司。

12.《百事達快樂出差88招》，二階堂裕著，臺灣廣夏出版集團。

13.《出國旅遊遇險求生術》，毛利元貞、拓植久慶著，星光出版社。

14.《西餐禮儀》，蔡錦宜編著，國家出版社。

15.《西餐禮儀》，服部幸應監修，笛藤出版圖書有限公司。

16.《衣櫃工廠》，潘靜中、鄭心瑩譯，于範編審，商鼎出版

社。

17.《好禮儀帶來好人緣》，徐華英譯，竹內宏監修，雅書堂出版。

18.《社交高手必修課》，瑪麗蓮‧屏克斯著，梁曉鶯譯，經典傳訊出版。

19.《服裝色彩學》，林文昌、歐秀明著，藝術圖書公司出版。

20.《咖啡Enjoy Your Coffee Time》，UCC上島珈琲編著，楊海銓審校，笛藤出版圖書有限公司出版。

21.《咖啡風景Coffee Book》，田崎眞也等合著，永中國際股份有限公司。

22.《咖啡魅力行家指南》，田口護原著監修，暢文出版社。

23.《咖啡的故事》，Claudia Roden著，常慧譯，聯經出版事業公司。

24.《亞洲週刊》（2002年3月11日至2002年3月17日），亞洲週刊有限公司出版。

25.《美姿與美儀》，今井登茂子著，泉源出版社。

26.《挑逗色彩7up》，挑色坊編著，星定石文化出版。

27.《亞洲週刊》，2002年3月11日至3月17日，亞洲週刊有限公司出版。

28.《宴會管理——理論與實務》，許順旺著，揚智出版社。

29.《飛航小常識——旅人飛行秘笈158》，蕭曉玲著，遠流出版社。

30.《做個人見人愛的送禮高手》，康介青著，知青頻道出版社。

31.《商場規範的黃金法則》，David Robinson著，張建平譯，勝景出版。

32.《國際商業文化》，Charles Mitchell著，郭和杰譯，中國

生產力中心出版。

33.《國際會議規劃與管理》，沈燕雲、呂秋霞著，揚智文化事業股份有限公司出版。

34.《國際禮儀》，朱立安著，揚智出版社。

35.《國際禮儀》（精華版），朱立安著，揚智出版社。

36.《國際禮儀實務》，徐筑琴著，揚智出版社。

37.《國際禮儀與人際關係》，卡爾・克莫客著，邱一維譯，牧村圖書有限公司出版。

38.《國際禮節》，歐陽璜主編，幼獅文化事業公司出版。

39.《貿易雜誌》（第108期），臺北市進出口商業同業公會發行。

40.《塑造專業形象》，麗堤蒂亞・飽德瑞奇著，林憲正，譯智庫股份有限公司出版。

41.《輕鬆家事&生活禮儀》，智學友出版社出版。

42.《實用國際禮儀》，黃貴美著，三民書局出版。

43.《餐桌禮儀》，白川信夫著，廖誠旭譯，躍昇文化事業有限公司出版。

44.《餐飲服務》，陳堯帝著，揚智出版社。

45.《餐飲禮儀》，李澤治等著，淑馨出版社。

46.《錯誤的國際禮儀》，沈�著，朝陽堂出版。

47.《觀世界・世界觀》，莊銘國著，中衛發展中心出版。

48.《閱讀世界美食史趣談》，辻原康夫編著，蕭自強譯，世潮出版社出版。

國家圖書館出版品預行編目資料

國際禮儀與海外見聞／莊銘國著. －－十
版.－－臺北市：五南, 2014.03
　　面；　公分
ISBN 978-957-11-7520-1（平裝附光碟）
1.國際禮儀
530　　　　　　　　　　　103001723

1011

國際禮儀與海外見聞(附光碟)

作　　者－ 莊銘國
發 行 人－ 楊榮川
總 編 輯－ 王翠華
主　　編－ 張毓芬
責任編輯－ 侯家嵐
文字校對－ 吳育禎
出 版 者－ 五南圖書出版股份有限公司
地　　址：106台北市大安區和平東路二段339號4樓
電　　話：(02)2705-5066　傳　　真：(02)2706-6100
網　　址：http://www.wunan.com.tw
電子郵件：wunan@wunan.com.tw
劃撥帳號：01068953
戶　　名：五南圖書出版股份有限公司
台中市駐區辦公室/台中市中區中山路6號
電　　話：(04)2223-0891　傳　　真：(04)2223-3549
高雄市駐區辦公室/高雄市新興區中山一路290號
電　　話：(07)2358-702　傳　　真：(07)2350-236
法律顧問　林勝安律師事務所　林勝安律師
出版日期　2003年7月初版一刷
　　　　　2004年1月二版一刷
　　　　　2005年3月三版一刷
　　　　　2006年3月四版一刷
　　　　　2007年2月五版一刷
　　　　　2008年4月六版一刷
　　　　　2009年8月七版一刷
　　　　　2010年2月八版一刷
　　　　　2012年3月九版一刷
　　　　　2014年3月十版一刷
定　　價　新臺幣480元